때를 놓치지 마라!
한반도 전쟁과 평화의 골든타임

11시 45분

때를 놓치지 마라!
한반도 전쟁과 평화의 골든타임

11시 45분

초판 1쇄 인쇄　　2016년 4월 11일
초판 1쇄 발행　　2016년 4월 15일

지은이　　정상모
펴낸이　　홍석
편집　　온현정
마케팅　　홍성우·이가은·김정혜·김화영
관리　　최우리

펴낸곳　　도서출판 풀빛
등록　　1979년 3월 6일 제8-24호
주소　　120-818 서울특별시 서대문구 북아현로 11가길 12 3층
전화　　02-363-5995(영업), 02-362-8900(편집)
팩스　　02-393-3858
홈페이지　　www.pulbit.co.kr
전자우편　　inmun@pulbit.co.kr

이 책의 국립중앙도서관 출판예정도서목록(CIP)은 서지정보유통지원시스템 홈페이지(seoji.nl.go.kr)와
국가자료공동목록시스템(www.nl.go.kr/kolisnet)에서 이용하실 수 있습니다.(CIP제어번호: CIP 2016008354)

때를 놓치지 마라!
한반도 전쟁과 평화의 골든타임

11시 45분

정상모

풀빛

책을 펴내며

『노인과 바다』로 노벨문학상을 받고, 『무기여 잘 있거라』, 『누구를 위하여 좋은 울리나』 등으로 널리 알려진 어니스트 헤밍웨이, 그는 쿠바인보다도 쿠바를 더 사랑한 미국인이었다. 그는 미국인이었지만 쿠바인들이 존경하는 영웅이었다. 애주가인 그가 럼주 칵테일인 모히토와 다이키리를 항상 곁에 두고 마시며 작품을 구상하고 글을 썼다는 아바나의 암모스 문도스 호텔 511호실, 이곳에는 그를 추모하는 관광객이 줄을 잇는다. 호텔이 있는 오비스포 거리에서는 쿠바의 아리랑 「관타나메라」 공연이 여기저기서 펼쳐진다.

관타나모와 마레(여인)를 합친 말인 관타나마레는 쿠바 독립전쟁의 최고 영웅으로 추앙받는 혁명가이자 문학가인 호세 마르티의 시에서 비롯됐다.

> 나는 종려나무 고장에서 자라난
> 순박하고 성실한 사내랍니다.
> 이 땅 위의 가난한 사람들과 내 행운을 나누고 싶습니다.
> 산 속의 냇물이 바다보다 더 큰 기쁨을 주는군요.
> 관타나메라 과히라 관타나메라
> 관타나메라 관타나모의 농사짓는 아낙네여.

"게으르지도 않고 성격이 고약하지도 않은데도 불구하고 가난한 사람이 있다면 그곳은 불의가 있는 곳이다." 아메리카 대륙 전체에 정의와 자주정신의 반향을 일으킨 호세 마르티는 쿠바 자존심의 보루다. 쿠바의 관문인 아바나 국제공항의 이름도 '호세 마르티 국제공항'이다.

1959년 1월 바티스타 친미 독재정권을 축출하고 들어선 피델 카스트로 혁명정부가 처음부터 사회주의 혁명을 표방한 것은 아니었다. 카스트로는 혁명 후 미국의 지원을 받으려고 가장 먼저 워싱턴으로 달려갔다. 그러나 아이젠하워 미국 대통령은 그를 만나주지도 않았다. 그는 링컨 기념관에 화환을 놓고 "자기가 가장 존경하는 사람은 링컨 대통령이며, 쿠바에 링컨의 꿈을 꼭 실현하겠다"고 다짐하고 귀국했다.

혁명 전의 쿠바는 미국인과 부자들에게는 천국이지만 가난한 자들에게는 지옥 같은 나라였다. 혁명정부는 문맹퇴치사업과 소작농 금지 등 사회 개혁에 나섰다. 노동력을 착취하며 쿠바 경제를 쥐고 흔들던 미국의 다국적기업들을 국유화하는 등 미국과의 종속적 관계를 청산했다. 이에 대노한 케네디의 경제 제재 조치로 반세기가 넘는 쿠바에 대한 미국의 경제 봉쇄 시대가 시작됐다.

쿠바 정부는 옛날 식민지 본국인 스페인에 경제적 지원을 요청했으나 별효과가 없었다. 카스트로는 어쩔 수 없이 소련 정부의 지원을 받았다. 소련은 자국을 노리는 파키스탄의 미국 군사기지에 맞서 쿠바에 미사일 군사기지를 건설했다. 카스트로는 강대국들의 분쟁에 휘말리지 않으려고 미사일 발사 결정권을 쿠바에 달라고 했으나 거절당했다. 1962년 10월 쿠바 미사일 위기가 발생했다. 미국과 소련의 군사기지 상호 철폐와 쿠바 안전보장으로 세계 핵전쟁의 위기는 수습됐다. 그러나 수백 번의 카스트로 암살 시도, 테러 등 미국의 쿠바 파괴 공작은 계속됐다.

쿠바는 온갖 어려움 속에서도 세계 최고의 문맹국가에서 세계 최고의 학력국가로 거듭났다. 교육비뿐만 아니라 암 치료나 심장 이식 수술 등 세계 수준의 의료도 모두 무료다. 어느 지구촌 행복지수에 따르면, 쿠바의 행복감은 143개국 중 7위다. 한국은 118위, 미국은 114위다. 미국의 혹독한 경제 봉쇄로 쿠바는 비록 가난하지만 행복한 나라로 다시 태어났다. 쿠바인들은 콜라를 안주 삼아 럼주를 나누어 마시고 콩가와 클라베를 두드리며 함께 노래하고 춤춘다. 국제한민족재단의 '쿠바교류탐사대'(2016년 1월 23~31일) 일원으로 돌아본 쿠바는 쿠바인의 낭만과 낙천성, 자긍심의 생동감이 넘쳐흐르는 곳이었다.

프란치스코 교황의 화해 주선으로 2014년 12월 미국과 쿠바는 55년 만에 국교 정상화 선언을 하고 이듬해 외교관계를 복원했다. 버락 오바마 대통령은 2016년 3월 20일 캘빈 쿨리지 대통령 이후 88년 만에 역대 두 번째로 쿠바를 방문했다. 그는 "쿠바의 운명은 다른 나라가 아니라 쿠바인에 의해 결정될 것"이라고 말했다. 그의 방문은 아메리카 대륙에 마지막 남은 냉전구도가 해소되고 새로운 화해의 시대를 예고하는 역사적인 사건이다.

쿠바인은 미국과의 관계 개선으로 경제가 좋아질 것이라는 기대가 크다. 벌써부터 쿠바를 찾는 외국인 관광객이 호텔 숙소를 찾을 수 없을 만큼 폭발적으로 늘어났다. 미국의 자본주의 '미인계'로 쿠바가 미국 자본에 종속돼 다시 미국의 '안마당'이 되는 '오렌지 혁명'의 우려도 나온다.

쿠바 관광 안내인은 "우리의 경제, 무상 교육과 의료 제도를 영원히 지켜 갈 것"이라며 굳은 각오와 의지를 보였다. 그는 호세 마르티의 정신이 있는 한 향락의 양키즘은 실패했다며 "쿠바는 많은 자녀들의 피와 희생의 대가로 이룬 혁명을 흥정하지도 팔지도 않을 것"이라는 피델 카스트로의 말을 들려주었다. 그는 "한국은 왜 미국으로부터 독립하지 않는가"라고 묻는다. 쿠바인들은 19세기 말 미국에게 부당하게 빼앗긴 관타나모 미국 해군기지가 반환돼야 미국과의 진정한 관계 정상화가 비로소 이루어지는 것이라고 주장한다. 라울 카스트로 쿠바 국가평의회의장은 오바마 미국 대통령에게 "관타나모 기지 반환은 관계 정상화를 위해 필수적"이라고 강조했다.

쿠바가 앞으로 '새로운 중남미의 강국', '중남미의 홍콩'이 될 것이라는 예상이 벌써 나온다. '카리브 해의 진주' 쿠바와 '동북 아시아의 화약고' 한반도는 너무나도 극명한 대조를 이룬다. 패권과 냉전의 착취로부터 벗어나 발전과 평화로 도약하려는 쿠바와 달리 한반도는 국제적인 종속과 동북아 민족주의 전쟁, 패권전쟁, 핵전쟁 위기의 늪으로 침몰하는 형국이다.

한반도 상황은 언제라도 전쟁이 터질 수 있는 '전쟁 예비 단계'에 놓이고 말았다. 북한 핵 개발 초기 단계인 1994년 6월에는 북한 영변 핵시설에 대한 미국의 선제공격 시도로 한반도 전쟁이 터질 뻔 했었다. 북한은 2016년 1월 4차 핵실험과 2월 장거리 로켓 발사로 핵무기체계 완성 단계에 진입했다. 북한은 핵무기의 다종화·표준화·규격화 등을 통한 핵무기 양산체제로 미국과 '공포의 균형'에 의한 확증파괴전략을 추구하며 핵무기체계를 완성하려고 할 것이다. 북한 핵 초기 단계에서 선제공격을 하려고 했던 미국이 '공포의 균형'을 이루려는 북한의 핵무기체계 완성을 언제까지 지켜보고만 있을까.

2016년 3월 한국과 미국은 북한 수뇌부 '참수작전'과 핵·미사일 정밀 타격 시나리오로 구성된 '작전계획 5015'에 따라 연합 훈련을 실시했다. 훈련에서는 방어 개념을 벗어나 북한의 주요 거점을 공격하는 진공작전과 북한의 핵·미사일 선제공격 훈련인 '4D작전'도 진행됐다. 북한은 "선제적이고 공격적인 핵 타격전"을 언급하며 한국과 미국의 '평양 점령'에 맞서 '서울 해방'을 위협했다. 남북 상호간의 '말 폭탄'과 위협은 일촉즉발의 수위다.

박근혜 대통령은 북한의 핵 포기뿐만 아니라 폭정 종식을 역설하며 북한의 정권 교체 및 붕괴를 공공연한 목표로 내세운다. 아예 끝장을 내려는 것처럼 국제사회의 압력을 포함해 모든 수단을 동원하는 데 올인 하고 나섰다. 박 대통령이 내세운 '통일대박론'의 실체는 '북한 붕괴론'으로 드러났다. 박근혜 정부는 대놓고 정권 교체와 '폭정' 종식을 위협하며 북한에게 핵을 포기하라고 다그친다. 이는 북한이 투항하거나 붕괴하라는 것을 의미한다.

한반도 비핵화는 한반도 평화와 발전을 위해 반드시 이루어야 할 과제다. 그러나 박근혜 정부가 북한을 투항이나 붕괴로 몰아붙이는 것은 이판사판으로 핵무기체계 완성을 위해 최대한 매진하도록 내모는 결과가 될 것이다. 북한이 핵 공갈로 미국뿐만 아니라 한국을 위협하게 된 것은 매우 위험한 변화다. 과거 한미연합군의 상륙 훈련에 대한 북한의 반상륙작전은 '서울 점령'이 아니라 "적 집단의 상륙을 저지하는 것"이었다. 남북한이 최후의 일전도 불사하겠다고 대결 수위를 마냥 높여가고 있는 것은 과거 한국전쟁 이전의 상황처럼 매우 위험하다.

2016년 들어 남북한은 왜 상호 충돌의 위기를 향해 질주하는가. 정치적 고비인 남한의 4월 총선과 36년 만에 열리는 북한의 5월 노동당 제7차 당대회가 이와 관련된다. 남북한의 집권세력이 남북 간의 적대적 대결과 적대감을 바탕으로 자신의 권력과 통치력을 강화하려는 정략적 의도가 보이기 때문이다. '악'으로서의 '적'의 존재가 권력을 유지·강화시켜주는 남북한의 '적대적 공생체제'가 문제의 본질이다. '적대적 공생체제' 현상이 기승을 부리는 한, 한반도의 평화와 안정은 본질적으로 기대하기 어렵다. 남북 간의 적대적 대결과 적대감이 없어지면 '적대적 공생체제'는 붕괴할 수밖에 없기 때문이다.

이명박 정권에 이어 박근혜 정권이 끊임없이 '북한 붕괴론'을 제기하는 것은 북한에 대한 적대감과 적대적 대결의식을 재생산함으로써 극우세력이 지속적으로 집권하려는 전략 때문이다. 이 전략에서 '북한 붕괴론'을 제기하는 핵심 주체가 국가정보원이다. 국가보안법을 바탕으로 온갖 정치 공작과 정보 공작을 벌여온 국정원은 '만능통치법'으로 불리는 테러방지법까지 갖추면서 막강한 권력을 행사하게 됐다. '국정원 통치체제'가 본격화된 것이다.

'국정원통치체제'는 우리나라 헌법의 기본 이념인 평화주의 및 민주주의와 정면으로 역행하는 반비례의 관계다. '국정원 통치체제'의 본격화는 곧 평화주의와 민주주의의 본격적인 위기를 뜻한다. 국정원은 2012년 대통령 선거 때 선거 개입의 국기 문란 사태로 파문을 일으켰다. 선거나 정치적 고비 때마다 터져 나온 국정원의 간첩 사건 조작처럼 테러 사건 조작의 우려가 나오는 이유다.

근본적으로 우려되는 것은 무엇보다도 한반도 전쟁의 위기다. 전쟁의 위기를 막을 '골든타임'이 임박했다는 경고도 나온다. 한반도 전쟁은 세계 패권을 다투는 국제전쟁이며 핵전쟁이 될 것이다. 한반도 핵전쟁은 민족의 절멸적 파탄을 의미한다. 박근혜 정권의 '국정원 통치체제' 본격화로 평화주의와 민주주의, 평화통일정책의 추진 의무 등 헌법의 핵심 가치가 심각하게 훼손돼 회복할 수 없는 단계로 가고 있다. 절멸의 피해 당사자가 될 수밖에 없는 일반 국민의 입장에서는 더 이상 물러설 수 없는 한계 상황을 맞고 있는 셈이다. 민족의 생존과 민주주의 수호의 마지막 보루인 국민으로서 '한민족평화주권' 선언과 이를 위한 행동이 불가피한 상황이라는 뜻이다.

무엇보다도 헌법의 평화주의 이념에 입각해 패권전쟁을 비롯한 어떠한 침략전쟁도 반대한다는 헌법적 가치의 입장을 분명히 천명할 필요가 있다. 특히 한반도 전쟁은 어떠한 이유와 명분에도 불구하고 용납할 수 없으므로 전쟁 책동을 막고 한반도 문제의 근본적 해결인 한반도 평화체제의 실현을 위해 모든 지혜와 노력이 집중돼야 한다. 나아가 남북한과 미국 등 관련 국가들은 한반도의 군사적 긴장과 전쟁 위기를 악화시키는 모든 행동을 중단해야 할 것이다. 이런 입장과 요구는 민족의 생명과 안전을 지키기 위한 최후의 수단이자 최소한의 국민 주권 행사이며 저항권의 발동일 것이다.

이 책의 출판을 위해 도와주신 풀빛출판사의 홍석 사장과 김영훈·김영우 님 등 여러분에게 감사의 말씀을 드린다.

2016년 3월
정상모

차례

책을 펴내며 • 5

제2부 한반도의 흥망

제1부
패권전쟁과 한반도

제1장

한반도의 지정학

1. 한반도의 지정학과 패권전쟁

1) 지정학적 숙명

한반도의 지정학적 숙명은 평화인가, 전쟁인가. 한반도는 희망의 땅인가 절망의 늪인가. 21세기의 한반도는 흥성과 쇠망, 어느 쪽으로 가고 있는가.

한반도의 한민족은 한반도의 지정학적인 요인 때문에 오랜 역사 과정에서 외적의 숱한 침략과 지배의 수난을 겪었다. 동북아시아에서 패권을 차지하려는 강대국들이 나타날 때마다 강대국들은 전략적 요충지인 한반도를 항상 침략했기 때문이다. 한민족이 강대국들의 침략을 물리칠 힘을 가졌을 때는 한반도에서 중국의 북방과 만주에 이르기까지 광활한 영토를 지키며 패권을 다투기도 했다. 그러나 한민족의 힘이 쇠약해진 한반도는 강대국들의 침략으로 유린되고 지배를 받거나 나라를 잃는 수난의 강토로 전락했다.

스파이크먼(Nicholas Spykman)은 한반도의 지정학적 가치를 '림랜드(rimland, 연변지대) 이론'으로 설명한다. 그의 주장에 따르면, 대륙세력과 해양세력이 충돌하는 각축의 무대는 두 세력의 연결 공간인 이른바 연변지대인데, 연변지대인 한반도를 통제하는 자가 세계를 통제한다는 것이다. 연변지대인 한반도를 장악하는 자가 유라시아를 장악하고 유라시아를 장악하는 자가 세계

문명을 장악한다는 그의 이론은 한반도가 아시아, 나아가 세계 패권의 각축이 벌어지는 지대임을 설명하는 내용이다.[1]

대표적인 지정학자 매킨더(Halford Mackinder)와 마한(Alfred Thayer Mahan)도 대륙세력과 해양세력의 프레임으로 역대 강대국의 흥망성쇠를 조망했다. 매킨더는 유라시아의 핵심부 즉 발트 해로부터 흑해·동유럽까지를 '심장지역(heartland)'으로 보고, 심장지역을 지배하는 자가 세계를 지배한다고 주장했다. 마한에 따르면, 해안선을 가진 나라로서 해양력을 바탕으로 세계로 발돋움하는 나라가 세계를 지배하는 강대국이라는 것이다.[2] 세계 지배와 관련된 지정학적 이론이 '심장지역 이론'에서 '연변지대 이론'으로 이어진 셈이다.

모겐소(Hans J. Morgenthau)는 『국가 간의 정치』에서 한반도를 세력 균형의 전형적인 사례로 꼽았다. 주변 세력의 세력 균형 변화에 따라 한반도의 운명이 크게 영향을 받았다는 것이다.[3] 저명한 국제정치학자인 시카고 대학의 미어샤이머(John Mearsheimer) 교수도 비슷한 지적을 했다. 한반도는 세상의 세력 균형의 변화를 보여주는 지표가 됐다.

북한을 네 번 방문한 한반도 문제의 전문가인 스즈키(Tessa Morris Suzuki) 오스트레일리아 국립대 교수는 "지난 150년간 동아시아의 큰 전쟁들이 모두 한반도를 지배하려는 열강의 야욕 때문에 일어났다. 불행하게도 지금 다시 한반도를 둘러싼 세력 균형이 100여 년 전의 상황과 닮아가고 있다"며 "한반도의 장래가 세계 전체의 앞날을 좌우할 결정적인 중요성을 갖고 있다"고 말

1. 박동훈, 「중국의 대북정책 변화와 중한관계: 천안함 사건 이후를 중심으로」, 《한국과 국제정치》 제27권 제2호(2011년 여름) 통권 73호, 129쪽 참조. 스파이크먼의 림랜드 이론은 캐넌에게 영향을 미쳐 봉쇄정책을 낳았고 그것이 전후 미국 대외정책의 근간이 되었으며, 미국의 외교정책은 여전히 대륙세력의 봉쇄에 있다고 지적한다.
2. 서정경, 「지정학적 관점에서 본 시진핑 시기 중국 외교: 일대일로(一帶一路)를 중심으로」, 《국제정치논총》 제55집 2호(2015), 230-231쪽에서 재인용.
3. 《중앙일보》 2011년 10월 10일 참조.

했다. 그는 "한반도를 갈라놓은 휴전선이 전체 동아시아 지역의 운명에 지대한 영향을 주고 있다"고 확신한다.[4]

21세기의 동북아시아에서는 중국의 '부상'과 미국의 중국 견제로 지정학적 요동이 벌어지고 있다. 문제는 갈수록 거세지는 지정학적 요동의 중심에 한반도가 위치하고 있다는 점이다. 미국과 중국의 격차가 줄어들수록 미국과 중국 사이에서 자기 쪽을 선택하라고 한국에게 강요하는 빈도와 강도는 더욱 높아진다.

조급해진 미국의 부통령 바이든(J. Biden)은 2013년 12월 박근혜 대통령에게 "미국의 반대편에 배팅하는 것은 좋은 배팅이 아니다"라고 말했다. 이는 미국이 견제하는 중국 편에 서지 말라는 노골적인 선택의 강요다. 미국은 2013년 5월 러시아 모스크바에서 열리는 제2차 세계대전 승전 기념행사에 박근혜 대통령이 참석하지 않았으면 좋겠다고 반대의 의사 표시를 했다.[5] 박 대통령은 이를 받아들여 참석하지 않았다. 주권국가에게 외교 행사에 공개적으로 가지 말라는 미국도 도를 넘어섰지만, 한국도 미국 눈치를 보며 주권국가로서의 위상을 제대로 보이지 못했다.

국력의 성장으로 자신감을 갖게 된 중국도 이에 뒤질세라 자신의 전통적 세력권으로 간주하는 한반도에 대한 개입의 강도를 높인다. 대륙세력과 해양세력의 패권 각축의 주 무대가 되어온 한반도에서 19세기 말 주권을 잃게 된 전략적 딜레마들이 다시 서서히 그 모습을 드러내고 있다. 고래 싸움에 새우 등이 터지는 한민족의 지정학적 숙명이 반복될지 모른다.

---

4. 《한겨레신문》 2015년 2월 11일 참조.
5. 미 백악관 국가안보회의 벤 로즈 부보좌관은 2013년 2월 9일 박근혜 대통령의 러시아 제2차 세계대전 승전 기념행사 참석 여부에 대한 미국의 입장을 얘기해달라는 질문에 "각국이 스스로 판단하겠지만 주권과 영토 보전 원칙에 대해 세계가 한 목소리를 내야 한다"고 사실상 반대 의사를 밝히면서 "오바마 대통령은 모스크바 방문 계획이 없다"고 강조했다.

한반도는 아시아 동북단과 태평양의 육교, 즉 아시아 대륙과 일본 열도를 연결하여 태평양으로 통하는 육교의 위치에 있다. 한반도의 이런 지정학적 위치와 역할, 이에 따른 전략적 가치를 노리는 강대국들이 서로 패권을 차지하려고 싸우는 과정에서 한반도가 전진기지나 병참기지, 전쟁의 이동 경로인 육교로 전락해 많은 수난을 당했다.

역사적으로 조선 이전에는 중국 대륙과 연결된 지정학적 위치 때문에 한반도의 역사는 북방민족과의 투쟁사라고 할 만큼 대륙세력과 밀접한 관계를 맺고 있다. 북방민족들은 한반도가 온대계절풍 지역의 좋은 생활환경을 갖고 있을 뿐만 아니라 전략상 매우 중요한 위치에 있다고 판단했다. 따라서 그들은 자신의 세력을 확장하려고 할 때면 한반도를 그 배후로 보고 불안 요인을 없애기 위해 한반도를 침범했다.

발해가 멸망한 후 고려는 거란국인 요와 대립했으나 중국 5대의 여러 나라 및 송과는 밀접한 관계를 유지했다. 이에 요는 고려와 송의 연계를 차단하기 위해 3차례에 걸쳐 고려를 침입했다. 세계를 정복한 몽골은 금나라를 정벌하면서 1231년 고려를 침공했다. 1234년 몽골의 3차 침공은 고려가 남송과 연합체계를 구축해 자신들의 배후를 위협할 것을 우려한 때문에 벌어졌다.[6]

세계 정벌에 나선 몽골은 정벌 초기부터 일본을 복속시킬 필요를 느꼈다. 일본과 해상무역을 하는 남송을 고립시키고 일본을 자신의 정치적 영향권 안으로 끌어들이려 했다. 몽골이 집요하게 고려의 항복을 받아내려 한 이유 가운데 하나가 일본 정벌에 고려를 이용하기 위해서였다.[7] 그러나 당시 일본의 실권을 장악하고 있던 가마쿠라 막부는 몽골 사신의 접견을 거부하며 몽골에게 굴복하지 않았다.

---

6. 유재성, 『대몽항쟁사』, 국방부전사편찬위원회, 1988, 11쪽 참조.
7. 동북아역사재단 편, 『동북아 관계사의 성격』, 동북아역사재단, 2009, 211-220쪽 참조.

몽골은 일본 정벌을 결정하고 고려에게 정벌을 위한 징발령을 내렸다. 고려는 오랜 세월의 전란으로 피폐해진 사정을 호소했으나 받아들여지지 않았다. 고려군 8천 명과 함선 900여 척이 징발됐다. 원나라로 이름을 바꾼 몽골은 1274년 원나라 군대 2만 5천 명을 동원해 고려군과 함께 일본을 침략했다. 여원연합군은 쓰시마와 이키 두 섬을 정복했으나 태풍을 만나 큰 피해를 입고 물러났다.

원정 실패에도 불구하고 원은 일본을 복속시키겠다는 계획을 포기하지 않았다. 원은 일본에 두 차례 선유 사신을 보냈다. 그러나 일본도 강경했다. 일본은 원의 사신을 두 차례 모두 참수하며 단호하게 대응했다. 원은 일본 정벌을 목적으로 1280년 고려에 정동행중서성(征東行中書省)을 설치했다. 원은 다시 고려에 징발령을 내렸다. 고려군 1만 명과 함선 900여 척, 군량미 12만 3천 석이 징발됐다. 1281년 원은 제2차 일본 정벌에 나섰다. 14만여 명의 여원연합군이 일본을 공격했으나, 제1차 원정과 달리 만반의 대비 태세를 갖춘 일본의 저항도 완강했다. 제2차 원정도 태풍을 만나 실패로 끝났다. 14만여 명 중 살아남은 숫자는 3만 명 정도에 불과했다.

원을 중심으로 한 여원연합군의 일본 원정은 동북아시아에서 대륙세력과 해양세력이 최초로 벌인 충돌이었다. 충돌의 성격은 대륙세력의 일방적인 침공이었다. 이 과정에서 한반도는 두 세력의 충돌에 휘말려 전진기지, 병참기지로 전락해 수난을 당했다. 이런 수난은 이후 동북아시아의 패권 충돌이 일어날 때마다 계속됐다.

2) 대륙·해양세력의 패권전쟁

중국의 명과 일본이 충돌한 임진왜란은 대륙세력인 중국과 해양세력인 일본이 무력을 동원해 싸운 최초의 전쟁이었다. 이 전쟁에서 한반도는 두 세력이 패권을 다투는 국제전쟁터였다. 1627년 정묘호란과 1636년 병자호란도 명과 청의 패권 각축에 휘말린 전란이었다.

16세기 후반 일본에서는 도요토미 히데요시(豊臣秀吉)가 100여 년에 걸친 전국시대를 끝내고 일본 전역을 통일했다. 그는 큰 세력을 보유하고 있던 지방의 다이묘를 견제하고 신흥 세력을 억제하기 위한 전략의 일환으로 대륙 정복을 선택했다. 국내의 불만을 잠재우려는 통치 전략의 의도도 있었다.[8]

전쟁 준비를 끝낸 도요토미 히데요시는 일본에 대한 조선의 조공과 함께 "명나라를 치러가는 길을 빌려 달라(征明假道)"고 요구했다. 조선이 이를 거절하자 1592년 4월 약 20만 명의 왜군이 부산으로 쳐들어왔다. 일본군은 승승장구했다. 1593년 조선의 요청으로 명이 전쟁에 개입했다. 일본이 명을 정벌한다는 전쟁의 목적을 밝혔기 때문에 자위책으로 군대를 파견한 것이다. 조선과 명의 연합군의 반격으로 전력을 소모한 일본은 휴전을 제의했다.

명과 일본은 조선을 제쳐놓은 강화회담에서 일본의 도요토미 히데요시가 내놓은 한반도 분할 방안을 놓고 나눠먹기 다툼을 벌였다. 한반도를 나누어 먹으려는 외세의 '한반도 분단론'이 처음 등장한 것이다. 외세의 먹잇감이 돼 버린 한반도의 분단론은 한반도를 둘러싼 대륙세력과 해양세력의 각축이 벌어질 때마다 등장했다.

청·일 간의 분쟁 때인 1894년 영국 외상 킴벌리(The Earl of Kimberley)는 한반도 분할 지배안을 제안했다. 또한 일본과 러시아가 한반도에서 각축을 벌이다 1896년에는 일본이, 1903년에는 러시아가 한반도를 분할 지배하려고 했다. 일본의 야마가타 아리토모(山縣有朋)와 러시아의 로젠(Roman Rosen)이 한반도 분할 지배안을 각각 내놓은 것이다.

임진왜란 때 처음 등장한 '한반도 분단론'은 마침내 1945년 대륙세력인 소

---

8. 권내현·심재우·정재훈, 『미래를 여는 한국의 역사3』, 웅진싱크빅, 2011, 156-159쪽 참조.

련과 해양세력인 미국의 각축으로 인한 한반도 분할 점령으로 나타났다. 분할 점령은 미국의 38도선 설정에서 비롯됐다. 한반도 점령군으로 진주한 미 제24군단장 하지 중장은 한반도 전체로 공산주의가 확산되는 것을 막기 위한 발판을 한반도에 마련하자는 것이 38도선의 설정 이유라고 밝혔다. 소련도 한반도에서 세력 균형의 목적을 달성하고 한반도 북쪽의 이익을 확보하자는 속셈으로 미국의 분할 점령 제안을 받아들였다. 미국과 소련의 한반도 분할 점령은 1950년 한반도 전쟁을 거쳐 한반도 분단으로 고착되고 말았다.

스툭(William Stueck) 미국 조지아대학 석좌교수는 『한국전쟁과 미국 외교정책』에서 1945년 이후 남북의 분단과 남북한의 분쟁, 3년간의 한반도 전쟁 등의 분석에서 강대국의 개입을 빼놓을 수 없다고 주장했다. 그에 따르면, 38도선 분단 등은 한반도에서 대륙세력인 소련의 영향력을 봉쇄하려고 했던 해양세력 미국과 인천·부산·제주 등의 부동항을 확보하거나 적어도 한반도에 자신에게 비우호적인 정부 수립을 허용할 생각이 없었던 소련의 이해관계가 일치해 이뤄진 결정이었다는 것이다.[9]

임진왜란을 겪은 조선은 한반도가 동북아시아의 패권을 다투는 전쟁터로 전락했다는 점과 강대국들이 '한반도 분단론'으로 한반도를 나눠먹기 대상으로 삼았다는 점 등을 뼈아프게 인식해 더 이상 수난을 당하지 않도록 모든 노력과 힘을 기울여 대비했어야 했다. 그러나 조선은 왜란이 끝난 지 30년도 안 된 1627년 정묘호란에 이어 1636년 병자호란 등 전쟁의 참화를 거듭 당했다. 어이없는 점은 전쟁의 참화를 미리 예상했으면서도 이를 막아낼 노력은커녕 오히려 스스로 초래했다는 것이다.

전란을 앞둔 17세기 전반 동북아시아에서는 패권 이동의 지각 변동이 진행됐다. 만주에 있는 여진족 세력이 위협적으로 강해지면서 명을 중심으로 한

---

9. 윌리엄 스툭, 『한국전쟁과 미국 외교정책』, 서은경 옮김, 나남, 2005.

동북아 질서가 재편되기 시작했다. 마침내 1644년 명이 무너지고 여진족의 청이 중국 중원의 주인이 되는 엄청난 변화가 일어났다. 이 변화 과정에서 조선은 전란 등으로 막대한 피해를 입었다.

당시 명·청의 패권 다툼과 이에 대한 조선 인조 정권의 대외정책 전개 상황이 2010년 이후 미국과 중국의 갈등관계 및 이로 인한 한국의 외교 현실과 유사한 점에서 주목된다. 명을 군부(君父)로 여기고 여진족의 후금(청)을 오랑캐라고 멀리하다 전란을 겪은 인조 정권의 대외정책은 한반도가 미국과 중국의 패권전쟁에 휘말릴 위험성을 경고하는 역사적 교훈의 의미가 크기 때문이다. 이와 관련해 중원의 강대국들과 패권 경쟁을 벌이며 고구려의 최전성기를 이룩한 장수왕의 외교 전략의 지혜가 한결 돋보인다.

정묘·병자호란은 새롭게 형성된 동북아시아 국제 질서의 긴장과 갈등의 산물이었다. 명과 청의 패권 갈등에 휘말리지 않기 위해 가능한 중립을 모색하며 후금과도 가깝게 지내려고 한 광해군의 친후금 노선은 인조가 반정을 일으킨 명분의 하나였다. 반정에 성공한 인조는 광해군과는 정반대의 친명배금(親明背金)정책을 폈다.

인조 정권은 반정으로 인해 명에 대한 '재조지은(再造之恩)'에다 '봉전(封典)의 은혜'까지 겹쳐 명에 끌려가는 처지가 됐다. 인조는 특히 후금의 정벌 요인인 명의 모문룡(毛文龍)을 극진하게 우대하며 그의 말대로 따랐다. 모문룡은 광해군이 후금의 침략을 불러일으킬 화근으로 여겨 홀대한 인물이었다. 광해군의 홀대 때문에 모문룡은 명 조정의 인조 책봉에 앞장서는 등 반정을 도왔다.[10] 정묘호란의 발발은 인조 정권의 친명배금정책과 후금 침략의 화근인 모문룡과의 긴밀한 관계 때문이었다.

---

10. 정해은, 「정묘·병자호란 연구의 새로운 지평, 그리고 남아있는 문제」,《역사와 현실》제77호(2010년), 462-464쪽 참조.

병자호란은 척화에 매몰된 조선이 청에 대한 신복(臣服)을 거부한 데서 비롯됐다. 조선은 명을 종주국으로 받아들이면서 동북아시아에서 명의 지배적 질서를 유지하는 데 중추적인 역할을 했다. 그러므로 동북아의 패권을 지키려는 명의 입장에서 조선의 포기란 있을 수 없는 일이었다. 후금 역시 동북아에서 차지하고 있는 조선의 전략적 위상 때문에 조선에게 후금에 대한 사대(事大), 즉 명이 아닌 후금을 선택하라고 요구했다.

당시 조선의 군사력은 후금보다 약했다. 그럼에도 불구하고 인조 정권은 후금을 황제국으로 인정하지 않을 뿐만 아니라 정묘호란 이후의 화친관계도 끊으려고 했다. 인조는 1635년 2월 후금의 칭제건원을 거부하면서 "조만간 병화(兵禍)가 조석 사이에 닥칠 것"이라고 말해 후금의 이름을 바꾼 청의 침략을 예상했다. 이듬해 병자호란이 벌어졌다. 병자호란은 인조 정권이 자초한 것이라기보다 스스로 선택한 전쟁이었다.[11]

광개토대왕 이후 고구려는 남쪽에서는 백제·신라를 상대로, 서북쪽에서는 중국의 여러 왕조와 계속 전쟁을 벌였다. 그러면서도 고구려는 왕도의 함락과 같은 대참화를 겪지 않았으며, 유연하고 현명한 외교의 운용으로 국력을 크게 증강시킬 수 있었다. 장수왕은 분열된 북중국을 중심으로 위, 연, 유연, 송, 제 등 고구려를 둘러싼 정세 변화를 정확하게 파악하고 능동적으로 대응했다. 그는 고구려의 안보를 최대한 확보하면서 때로는 복종하는 자세로, 때로는 이들의 요구를 회피하고, 때로는 당당하게 맞서 고구려의 위상을 최대한 끌어올렸다. 한민족의 2천 년 역사상 주변 정세에 적절히 대응하면서 국가이익을 극대화한 가장 위대한 시기였다.[12]

---

11. 정해은, 「정묘·병자호란 연구의 새로운 지평, 그리고 남아있는 문제」, 465쪽.
12. 구대열, 「장수왕의 외교정책: 고구려 "자주외교의 두 얼굴"」, 《국제정치논총》 제50집(2010), 122-134쪽 참조.

3) 해양세력 지원과 일본 제국주의 침탈

19세기 말부터 동북아에서는 대륙세력과 해양세력의 충돌이 전면적으로 벌어졌다. 대륙세력인 중국 및 러시아와 해양세력인 미국·영국·일본의 충돌이었다. 1894년 청일전쟁과 1904년 러일전쟁이 두 세력 간 충돌의 대표적인 사례다. 이 과정에서 같은 해양세력인 미국과 영국은 일본과 긴밀한 관계를 맺었다. 청일전쟁에서 중국이 일본에게 패한 뒤 세 국가들은 러시아의 남진 정책 저지에 공동 대응을 하고 나섰다. 미국과 영국의 일본 중시정책이 강화됐다.

미국은 1865년 남북전쟁 종결, 1886년 인디언들과의 전쟁 종료로 미국 전역에 대한 지배권을 확보한 뒤 1890년대 들어 대대적인 태평양 공략에 나섰다. 1898년 하와이·필리핀·괌을 강점하고 1899년에는 사모아와 웨이크 섬을 점령했다. 미국 본토보다 더 넓은 태평양 영토를 차지한 미국은 태평양에 대한 지배권을 공고히 할 필요가 있었다. 이런 미국의 필요에서 비롯된 역사적 사건이 1905년 가쓰라-태프트 밀약이었다.

미국의 일본 중시정책은 일본의 아시아 맹주론을 지원하는 것으로 나타났다. 미국의 루스벨트는 1904년 일본에게 아시아-먼로주의 채택을 권고하면서 "이를 채택하면 일본은 유럽의 아시아 침략을 제지하고 아시아 맹주가 되어 아시아 전체를 기반으로 한 신흥 국가를 성취할 수 있다"며 일본에 대한 협력을 다짐했다.[13] 이에 앞서 루스벨트는 1900년 "나는 일본이 조선을 소유하는 것을 보고 싶다"[14]고 일본의 한반도 지배를 적극적으로 옹호했다.

---

13. 김승배·김명섭, 「베르사유평화체제의 '보편적 표준'과 한국과 일본의 이몽」,《국제정치론총》제52집 2호(2012), 46쪽에서 재인용.

14. Roosevelt to Stemberg, 28 Aug 1900. 김기정, 『미국의 동아시아 개입의 역사적 원형과 20세기 초 한미관계 연구』, 문학과지성사, 2003, 172쪽에서 재인용.

미국은 일본의 한반도 지배를 인정한다는 내용으로 1904년 9월 27일 미국·독일 간의 '루스벨트-카이저 합의'를 했다. 러일전쟁이 진행 중인 1905년 7월 29일 미국은 마침내 가쓰라-태프트 비밀협정을 맺었다. 일본은 미국이 필리핀을 점령하는 것을 인정하고, 미국은 일본의 조선 지배를 받아들이며, 미·영·일 3국은 실질적인 동맹관계를 확립한다는 것이었다. 미·영·일 해양세력이 형성된 것이다. 1905년 9월 9일에는 프랑스도 영일동맹의 조선 조항을 '양해'하는 영국·프랑스 간의 '루비에-베르티 협의'를 했다.[15]

　1902년 1월 30일 영국은 일본과 영일동맹을 맺었다. 핵심은 영국이 일본의 조선 지배를 양해하고 제3국이 일본을 공격할 경우 동맹국인 일본을 원조한다는 내용이다. 1904년에는 영·일 공수동맹(功守同盟)을 맺어 영국은 후진 제국주의 국가인 일본을 지원했다.

　일본의 한반도 강점의 직접적인 계기는 러일전쟁에서의 승리였다. 일본의 승리는 미국과 영국 등 해양세력의 동맹관계를 바탕으로 한 군사전략적 지원 때문이었다. 러일전쟁에서 영국뿐만 아니라 미국도 일본을 원조하고 나섰다. 일본의 러일전쟁 비용 19억 8,400만 엔 중 12억 엔을 미국과 영국이 제공했다.

　미국은 1905년 9월 5일 러일전쟁의 강화조약으로 조인된 포츠머스 조약을 주선했다. 이 조약에서 주목되는 것은 일본의 조선에 대한 정치·경제·군사상 우월권을 러시아가 인정하고 이를 방해하지 않는다는 것이었다. 같은 해 11월 17일 일본은 대한제국의 외교권을 찬탈했다. 루스벨트 미국 대통령은 일본의 조선 지배권 허용을 내용으로 한 이 조약을 주선해 일본과 러시아의 전쟁을 종결짓고 평화에 기여했다는 공로로 1906년 노벨평화상을 받았다.

　이처럼 일본의 조선 식민지 지배는 이에 주도적으로 나선 미국 등 열강의 책임이 있다. 특히 미국의 책임이 크다. 가쓰라-태프트 비밀협정 등을 통한

15.《동아일보》2005년 12월 6일.

일본의 조선 지배에 대한 미국의 지원은 1882년 조미수호조약을 정면으로 위반한 것이기 때문이다.

1905년 러시아와의 전쟁에서 미국과 영국 등 같은 해양세력의 지원으로 승리한 일본은 '아시아 공영권'의 패권적 지위를 자처했다. 제1차 세계대전이 일어나자 대륙 침략의 적극적인 기회로 여긴 일본은 영일동맹을 이용해 중국 진출을 본격화했다. 1931년 일본은 '9·18사변'을 일으켜 중국 동북 지역을 점령했다. 이듬해 3월에는 '만주국'을 세우고 파쇼 통치를 실시했다. 마침내 1937년 7월 7일 일본군은 '노구교사건'을 계기로 전면적인 중국 침략을 개시했다. 1941년 12월 7일 일본군은 미국 진주만을 습격해 태평양전쟁을 일으키기에 이르렀다. 일본이 '대동아 공영권'을 건설한다는 '대동아전쟁'이었다.

현재 동북아에서 벌어지고 있는 영토 분쟁의 기원은 이런 일본의 제국주의적 침탈에서 비롯됐다. 독도, 댜오위다오(일본명 센카쿠), 남쿠릴 열도(일본명 북방 4개 섬) 등에 대한 일본의 침탈은 제국주의 전쟁 시기에 이루어졌다. 독도는 1904년 러일전쟁, 댜오위다오는 1894년 청일전쟁, 남쿠릴 열도는 크림전쟁(1853~1855) 및 일본의 조선 침탈과 관련된다.

독도는 역사적으로 조선의 고유 영토다. 일본의 침탈 야욕이 노골화되자 대한제국이 1900년 칙령 제41호로 독도가 자국의 영토임을 재확인했다. 그러나 러시아와 전쟁 중이던 일본 정부가 1905년 2월 독도를 시마네현에 편입시켰다. 일본이 독도를 시마네현에 편입한 것은 러일전쟁에서 독도가 지닌 군사전략적 가치 때문이었다. 일본 해군이 독도와 본토를 잇는 해저선을 부설하여 울릉도에 설치된 감시망루와 함께 블라디보스토크로 항해 중인 러시아 군함을 추적할 수 있게 됨으로써 일본의 도고 함대가 러시아 태평양 제2·제3함대를 격파할 수 있었다. 최근 러시아의 연구에서도 일본이 독도를 소유하면 한국과 일본 사이의 해상을 통과하는 어떤 국가의 선박 항해도 감시할 수 있다고 독도의 전략적 가치를 평가했다.[16]

댜오위다오는 1534년 중국이 처음 발견한 중국의 고유 영토였다는 게 중국의 주장이다. 중국의 영토인 댜오위다오가 청일전쟁의 패배로 1895년 4월 시모노세키 불평등조약에 의해 일본에게 강제 할양되었다는 것이다.[17] 일본은 원래 소유주가 없었던 이 지역을 1895년 1월 14일 오키나와현으로 편입한 것이라는 주장이다.

하보마이, 시코탄, 구나시리, 에토로후 등 북방 4개 섬인 남쿠릴 열도는 1855년 시모다 조약과 1875년 페테르부르크 조약에 의해 일본 영토로 귀속됐다. 이에 대해 러시아는 크림전쟁의 패배로 불가피하게 양도할 수밖에 없었다는 주장이다. 미국, 영국, 프랑스 등이 일본을 지원하며 부추기는 러·일 간의 충돌을 두려워해 어쩔 수 없이 물러섰다는 것이다. 크림전쟁 시기 영국과 프랑스는 일본 해역을 러시아에 대항하기 위한 군사적 거점으로 이용하고 있었다. 1855년 영국과 프랑스 함대는 러시아를 공격하기도 했다.

사할린을 노리게 된 일본은 미국·영국·프랑스 등의 지원에 힘입어 사할린 문제를 두고 러시아를 압박했다. 일본은 1873년 러시아에게 조선 침공을 위해 일본군의 러시아 주둔을 허가해달라고 요구하기도 했다. 마침내 1875년 페테르부르크 조약에 따라 쿠릴 열도는 일본의 영토로 병합됐다. 이처럼 독도와 댜오위다오, 남쿠릴 열도 등의 문제는 일본의 제국주의적 침탈로 인해 발생했다.

일본의 제국주의적 침탈에 대한 처리는 1943년 12월 카이로 선언에 기본 방침으로 명시됐다. 제2차 세계대전 후 일본 영토에 대한 카이로 선언의 기본

---

16. 조성훈, 「제2차 세계대전 후 미국의 대일전략과 독도 귀속문제」, 《국제·지역연구》 17권 2호(2008, 여름), 48쪽.

17. 훙레이 중국 외교부 대변인은 2012년 8월 27일 "역사적으로 따져보면 명조시대인 1403년 출간된 『순풍상송』에 이미 댜오위다오의 옛 이름인 '댜오쉬' 등의 명칭이 등장한다"며, 댜오위다오가 적어도 명조(1368~1644) 때 이미 중국의 해상방어지역 안에 있었다는 증거라고 강조했다. 《한겨레신문》 2012년 8월 27일.

방침은 첫째, 일본이 제1차 세계대전 이래 획득하거나 점령한 태평양 지역의 모든 섬을 박탈한다. 둘째, 일본이 만주, 타이완, 펑후제도 등과 같이 중국으로부터 탈취한 모든 영토는 중국에 반환한다. 셋째, 일본은 폭력과 탐욕에 의해 약탈한 모든 지역으로부터 축출될 것 등이다. 청일전쟁과 러일전쟁 및 제1차 세계대전 등을 통해 일본이 폭력과 탐욕으로 획득한 영토를 박탈한다는 원칙이 제시된 것이다.[18]

1945년 7월 26일 포츠담 선언 제8항에서도 "카이로 선언의 조항은 이행되어야 하며, 일본의 주권은 혼슈, 홋카이도, 규슈, 시코쿠 및 우리들이 결정하는 작은 섬들로 제한되어야 한다"고 규정했다. 또한 1945년 9월 2일 항복문서 조인식에서 일본은 포츠담 선언의 성실한 이행을 약속했다. 카이로와 포츠담 선언의 정신과 일본의 항복 조인식 약속에 따라 문제의 분쟁 지역들은 반환되었어야 한다.[19]

2. 냉전과 한반도 전쟁

1) 냉전의 본질과 전개

제2차 세계대전 이후 자본주의와 사회주의의 대립·갈등 관계에서 냉전이

---

18. 조진구, 「서유럽의 통합과 동아시아의 분절: 냉전 초기 미국의 지정전략을 중심으로」, 《국제정치논총》 제45집 2호(2005), 189쪽.

19. 미 극동사령부 역사실에서도 미국·영국·중국 지도자들이 카이로 선언을 통해 일본의 영토를 1868년의 것으로 축소해야 한다고 결정했고, 포츠담 회담에서 카이로 선언의 조건을 재확인한 것으로 평가했다. The Office of the Military History Officer, HQ AFFE/Eighth Army(Rear), The Far East Command. Jan. 1, 1947-June 30, 1957(군사편찬연구소, MF 76, p.iii). 조진구, 앞의 책, 47쪽에서 재인용.

태동했다. 유럽에서 시작된 냉전은 제3세계로, 동아시아로, 한반도로 밀어닥쳤다. 한반도의 냉전은 세계의 어느 곳보다도 심하게 나타났다.

냉전의 기원과 관련해 미국 사학계의 전통주의자들은 정치적 관점을 바탕으로 '소련 책임론'을 강조했다. 그러나 1860년대 후반 이후 미국의 외교정책에 대한 비판적 경향의 수정주의자들은 '미국 책임론'을 내세운다. 이들에 따르면, 미국은 소련을 두려워하지 않아도 될 정도로 소련보다 훨씬 강한 힘을 가지고 있었다. 그럼에도 미국은 소련의 공산화 기도에 대한 방어적 대응이 아니라 전략적 필요에 의해 냉전을 주도했다는 것이다.[20] 냉전은 대소 봉쇄의 차원에서도 필요했지만, 미국이 자본주의 세계를 지배하기 위해 고안해낸 헤게모니 사업의 일환이었다는 것이다.[21]

냉전의 기원보다 중요한 것은 냉전의 전개다. 냉전의 전개는 냉전의 영향과 결과의 문제이기 때문이다. 냉전의 전개와 관련해 주목되는 것은 미국과 소련의 대결 중심의 사고에서 벗어나 제3세계와 관련해 고찰한 연구들이다. 이 연구들은 미국과 소련의 관계뿐만이 아니라 불균등한 근대 세계질서가 생기게 된 중심부와 주변부, 패권국과 종속국, 강대국과 약소국의 갈등과 대립 관계를 모두 대상으로 삼았다. 연구의 결론은 서유럽보다 제3세계에서 냉전의 정도가 심하게 나타난다는 것이다.

런던 정경대학교 국제사학과 웨스타드(Odd Arne Westad) 교수는 『글로벌 냉전(Global Cold War)』이라는 책에서 "유럽이 아닌 제3세계가 냉전의 핵심 무대"였다고 주장한다. 그에 따르면 냉전은 더 이상 미·소의 대결이 아닌 다양한 행위자들이 참여하는 보다 복잡하고 역동적인 역사가 되었다는 것이다. 그는 "냉전의 가장 중요한 측면은 냉전이 제3세계의 정치적·사회적 발전 문

---

20. 이주영, 「미국 사학계의 새로운 냉전사 연구」, 《역사비평》 통권 110호(2015년 봄), 87-88쪽.
21. 정용욱, 「미·소의 분할점령과 냉전구조의 형성」, 한국사연구회 편, 『한국사 길잡이』 하권, 지식산업사, 2008, 379쪽.

제와 연결된 것"이라고 주장한다.[22]

동·서 간 냉전의 분할선이 전 지구에 걸쳐 그어졌지만, 그 진행 양상은 지역마다 큰 차이가 나타났다. 제국주의 지배를 받은 제3세계의 경우 탈식민의 문제, 즉 어느 쪽이 민족 또는 국가를 배반하여 외세에 편승했느냐는 내부 갈등에 자본주의와 사회주의의 이념 대립이 가중됐다. 이에 따라 냉전이 처음 시작된 서유럽보다 제3세계에서 냉전이 더 치열하게 전개됐다.

탈식민의 문제가 없는 서유럽에서는 군사적 긴장상태가 매우 높았지만 '상상의 전쟁', 실제 전쟁이 터지지 않는 '긴 평화'의 양상을 보였다. 반면 서유럽 이외의 냉전 지역에서는 열전, 내전 및 분쟁 사태가 끊이지 않았다. 특히 심한 곳이 1950년 전쟁이 터진 한반도였다.

이념 갈등보다 외세 추종세력과 반외세 민족해방세력의 갈등은 더 극단적이고 폭력적인 양상을 보인다. 이 갈등에 미국과 소련 등 강대국이 제3세계 분쟁에 직접 개입하여 군사·경제적 지원을 할 경우 그 양상은 더욱 폭력적으로 증폭될 수밖에 없다. 탈식민과 냉전의 갈등이 외세의 개입으로 더욱 증폭된 제3세계에서는 냉전 기간 동안 처참한 내전 사태가 끊임없이 벌어졌다.

냉전이 제3세계의 약소국들에서 심하게 나타나게 된 것은 서유럽 강대국들이 조성하거나 주도한 갈등이 서유럽 이외의 약소국들, 제3세계 국가들로 이전되면서 증폭되기 때문이다. 19세기 말 서유럽 이외의 국가들이 서유럽 국가들의 식민지가 되면서 서유럽 내부의 계급 갈등은 식민지 착취와 수혜를 통해 크게 줄어들었다. 반면 서유럽 이외의 지역에서는 제국주의 침략에 편승하거나 적응한 집단과 식민지 착취의 피해자인 민중 사이에 극심한 양극화와 갈등이 발생했다. 서유럽이 조성한 갈등이 서유럽 이외로 이전되어 증폭된 것이다.

---

22. 이주영, 「미국 사학계의 새로운 냉전사 연구」, 99-100쪽 참조.

제3세계 국가들에서는 동·서 냉전의 국제적 갈등이 국가 내부의 정치적 대립과 결합하여 내전 사태 등 각종 분쟁이 벌어졌다. 국내적 갈등이 국제적 갈등으로 확대된 것이다. 제3세계의 내전은 동·서 강대국들의 대리전이었다.[23]

그러나 정작 내전의 당사자들은 대리전이 아닌 자신의 싸움이라는 주체의식을 갖고 격렬한 투쟁을 벌였다. 국제적 갈등이 국내적 갈등으로 내재화된 것이다. 이에 따라 국제적 갈등의 위험과 비용의 부담도 국내적 갈등으로 이전됐다. 그 결과 국내적 갈등은 크게 증폭될 수밖에 없었다. 제3세계의 내전이 격화되는 이유다. 1950년 한반도 전쟁이 그 대표적인 사례다.

한반도 냉전은 탈식민과 이념의 이중적 갈등과 외세의 개입뿐만 아니라 민족 분단의 문제까지 겹쳐져서 다중적인 갈등으로 복합적으로 전개됐다. 분단된 남북한의 정통성 경쟁으로 인한 갈등과 내부의 정치적 갈등이 애국자와 반역자의 대립이라는 틀을 통해 상승작용을 하며 극단적인 폭력의 방향으로 증폭되었다. 여기에다 국제적으로 조성된 제국/식민의 질서와 냉전 질서라는 외부의 힘이 작용해 이 힘에 의해 갈등이 영향을 받고 왜곡되고 극단적으로 증폭된 게 한반도의 냉전이었다.[24] 림랜드 이론에 따른 '연변지대'의 한반도는 세계 패권의 각축이 벌어지는 전략적 요충지다. 한반도의 이런 지정학적 숙명 때문에 한반도의 냉전은 지구상에서 가장 치열하게 전개됐다.

한반도 냉전의 본질은 중심부인 제국주의 강대국과 주변부인 약소국 간의 종속관계와 이로 인해 빚어진 식민지 해방 과정의 갈등, 자본주의와 사회주의의 이념 대립, 이에 대한 외세의 개입, 패권을 추구하는 강대국들이 서로 한반도를 지배하려는 패권 갈등 등이 모두 포괄된 개념이다. 한반도에서는 이런 모든 갈등이 중첩돼서 증폭됐다. 이념과 탈식민의 문제에다 분단과 패

---

23. 홍석률, 「냉전의 예외와 규칙─냉전사를 통해 본 한국 현대사」,《역사비평》 통권 110호 (2015년 봄), 126-128쪽 참조.
24. 홍석률, 「냉전의 예외와 규칙─냉전사를 통해 본 한국 현대사」, 116-117쪽 참조.

제1장 한반도의 지정학 **35**

권 갈등의 문제까지 가중된 여러 갈등이 가장 극단적인 폭력으로 증폭된 게 한반도의 냉전의 본질이다.

제2차 세계대전의 종결로 한반도는 일본의 식민지에서 해방됐으나 미국과 소련의 군대에 의해 38도선을 경계로 분할 점령을 당했다. 이로 인해 탈식민과 동·서 냉전의 문제가 겹치고 외세의 개입으로 갈등은 극단적인 폭력으로 증폭됐다. 갈등의 증폭은 민족 분단으로 이어지고 급기야 전쟁으로 폭발했다.

제2차 세계대전 중에도 한반도 문제는 패권적 이해관계의 대상이었다. 미국의 국가이익은 패권 장악이지 한민족의 해방이나 독립이 아니었다. 1943년 12월 1일 카이로 회담에서 루스벨트 미국 대통령은 세계 패권 장악을 위한 방편으로 '해방 지역에서의 신탁통치안'을 제시하며 한반도를 그 대상으로 삼았다. 신탁통치의 기간도 언제까지인지 구체적으로 한정하지도 않았다.

이처럼 한반도의 독립 시기조차 명시하지 않은 것은 영국 처칠 수상의 주장에 따른 것이다. 영국은 1902년 일본과 동맹을 맺고 일본의 조선 합병을 승인한 국가로서 일본에게 빼앗긴 식민지 반환 문제와 일본과의 향후 관계를 우선적으로 고려했다. 그 결과 한반도에 대한 어떠한 합의도 거부하는 입장이었다.[25]

미국과 소련은 1945년 2월 얄타에서 한반도에 대한 국제신탁통치가 바람직하다는 데 합의하고, 그해 12월 모스크바 삼상회의에서 신탁통치의 구체적인 내용을 결정했다. 한반도를 소련과 분할 점령한 미국은 한반도를 신탁통치함으로써 한반도에 미국의 거점을 확보하거나 38선 이남에서 미국의 기득권을 지키겠다는 정책 구상을 하고 있었다.

---

25. 권오중, 「제네바 한국평화회담(1954)의 진행, 결과 그리고 의미: 한반도 6자회담의 원형」, 《통일정책연구》 제14권 2호, 155쪽 참조.

미국의 한반도 정책의 핵심은 소련의 한반도 남하와 공산화 저지였다. 남한을 대소 전진기지, 반공을 위한 방파제로 삼으려는 게 미국의 전략적 입장이었다. 소련의 전략적 입장도 한반도에서 소련의 기득권을 지키겠다는 것이었다. 1946년 냉전이 시작돼 세계는 자본주의와 공산주의 두 진영으로 갈라져 이듬해부터는 냉전이 격화됐다. 한반도는 두 진영의 전진기지 또는 방파제로서 미국과 소련이 패권을 다투는 각축장으로 전락했다.

한반도를 지배하는 자가 세계를 지배한다는 스파이크먼의 '림랜드 이론'에 비추어 미국과 소련 어느 쪽도 한반도의 기득권을 내놓을 리가 없었다. 대륙세력과 해양세력의 교두보로서의 한반도가 지닌 지정학적 숙명에서 한반도의 분단과 전쟁은 잉태되고 있었다. 분단과 전쟁의 위기를 막아낼 민족 자주의 주체적 역량이 절대적으로 중요한 상황이었다.

그러나 당시 남한에서는 민족의 자주성을 고수하려는 민족자주세력인 냉전거부세력과 국제 냉전에 편승해 미국과 일체화함으로써 기득권을 지키려는 친일세력인 냉전편승세력으로 나뉘어 갈등이 빚어졌다. 민족자주세력은 김구를 중심으로 중국에서 귀국한 대한민국 임시정부, 그리고 1920년대의 신간회 인맥의 세력이었다. 냉전편승세력은 친일파 중심의 한국민주당과 이승만의 세력이었다.

세계 냉전과 패권 각축의 전초기지가 된 한반도에서는 두 세력의 대립과 갈등이 외세의 개입으로 증폭돼 극단적인 폭력의 방향으로 격화됐다. 그 결과는 민족의 분단과 전쟁이었다. 전쟁 이후 한반도에서는 분단과 냉전의 내재화와 자립화가 진행됐다. 남북한의 지배적인 정치세력은 자신의 권력을 유지하기 위해 분단과 냉전, 나아가 세계체제의 모순을 내부로 끌어들여 자기규율화를 통해 내재화·자립화하고 강대국들의 대리전을 남북한 자신의 전쟁이라는 사명감을 갖고 치열하게 수행하고 나섰다.

한반도의 냉전과 분단이 동서 냉전의 대립구도가 아니라 남북한의 자발적인 체제 경쟁을 통해 스스로 유지되고 고착됐다. 오늘도 남북한은 끊임없는 적대적 대결과 군사적 긴장 사태를 벌이며 군비경쟁을 강화함으로써 냉전과 분단의 비용을 스스로 부담하는 것을 당연하게 여기는 상황을 낳고 있다. 남한의 집권당인 새누리당 원내대표가 미국에서 개발이 완전히 끝나지도 않아 무기의 성능을 아직 믿을 수도 없는 '사드(고고도요격체제)'를 북한의 위협에 대비해 서둘러 도입해야 한다고 앞장섰다. 이명박 정부는 일본 오키나와와 미국 괌까지도 방어하는 데 한국의 역할을 모색했다. 《신동아》 2015년 6월호에 따르면 "괌이나 오키나와의 미군기지에 미사일이 발사되는 경우에도 한국군이 이를 대신 요격해주는 콘셉트가 여러 차례 논의됐다는 것"이다. 냉전과 분단의 내재화와 자립화의 사례들이다.

냉전과 분단의 내재화와 자립화 과정에서 남북한의 내부 정치구조는 한반도의 긴장과 위기를 빌미로 억압적인 방향으로 재편됐다. 남북한의 집권세력은 적대적 대결과 적대감의 유발을 통해 정치적인 경쟁세력을 탄압하고 권력을 유지·강화했다. 상대방에 대한 적대감을 권력 유지와 강화의 동력으로 삼는 '적대적 공생'의 결과, 남한에서는 유신체제, 북한에서는 유일체제라는 극단의 억압적 정치체제가 등장했다. 이로 인해 한반도에서는 남한에서는 간첩단 사건의 조작, 북한에서는 숙청 등으로 무고한 생명들이 숱하게 희생당하는 세계 최악의 인권 유린 사태가 벌어졌다.

한반도 분단의 장벽은 미국과 소련이 서로의 세력권을 명확히 함으로써 '긴 평화'를 보장하는 담장 같은 역할을 했다. 담장 역할의 분단선을 안고 살아가는 한반도에서는 아주 심각한 갈등과 불안정이 조장됐다. 초강대국들은 분단을 통해 세력 균형을 달성하고 '긴 평화'를 누리지만, 분단의 당사자들은 세력 균형을 위해 끊임없는 갈등과 피해의 희생을 겪을 수밖에 없었다.

독일은 애초 근대 세계체제의 중심부에 있었기 때문에 분단되었더라도 전쟁을 겪지 않았고 냉전의 국제 질서에 능동적으로 대응하며 민족 간 교류와 협력의 자주성을 발휘해 담장을 제거하고 통일을 이뤘다. 그러나 한반도는 근대 세계체제의 주변부에 위치했으며, 탈식민과 냉전이 겹치는 상황 속에서 분단과 전쟁을 연달아 겪으면서 갈등이 아래로 이전되고 증폭되는 냉전 위계 체계의 가장 취약한 밑바닥에 있었다. 게다가 한반도 사람들은 탈냉전 이후에도 분단 질서의 내재화·체제화·자기규율화를 통해 애초 초강대국들의 세력 균형을 위해 만들어진 담장을 스스로의 힘과 비용을 들여가며 유지하고 있다.[26]

한반도 냉전의 장벽은 이제 미국과 일본 등의 해양세력과 중국을 중심으로 한 대륙세력의 세력 균형을 위한 담장의 역할로 다시 진행되고 있다. 미국과 중국의 패권 경쟁 속에서 두 세력의 패권 충돌 지점인 한반도에서는 21세기판 세력 균형을 위한 담장 역할이 강화되며 내부 갈등이 새롭게 증폭되고 있다. 미국과 쿠바가 관계 정상화를 이루는 것과 달리 미국과 북한이 관계 정상화를 하지 못하는 한반도의 지정학적 숙명이 활화산이 터지듯 다시금 작동되고 있는 것이다.

2) 미국의 개입과 분단

한반도를 소련과 분할 점령한 미국은 38선 이남에는 오직 미군정만이 있을 뿐이라고 선언하고 한민족의 자유로운 정치적 자주성을 인장하지 않았다. 해방 이후 남한의 정치세력 판도는 미군정의 정책에 따라 결정적인 영향을 받았다. 남한에서는 친일파 중심의 기득권 세력이 점차 지배세력으로 등장하고 민족자주세력은 몰락의 길을 걸었다. 이 과정에서 탈식민과 이념의 갈등이 미군정의 개입으로 증폭돼 테러가 난무하는 폭력 사태의 상황으로 치

---

26. 홍석률, 「냉전의 예외와 규칙―냉전사를 통해 본 한국 현대사」, 128-130쪽 참조.

달았고 민족주체성은 사라졌다.

미국은 1945년 9월 9일 맥아더 사령부 포고 1호로 대한민국 임시정부의 법통이나 미군 진주 이전에 여운형 등 건준(建準)세력이 세운 '조선인민공화국'을 부인하고, 남한에는 오로지 미군정만이 있음을 선언했다. 미국은 1945년 9월 20일 군정청을 설립하고 일본 제국주의의 식민지 통치기관이었던 조선총독부 기구를 그대로 계승했다. 10월 2일에는 군정 법령 제21호를 공포해 일제의 법률도 그대로 시행토록 했다. 이 법률에는 일본이 탄압을 목적으로 만든 신문지법과 보안법 등도 포함됐다.

미군정은 일제 총독통치 당시의 경찰간부, 법조계, 교육계 인사들을 그대로 유지했다. 일본 기록에 의하면 미군정하의 직원 80% 가까이가 한국민주당계의 사람들이었다. 한민당은 미군정과 밀착해 군정 고문직을 맡거나 경무국장·학무국장 등의 요직을 차지했다. 한민당은 사실상 미군정의 여당 구실을 했다.[27]

당시 남한에서는 이승만이나 친일세력보다 김구나 김규식 등의 민족자주세력이 강했다. 그러나 미국은 자국에 전면적으로 기울어져 있던 이승만이나 한민당 이외의 집단이 정치세력으로 부상하는 것을 바라지 않았다. 이런 미군정의 친일세력 수용은 미국의 반공정책과 밀접한 관련이 있었다.

전후 미국의 한반도 정책의 중점은 공산주의가 확산되는 것을 막는 것이었다. 한반도는 '해방된 국가'가 아니라 미국의 냉전 전략과 안보의 전진기지였다. 한반도는 독립 상태가 아니라 냉전의 포로인 분단국이었다. 연합국 배상위원회 미국 쪽 대표였던 폴리(Edwin Pauley)는 1946년 5월 말 북한을 다녀온 뒤 "한반도에서는 38선을 사이에 두고 자본주의와 공산주의가 대결하고 있다. 한반도는 미국의 아시아 정책의 성공이 달려 있는 이데올로기의 대결

---

27. 송건호, 『분단과 민족』, 지식산업사, 1986, 197쪽 참조.

장임을 의미한다"고 지적했다. 미국 트루먼 대통령은 폴리의 보고서에 큰 감명을 받았다.[28]

남한 곳곳에서 일본 경찰의 타도와 일제 잔재세력의 소탕을 부르짖는 대규모의 시위가 일어났다. 1946년 10월 초 전국적인 민중봉기가 벌어지자 미군정은 한미공동조사단을 구성해 현지조사를 실시했다. 조사 결과 민중봉기의 원인 중 하나가 일제에 협력한 자들이 미군정 당국에 계속 근무하고 있다는 것임이 드러났다. 그러나 미군정은 보고서의 건의를 반영하지 않았다.[29]

일제 잔재의 청산을 요구하는 일반 국민의 여론이 비등하자 미군정의 '남조선과도입법의원'은 1947년 7월 2일 '민족반역자·부일협력자·간상배에 대한 특별법'을 제정·통과시켰다. 전문 4장 12조로 되어 있는 이 특별법은 공민권 제한에서 사형까지의 처벌 규정을 두었다. 그러나 친일인사에 대해서는 비교적 관대한 법이었다. 그러나 미군정 당국은 애초부터 부일협력자의 처벌에 반대했다. 이승만도 미군정에 동조해 친일파 숙청에 반대하며 오히려 그들을 감쌌다. 미군정 당국은 특별법을 끝내 공포 시행하지 않아 미군정하에서의 일제 청산은 무산되고 말았다.

미군정의 비호를 받는 친일세력과 일제 잔재의 청산을 바라는 민족자주세력의 갈등은 신탁통치 국면에서 반탁과 찬탁의 이념 갈등으로 증폭됐다. 이런 과정에서도 통일민족국가를 실현하려는 염원에 따라 좌익과 우익이 나름대로 합의를 끌어내기도 했다. 그러나 한민당 대표도 참석해 합의한 1946년 1월 8일 통일임시정부 수립 등의 '4당 공동코뮤니케'와 1946년 10월 7일 '좌우 합작 7원칙'을 한민당은 잇달아 거부했다. 이처럼 결정적 순간에 이승만과 친일세력인 한민당은 좌우 합작, 나아가 통일정부 수립의 꿈을 어렵게 만들

---

28. 정상모, 『신냉전 구도와 평화』, 월간말, 2002, 104-105쪽 참조.
29. 송건호, 『분단과 민족』, 198쪽 참조.

었다. 뿐만 아니라 이승만과 한민당은 남한만의 단독정부 수립을 주장하는 단정 노선으로 치달아 분단의 결정적 계기를 마련했다.

1946년 4월 6일 이승만을 주석으로 하는 남한 단정 준비와 미국인 자문을 내용으로 한 외신 보도가 나와 큰 파문을 일으켰다. 마침내 이승만은 6월 3일 정읍에서, 5일에는 이리에서 하지 중장과 전화로 요담한 뒤 남한만의 단정 계획을 밝혔다. 남한 단정의 주장은 한반도의 분단을 전제로 한 것일 뿐만 아니라 미·소 등 열강의 간섭을 불러들이는 결과를 빚을 수밖에 없다. 단정 반대론 중에서는 남북한 간 전쟁의 위험성에 대한 경고도 나왔다. 단정 반대론이 전국적으로 들끓어 올랐으나 오로지 한민당만이 이승만의 단정론을 지지했다. 이승만은 이해 12월 2일 미국으로 가 단정을 위한 로비 작업을 벌이고 이듬해 4월 21일 귀국했다.

1947년 들어 미국과 소련의 대립이 악화되면서 미·소 간의 냉전이 격화됐다. 미국 트루먼 대통령이 '트루먼 독트린'을 발표하고 대소 강경노선을 택하면서 한반도의 분단 가능성이 농후해졌다. 미군정의 하지 중장은 이해 4월 7일 미국은 장차 남한에서 단독 행동을 취하겠다고 언명해 남한만의 단독정부 징후를 드러냈다. 힐드링 미 국무차관보도 남한 단정 수립 계획을 비쳤다. 미국의 국가이익 추구가 냉전의 보루인 38선 이남에 대한 배타적 기득권 확보의 방향으로 정해진 것이다.

1947년 7월 미소공동위원회가 결렬되자 미국은 한반도 문제를 유엔에 상정해 11월 14일 미국의 안대로 '유엔임시한국위원단'을 구성했다. 미국은 단정 반대세력을 철저하게 탄압하면서 이승만·한민당을 중심으로 한 선거체제를 굳혀 나갔다. 1948년 5월 10일 남한만의 단독선거가 실시되고 8월 15일 대한민국이 선포됐다. 단독선거를 둘러싸고 전국 각처에서는 폭력 사태가 벌어져 수많은 사람이 죽거나 부상당하고 구속됐다. 9월 9일 북한에서는 '조선민주주의인민공화국'이 수립됐다. 한반도 분단의 시대가 시작된 것이다. 이와 같은 분단은 민족 간 전쟁으로 이어졌다.

3) 테러의 만연과 4·3 항쟁

해방 이후 한민족의 염원은 일제 잔재의 청산과 통일민족국가의 실현이었다. 그러나 미국의 선택은 이런 한민족의 염원을 저버렸다. 미국이 일제 총독부의 기구와 법률을 그대로 두고 친일파를 기용함으로써 식민지 잔재의 청산은 물론 통일민족국가의 실현도 어렵게 돼버렸다. 미국의 개입으로 친일세력과 민족자주세력의 갈등은 폭력적인 방향으로 증폭됐다.

1945년 10월 미군정은 치안 유지를 위해 미 점령군을 지원하는 '국립민간경찰대'를 조직했다. 이 경찰대에는 일제 총독부에서 활동한 인물들이 상당수 포함됐다. 이들은 극우세력과 밀접한 관계를 맺고 좌익계에 대해서는 노골적으로 적대적인 태도를 취했다.

이어 미군정의 하지 중장은 1946년 '민족청년단'을 조직했다. 군대 창설 때 인력 수급을 위한 목적이었다. 이 조직의 책임자는 독일 예나 대학 출신으로 히틀러 나치청년대의 공공연한 숭배자인 안호상이었다.[30] 미군은 이 조직의 고문 역할을 하며 장비를 제공했다. 안호상은 반공·정치교육 계획을 개발하고 철저한 기율을 세웠다. 이 조직은 대표적인 우익 청년단체로 활동을 넓혀 갔다. 좌익계와 우익계를 표방하는 청년단체들의 대규모 게릴라전과 테러 행위가 남한 전역에서 벌어졌다. 하지의 조치는 안정보다는 폭력과 불안의 불씨를 제공한 셈이었다.[31]

---

30. 제임스 I. 매트레이, 『한반도의 분단과 미국』, 구대열 옮김, 을유문화사, 1989, 103쪽 참조.
31. Robert Sawyer and Walter Hermes, *Military Advisers in Korea*, University Press of the Pacific, 2005, p.12; Joungwon Kim, *Divided Korea*, Hollym International Corp., 1999, p.67; Gregory Henderson, *Korea*, Harvard University Press, 1968, p.141.

미군정이 들어선 지 1년도 안 돼 남한 사회는 테러가 만연하는 세상이 되고 말았다. 정치세력별로 만들어진 정치 테러단과 북한에서 월남한 서북청년단과 함북청년회 등의 폭행과 파괴, 살상 행위가 끊이질 않았다. 가장 심한 테러단은 서북청년단이었다. 서북청년단을 비롯한 테러단들은 미군정청 요원들과 수도경찰청의 공공연한 비호 아래 습격과 파괴 행위를 자행했다.[32]

남한의 대규모 테러 사태는 화순탄광 노동자 대량 학살에서 발단돼 '대구폭동'에서 절정으로 치달았다. 1946년 8월 15일 전라남도 광주에서 개최된 '해방 1주년 기념식'을 미군정은 불법 집회라며 전차를 동원해 기념식 참가를 저지했다. 미군의 저지에도 불구하고 해방 기념식 참가는 민족적 권리라며 기념식에 참가하고 돌아가는 화순탄광 노동자 300여 명을 미군이 살상한 사건이 발생했다. 대량 학살사건에 분노한 전국의 수십만 노동자들이 9월 23일 총파업에 들어갔고, 미군정청은 군과 경찰·서북청년단 등을 총동원해 이들을 진압했다. "경찰에 붙잡히면 살아남을 수 있지만 테러단에 끌려가면 이미 죽은 목숨"이라는 말이 일반화될 정도로 테러단의 폭력은 잔혹했다.

이런 테러단의 극단적인 폭력 행위는 1946년 10월 2일 '대구폭동사건'을 유발하는 계기가 됐다. 경찰과 테러단의 총파업 참가자들에 대한 살상·폭력에 대한 보복으로 좌익세력이 대구경찰서를 습격해 경찰관들을 살해하고 테러단원들을 색출·처단했다. 미군정청은 대대적인 진압작전을 펼쳤다.

미군정의 하지 중장은 경찰과 우익 청년단체들에게 공산주의자 징벌을 허용했다. 그 결과 우익의 탄압이 좌익의 보복으로, 또다시 우익의 야만적인 탄압으로 이어지는 폭력의 악순환이 벌어졌다. 당시 외신 보도에 따르면, '대구폭동사건'에서 사망 300여 명, 행방불명 3,600여 명, 부상 2만 6천여 명, 검거·투옥 1만 5천여 명이었으며, 수많은 사람이 사형 등의 중형을 받았다. '대구

---

32. 고영민, 『해방정국의 증언』, 사계절, 1987, 111쪽 참조.

폭동' 이후 남한 각 지역에서는 빨치산 세력이 형성되기 시작됐다.

미소공동위원회에서 남한의 정치·사회단체의 참가 문제를 놓고 미·소 간 갈등이 심해지면서 1947년 8월 11일 이후 미군정청의 대대적인 좌익 검거 선풍이 불었다. 미군정청은 1947년 8월 15일 해방 2주년 기념일을 앞두고 기념행사의 옥외집회와 테러를 금지하는 행정명령 제5호를 공포했다. 이어 8월 15일 새벽부터 '남조선 적화 계획과 군정 파괴 음모사건'이라며 대규모 검거 작전을 벌여 그 결과 사망 28명, 중상 2만 천여 명, 투옥 1만 3,769명에 이르렀다. 이후 남한의 좌익운동은 지하로 들어갔다.

1948년 4월 3일 미군정 경찰과 서북청년단 등의 극우세력에게 무력투쟁을 벌인 4·3 항쟁은 당시의 국제정세와 한반도 상황에서 일제 청산과 이념을 둘러싼 갈등과 단정의 저지, 미군정의 폭력적 개입 및 이에 대한 저항 등 해방 직후의 여러 갈등이 모두 복합적으로 얽혀 폭발한 대표적인 사례다. 탈식민과 이념, 외세의 개입에 대한 자주 등 국내외 갈등의 종합적 산물이 4·3 항쟁이다. 4·3 항쟁에서 모든 갈등이 이전·증폭돼 테러 등 가장 극단적인 폭력으로 나타났다.

일본은 제2차 세계대전 말기 미군에게 계속 밀리자 제주도를 일본 본토 사수를 위한 '대미 결전'의 최후 보루로 삼았다. 일본은 이 결전 계획에 따라 관동군을 비롯한 6만 명의 일본군을 제주도로 이동 배치해 제주도를 요새화했다. 제주도가 오키나와처럼 미·일 강대국의 전쟁터로 될 수도 있었으나 일제의 항복으로 참화를 모면했다. 그러나 제주도에 대규모로 배치된 일본군은 11월 12일 모두 일본으로 송환될 때까지 제주도에서 많은 횡포를 부렸다. 일본인이나 부일협력자들에 대한 제주도민의 반감이 클 수밖에 없었다. 일제 잔재의 청산이 무산됨에 따라 이에 대한 불만과 함께 탈식민의 갈등이 격화됐다.

이런 상황에서 제주도의 미군기지설까지 나돌아 제주도민의 민심이 악화됐다. 1944년 미국 자료에서도 제주도의 지정학적 중요성을 주목했다. 제주도에 대한 미국의 군사적 관심이 점차 현실로 나타났다. 미군정장관과 민정장관 등의 제주도 시찰이 빈번해졌다. 1946년 8월 1일 미군정청은 제주도를 도로 승격시켰다. 승격 이유가 행정적인 필요 때문만은 아니었다. 미군정 요인이었던 미드는 제주도의 승격과 관련해 "군정 중대 장교들이 미군정에 꾸준히 압력을 가한 결과"라고 설명했다.[33]

"제주도는 전략적 관계에 있어 대단히 중요한 곳이니, 이는 오키나와와 함께 소련을 반대하는 진지를 보장하는 것"이라는 1947년 10월 30일자 《뉴욕 아메리칸 저널》의 보도도 미군기지설을 뒷받침했다. 미군기지설은 현실화되지 않았지만, 제주도민의 민심을 악화시키는 요인이 됐다. 친일세력과 미군정에 대한 반감이 상호작용을 하며 더욱 심한 갈등으로 증폭됐다. 이렇게 증폭된 갈등이 좌우의 이념 대립 그리고 통일민족국가 실현의 염원을 좌절시킨 남한만의 단독선거·단독정부 움직임을 둘러싼 갈등 등과 겹치면서 항쟁으로 폭발했다.

4·3 항쟁의 발단은 1947년 3월 1일 경찰의 발포 사건이었다. 당시 정국은 미국과 소련 및 국내 좌우의 정치집단 간의 대립으로 통일민족국가 수립의 전망이 매우 어려워지고 있는 상황이었다. 이런 상황에서 '모스크바 3상회의 절대지지', '미소공동위원회 재개 촉구', '3·1 정신으로 통일조국의 독립' 등의 구호를 앞세운 3·1절 집회와 시위가 벌어졌다. 이 과정에서 미군정 경찰의 발포로 시위대 6명이 사망하고 6명이 중상을 입었다. 이에 항의하는 총파업 사태가 벌어지고 이에 대한 미군정청의 8·15 검거 선풍이 이어졌다.

남한만의 단독선거를 실시하려는 움직임이 구체적으로 드러난 1948년 2월 이후 단독선거를 반대하는 시위가 곳곳에서 격렬하게 벌어졌다. 마침내 3월

---

33. 제민일보 4·3 취재반, 『4·3은 말한다』, 전예원, 1994, 202-204쪽 참조.

30일 단독선거를 위한 선거인 등록이 시작되자 4·3 항쟁이 터졌다. 여기에다 4·3 항쟁을 진압하라는 출동 명령을 거부하고 일부 군인들이 반란을 일으킨 '여수·순천사건'이 터져 대대적인 토벌작전이 전개되는 결과가 빚어졌다. 이로 인해 수많은 희생자가 발생했다.

단독선거·단독정부 반대와 조국의 자주통일의 구호를 앞세운 4·3 항쟁은 1954년 9월 21일 한라산이 전면 개방될 때까지 6년 6개월에 걸쳐 전개됐다. 항쟁의 희생자는 당시 제주 인구의 1/10인 3만 명 안팎으로 추산된다. 4·3 항쟁은 해방 정국의 모든 갈등이 이전·증폭되며 폭발한 최악의 참사였다. 이러한 갈등의 이전·증폭은 4·3 항쟁의 참사로 끝나지 않고 민족 간의 전쟁을 예비하고 있었다.

미군정청은 단독선거에 대한 격렬한 반대에도 불구하고 5·10 선거를 계획대로 추진했다. 미국은 1947년 11월 14일 유엔 총회에서 소련 등의 반대를 무릅쓰고 유엔 감시 하에 남북한 총선거를 실시한다는 자국의 결의안을 통과시켰다. 이승만은 총선 캠페인에 박차를 가했다.

문제는 부정 선거의 움직임이었다. 제이콥스는 극우 보수 진영이 부정 선거를 원하고 있어 국제감시단을 반대한다고 워싱턴에 전문으로 보고했다. 그는 보수 진영이 테러나 협박을 동원함으로써 "이승만은 반동·친일·파시스트라는 소련의 비난이 쉽사리 타당성을 갖게 만들었다"고 결론지었다.[34]

유엔 임시위원단은 단독선거는 한반도 분단을 고착시킬 것이며, 피비린내 나는 내전에의 길을 여는 것이라고 결론을 내렸다. 마침내 1948년 2월 6일 임시위원단은 한반도 문제에 대한 유엔의 재고를 요청했다. 그러나 유엔은 2월 16일 소총회를 열고 남한만의 단독선거 실시를 가결해버렸다.

5·10 선거일이 다가옴에 따라 남한에서는 내전을 방불케 하는 상황이 벌어

---

34. 제임스 I. 매트레이, 『한반도의 분단과 미국』, 167-169쪽 참조.

졌다. UP통신의 특파원은 이런 상황을 "그리스 사태의 완전한 재연"[35]이라고 묘사했다. 5·10 선거는 '피투성이의 총선거'였다. 선거 결과 제헌국회가 구성되고 끝내 1948년 8월 15일 대한민국 수립이 선포됐다.

북한에서도 남한과 마찬가지로 신탁 문제가 터지기 전까지만 해도 통일 민족국가를 수립해야 한다는 여론이 지배적이었다. 1945년 10월 조선공산당 북조선분국 결성에서 분단 징후가 나타났다. '분열'이라는 토착 공산주의자들의 반대에도 불구하고 김일성 등 항일유격대원들은 북조선분국의 결성을 강행했다. 1945년 12월 김일성이 북한 중심의 이념적 실체를 명확히 규정한 '북한 민주기지론'을 선언함으로써 분단의 징후가 더욱 심해졌다. 1948년 9월 9일 북한에 '조선민주주의인민공화국'이 수립됨으로써 한반도는 두 동강으로 갈라지고 말았다.

3. 미·소 갈등과 한반도 전쟁

1) 미·소 갈등 내재화와 전쟁의 잉태

한반도에서는 탈식민과 이념의 갈등이 분단의 갈등과 중첩되며 증폭돼 내전의 상황으로 치달았다. 남한에서는 이승만과 친일세력이 일제 잔재의 청산을 위한 반민특위의 활동을 무산시키기 위해 '용공 조작'과 '용공 탄압' 수법을 동원함으로써 갈등의 골이 더욱 깊어졌다. 또한 남북한 모두 '무력통일론'을 주장하는 등 분단의 갈등이 극단적인 폭력의 방향으로 악화되면서 민족 간 전쟁이 잉태됐다.

---

35. 《동아일보》 1945년 5월 10일.

통일민족국가의 실현이라는 민족의 염원을 외면하고 단독선거를 통해 수립된 이승만 정권이 가장 먼저 범한 민족적 과오는 일제 잔재의 청산을 위한 반민특위의 활동을 무산시킨 것이었다. 반민특위 활동은 오욕된 일제의 잔재를 청산하고 민족정신을 정립해 새로운 민족사의 기틀을 잡아가기 위해 필수적으로 선행되지 않으면 안 되는 역사적 과업이었다.

1947년 남조선과도입법의원에 의해 제정되었으나 미군정의 인준 거부로 시행되지 못한 '민족반역자·부일협력자·간상배에 대한 특별법'에 관한 문제가 제헌국회에서 제기됐다. 이에 따라 반민족행위처벌법 제정이 추진되자 친일세력은 필사적으로 반대했다. 그들은 언론을 동원해 반민족행위처벌법은 민족을 분열시키는 망국법이라며 철회를 주장했으며, 나아가 반민족행위처벌법 제정을 추진하는 국회의원들을 공산당의 주구라고 몰아붙였다.

그럼에도 반민족행위처벌법은 국회에서 압도적 다수의 찬성으로 통과됐다. 이에 친일세력은 '반공구국궐기대회'를 열고 반민법 제정을 추진한 국회의원들을 공산당원이라고 규탄했다. 이 대회에서 이승만은 축사를 읽었다. 이승만 정권은 1949년 5월 20일 남북협상론을 주장하고 반민자 처벌에 앞장선 소장파 국회의원 3명 등을 국가보안법 위반 혐의로 갑자기 구속했다. 이후 국회부의장 김약수와 13명의 국회의원들이 체포됐다. 이른바 '국회프락치사건'이었다. 친일세력은 파고다공원 집회에서 구속 의원 석방 결의안에 찬성한 국회의원 88명도 모조리 공산당원이라고 규탄했다.

이와 같은 이승만 정권과 친일세력의 방해와 협박에도 불구하고 반민특위는 친일 거물들을 잡아들이는 등 반민자 체포와 처벌 업무를 진행했다. '건국공로자'라며 석방을 요구하는 이승만의 압력을 반민특위가 거부하자 이승만 정권은 1949년 6월 6일 반민특위 본부를 포위·습격해 특위 검찰관과 특위 직원들을 전원 구속해버렸다.

이승만 정권은 반민법 공포일로부터 2년간인 공소시효기간을 1949년 8월

31일로 끝내도록 1949년 7월 6일 반민법을 개정해버렸다. 이로써 반민자 처벌은 사실상 불가능해졌다. 이승만의 반민자 처벌 반대로 친일파 거물들이 불기소 처분, 병보석 등으로 풀려나 반민자 처벌은 흐지부지됐다. 일제 36년간 민족을 배반하고 일제에 아부하며 애국지사를 검거·고문한 친일 반역자들이 오히려 큰소리치며 남한의 정치·경제·행정계를 주름 잡는 지배세력으로 군림하게 됐다.

이승만 정권은 1949년 11월 20일 일제 치안유지법의 재판이라는 비난과 반대에도 불구하고 '국가보안법'을 통과시켜 12월 1일부터 시행했다. 일제와 미군정에서 계승된 '국가보안법'을 강화한 것이다. 이 법의 시행으로 좌익세력의 절멸은 물론이고 모든 반미·반정부활동, 나아가서는 진정한 자유민주주의를 실현하려는 행위까지 봉쇄됐다. 이 법은 이승만 정권에 반대하는 세력을 탄압하고 이승만 독재 권력을 유지하는 데 전가의 보도처럼 악용됐다.

'국가보안법'에 의한 용공 조작과 탄압은 미·소 간 이념의 대립과 갈등이 냉전의 전초기지가 된 한반도로 이전되어 내재화 단계로 증폭되고 있음을 뜻한다. 이 단계에서 '남북협상론' 등의 평화통일 노력은 더 이상 존재할 수 없게 됐다. 남북한에서는 무력통일론이 노골적으로 확산됐다.

소련이 1949년 핵보유국으로 등장하면서 미·소 간 이념 대결은 핵무기 개발 경쟁으로 냉전을 확대 재생산하는 단계로 접어들었다. 이해 10월 1일 중국에서는 국민당 정부가 타이완으로 패주하고 공산당 정권이 들어섰다. 북한에서는 중국의 국공내전에 참여했던 조선인 군사 5만 여명이 들어온 데다 소련의 군사 물자 유입으로 북한의 군 전력이 대폭 증강됐다. 1950년 2월 14일에는 중국과 소련의 우호동맹조약이 체결됐다.

이런 세계정세 특히 극동 정세의 변화에 미국은 새로운 아시아 정책을 채택했다. 미국은 중소동맹 조약 체결 후 소련과의 전면적인 군사 대결을 위한 NSC-68호(국가안전보장회의 보고 제68호, 통칭 NSC-68) 계획을 결정했다. 미국은 핵무기를 포함한 대량살상무기를 사용할 '전면전쟁전략'을 수립했다. 1950년 1월 26일에는 '한미군사원조협정'이 체결됐다. 이해 들어 이승만 정권은 '총후대책(銃後對策)'으로 반미·반정부 인사들을 검거·투옥했다.

무력통일론은 1948년 8월과 9월 남북한에 단독정부가 들어서면서 노골적으로 거론됐다. 미국과 소련의 제3차 대전이 곧 터진다거나 북한의 남침 또는 남한의 북침이 있을 거라는 전쟁의 공포 분위기가 넓게 퍼져나갔다. 남한의 내각은 북벌 내각이라는 말도 나왔다.

남한의 무력통일론은 단독정부론에서 시작됐다. 단독정부론자들은 제3차 대전이 터지면 미국이 소련을 이길 것이며 이때 남한이 북한을 물리쳐 통일을 이루면 된다는 것이었다. 윤치영 내무장관은 정부 수립 직후인 9월 11일 "2주일 이내로 북조선을 점령하려면 14만 명의 군대가 필요하다"며 북벌 의지를 드러냈다. 이해 장택상 외무장관의 발언은 무초 주한 미 대사도 경악할 정도였다. 그는 북한은 실지(失地)이며 군사적 정복을 통해 38선의 인위적 장벽을 제거할 것이라고 선언했다. 무초 대사가 이승만을 만나 장택상의 성명은 지나치게 호전적이며 도전적이라고 공박했다. 그러나 이승만도 1949년 12월 30일 "새해에 우리 자신의 노력을 통해 잃어버린 국토를 되찾기 위해 분투할 것"이라고 무력통일 의지를 강조했다.

북한에서도 무력통일론을 주장하기는 마찬가지였다. 박헌영은 유엔사무총장 트리그브 리에게 보낸 서한에서 무력에 의한 통일을 달성한다는 북한의 정책에는 변함이 없다고 강조했다. 전쟁은 시한폭탄처럼 임박하고 있었다.[36]

한반도의 폭력은 1948년 남북한의 두 정부가 서로 무력통일을 지향하면서 급증하기 시작했다. 1949년 1월부터 12월 15일까지 38도선 일대에서 1,863회에 이르는 군사적 충돌이 있었고, 남한 지역에서는 게릴라전이 벌어졌다. 38

36. 정상모, 『신냉전 구도와 평화』, 120-122쪽 참조.

선 근처의 빈번한 전투는 대부분 남한 지휘관들의 주도로 발생했다. 주한 미군사고문단장인 로버츠 장군은 '이런 아이들 장난 같은 전술'로 중대한 사건이 돌발할 수 있다는 점을 우려했다.[37] 그는 이런 충돌이 미국으로부터 보다 많은 원조를 받기 위한 남한의 의도에서 비롯된다고 생각했다.

미국 관리는 "남북한에서는 민족 통일을 위한 열망이 주요한 정치적 힘으로 작용하게 되었으며, 따라서 어느 쪽도 현상 유지에 만족하기를 기대할 수 없는 상황이 돼버렸다"고 지적했다. 미국의 주도에 의한 유엔이라는 국제기구의 개입은 한반도 문제를 해결하기보다 한반도를 갈라진 두 집안으로 만들어 무력에 의한 통일 시도를 초래하고 말았다. 패권을 다투는 외세의 개입과 이에 앞장선 민족분열세력의 결합은 분단으로 끝나지 않고 무력통일론에 의한 동족 간 전쟁으로 이어졌다. 한반도 전쟁은 예고된 재앙이었다.

2) 한반도 전쟁과 정전협정체제

1950년 6월 25일 북한의 침공으로 3년 1개월에 걸쳐 벌어진 한반도 전쟁은 한반도 전체를 폐허로 만들었다. 전쟁에서 사용된 폭탄이 제1차 세계대전과 맞먹는 양이라는 주장도 있다. 제1차 대전보다 전쟁 기간도 1년여 정도 짧은데다 유럽보다 훨씬 좁은 한반도에서 비슷한 양의 폭탄이 사용된 것이라면 한반도 전쟁은 그만큼 혹독한 전쟁이었던 셈이다.

소련의 통계로는 북한 인구의 11.1%인 113만 명, 남북한 합쳐 250만 명이 전쟁으로 사망했다. 한반도에서는 80%가량의 산업·공공·교통시설이 파괴되고 정치·경제적으로 암흑기가 초래됐다. 처참한 전쟁의 결과는 통일이 아닌 분단이었다. 중심부인 미국과 소련의 냉전이 주변부인 한반도로 이전·증폭

---

37. 브루스 커밍스, 『한국전쟁과 한미관계, 1943~1953』, 박의경 옮김, 청사, 1987, 181쪽 참조

돼 지구상 그 어느 곳보다도 가장 치열한 전쟁으로 전개됐다.

한반도 전쟁은 예고된 전쟁이었다. 사상을 초월한 좌우 각계 인사 108명은 남북 협상을 비난하며 반대한 미군정의 하지 중장의 성명에 맞서 1948년 4월 14일 성명을 내고 "분단 이후 저절로 민족 상호의 혈투가 있을 뿐"이라며 남북통일을 지상과제로 한 정치적 합작을 호소했다. 김구도 1948년 4월 19일 분단을 막기 위한 남북 협상을 주장하며 한반도의 분단을 우려하고 "서로 피를 흘리게 될 것"을 예언했다.

1948년 수립된 이승만 정권은 동족 간의 전쟁을 막을 노력은커녕 오히려 무력통일론을 선동했다. 1949년 10월 22일 이승만 대통령은 "북진통일은 충분히 가능하며 실행할 것"이라는 담화문을 발표했다. 신성모 국방장관은 전쟁이 나면 "점심은 평양에서, 저녁은 신의주에서 먹을 수 있다"고 호언장담했다. 집권세력은 자신들의 이익과 권력에 눈이 멀어 전쟁으로 인한 국민의 재앙은 안중에도 없었다.

전쟁 3일 후인 6월 28일 새벽, 북한군 탱크가 서울 중심부에 나타났다. 신성모 국방장관의 지시로 이날 새벽 2시 30분 한강의 단 하나뿐인 한강철교가 폭파되고 이승만 정권은 대전으로, 7월 1일에는 다시 이리로 피했다. 예고도 없이 느닷없는 한강철교 폭파로 인해 50대 이상의 차량이 한강 물에 빠지고 최소 500명 이상이 폭사했으며 국민은 오갈 수 없게 됐다. 이승만 정권은 폭파 파문이 커지자 철교를 폭파한 공병감 최창식 대령을 9월 21일 사형시켰다.[38]

한반도 전쟁은 전통적인 측면에서는 대륙세력과 해양세력의 충돌이었다. 이념적 측면에서는 제2차 세계대전 이후 공산·반공 양대 진영으로 대립한 세

---

38. 신성모 국방장관의 지시로 예고도 없이 한강철교가 폭파됨에 따라 인명 살상은 물론 병력과 물자 수송에 막대한 타격이 발생했다. 이에 대한 비판이 들끓자 이승만 정권은 8월 28일 폭파 책임을 맡았던 공병감 최창식 대령을 '적전비행죄'로 체포해 9월 21일 사형을 집행했다. 최창식은 12년 만에 재심을 거쳐 1962년 무죄 판정을 받아 사후 복권됐다.

계의 냉전적 갈등이 폭발한 대표적 사례다. 패권적 측면에서는 패권을 확장하려는 미국과 이에 위협을 느낀 중국의 패권전쟁이었다.

한반도 전쟁은 유엔의 역사에서 유엔이 전면적으로 무력 개입한 유일한 사례다. 한반도 전쟁은 남북한이나 동북아시아의 지역적 군사 충돌의 차원을 넘어 전 지구 차원의 국제정치적인 전쟁이었다. 따라서 한반도 전쟁은 미·소 진영 간의 냉전적 대립뿐만 아니라 국제기구의 상시 개입 대상이 됨으로써 국제정치의 판도에 따라 좌우될 수밖에 없는 국제 종속적인 지배를 받게 됐다.

전쟁에서 미국과 중국 어느 쪽도 상대방을 완전히 굴복시키지 못하고 전선이 고착화되자 현상 유지 차원에서 정전협정이 추진됐다. 1951년 7월 정전회담이 시작돼 1953년 7월 27일 정전 협정이 체결·발효됐다. 정전협정의 본질은 교전 당사자의 합의에 의해 단기간의 부분적·일시적 적대행위의 중지였다. 전쟁이 완전히 종료된 평화상태가 아니라 전쟁이 일정 기간 중지된 것이다. 협정은 3개월 이내 쌍방이 고위급 정치회의를 소집해 한반도에서의 모든 외국 군대 철수, 한반도 문제의 평화적 해결 등을 협상하도록 규정했다.

이처럼 정전협정은 전쟁의 원인을 해결하지 않고 일정 기간 군사적 교전행위만 중지한 것이기 때문에 군사적 충돌 요인이 내재된 것이었다. 정전협정의 가장 큰 문제점은 군사분계선(휴전선)을 설정하면서 육상의 군사분계선은 휴전선을 경계로 확정됐지만 해상의 군사분계선은 명시되지 않았다는 점이다. 정전협정은 해상분계선과 관련해 "상대방의 군사통제하에 있는 육지에 인접한 해상으로 한다"고 규정했다. 정전협정은 해상경계선의 기준이 될 영해의 폭에 대해 정확한 거리를 구체적으로 규정하지 못하고 '육지에 인접한 해상'이라고 애매하게 표현함으로써 서해에서의 남북 간 군사적 분쟁과 충돌의 불씨를 남겼다.[39]

---

39. 이종연, 「북방한계선(NLL)의 국제법적 지위」, 《신아세아》 18권 4호(2011년 가을), 10쪽 참조.

유엔군 사령관 클라크 대장은 1953년 8월 30일 서해 5개 도서군(백령도, 대청도, 소청도, 연평도, 우도)으로부터 북쪽으로 3해리 되며, 동시에 서해 5개 도서군과 북한 점령지 사이를 서해 북방한계선으로 일방적으로 설정했다. 당시 우세한 해군력을 동원한 남한 쪽의 북진 공격이 우려되는 상황에서 남북 간 우발적 해상 충돌을 방지하는 한편, 정전체제를 안정적으로 관리하기 위해 유엔군 사령관이 내부적 작전규칙의 일환으로 서해 북방한계선을 그은 것이다.

국제법적으로 군사적 목적을 위해 설정된 해역은 영해를 규정하는 경계선이 아니라는 것이 국제법 학자들의 공통된 견해다. 미 국무부도 북방한계선 통과를 영해 침범으로 보지 않는다. 1996년 7월 16일 당시 이영호 국방장관도 국회 본회의 답변을 통해 "해상 북방한계선은 우리 어선이 조업 도중 잘못해 월북할 것을 우려해 우리가 임의로 설정한 북방한계선인 만큼 북한에서 넘어와도 정전협정과는 무관한 것"이라고 답변했다.

정전협상 과정에서도 이승만 대통령은 무력에 의한 통일을 주장했다. 그러나 강대국들의 관심은 한반도의 현상 변경이 아닌 세력 균형론에 입각한 현상 유지였다. 미국과 중국·소련의 입장은 한반도 전쟁 이후 두 진영 간의 대규모 직접적인 충돌이 초래할 위험성을 인식하고, 이런 충돌을 피하기 위해 두 진영 간의 세력 균형과 현상 유지를 기정사실화하는 것이었다.[40]

정전협정에 따른 한반도 문제의 평화적 해결을 위한 고위급 정치회담 준비 협상이 1953년 8월 7일 시작됐다. 준비 협상에서 소련은 정치회담을 중국이 참여하는 5대 강국 회담으로 만들어 동아시아 문제들을 다루자는 입장이었다. 미국은 중국을 5대 강국으로 인정하길 거부했으나 영국과 프랑스는 이에 동의했다.

---

40. 권오중, 「제네바 한국평화회담(1954)의 진행, 결과 그리고 의미: 한반도 6자회담의 원형」, 177-180쪽 참조.

마침내 1954년 2월 18일 베를린에서 미국·영국·프랑스·소련 등의 외상이 그해 4월 26일 제네바에서 회담을 개최하기로 합의했다. 베를린에서의 제네바 평화회담 합의는 냉전이 미국을 비롯한 5대 강국 간의 '사실상의 긴 평화'와 그 외의 지역에서 계속 진행되거나 확대되는 '지속적인 분쟁', 두 갈래로 확연하게 나뉘는 의미를 갖는다. 냉전은 5대 강국의 '반식민지' 영향력 경쟁 단계로 넘어가고 있었다.[41]

1954년 4월 26일 자본주의 국가들 간의 기본 입장도 정리되지 않은 채 제네바 평화회담이 열렸다. 참가국은 유엔 16개국과 북한, 중국, 소련 등이었다. 회담이 난항을 거듭하자 미국은 세력 분할과 균형이 이루어진 당시의 현상 유지를 위해 회담의 합의 결렬 방법을 모색했다. 마침내 한반도 문제에 대한 유엔의 역할을 강조하는 16개국 공동선언문의 발표로 제네바 평화회담은 결렬되고 말았다.

제네바 평화회담은 정전협정체제의 재확인이며 답습이었다. 제네바 회담에서 미국과 중국이 인식하는 동북아시아의 평화는 두 나라의 세력 균형이 유지되는 상태로서 이는 한반도의 분단을 의미했다. 정전협정체제는 한반도 문제가 근본적으로 미국과 중국의 세력 균형 구도에 종속된 지배종속관계의 체제다.

정전협정체제를 계기로 동북아의 세력 판도에 변화가 나타났다. 미국과 소련의 대립 구도인 '포츠담 체제'가 미국과 중국의 대립 구도인 정전협정체제로 바뀐 것이다. 정전협정체제 이후 미국과 중국의 관계는 한반도 문제에 결정적인 영향을 끼쳤다. 한반도 문제가 미·중 관계의 종속변수로 전락한 것이다. 한 민족의 운명이 미국과 중국의 이해관계에 따라 좌우되는 판이 되고 말았다.

---

41. 김학재, 「동아시아 냉전의 세 가지 평화 모델―판문점, 제네바, 반둥의 평화기획」,《역사비평》통권 110호(2015년 봄), 252쪽 참조.

4. 샌프란시스코 체제와 냉전의 내재화

1) 샌프란시스코 체제와 동북아 분쟁

미·소 간의 냉전 격화와 한반도 전쟁의 과정에서 미국의 일본에 대한 정책에 중대한 변화가 일어났다. 세계대전 후 초기 미국의 아시아 정책은 '강중(强中)'과 '약일(弱日)'이었다. 일본을 약화시켜 미국과 동북아 지역에 대한 미래의 안보 위협 요소를 제거하고, 강한 중국을 통해 아시아에서의 미국의 전략적 이익을 보호한다는 정책이었다. 1947년 미·소 냉전이 시작되자 미국은 중국의 전략적 가치에 더욱 주목했다. 소련을 견제할 필요가 그만큼 커졌기 때문이다.

미국은 1947년 초부터 제2차 세계대전의 전후 처리를 위해 전범국가인 일본과의 강화조약 초안에 착수했다. 1948년 중국 국민당과 공산당의 내전에서 국민당 정부의 패배가 기정사실화되자 미국의 아시아 정책이 조정됐다. 조정된 내용은 첫째, 중국이 소련의 속국으로 전락하는 것을 방지하고, 둘째, 미국의 아시아 정책의 중심을 중국에서 일본으로 바꾼다는 것이었다. 1950년 2월 중국이 소련과 우호동맹조약을 체결하자 미국은 기존의 약일(弱日)정책을 일본 부흥정책으로 전환했다.[42] 미국의 일본에 대한 정책 전환은 샌프란시스코 조약 체제로 나타났다. 미국은 1951년 일본과 샌프란시스코 강화조약과 미일 안보조약을 체결했다.

전범국가 일본에게 유리하게 처리된 샌프란시스코 강화조약의 문제점은 조약 내용의 애매성으로 인해 동북아시아의 영토 분쟁과 갈등의 불씨를 남겼

---

42. 김동길, 「1945-1950년 중·미 관계와 '중국 상실론' 비판」, 《동양사학연구》 제111집, 271-286쪽 참조.

다는 점이다. 일본이 청구권과 소유권을 포기한 지역이 구체적이지 않고 또 포기한 지역이 어느 국가의 소속으로 되는지에 대해서도 명확하게 규정되지 않았다. 조약 내용의 이런 애매성은 동남 중국해 도서 분쟁의 원인이 됐다.

일본의 독도 영유권 주장도 1949년 11월 5차 초안까지 독도가 한국 영토로 명시됐음에도 1951년 9월 8일 조인된 샌프란시스코 조약에서 빠짐으로써 비롯된 것이다. 1945년 미 최고사령부 훈령 제677호에서도 한국과 관련해 일본 영토로부터 분리되는 섬들은 울릉도, 이앙쿠르 섬(프랑스의 독도명), 제주도라고 열거했다. 1946년 6월 22일 훈령 제1033호로 발령한 '맥아더 라인'에서도 독도는 한국 영토였다.[43] 파라셀 군도와 스프래틀리 군도 등 동남 중국해의 도서들도 이해당사국들이 역사성을 내세우며 먼저 점령해 영유권을 행사하고 나서면서 영유권 분쟁이 벌어지게 됐다.

1951년 일본의 제2차 세계대전 책임을 처리한 샌프란시스코 조약이 일본의 전쟁 책임은 물론 전후 보상 문제의 해결이나 아시아 각국과 일본 간의 국교 정상화 문제를 덮어버리고 일본에게 관대하게 체결됐다. 강화조약이 체결된 날 밤 미일안보조약이 체결됐다. 조약에 따라 미국은 일본 전역을 군사기지로 사용할 수 있는 권리를 획득했다.

샌프란시스코 강화조약과 미일안보조약의 체결로 제2차 세계대전의 전범국에서 미국의 동맹국이 된 일본은 과거 침략의 청산을 제대로 하지 않았다. 이로 인해 일본의 침략을 받은 아시아 각국들의 반발이 일어났다. 일본이 1955~1959년 정식으로 침략의 피해에 대해 배상을 한 나라는 미얀마, 인도네시아, 필리핀, 남베트남 등 네 나라뿐이다.

같은 전범국 독일은 분단돼 과거 침략의 청산에 나섰지만, 매우 관대한 처

---

43. 조성훈, 「제2차세계대전 후 미국의 개입과 독도 귀속문제」, 《국제지역연구》 제17권 2호 (2008년 여름), 44-52쪽 참조.

분을 받은 일본은 독일처럼 분단되지도 않았다. 일본은 독일과 달리 과거 침략의 역사를 인정하지 않거나 이를 합리화하려고 했다. 게다가 반공기지로서의 일본의 역할에 기대를 가진 미국이 아베 총리의 외조부인 기시 노부스케 같은 A급 전범들을 석방시키거나 면죄부를 주고 일본 재벌 그룹에 대한 제한을 완화하며 일본의 부흥을 지원하자 일본의 과거사 청산 노력은 형식적인 시늉의 수준에 그치고 말았다.

샌프란시스코 강화조약에는 미국을 비롯한 유엔 회원국 49개 국가들이 서명했으나, 전후 처리의 당사국인 남북한과 중국, 소련 등은 서명에서 빠졌다. 미국 국무부가 작성한 조약 초안에는 한국도 조약 서명국이었다. 한국이 서명국에서 빠진 것은 미국의 일본 중시정책과 일본의 개입 때문이었다.

미국과 일본의 강화조약 협상 때 일본 쪽 대표는 요시다 시게루 당시 총리였다. 요시다는 "한국이 샌프란시스코 조약에 참여하면 일본에 대한 재산청구권, 배상금을 주장하게 돼 일본이 혼란을 피하기 어렵게 된다"며 미국 덜레스 협상 대표를 설득했다. 결국 한국은 서명에 참가할 수 없었다.

이에 이승만 정부는 공산주의자와의 전쟁을 중단하고 일본과 싸우겠다는 결의를 보였다. 그러나 한국군 통수권을 미국에게 넘긴 이승만 정부가 미·일 간의 거래에 개입할 아무런 힘이 없었다. 샌프란시스코 강화조약은 1952년 4월 28일 발효됐고, 훗날 일본의 아베 정권은 이날을 '주권 회복의 날'로 선포했다.

샌프란시스코조약이 체결됐지만, 러시아와 일본 사이에 남쿠릴 열도 문제가 남아 있었다. 1954년 말 두 나라의 관계 정상화 교섭이 진행됐다. 당시 일본은 북방 4개 섬 가운데 시코탄과 하보마이 제도 두 곳을 돌려받고 소련과 조약을 체결하는 쪽으로 의견을 모으고 있었다. 그러자 양국의 국교 정상화를 경계한 미국이 개입하고 나섰다.

1958년 8월 18일 덜레스 미 국무장관은 런던에서 시게마쓰 마모루 일본 외무대신을 만나 "만약 일본이 2개 섬으로 만족한다면 미국도 오키나와에 영원히 머물 것"이라고 경고했다. 결국 일본 정부는 '2개 섬 우선 반환론'에서 '4개 섬 일괄 반환론'으로 선회했고, 일본과 소련은 평화조약을 체결하지 못했다.[44]

북위 29도 남쪽의 남서제도는 미국의 신탁통치하에 둔다는 샌프란시스코 조약 규정에 따라 미국은 센카쿠 열도가 포함된 오키나와 일대에 대한 통치권을 행사했다. 미국은 1972년 5월 오키나와를 일본에 반환하면서 센카쿠 열도의 귀속처를 명확히 규정해야 했지만, 그러지 않았다. 미국의 오키나와 반환 조치로 이 열도에 대한 일본의 실효적 지배가 시작됐다. 일본 도요시타 나라히코(豊下楢彦) 간세이 가쿠인 대학 교수는 "닉슨 대통령은 미·중 데탕트를 앞두고 이 문제를 애매하게 다뤄 중국을 배려하는 한편, 잠재적인 분쟁의 불씨를 남겨 오키나와 미군 주둔을 정당화시키려 했다"고 지적했다.

미국을 비롯한 연합국들이 "일본은 폭력과 탐욕에 의해 약탈한 모든 지역으로부터 축출될 것"이라는 카이로 선언과 이를 재확인한 포츠담 선언의 정신대로 일본의 제국주의적 침탈이 시작된 청일전쟁 이전 시기까지 소급해 일본의 전쟁 책임을 물었다면 동북아의 영토 분쟁이나 과거사 문제를 둘러싼 역사 전쟁은 생기지 않았을 것이다. 일본과 한국, 중국, 러시아 사이의 역사적 화해가 이루어지지 않는 것도 미국의 전략적 입장과 이에 편승한 일본의 침략적 야욕이 주요한 원인이다.

샌프란시스코 조약 체제는 미·소 대결과 중국 공산화 때문에 일본의 재무장이 필요한 미국의 일본 중시정책의 산물이다. 미국은 제2차 세계대전 전후 처리보다 핵무기를 보유한 소련과 공산화된 중국에 대항하는 미국의 거점으로서 일본의 가치를 더욱 중요하게 인식했다. 이에 따라 미국은 1951년 샌프란시스코 강화조약과 미일안보조약을 통해 전범국가 일본을 국제사회로 복

44.《한겨레신문》2012년 8월 21일.

귀시키고 일본 제국주의 침탈의 책임 문제를 샌프란시스코 강화조약 협상에서 제외했다. 샌프란시스코 체제는 한국과 중국 등 주변국들에 대한 일제의 침략과 식민지 지배에 대한 일본의 책임을 묻는 과거사 청산을 외면하고 일본을 전범국가에서 미국의 동맹국으로 격상시킴으로써 동북아 분쟁이 다시 벌어질 불씨를 남겼다. 미국이 전후 처리 책임을 외면하고 일본을 중시한 샌프란시스코 체제가 동북아 분쟁의 요인이라는 비판이다.

2) 냉전의 전초기지 한반도

미국과 소련의 냉전은 1947년을 고비로 격화됐다. 이해 3월 미국 트루먼 대통령은 미 의회 연설에서 "세계가 민주주의와 전체주의의 '두 생활방식' 가운데 하나를 선택하지 않으면 안 된다"고 역설했다. '트루먼 독트린'이었다.

'트루먼 독트린'에 따른 미국의 소련 봉쇄정책은 유럽에 대한 종합적인 원조 계획인 '마샬 플랜'으로 시작됐다. '마샬 플랜'은 1947년 6월 마샬 미 국무장관이 유럽에 대한 경제 원조를 제의한 데서 비롯된다. '마샬 플랜'의 경제 원조는 1952년까지 총 120억 달러가 넘는다.

소련은 서방측의 위협에 맞서 1947년 10월 코민포름을 구성했다. 소련은 1948년 2월 체코 공산화 쿠데타를 지원했으며, 6월에는 서방측의 서독 분리 정책을 차단하기 위해 베를린 봉쇄를 단행했다. 동·서 냉전의 본격적인 대결 시대가 개막된 것이다.

미·소 간의 대결은 서로 상승작용을 불러일으켰다. 소련에 대한 군사적인 봉쇄를 위해 1949년 4월 미국, 영국, 프랑스, 캐나다 등 12개국의 북대서양조약기구(NATO)가 등장했다. 이해 9월 소련은 원자폭탄 실험에 성공했다. 10월에는 중국에 공산정권이 들어섰다. 냉전의 세계사적 전개는 유럽에서 동아시아로, 그리고 한반도로 이어져 한반도 전쟁으로 폭발했다.

미국은 한반도의 분단과 전쟁의 직접적인 원인인 냉전의 형성과 증폭, 정착에 대한 책임이 크다. 미국은 1947년 트루먼 독트린에 따라 마샬 플랜과 소련 봉쇄정책을 폄으로써 냉전을 주도했다. 미국은 냉전의 결과 명실공히 패권국가가 됐다. 미국은 냉전에서 가장 큰 혜택을 본 셈이다.

일본도 미국의 안보우산을 쓰고 패전국에서 경제대국으로 올라섰다. 미국은 공산주의 팽창을 저지하기 위해 일본을 부흥시킬 경제동맹전략을 폈다. 이 경제전략에 따라 일본은 서유럽의 반대에도 불구하고 미국의 지원을 받아 IMF와 GATT 등 국제경제기구의 일원이 될 수 있었고, 방대한 미국 시장의 대일 개방이라는 특혜를 누렸다. 미국이 펼친 이런 경제동맹전략의 결과와 한반도 전쟁의 특수로 일본은 1950~1960년대 10% 내외의 경제성장률을 기록했다. 1955년 일본의 총 수출에서 대미 수출이 차지하는 비율은 약 23%였으며, 1984년에는 35%까지 확대됐다.[45] 일본은 냉전에서 세계 제2위의 경제대국으로 등장한 냉전의 수혜국이다. 중국도 1972년 미국과 손을 잡고 소련을 견제하면서 개혁개방의 길로 나설 수 있었다.

1950년대 미국의 아이젠하워 정권은 '뉴룩(New Look) 정책'으로 냉전 전략을 재조정했다. 뉴룩 정책의 핵심은 중국을 견제하기 위해 한국을 비롯해 일본·베트남의 군사력을 본격적으로 증강시킨다는 것이었다. 중국과의 잠재적 군사 충돌에 대한 대응뿐만 아니라 세계 냉전의 맥락에서 미군의 자유로운 운용을 가능하게 할 군사력을 육성할 필요가 있는 곳으로 한국이 선정됐다. 이런 미국의 정책 구상은 한미상호방위조약으로 나타났다.

이승만은 일본 유사시 미국의 개입을 분명하게 명시한 미일방위조약 수준의 방위조약을 요구했다. 1951년 체결된 미일방위조약에서는 미군은 일본에

---

45. 김기수, 「미·중·일 삼각관계와 동북아시아 전략균형: 새로운 국제정치경제 틀의 모색」, 《세종정책연구》 제4권 1호(2008년), 89-91쪽 참조.

대한 외국 공격 시 방어 역할을 수행한다고 명시돼 있다. 이승만은 "한국을 공산주의로부터 방어하기 위한 협약뿐 아니라 일본의 공격으로부터 보호받기 위한 조약이 필요하다"며 미국이 한국에 대한 모든 침략으로부터의 방어 의무를 질 것을 주장했다.

그러나 미국은 방위조약에 따라 한국에서 기지와 병력을 유지한 권리를 갖지만, 미국의 의무적인 개입 형태가 아님을 분명히 했다. 실질적 의무가 아닌 상징적 차원의 방위협약을 주장했다. 미국의 덜레스는 대안으로 한국의 경제적 회복 지원을 강조했다. 그는 한미상호방위조약의 목적은 세계에 "한국이 세계의 자유의 최전선임을 알리는 것"이라며 한국 재건은 "자유세계의 상상을 사로잡을 것"이라고 그의 구상을 밝혔다. 한국에 대한 경제적 지원을 세계적 상징이자 사례로 추진할 기획이라는 것이었다.[46]

덜레스는 그 대가로 북진통일을 주장하는 이승만 정부의 독자적 군사행동 권한을 제약했다. 미국은 한반도 전쟁을 남북 간의 내전이 아니라 세계 평화를 위협하는 공산주의의 침략으로 규정하고 유엔이 행동에 참여해온 것이라며 한국의 북진 전쟁에 관한 군사 주권을 접수했다. 1954년 11월 17일자로 발효된 한미상호방위조약은 미국이 자신의 의사에 따라 유연하게 선택할 수 있는 미국의 일방주의적인 방위협약이었다.

1973년 미국과 중국의 암묵적 공조와 미·소 간 핵전력의 '공포의 균형'으로 인해 냉전이 평화공존 단계로 접어들면서 체제 경쟁이 냉전 대결의 중요한 요소로 등장했다. 미국의 제3세계 정책도 반공만 강조하는 데서 근대화론 등을 내세우며 경제개발을 강조하는 방향으로 변화했다. 미국의 경제개발을 통한 근대화론은 남한으로 이전돼 박정희 정권의 조국 근대화론으로 내재화됐다.

---

46. 김학재, 「동아시아 냉전의 세 가지 평화 모델—판문점, 제네바, 반둥의 평화기획」, 245-249 쪽 참조.

1960년 4월 혁명 이후 개혁적이고 진보적인 지식인들은 경제개발 문제를 통일과 연계시켜 경제건설과 통일을 병행하거나 통일을 전제로 한 경제건설론을 주장했다. 그러나 박정희 정권 이후에는 미국식 근대화론에 입각한 경제개발론, 이와 같은 맥락의 '선건설 후통일론'만 남았다. 자본주의 진영의 전진기지인 한반도에서 냉전 논리와 다른 주장들은 군사정권의 억압 속에 냉전체제 밖으로 배제되거나 말살되는 게 당시의 엄혹한 현실이었다.

남한 경제의 고도성장에는 냉전과 분단 변수가 중요하게 작용했다. 냉전 시기 많은 나라들이 미국으로부터 무상원조나 차관을 받았지만, 남한이 미국으로부터 받은 원조의 규모는 예외적이라고 할 만큼 컸다. 남한은 '자유진영'의 최전선이자 공산주의에 대한 우월성과 번영을 상징적으로 보여주는 진열장이 될 수밖에 없었기 때문이다.

남한은 1945년부터 1978년까지 미국으로부터 60억 달러의 경제원조와 차관을 받았다. 같은 시기 라틴아메리카 전체 국가들이 미국으로부터 받은 지원은 68.9억 달러였다. 한국이 받은 원조는 그야말로 예외적인 것이었다.[47] 이런 원조에 힘입어 한국은 높은 경제성장을 이룩했다. 그러나 한국의 경제성장에는 자본주의 진영의 방파제·전진기지로서의 희생과 대가가 따랐다. 냉전체제의 군사화 현상이 한반도에서 가장 극심하게 증폭돼 나타났다. 남한의 경제개발은 4월 혁명 이후 등장한 민주적인 민간 정부를 쿠데타로 뒤엎은 군사 정부에 의해 매우 군사주의적인 방식으로 진행됐다.

냉전체제는 '민주주의와 자유'를 지킨다는 명분을 내세우지만, 본질적으로는 군사 지향적이다. 한반도는 미국을 정점으로 한 냉전체제에서 최하위의 '최전방 기지'다. 전선의 '후방부대'보다 '전방부대'가 더욱 철저한 권위주의적 기강과 기율·통제가 요구되는 것과 마찬가지로 '최전방 기지'인 한반도에

---

47. 홍석률, 「냉전의 예외와 규칙─냉전사를 통해 본 한국 현대사」, 121쪽 참조.

서 세계의 그 어느 곳보다도 권위주의적인 지배권력이 나타났다.

세계의 냉전체제를 유지하기 위해서는 '최전방 기지'에서 군사적 긴장과 갈등의 재생산이 끊임없이 이루어질 필요가 있다. 이런 재생산은 절대적인 군사독재 통치에서나 가능하다. 미국의 입장에서는 '최전방 기지'의 역할을 수행할 절대적인 독재가 필요할 수 있다. 냉전체제의 주변부 내지 하위체계인 제3세계, 특히 한반도의 독재가 가장 절대적인 권위주의의 성격을 띠게 된 것도 그런 맥락이다. 경제성장 과정에서도 노동인권 탄압 등 권위주의적 억압과 함께 양극화 등을 비롯한 왜곡된 경제개발의 문제점들이 나타났다.

한국의 민주화에 역행한 1979년 12월 12일의 '12·12 군사쿠데타'에 대해 미국의 카터 행정부는 세계 전략 차원에서 한반도의 안보와 군사적 안정을 우선적으로 고려해 민주주의와 인권을 강조한 도덕외교를 적용하지 않았다. 한국의 군사작전권을 갖고 있는 미국 행정부는 12월 초 쿠데타 정보를 정확하게 알고 있었으면서도 쿠데타의 발생을 방지하거나 진행을 중지시키기 위해 적극적인 조치를 취하지 않았다. 또한 1980년 1월 말 한국군 장성의 역쿠데타 요청도 거절하고 전두환 신군부에 대한 조기 인정 및 협력 등을 모색했다.[48]

카터 행정부는 1980년 5·18 광주민주화운동에서도 한국의 민주주의가 아니라 신군부의 편을 들었다. 미국 정부는 5월 17일의 계엄령 발령과 5월 18일의 한국 군대 동원 결정에 깊이 관련돼 있었다. 미국 정부는 전두환 신군부가

---

48. 위컴 주한미군사령관은 1979년 11월 말에서 12월 초 육사 11기와 12기가 주축이 된 군사적 소요의 정보를 입수하고 12월 4일 노재현 국방장관에게 통보했다. 쿠데타 당일 북한군의 움직임과 감청 내용 등에서 이상 징후를 발견하지 못했다. 노재현 장관과 김종환 합참의장은 미 8군 벙커로 피신한 후 위컴의 도움으로 관할 병력의 동원 가능성과 충성심을 점검했다. 작전 통제권자인 위컴 사령관과 비상사태 시 대통령의 통수권을 위임받아 군을 지휘할 수 있는 노재현 장관이 결심했다면 진압군 출동이 가능했다. 박원곤, 「1979년 12.12 쿠데타와 카터 미 행정부의 대응: 도덕외교의 타협」, 《국제정치논총》 제50집 4호(2010), 84-94쪽 참조.

7공수여단을 동원해 광주시민들에게 엄청난 폭력을 가했음을 알고 있었음에도 5월 22일 백악관 회의에서 한국 군대가 미국의 국가 안보 이익에 맞도록 유지할 것을 결정했다. 미국 정부가 한국 신군부의 폭력행위를 묵인 또는 방조한 셈이다.[49] 카터 행정부도 1945년 이후 한반도에 대한 미국의 패권이익 중심의 정책적 입장을 벗어나지 못했다.

1973년 미국과 중국의 암묵적 공조로 '유엔한국통일부흥위원단(UNCURK)'이 해체된 것은 한반도 분단 문제가 매년 유엔총회에 상정되는 국제문제에서 남북한 사이의 문제로 내재화되었음을 상징하는 일이었다. 분단의 내재화는 한반도 분단이 동서 냉전 구도가 아니라 남북한의 체제 경쟁을 주요 동력으로 움직여가는 것을 의미한다. 한반도의 냉전과 분단은 분단 유지의 주된 비용을 남북한이 스스로 떠안고 군비 경쟁도 자신의 비용으로 앞장서는 자립화 단계에 이르렀다. 자립화 단계에서 세계의 냉전이 한반도에서 가장 군사주의적인 형태로 나타난 정치체제가 바로 남북 간 적대적 공생체제다.

---

49. 미국의 《저널 오브 커머스》 기자였던 팀 샤록(Tim Shorrock)은 『죽음을 넘어 시대의 어둠을 넘어』 영문판 기고문 '워싱턴의 시각'에서 5·18 광주민주화운동 당시 카터 대통령의 비밀대책팀과 전두환 신군부 사이에 오간 비밀전문(이른바 '체로키 파일')을 공개했다. 그의 기고문 내용은 1996년 미국 정보공개법(FOIA)에 의해 입수한 미국 국무부의 비밀해제 문건에 따른 것이다. 그는 2015년 5월 26일 한국 국회 정론관 앞 기자회견에서 "미국이 한국 역사에서 어떤 역할을 했는지 잘 알아야 한다"며 "미국 정부가 한국 군사정부의 편을 든 것에 대해 굉장한 수치심을 느낀다"고 말했다. 《오마이뉴스》 2015년 5월 27일.

제**2**장
독일의 통일과 한반도의 적대적 공생체제

1. 독일의 동방정책과 통일

1) 데탕트 시기 한국과 독일의 대응

미국 패권전략의 근간은 봉쇄정책이다. 1947년 케넌(George Kennan)이 내놓은 봉쇄정책은 냉전 시기 이후 미국의 일관된 정책이다. 봉쇄정책의 핵심은 공산권 국가들의 외곽을 봉쇄하여 그들을 고립시킴으로써 공산권 국가들이 스스로의 모순에 의해 붕괴되도록 한다는 것이다. 미국의 봉쇄정책은 시대 상황에 따라 봉쇄의 방법론이 달라졌을 뿐 지속됐으며, 1970년대 데탕트 시기에도 봉쇄의 핵심 기조는 유지됐다.

미국 봉쇄정책 방법론의 변화는 1960년대 말 나타났다. 제2차 세계대전 이후 거의 무한한 힘을 지닌 것으로 간주되던 미국이 무모한 전쟁 개입으로 허덕이게 되면서 나타난 변화다. 서유럽에서 동북아에 이르기까지 소련에 대한 봉쇄정책을 전개하며 소련과 대결해온 미국은 소련과의 핵무기 경쟁, 베트남 전쟁, 베를린, 동남아시아, 중동 등의 문제에서 힘의 한계를 느꼈다. 미국 경제의 부담을 줄이는 방향으로 세계군사전략을 바꿔야 할 형편에 놓인 것이다. 무엇보다도 미국이 베트남 전쟁의 늪에서 빠져나올 명분이 필요했다.

1969년 7월 닉슨 미국 대통령은 '베트남전의 베트남화'에 바탕을 둔 닉슨 독트린을 발표해 공산권 국가들과의 긴장 완화를 위한 초석을 마련했다. 이후 미·중, 미·소 간의 긴장 완화가 잇따르면서 데탕트 체제가 본격화됐다. 데탕트 체제에서 미국은 소련 및 중국과의 삼각관계를 잘 활용해 두 공산국가가 서로 맞서도록 하는 이이제이(以夷制夷) 전략을 폈다. 미국의 봉쇄정책이 과거와 다르게 전개됐다.

이이제이 전략의 봉쇄정책이 나올 수 있게 된 실마리는 공산권의 분열이었다. 분열은 1956년 제20차 소련 공산당 대회 이후 소련과 중국의 이념 분쟁에서 비롯됐다. 1968년 소련이 체코를 침공하고 이를 합리화하기 위해 브레즈네프 독트린을 발표하자 중국은 이를 민감하게 받아들였다. 공산권 전체의 이익을 위해 소련이 다른 공산권 형제국의 내정에 간섭할 수 있다는 게 독트린의 내용이었기 때문이다. 게다가 1969년에는 중국과 소련 사이에 대규모의 국경 무력 충돌이 벌어졌다. 중국으로서는 소련의 위협을 발등의 불처럼 현실로 느낄 수밖에 없었다.

미국은 키신저의 전략적 사고에 따라 중국·일본 등이 지닌 안보이익을 연결하여 소련을 고립시키려는 전 세계적인 비스마르크형 세력 균형을 구상했다. 키신저 미 국무장관은 마오쩌둥과 만난 자리에서 소련이 중국과의 국경 분쟁에서 전술핵무기를 사용하려고 했다는 증거를 제공했다. 그리고 두 나라의 관계 정상화를 타진했다.[1]

중국도 몽고와 인도, 베트남을 활용한 소련의 중국 포위전략과 위협에서 벗어나려는 처지였기 때문에 미국의 요구를 받아들였다. 마침내 소련을 공동의 적으로 한 미국·중국·일본의 전략적 협력관계가 형성됐다. 중국과 일본의 관계도 1978년 중일우호조약 체결 등 역사적으로 가장 우호적인 시기를 맞았다.

---

1. 고상두, 「중·러관계 동향과 국제정세 전망」, 《국제정세연구》, 2004년 겨울, 173쪽 참조.

데탕트 시대를 연 '닉슨 독트린'은 공산권 국가들과의 관계 개선 및 제한된 협력을 지향한다는 정책의 선언이었다.[2] 그러나 미국의 봉쇄정책이 사라진 게 아니었다. 데탕트는 또 다른 형태의 봉쇄였다. 봉쇄정책을 보다 값싼 비용으로 추구하겠다는 미국의 새로운 전략의 표현이 데탕트였다. 따라서 데탕트를 실행하는 정책 선언인 '닉슨 독트린'의 주요 내용은 해외 주둔 미군의 규모와 전력비용의 감축 등이었다.

'닉슨 독트린'과 이에 따른 데탕트 시대의 개막은 획기적인 변화였다. 소련을 공동의 적으로 한 미국·중국·일본의 전략적 협력관계 형성은 세력 균형의 엄청난 변화였다. 이런 국제정치의 지각 변동은 남북 간 군사적 긴장과 위기의 소용돌이에 빠져 있던 한국 정부의 입장에서는 맑은 하늘에서 벼락이 떨어지는 것과도 같은 충격일 수밖에 없었다.

1960년대 한반도의 군사적 소용돌이는 한일회담과 한국군의 베트남 파병이 그 계기였다. 미국의 지역통합전략 차원에 따라 1965년 한일협정의 체결로 한·미·일 3각관계가 형성되자 북한은 이를 자신에 대한 군사적 위협으로 느꼈다. 북한의 입장에서는 남한과 미국에다 과거 한반도를 침탈한 일본까지 연대하여 자신을 본격적으로 위협하는 것이라고 생각했던 것이다.

이런 상황에서 남한의 베트남 파병이 진행되자 북한은 대남 무력 공세를 강화했다. 남한의 추가 파병을 막고 미국의 역량을 분산시키려는 전략적 의도였다. 전쟁의 위기를 느낀 북한은 1966년 10월 본격적인 군사력 강화에 나섰다. 전군의 간부화, 전군의 현대화, 전인민의 무장화, 전국의 요새화 등 '4대 군사노선'이 제시되고, 사회는 군사적 동원체제로 재편됐다. 북한의 무력 공

---

2. 1969년 7월 29일 동남아 5개국을 순방 중이던 닉슨 미국 대통령이 괌에서 열린 기자회견에서 새로운 미국 대외정책의 기본 개념들을 발표했다. '닉슨 독트린'으로 알려지게 된 발표는 1972년 닉슨의 중국 방문, 이후의 소련 방문 등으로 이어지면서 데탕트라는 시대정신 또는 국제 관념을 만들어낸 단초가 됐다.

세는 마침내 1968년 1·21 사태(청와대 습격 미수 사건), 미 군함 푸에블로 호 납치 사건, 1969년 미군 정찰기 격추 및 미 육군 소속 헬기 피격과 승무원 억류 사건 등으로 연달아 터져 나와 한반도에서는 남북 간 전쟁이 벌어질지도 모를 일촉즉발의 상황이 전개됐다.

그럼에도 미국 정부는 '닉슨 독트린'에 따라 주한미군 1개 사단을 감축키로 결정하고[3] 1970년 3월 31일 처음으로 박정희 대통령에게 통보했다. 충격에 휩싸인 박정희 정부는 발칵 뒤집혔다. 정일권 국무총리는 미군이 철수한 비무장지대 지역을 무방비 상태로 방치하겠다고 위협하고 내각 총사퇴 결의를 하는 등 미국에 극단적인 시위를 했다. 한국 국회도 미국이 베트남에서 성실하게 동맹 의무를 수행하고 있는 한국을 배신했다는 결의문을 채택했다. 그럼에도 '닉슨 독트린'에 따른 미국의 한국에 대한 군사정책은 주한미군 감축에서 그치지 않고 군사 원조 삭감으로 진행됐다. 미국은 심지어 한국에 대한 주권 침해의 소지가 있는 한국군 감축까지 요구하며 한국에게 데탕트의 수용을 압박했다.

미국과 중국이 주도한 데탕트는 한반도에서 1972년 역사적인 '7·4 남북공동성명'으로 나타났다. 남북 간 대화와 합의 자체가 사상 최초의 일이었다. 성명의 내용도 자주·평화·민족대단결의 통일 원칙, 상호 비방 중지, 무력 도발과 충돌 방지, 남북 간 다방면의 교류 협력 실시, 상설 직통전화의 설치, 남북조절위원회 구성 운영 등 획기적인 것이었다.

---

3. 주한미군 철수는 1년 전부터 이미 진행되고 있었다. 1969년 2월 작성된 미국 국가안보연구 비망록(NSSM 27)에 따르면 당시 미국 정부는 세 가지 주한미군 철수 정책 대안을 제시하고 있었다. 1969년 6월 3일에는 레어드 국방장관이 하원 청문회에서 주한미군 철수 검토를 증언했다. 이에 따라 미국은 6월부터 비공식적으로 주한미군 일부를 철수시키기 시작했다. 신욱희·김영호, 「전환기의 동맹: 데탕트 시기의 한미안보관계」, 한국정치학회 '한국정치사' 기획학술회의, 『박정희 시대의 한국: 국가·시민사회·동맹체제』, 2000, 3-4쪽; 문순보, 「닉슨 행정부 시기의 데탕트와 한미관계」, 《국제관계》 제13권 2호(통권 제25호), 51쪽 재인용.

1972년 10월 12일 민족적인 기대 속에 남북조절위원회 위원장회의가 열렸다. 회의는 평양과 서울을 오가며 1973년 6월까지 3차례 개최됐으나 회의의 결실은 나타나지 않았다. 이 과정에서 남북 간 해빙과 통일에 대한 기대감을 빌미로 남한에서는 유신체제, 북한에서는 유일지도체제 등 한반도에서는 가장 권위주의적인 독재권력체제가 등장했다. 적대적 대결과 정략적 남북 간 대화와 교류를 통해 서로 독재권력을 유지·강화시켜주는 적대적 공생체제가 뿌리를 내렸다. 그 결과 한반도에서는 남북 간 적대감을 바탕으로 한 적대적 분단구조가 고착됐다.

독일은 한반도와는 정반대로 국제적 긴장 완화의 시대적 상황을 적극적으로 활용해 동·서독 간 적대적 대결에서 화해·협력의 단계로 통일을 향한 역사적 발전을 이루어갔다. 남한에서는 '유신헌법'이 공포되고 북한에서는 유일지도체제를 확립한 '조선민주주의인민공화국 사회주의헌법'이 제정된 비슷한 시기인 1972년 12월 21일 동·서독기본 조약이 체결됐다. 독일 통일의 대장정이 시작됐다.

독일의 이런 역사적 전환은 1969년 사민당이 집권하고 브란트가 독일 통일의 기반이 된 '동방정책'을 주도하면서 이루어졌다. 서독은 이때까지만 해도 동독을 소련의 위성국이며 비합법적 국가로 간주하고 동독을 승인하는 국가와는 외교관계를 단절하는 '할슈타인 원칙'에 따라 동독과 적대적 대결을 벌여왔다. 그러나 브란트 서독 수상은 독일의 통일은 가까운 장래에 어렵기 때문에 동·서독 간의 긴장 완화가 실천적 정치의 당면 과제라고 인식했다. 그는 동독을 서독과 특수한 관계의 국가라고 '2개 국가론'을 주장하며 동·서독을 공존·공영의 관계로 발전시키는 것을 단기적 목표로 설정했다.

서독은 미국 등 서방 3개국과 소련에 대한 국제적 외교 노력을 폈다. 마침내 소련과 상호 무력 불사용 원칙을 주요 내용으로 하는 모스크바 조약이 체결됐고, 이를 바탕으로 1971년 미국·영국·프랑스·소련 4대국 간 '베를린에 관한 협정'이 체결됐다. 이에 따라 1971년 12월 동·서독 간의 통과 협정, 12월 20일 서베를린 시민의 동베를린 및 동독 방문에 관한 합의 등이 이루어지고, 1972년 5월에는 양독 간 교통 조약이 체결됐다.

조약 발효 이후 동·서독 간 활발한 인적 교류가 이루어졌다. 동독의 친척을 방문하는 서독인은 1년에 4주일간 체류하며 국경지역 어디든 통과해 어느 지역이라도 여행을 즐길 수 있게 됐다. 동독인이 서독을 방문할 때는 1년 중 첫 여행인 경우 50마르크의 보조금까지 주고 공공 교통수단의 이용도 무료이며 자기 마음대로 병원이나 의사를 선택해 무료로 치료를 받을 수도 있었다. 학술, 문화, 스포츠 등의 교류도 활발하게 이루어졌고 1986년 이후에는 도시 간의 자매결연이 성행했다. 이렇게 독일 통일의 대장정이 본격적으로 진행됐다.[4]

2) 독일 보수세력의 동방정책 수용과 통일

독일의 통일 대장정에서 정당, 사회단체, 지식인들, 교회 등의 평화와 통일을 향한 노력이 큰 역할을 했다. 독일 교회는 1945년 10월 18~19일 '슈투트가르트 죄책 선언'을 통해 독일이 주변 국가나 유대인에게 자행한 끔찍한 행위를 막지 못하고 그대로 방관하거나 동조했던 과오를 세계교회 대표들 앞에서 고백하는 등 과거 잘못된 역사의 청산과 민족의 통일성 유지에 앞장섰다.[5] 1961년 8월 13일 베를린 장벽이 설치되고 동·서독 간의 통행이 완전히 차단되자 독일 교회는 동·서독 간의 적대감 완화와 민족의 동질성 유지를 위해 많은 기여를 했다. 이해 11월 6일 저명한 물리학자 하이젠베르크, 철학자 바이

---

4. 정상모, 『새로운 세기를 위하여』, 한겨레신문사, 1997, 128-131쪽 참조.
5. 정상모, 『신냉전 구도와 평화』, 월간말, 2002, 288-304쪽 참조.

츠제커, 교육자 피히트 등 저명인사들이 참여한 '튀빙겐 각서'에서는 동유럽 공산국가들과의 관계 정상화를 제의하며 독일 정부의 할슈타인 원칙에 정면으로 맞섰다.

독일의 동방정책에서 핵심 역할을 한 에곤 바르는 베를린 장벽 사태로 냉전이 격화되고 있던 1963년 동·서독 간 장벽 해소를 위해 '접촉을 통한 변화'를 처음으로 주장했다. 그가 주장한 주요 내용은 첫째, 동독이 소련의 영향권에 있는 엄연한 현실에서 동독 정권을 몰락시키려는 어떤 정책도 무의미하다. 둘째, 독일의 재통일은 갑자기 이룰 수 없고, 수많은 조처와 과정이 필요하다. 셋째, 동독의 현실을 인정함으로써 동독에 대한 정책을 진전시킬 수 있다. 그의 주장은 1970년대 동방정책을 통한 통일 대장정의 근간이 됐다.

기독교민주연합과 기독교사회연합 등 보수 정당은 진보 정당인 독일사회민주당의 동방정책을 반대했다. 보수 정당은 동방정책을 무산시키려고 1972년 4월 말 브란트 총리 불신임안을 통과시키려 했지만 실패로 끝났다. 오히려 브란트의 인기는 치솟고 그의 동방정책은 동·서독 간 기본 조약의 의회 비준과 헌법재판소의 합헌 결정 등으로 정치적 법적 안정성을 확보하며 강력하게 추진됐다.

1973년 9월 18일 동·서독이 유엔에 동시에 가입을 하게 되자 동방정책에 대한 보수세력의 저항도 약화됐다. 1975년에는 보수 정당인 기민련과 동독의 독일사회주의통일당의 비공식 접촉이 이루어지며 보수 정당 쪽에서도 이미 체결된 동방정책의 조약들과 양독 간 협정이 그대로 유지되어야 한다는 주장이 나타났다. 1970년대 후반에는 기민련이 동방정책을 수용하는 정책 전환이 진행됐다.

1982년 10월 1일 13년간 지속된 사민당 주도의 연정이 해체되고 보수 정당인 기민련 중심의 연정이 구성됐다. 보수주의자 콜이 정권을 인수할 당시에는 '제2차 냉전'이 한창이었다. 소련의 아프가니스탄 침공, 폴란드 위기, 미국

레이건 행정부의 무한 군비 경쟁 가동 등으로 국제 냉전이 격화됐다. 이런 국제적 상황에 편승해 서독의 보수 정치인들이 체제 대결의 논리에 매몰돼 1970년대 동방정책을 뒤엎어버릴지 관심이 쏠렸다.

그러나 콜 수상은 국제적 조건의 악화에도 불구하고 사민당 정부와의 연속성을 분명하게 강조했다. 콜 정부는 집권 후 선언적이고 규범적인 차원에서 동독 공산주의 체제를 정례적으로 비판하며 '2민족론'을 내세워 통일의 가능성을 부정하는 동독을 압박했다. 그러나 콜의 규범주의적 비판은 보수적 정치세력의 반대파들을 무력화하기 위한 '내수용'의 정치적 수사였다.

콜은 자신의 정부를 '중도 내각'이라고 규정하고, 1982년 11월 29일 동독의 국가평의회 의장 호네커에게 보낸 서한에서 "동·서독 사이의 기본 조약 및 다른 모든 협정과 합의들은 양국 간 관계 발전의 기본"임을 확인했다. 그는 동독이 예민하게 반응하는 '재통일'이라는 말도 1989년 11월 이전까지는 공식적으로 사용하지 않았다. 콜 수상은 동독 체제 붕괴를 겨냥한 당 내외 일부의 적극적인 통일 추구 요구에 직접 제동을 걸며 동독의 체제 안정을 흔드는 도발적인 이념적 공격과는 시종 거리를 두었다. 독일 내정의 다양한 부문에서는 좌파 정치의 종식 주장과 함께 '전환'이 있었지만, 외교관계와 통일정책에서는 일관성이 유지되고 대내외적 신뢰를 확보하는 토대가 군건해졌다.[6]

독일은 1990년 10월 3일 통일을 이룩했다. 독일의 통일에는 통일 방식을 비롯해 여러 가지 내부적인 문제들도 있었지만, 결정적인 관건은 대외적인 문제들의 해결이었다. 1945년 포츠담 협정에 따라 점령국인 미국·영국·프랑

---

6. 기민련의 헬무트 콜과 사민당의 빌리 브란트는 당파적 대결과 긴장, 굴곡의 와중에도 인간적 신뢰와 존경의 끈을 유지했다. 1989~1990년 통일 국면에서 브란트는 다른 주요 사민당 정치가들과 달리 콜의 중요한 정치적 지지자였고 콜은 브란트의 충고에 항상 귀를 기울었다. 1990년 10월 3일 독일 통일이 완성된 날 콜과 브란트 두 사람은 독일 국민 앞에 통일의 주역으로 나란히 설 수 있었다. 이동기, 「보수주의자들의 '실용주의'적 통일정책: 1980년대 서독 콜 정부의 동방정책 계승」, 《역비논단》, 364-367쪽 참조.

스·소련 등 4개국이 갖고 있던 '베를린과 전 독일에 대한 권한과 책임'의 해제를 비롯해 독일의 동부 국경선 문제나 나토 잔류 등과 관련해 당사국들의 동의가 있어야 하기 때문이다.

독일이 베를린 장벽이 무너진 지 11개월의 짧은 기간에 통일을 이룰 수 있었던 원동력은 대외 문제 해결에 집중할 수 있었던 자주적인 역량이었다. 콜 총리는 1989년 11월 28일 독일 통일 10개 방안을 발표한 뒤 통일 문제를 다룰 국제기구 구성에 동·서독이 4개국과 동등한 자격으로 참여하는 '2+4' 방안으로 추진하는 자주적 역량을 발휘했다. 2+4 회담 기구를 구성한 뒤 핵심적인 과제는 미국을 제외한 3개국의 독일 통일 반대 입장을 지지 쪽으로 바꾸는 일이었다.

독일은 미국의 지지를 활용해 영국과 프랑스의 지지를 얻어내고 사실상 통일의 열쇠를 쥐고 있던 소련을 설득하는 데 외교력을 집중했다. 독일 겐서 외무장관은 셰바르드나제 소련 외무장관에게 2+4 회담은 과거가 아닌 독일과 유럽을 위한 미래 지향적 관점에서 열려야 한다며 장래 독일이 소련에게 줄 이익을 강조했다. 셰바르드나제도 그의 설명에 동의했다.

당시 소련은 극심한 경제위기를 겪고 있었다. 차관을 빌려야만 했지만, 미국과 영국은 소련을 지원할 의사가 없었다. 소련은 유일하게 남은 독일에게 지원을 요청했다. 콜 총리는 고르바초프의 정치·경제 개혁이 실패할 경우 독일 통일은 매우 어려울 것으로 판단했다. 독일은 소련에게 2억 2천 마르크 상당의 생필품과 50억 마르크의 차관을 제공하고 동독 주둔 소련군의 철수 비용으로 155억 5천만 마르크를 지원했다.[7] 마침내 8월 31일 '2+4 조약' 체결로 대외적인 문제들이 모두 해결돼 10월 3일 역사적인 독일 통일이 실현됐다.

---

7. 손선홍, 「독일 통일을 위한 대외적 문제 해결과 시사점: 2+4 회담을 중심으로」,《외교》제 110호(2014. 7), 126-127쪽 참조.

독일 통일의 배경에는 1985년 3월 소련 공산당 서기장에 취임한 고르바초프의 '페레스트로이카'와 '글라스노스트' 개혁정치에서 비롯된 동유럽의 개혁과 냉전 해체로 이어진 국제적 긴장 완화의 도도한 흐름이 있었다. 이런 동유럽의 변화와 개혁의 흐름 속에서 1989년 여름 동독 주민의 대규모 탈출과 개혁 요구 시위 등은 독일 통일의 발단이 됐다. 국제적인 변화와 개혁의 상황을 독일의 통일로 이끌 수 있었던 것은 1970년대 '동방정책'에 따른 동족 간 교류와 협력을 통한 민족의 동질성 및 자주적인 역량의 축적, 보수와 진보의 차원을 넘어선 독일 민족의 주체적 역량의 발휘 때문이었다.

2. 한반도의 적대적 대결

1) 한국 보수세력의 대북 적대적 대결

독일이 통일의 대장정에서 독일 민족의 자주적 역량을 발휘하여 통일을 실현한 것과는 정반대로 한반도에서는 남북한 간 적대적 대결의 악순환으로 분단이 고착됐다. 미국과 중국이 대결 지향적 자세에서 벗어나 제한적으로 협력하고 한반도의 현상 변경이 아니라 현상 유지의 차원에서 안정적으로 관리하려는 데탕트의 전략적 사고를 남북한은 제대로 수용하지 못했다. 남북한은 오히려 이념적 적대감의 증폭과 적대적 대결로 권력을 유지·강화하는 극단적인 군사적 대결형 파쇼 통치체제를 지향했다. 한반도에서는 병영화 또는 유사 전시체제가 구축됐다.

1969년 미국의 주한미군 감축 논의가 본격화되자 박정희는 '안보 공백' 논리를 내세워 자주국방노선을 표방했다. 주한미군의 철수에 대한 대응책이 자주국방노선이었다. 데탕트에 호응하고 북한의 적극적 공세를 누그러뜨리기 위한 남북대화를 진행하면서도 '대결 있는 대화'를 강조하며 자주국방노선의 병진을 추구했다.

1970년 1월 9일 대통령 연두기자회견에서 '자주국방' 개념이 처음 등장한 뒤 '자주국방론'은 1971년 12월 6일 국가비상사태로 이어졌다.[8] 1972년 대통령 연두기자회견에서는 '총력안보체제'가 강조됐다. '총력안보론'은 마침내 이해 '유신체제'로 귀결됐다. 군사주의적이고 국가주의적인 '총력안보론'은 유신체제 전 기간에 걸쳐 전면적으로 광범위하게 사용됐다.

유신체제에서 '총력안보'의 '총력전'을 펴기 위해 '국력배양론'의 '능률'이라는 이름으로 '일사분란한 단결'과 '복종'이 강요됐다. 이 강요는 유신체제에 대한 저항을 막기 위해 1974년 대통령 긴급조치권 발동으로 구체화됐다. 자유민주주의는 국가보안법 민주주의, 긴급조치 민주주의로 전락해 사실상 해체됐다. '총력안보체제'의 동력 수단으로 북한에 대한 적대감과 적대적 대결 의지를 고취하는 안보이데올로기가 끊임없이 동원되고 안보 이데올로기를 정당화하기 위해 간첩 사건들이 잇달아 조작됐다.

북한은 중국의 대미 데탕트 추구를 주한미군 철수와 한반도 통일을 위한 새로운 기회로 보았다. 중국도 북한에게 주한미군을 철수시키려면 남북대화와 가시적인 긴장 완화 조치가 필요하다며 남북관계 개선을 종용했다. 남북 간 군사적 긴장이 높아져 소련의 대북 군사 지원의 필요성이 늘어남에 따라 북한이 소련 쪽으로 기울어지게 되면 중국의 데탕트 목적인 소련의 위협 억제가 어려워질 것이기 때문이다.

---

8. 박정희는 1976년 1월 15일 연두기자회견에서 '자주국방의 개념'과 관련해 "외부의 지원 없이 북한 공산집단이 단독으로 공격해올 경우 우리도 우방의 지원 없이 우리 단독의 힘으로 1대1로 능히 이를 격퇴하고 막아낼 수 있는 정도의 국방력"을 의미한다며 "앞으로 4~5년 내에 달성하겠다"고 말했다. 김지형, 「1960-1970년대 박정희 통치이념의 변용과 지속: 민주주의와 반공주의 및 상호관계를 중심으로」,《민주주의와 인권》제13권 2호, 187-191쪽 참조.

북한은 중국을 통해 미국에게 남한의 주한미군 철수, 유엔한국통일부흥위원회 해체 등 8개 항을 요구했다. 북한은 미국과 직접 접촉을 할 수 없기 때문에 중국의 적극적 중재 역할을 기대하며 중국이 바라는 남북대화를 활용했다. 그러나 미국이 수용한 '유엔한국통일부흥위원회' 문제를 제외하고는 북한의 핵심 요구 사항인 주한미군 철수 등은 이루어지지 않았다.[9]

남북한 모두의 진정성이 없었던 남북대화는 1973년 8월 북한의 결렬 선언으로 끝나버렸다. 1974년 2월 북한의 대남 해상 간첩 침투와 어선 공격, 8월 '문세광 사건' 등으로 남북한은 다시 적대적 대결관계로 돌아섰다. 1976년에는 북한 쪽의 임전 태세 명령(8월 5일), 판문점 미군 병사 피살 사건(8월 18일) 등으로 한반도의 위기 상황은 전쟁 일보 직전에 이르렀다.

독일의 통일이 이루어진 미·소의 신데탕트는 한반도의 평화와 통일을 추구할 역사적인 계기였다. 동유럽의 민주화와 소련의 해체에 이은 냉전체제의 해소는 한반도 냉전의 해소를 모색할 절호의 기회였다. 미국도 "한반도 평화의 새 시대를 선도하기 위해 미국의 몫을 다할 준비가 돼 있다"고 밝혔다.[10] 중국과 소련도 남북관계의 개선과 대화의 재개를 종용했다. 어떤 나라도 한반도 냉전의 해소를 공식적으로나 공개적으로 반대할 명분이나 이유가 있을 수는 없었다.

남북한도 관계 개선에 실질적인 관심을 나타냈다. 노태우 대통령은 1987년 7월 7일 북한과 중국·소련에 대한 개방정책 등 6개항의 '민족자존과 통일 번영을 위한 대통령 특별선언'을 발표했다. 특별선언은 남북 간 소모적 대결

---

9. 최명해, 「중국의 대미 데탕트 시도와 북·중 동맹 관계의 재조명」,《아세아연구》제15권 제3호, 통권133호(2008).

10. 개스턴 시거 미 국무성 동아시아 및 태평양담당 차관보는 1987년 7월 21일 뉴욕의 외교정책협의회 연설에서 남북한이 과거의 원한을 무시하고 실질적이며 성취가 가능한 목표에 주력하면서 대화를 재개할 것을 촉구했다. 정상모, 『새로운 세기를 위하여』, 200쪽 참조.

외교를 끝내고 민족의 공동 이익을 위해 민족공동체를 지향하자고 제의했다. 북한도 11월 7일 통일 지향, 주한미군 철수, 남북한 군축, 당사자 협상의 평화 보장 등 남북관계를 진전시킬 4원칙을 채택했다.

남북 당국자들 간의 대화와 함께 민간인의 교류도 과거 어느 때보다도 활발하게 이루어졌다. 1990년 9월 시작된 남북한 총리의 남북고위급회담에서 남북한의 유엔 동시 가입, 남한 쪽의 화해와 협력을 위한 공동선언과 북한 쪽의 불가침선언 등의 문제가 협의됐다. 마침내 1991년 12월 13일 제5차 남북 고위급회담에서 역사적인 '남북 사이의 화해와 불가침 및 교류 협력에 관한 합의서'가 채택됐고, 12월 31일에는 '한반도 비핵화 공동선언'이 합의됐다. 남북한 기본합의서가 1992년 발효됨에 따라 1993년에는 민족 간 화해와 교류·협력 사업이 활발하게 진행됐다.

이런 상황에서 1980년대 후반부터 미국에 의해 제기돼온 북한 핵 문제가 불거졌다. 북한 핵 문제가 북한의 핵에 대한 사찰 논란으로 악화되면서 1993년 연초부터 북한과 미국의 갈등이 커졌다. 미국은 중단됐던 팀스피리트 훈련 재개 결정을 내렸다. 팀스피리트 훈련은 남북회담의 원만한 진행과 북한의 핵 상호 사찰 수용을 전제로 1992년 1월 7일 중단됐었다. 훈련 통보를 받은 북한은 이에 맞서 1993년 3월 8일 준전시상태를 선포했다. 준전시상태는 1983년 미얀마 랑군 폭파 사건 이후 거의 10년 만의 조치였다. 북한은 국제원자력기구가 북한의 특별사찰 수용을 촉구하는 결의를 하자 3월 12일 불공정한 결정이라며 핵확산금지조약 탈퇴를 선언했다.

국제원자력기구는 1994년 3월 12일 북한 핵 문제를 유엔안전보장이사회에 회부했다. 한·미 양국과 관련국들은 북한에 대한 유엔 제재를 추진했다. 김영삼 대통령은 3월 17일 일본 NHK와의 기자회견에서 북한에 대한 국제적 제재의 불가피성을 강조했다. 이틀 뒤 '서울 불바다' 사태가 터졌다.

1994년 3월 19일 제8차 특사 교환 남북 실무 접촉에서 남쪽 대표단은 제재

문제로 북한을 압박했다. 남북 간에 고성의 설전이 오가다 북한 쪽의 '서울 불바다' 발언이 나왔다. 발언 내용은 "전쟁이 터지면 평양뿐만 아니라 서울도 불바다가 된다. 어떻게든 평화적으로 해결하자"는 취지였다. 한국 정부는 북한이 남한에 선전포고라도 한 것처럼 '서울이 불바다 될 것'이라는 말만 거두절미하고 부각시켰다. 북한을 규탄하는 캠페인이 전국을 휩쓸었다.

남북관계는 극도로 악화됐다. 북한과 미국의 관계도 전쟁 일보 직전으로 치달았다. 미국의 클린턴 행정부는 6월 18일을 전쟁 개시일로 확정하고 17일 주한 미국인 소개 작업 등 전쟁 초읽기에 들어갔다. 일촉즉발의 상황에서 6월 15~18일 평양을 방문한 카터 전 미국 대통령의 중재로 남북정상회담 합의가 이루어짐으로써 전쟁의 위기가 가까스로 해소됐다.

북한 핵 위기는 1994년 북한과 미국의 제네바 기본 합의로 일단 수습됐다. 그러나 북한 핵 위기 과정에서 남북대화와 교류는 중단되고 남북 간 기본합의서는 휴지조각처럼 되고 말았다. 북한의 '나진·선봉 자유무역지대'의 활성화 등 개혁과 개방 노력도 물거품이 돼버렸다. 남북관계는 얼어붙고 미국의 주도권은 다시 확고해졌다. 북한과 일본의 교섭도 1992년 11월 이후 더 이상 진전되지 못했다.

2000년 6월 남북 정상회담은 한반도를 둘러싼 냉전구조를 해체할 중요한 전환의 계기였다. 남북관계를 적대적 대결이 아니라 대화와 협력의 시대로 전환시킬 역사적 회담이었다. 정상회담의 결과인 2000년 6월 15일 6·15 남북공동선언은 분단체제를 재생산하는 적대적 공생체제를 통일 지향의 평화적 공생체제로 바꿀 전환점이었다.

선언 이후 남북 간의 화해와 협력을 위한 교류가 활발하게 진행됐다. 특히 분단 50여 년 만에 비무장지대에 깔려 있는 지뢰를 없애고 남북 간의 철도와 도로를 잇는 경의선과 동해선 철도·.도로 연결 사업은 민족의 혈맥, 나아가서는 평화의 혈맥을 잇는 상징적인 사건이었다.

2007년 남북관계 발전과 평화·번영을 위한 10·4 남북정상선언은 6·15 선언 7년의 성과를 계승하고 남북관계를 더 높은 단계로 발전시킬 수 있는 또 다른 계기였다. 10·4 선언에서 남북이 3자 또는 4자가 함께 하는 종전 선언을 추진하기로 한 것은 우리 민족 주도로 한반도 질서 재편과 냉전체제 해체를 실현하자는 민족의 주체성과 자주성의 의지를 나타냈다는 점에서 그 의미가 막중하다.

남한의 보수세력은 김대중 정부의 '햇볕정책'에 따른 남한의 대북 지원·협력을 '퍼주기 논리'로 맹렬하게 비판했다. 1998~2000년 대북 지원 총액은 민간 부문을 포함해 약 4억 8천만 달러로 연간 1억 6천만 달러 정도다. 같은 기간에 국제사회가 북한을 지원한 5억 6천만 달러보다 훨씬 적은 액수다. 2000년의 경우 북한 지원액은 1억 1천만 달러로 국민총소득(GNI)의 0.025%, 국방비의 0.94%에 불과하다. 서독이 동독에게 1972년부터 1990년까지 정부 차원에서 지원한 연평균 7억 4천만 달러와는 비교도 안 된다. '국방중기계획'에 따른 무기 구입비는 연평균 7조 원이나 들어간다. 선구적인 평화사상가 에라스무스는 전쟁 비용과 전쟁에 의한 도시의 파괴, 농촌의 황폐, 통상의 단절 등 경제적 손실을 들며 그 손실의 10분의 1로 평화를 살 수 있다고 강조했다.[11]

이명박 정부는 권력을 장악한 뒤 대북정책과 통일정책의 급격한 변화를 예고했다. 한국의 보수주의세력은 북한의 "버르장머리를 고쳐야 한다"며 대북 대결 정책을 조장했다. 1980년대 초반 정권을 인수한 서독의 보수주의자들이 전임 사민당 정부의 동방정책을 계승해 지속적으로 추진한 것과는 정반

11.《중앙일보》의 통일문제연구소는 국내외 북한 문제 전문가들의 조언을 토대로 연구 작업을 벌인 결과 2000년 규모의 대북 지원 방식으로는 남북 간 불신의 벽을 허물기에는 근본적으로 한계가 있다는 결론을 내렸다.《중앙일보》는 남북 간 진정한 화해·협력과 통일의 기틀을 마련하기 위해 획기적이고 체계적인 대북 지원이 필요하다고 주장했다.《중앙일보》2002년 1월 17일 참조.

대의 방향으로 나아갔다. 북한과의 화해와 협력을 지향하는 정책은 대북 적대감 고취와 적대적 대결 위주의 정책으로 바뀌었다. 박근혜 정부는 이명박 정부의 대북정책을 계승해 북한과의 적대적 대결 정책을 강화했다.

2) 한국 보수세력의 본질과 숭미주의

한국 보수세력의 본질은 일본 제국주의 식민지 지배 시기의 '친일세력'에서 비롯된다. 식민 통치 기간 일제에 협력하거나 부일한 세력은 해방과 함께 생존의 위기를 맞았다. 대부분의 친일파는 절망 속에서 새 정부에 의한 심판의 날만 기다렸다. 이들은 자신을 숙청하라는 좌파를 특히 우려했다.

미국의 보수주의는 냉전체제의 역사적 과정에서 반공주의의 특징을 갖게 됐다. 미국의 이런 특징은 숙청의 일대 위기를 맞은 친일세력에게는 절호의 생존 기회였다. 미군정이 시작되고 남한이 점차 미국 반공전선의 전초기지가 되면서 친일세력은 미국 추종의 숭미주의와 극우 멸공주의를 통해 탈출구를 찾았다.

이승만 정권은 1958년 1월에는 진보당 위원장 조봉암 등을 국가보안법 위반 혐의로 구속했다. 1960년 대통령 선거를 앞두고 진보당 조봉암의 지지도가 높아 자신의 재집권에 위기감을 느낀 때문이었다. 조봉암은 1심에서 징역 5년이 선고됐다. 간첩죄 혐의에 대해서는 무죄가 선고된 것이다. 이에 정치깡패 이정재 휘하의 '대한반공청년회' 회원 200여 명이 대법원에 난입해 판사를 규탄하고 대법원 청사를 아수라장으로 만들었다. 2심에서 조봉암에게 사형이 선고됐다. 대법원에서 사형이 확정되자 다음 날인 1959년 7월 31일 전격적으로 조봉암에 대한 사형이 집행됐다. 2010년 1월 20일 대법원 전원합의체는 조봉암에 대한 재심에서 국가변란과 간첩죄 혐의에 무죄를 선고했다. 보수단체인 '대한민국어버이연합' 등은 법원에서 '(대법원 판사는) 빨갱이'라고 외치고 판사 집 앞에서 시위를 벌였다. 또한 이용훈 대법원장 차량에게는 달걀을 던지는 소란을 피웠다.[12]

이처럼 일제 식민지 말단 관료, 우익 청년단 출신 등의 보수지배세력은 미군정과 정부 수립, 한반도 전쟁 등을 거치며 권력과 폭력을 휘둘렀다. 좌익은 물론 일제 때부터 항일운동을 하거나 사회적으로 신망을 받던 사람들이 '용공'·'좌익'으로 몰려 살해 또는 실종되거나 학살을 당했다. 1950년대 이후 한국에서는 존경할 만한 지도자를 찾아보기 어렵게 됐다.[13]

박정희 정권 시기에는 제2의 일본 제국주의 시대라고 할 만큼 일제의 국가동원체제를 모방한 여러 현상들이 나타났다. 박 정권은 쿠데타 직후 1940년대 일제의 국민총력운동과 같은 국가재건범국민운동을 벌였으나 실패했다. 1970년대 '새마을운동'은 1930년대 일제의 '농촌진흥운동'과 닮았다. 이 운동을 위해 조직된 청년회·부녀회·반상회가 박 정권에 의해 부활됐다. 새마을운동의 일환으로 재건체조, 신생활복, 국민가요 등이 권장됐다. 이에 대해 당시 《조선일보》는 "재건체조는 일제 말기 라디어(보건)체조를, 신생활복은 국민복을, 국민가요는 그대로 국민가요를 연상케 하니 좀 더 참신한 계획을 수립할 수 없었던가"[14] 하고 개탄했다.

2008년 5월 29일자 주한 미국 대사관의 외교 전문에 따르면, 당시 국회부의장이자 이명박 대통령의 친형인 이상득 의원이 버시바우 주한 미국 대사를 만나 "이명박 대통령은 뼛속까지 친미·친일이니 그의 시각에 대해 의심할 필요가 없다"고 말했다. 이명박 대통령의 '뼛속까지 친미·친일'은 한국 보수세력의 본질을 단적으로 표현한 것이다. 이런 내용은 2011년 '위키리크스'의 폭로로 알려졌다.

---

12. 《오마이뉴스》 2010년 1월 23일.

13. 《한겨레21》 2011년 12월 5일, 70-72쪽 참조.

14. 이나미, 「박정희 정권과 한국 보수주의의 퇴보」, 《역사비평》, 2011, 여름, 55-61쪽 참조.

이명박 정부의 외교는 대북 강경과 친미 일변도의 외교를 통한 '김대중·노무현 정부의 10년' 뒤집기로 요약된다. 이명박 정부는 미국 편에 바짝 붙어 북한과는 단절하고 중국과 러시아는 홀대했다. 오로지 미국하고만 잘 지내면 모든 문제가 해결될 것이라는 식의 미국 추종의 외교였다. 박근혜 정부도 이명박 정부처럼 대북 강경과 대미 의존의 정책으로 일관했다.

유럽의 보수주의는 대체로 근대화에 맞서 전근대적 질서와 가치를 지키려는 경향을 보이며 국가나 민족의 이익을 우선적으로 주장하는 민족주의적 경향을 드러내기도 한다. 이는 보수주의의 일반적 경향이라고 할 수 있다. 그러나 한국의 보수주의는 전통의 권위와 역사를 철저하게 차단하고 오로지 '자유민주주의'와 '반공'만을 주장하며 미국 일변도의 숭미주의를 지향한다.

한국의 보수주의자들이 '자유민주주의'를 주장하지만, 사실상 자유민주주의를 허울로 한 반공 독재를 선호한다. 성장과 안보 특히 반공을 위해서라면, 얼마든지 자유민주주의 이념과 가치를 제한하거나 억압할 수 있다는 인식을 갖고 있기 때문이다. 이들은 민족과 국가 이익의 입장에서 미국을 비판하거나 분배, 민족 간 교류, 협력, 통일 등을 주장하는 사람이나 단체를 모두 '종북'으로 몰아 매도한다. 이들이 보기에 민족의 자주성과 평화를 지향하는 자주 세력도 '종북'의 범주에 속한다.

북한을 적대적 대상으로만 인식해야 하는 '반공' 또는 '멸공'과 오로지 미국에게만 의존하려는 '숭미주의'를 특징으로 한 한국의 보수주의 경향은 일제의 식민 지배, 이데올로기를 중심으로 한 동서 냉전, 자본주의의 중심국인 미국의 지원에 의한 근대화 등의 역사적 산물이다. 이런 한국형 보수주의의 출현은 진보적인 자유주의 세력이 근대화를 추진했던 유럽의 경우와 달리 한국에서는 미국의 지원을 받은 군부와 재벌 등 국가 엘리트 세력이 위로부터의 근대화를 진행한 데서 비롯됐다. 이는 자유민주주의 가치를 앞세운 미국의 패권적 이익의 군사적 전초기지가 된 한국의 대미 종속적 결과로 나타난 보수주의 현상이라 할 수 있다.

문제는 보수주의세력이 반공주의를 최고의 가치로 여기는 이념론과 미국 일변도의 숭미주의론에 따라 한민족이 국제전쟁에 휩싸일 '전란의 화(禍)'도 무릅쓴다는 점이다. 이는 과거 조선 시대에서 '명'을 '종주국'으로 숭상하는 '소중화주의(小中華主義)'의 명분론에 빠져 임진왜란과 병자호란을 겪었을 뿐만 아니라 끝내는 나라를 빼앗기고 만 역사적 과정의 연장선상에서 주목하지 않을 수 없는 현상이다. 나라가 망하더라도 '명'에 대한 의리를 지켜야 한다는 '소중화주의'와 미국과 중국의 갈등 및 충돌에 연루되더라도 오로지 한미동맹 우선론만을 강조하는 '숭미주의'가 너무도 유사하게 보이기 때문이다.

임진왜란 당시 조선 조정은 일본의 침략 가능성을 간파하고 있었다. 일본을 평정한 도요토미 히데요시가 1586년 조선 국왕의 일본 입조(入朝)와 천황 알현을 요구했다. 이를 계기로 조선 조정은 일본에 통신사를 파견했다. 이때 선조가 도요토미 히데요시에게 보낸 국서에는 일본의 전쟁 획책을 나무라는 내용이 있으며 명에게도 일본의 정벌 계획을 보고했다. 일본에 통신사로 갔다가 돌아와 전쟁이 없을 것이라고 보고한 김성일 자신도 일본의 침략 가능성을 알고 있었다.[15] 조선통신사 일행이 받은 국서에서도 도요토미 히데요시는 '태양의 아들'을 자칭하며 명나라 400여 주를 정복하겠다고 호언했다. 그럼에도 김성일이 일본의 침략 가능성을 보고한 통신사 황윤길과는 정반대로 전쟁이 없을 것이라고 보고하고, 조선 조정은 김성일의 보고만 믿고 일본의 침략에 대비하지 않은 이유는 무엇인가.

---

15. 선조실록에 따르면, 선조가 일본에 보낸 국서에 일본의 전쟁 획책을 나무라는 내용이 있으며, 조선 조정은 명에 일본의 정벌 계획을 보고했다. 김성일도 도요토미 히데요시가 통신사 일행에게 준 답서에서 명을 정벌한다는 내용과 함께 "귀국이 선구가 되라"는 등의 문구를 확인하고 이의 수정을 요구했다. 김용호·최연식, 「대북정책에 있어서 보수·진보논쟁에 대한 고찰: 대외위협 인식의 역사적 고찰을 통한 현재의 조명」, 《한국과 국제정치》 제23권 3호 통권 58호(2007년 가을), 167-168쪽 참조.

가장 큰 이유는 김성일을 비롯한 당시 조선 조정의 중화주의 사상과 화이질서(華夷秩序)에 따른 명분론 때문이었다. 명분론자들은 "국가가 망하더라도 의리를 지키는 것이 차라리 낫다"며 전란불사론을 주장했다. 김성일은 일본이 실제로 침략해온다 해도 의리와 예를 숭상하는 조선에 치명적 위협이 되지 않는다고 판단했다. 그는 일본의 침략을 간파했음에도 명을 숭상하고 오랑캐인 왜를 업신여기는 화이질서론의 관점에서 일본의 침략 위험성을 무시했다. 그는 교토의 번화한 모습과 진기한 풍경에 놀라면서도 중국의 제도를 따르지 않아 마치 벌과 개미처럼 모여 사는 것에 불과하다고 이를 폄하했다.

일본의 현실적인 침략 위험성에 대해 성혼 등 일부 주화론자들은 화친을 통해 적의 침략적 예봉을 일단 피하고 후일을 도모하자는 실용주의적 실리론을 제기했다. 성혼은 "국가가 망하더라고 의리를 지키겠다는 것은 인신(人臣)의 절개를 지키는 것일 뿐이며, 종사(宗社)의 존망은 필부의 죽음과 다르다"며 국가의 존속을 위한 실리 추구를 강조했다. 김성일과 같은 동인이면서 서장관으로 통신사 일행에 참여한 허성도 실리론을 폈다. 그러나 실리론은 군사적 현실을 무시하거나 외면하고 중화주의 사상의 명분론에 집착한 사대주의 세력에게 억눌리고 말았다.

그다음 이유는 동인과 서인이 당파 싸움을 벌이고 있던 국내 정치적 요인이었다. 일본에 파견된 통신사가 동인과 서인으로 구성된 당쟁적 요인 때문에 일본의 침략 위협을 놓고 서로 상반된 인식을 드러낼 수밖에 없었다. 당시 선조실록에도 분당(分黨)이 일을 그르쳤다고 기술될 정도로 당파적 분쟁이 심했다. 상대 진영의 의견을 무조건 부정하는 당파적 분쟁은 일본의 위협에 대한 인식의 차이를 일으킨 결정적 요인이었다.[16]

---

16. 유성룡이 황윤길과 다른 보고를 하는 김성일에게 "그대가 황윤길의 말과 고의로 다르게 말하는데 만일 병화가 있게 되면 어떻게 하려고 그러느냐"고 다그치자, 김성일은 "나도 어찌 왜적이 나오지 않을 것이라고 단정하겠습니까. 다만 온 나라가 놀라고 의혹될까 두려워 그

중화사상에의 이념적 집착과 매몰, 당파적 분쟁으로 인해 일본의 군사적 현실을 제대로 보지 못하거나 외면한 조선은 임진왜란의 참화를 겪었다. 선조에 이어 집권한 광해군은 친후금정책을 폈다. 당시 동북아시아에서는 명이 쇠퇴하고 만주족의 후금이 강성해짐에 따라 세력전이라는 패권 이동의 지각 변동이 벌어지고 있었다. 광해군은 동북아 질서 재편의 현실을 직시하고 중화사상의 명분론이 아니라 국가의 존속을 위한 실리론을 선택해 중립적인 외교노선을 폈다.

광해군의 중립적 외교노선에 대한 중화주의세력의 반발이 거세졌다. 마침내 인조반정(仁祖反正)이 일어나 광해군이 폐위되고 인조가 집권했다. 가장 큰 명분은 명이 조선을 도와 국가를 다시 세운 재조(再造)의 은혜를 배반하고 화이질서를 어지럽혔다는 것이었다. 인조반정이 성공한 직후 인목대비가 내린 교서에서도 재조지은(再造之恩)의 배신 등 광해군의 외교적 실정이 열거됐다.[17] 이런 반정의 명분은 인조의 외교정책의 족쇄가 됐다.

인조는 광해군의 외교 기조를 정반대로 뒤집어 중화주의 사상에 따른 존주양이론(尊周攘夷論)을 대외관계의 원칙으로 삼아 명을 섬기고 후금을 배척하는 친명배금정책을 폈다. 이로 인해 조선은 후금의 침략인 정묘호란을 겪었다. 그럼에도 조선 조정은 존주양이론의 명분론과 원칙을 고수했다. 후금은 당시 동북아 세력재편을 반영한 새로운 외교정책을 세우라고 조선 조정에 요구해왔다. 조선 조정에서는 후금과의 전쟁인 척화(斥和)와 평화인 주화(主和)를 둘러싸고 논쟁이 벌어졌다.

것을 풀어주려고 그런 것"이라고 해명했다(『선조수정실록』 24년 3월 1일; 김용호·최연식, 「대북정책에 있어서 보수·진보논쟁에 대한 고찰」, 167쪽 참조).

17. 인목대비의 교서는 광해군이 재조지은(再造之恩)의 배신, 1619년 강홍립에게 전세를 보아 후금에게 항복할 것을 지시한 사실, 명의 사신을 유폐하고 짐승처럼 취급한 것, 명 황제의 조칙을 어기고 구원병을 보내지 아니한 것 등을 지적했다(『인조실록』 원년 3월 14일; 김용호·최연식, 「대북정책에 있어서 보수·진보논쟁에 대한 고찰」, 171쪽).

인조는 청의 요구에 대해 "수천 리의 국토를 갖고 있는 조선이 두려워하고 위축되어 후금으로부터의 모욕을 감수하고만 있을 수 없다"는 하교를 내려 일전불사의 의지를 표명했다. 후금에 보낸 격문에서도 비록 병화(兵禍)를 당할지라도 민심이 떠나지 않아 국명(國命)을 보존할 수 있을 것이라고 강조했다. 척화론자인 윤황은 "인조가 결단만 내린다면 사민(士民)이 의리로 뭉쳐 작은 오랑캐로부터 영토와 집안을 지키지 못할 이치가 없다"는 '전수지계(戰守之計)'를 제안했다. 이처럼 조정을 지배하고 있던 척화론자들은 적의 침략을 물리칠 힘도 없는 군사적 현실을 무시한 채 명에 대한 의리와 명분론에 근거한 낙관론으로 후금의 위협에 대처했다. 이들의 낙관론은 군사적 현실과 군사전략의 관점에서 그야말로 허황하기 짝이 없는 주장들이었다.[18]

척화론 일색의 조정에 주화론의 현실성을 일깨운 것은 오히려 명 황제의 칙서였다. 칙서는 적정을 정확히 정탐하고 그에 적절한 방어전략을 수립할 것을 주문하며 실질적으로 전쟁의 억지를 꾀했다. 최명길 등 일부 주화론자들은 고도의 첩보전과 외교 등 화전(和戰) 양면의 전술을 적절히 구사해야 한다고 주장했다. 그러나 척화론을 당해낼 수는 없었다. 최명길은 국서에 후금을 청국(淸國)으로 고쳐 써야 한다고 주장했다가 '위로는 황제를 배반하고 아래로는 백성을 속이는 것'이라는 삼사(三司)의 탄핵을 받아 사직을 당했다. 인조가 '삼전도의 굴욕'으로 항복하고만 병자호란의 참화는 당시의 조선 조정이 스스로 선택한 결과였다.

명이 멸망하자 조선은 조선이야말로 세계에서 유일한 '중화국가'라는 '조선중화주의(朝鮮中華主義)'를 최고의 지배 이념으로 삼았다. 청은 오랑캐의 나라이기 때문에 유교문화의 전통은 조선이 계승할 수밖에 없다는 것이었다.

---

18. 척화론자들은 인조가 평양에 진주한다면 팔도의 근왕병과 충의지사(忠義之士)가 군량을 싸 들고 와서 병사와 군량이 부족해질 걱정이 없다는 등의 군사전략에 대한 몰이해와 모순으로 왜곡돼 있었다(『인조실록』 14년 8월 20일).

조선 조정은 중화주의 이념과 교조적인 명분론에 빠져 예송(禮訟)의 대대적인 당파 싸움을 벌였다. 이 싸움은 현종·숙종 대에 걸쳐 장기간 일어난 이념 정쟁이었다.

1차 예송인 기해예송은 당시 자의대왕대비가 아들인 효종의 상복을, 2차 갑인예송은 며느리 인선왕후의 상복을 얼마의 기간 입느냐는 것이었다. 정권의 주도권을 둘러싸고 전개된 상복 따위의 이념 정쟁으로 송시열·허적이 사약을 받고 윤선도가 귀양 가는 등 숱한 인물들이 희생됐다.[19] 예송은 17세기 율곡학파의 서인과 퇴계학파의 남인이 예로써 다스리는 도덕적 이상국가를 건설하기 위한 실현방법을 둘러싸고 전개한 조선 후기의 대표적인 성리학 이념 정쟁이었다.

16세기 말과 17세기는 명과 청, 일본이 서로 각출을 벌인 동북아시아의 패권전쟁 시기였다. 척화론자들이 명나라보다도 중화주의에 더 철저하게 집착했듯이 한국의 보수론자들은 미국보다도 훨씬 경직된 '반공주의'를 주장한다. 척화론자들이 재조지은의 대명의리론에 따라 명을 섬긴 것처럼 한국의 보수론자들은 한반도 전쟁 때 입은 미국의 재조지은을 거론하며 미국 일변도의 '숭미주의'의 입장이다.

한국의 보수세력은 17세기 조선의 중화주의자들이 정권의 주도권을 잡기 위해 예송과 같은 이념 정쟁을 벌인 것처럼 정치적 경쟁세력에게 반공주의의 이념적 공세를 가한다. 그들의 권력과 기득권을 지키기 위한 전가의 보도가 '공산주의자'·'간첩'·'빨갱이'의 딱지를 붙이는 이념적 매도다. 이런 이념적 매

---

19. 현종1년(1660년) '예송(禮訟)' 싸움이 시작된다. 효종이 승하하자 자의대왕대비가 상복을 입는 시기를 두고 기년설과 3년설이 대립돼 정쟁으로 발전했다. 송시열은 "예학이 무너지면 곧 나라의 기강이 무너진다"며 기년설을 주장했다. 윤선도는 송시열을 맹공하는 상소를 올려 삭탈관직 당하고 삼수에서 7년간 유배생활을 보낸 뒤 보길도에 은거한다. 신봉승, 『조선정치의 꽃, 정쟁』, 청아출판사, 2009, 384-420쪽 참조.

도는 점차 제도적인 용공 조작과 용공 폭력에 의한 영구적인 집권 및 권력 유지의 전략으로 진화하며 발전했다.

3. 남북한의 절대적 권위주의 독재체제

1) 이념폭력과 독재권력

1950년 한반도 전쟁을 계기로 남북한 간의 이념적 대결이 적대적 증오의 대결로 극단화됐다. 남쪽이든 북쪽이든 상대방을 철저하게 부정하며 증오하는 논리나 입장만 존재할 수 있었다. 남한에서는 '반공', 북한에서는 '반자본주의' 따위의 적대적 이념의 주장만 가능했다. 남북한에서는 남북관계와 관련한 평화적·합리적 주장이나 의견도 탄압을 받는 권위주의적 독재 지향의 현상이 점차 심하게 나타났다. 남한에서는 '멸공' 수준의 '반공'에서 조금이라도 벗어난 주장은 물론이고 집권세력을 비판하는 주장이나 의견도 '용공'으로 매도당하고 처벌을 받았다. 북한에서도 집권세력과 다른 노선은 숙청의 대상이었다.

남한에서는 정권의 재창출과 관련된 헌법의 개정과 선거 과정에서 '용공'이나 '간첩' 사건이 단골 메뉴처럼 등장했다. 북한에서도 권력투쟁 과정에서 '간첩' 또는 '반혁명' 사건이 터져 나왔다. 특히 이런 사건들은 혐의를 조작하거나 과장한 경우가 많았으며 혐의자들은 혹독한 처벌이나 숙청을 당했다.

남북한은 '멸공' 또는 '반제국주의'라는 상반된 이념 대결을 최고의 명분과 가치로 삼아 정치적 경쟁세력을 탄압하거나 숙청함으로써 자신의 독재적 통치기반을 유지·강화하는 '공생적 대결 구조'를 만들어가기 시작했다. 상대방의 침략 위협과 적대감을 부각시키는 안보 논리로 위기 상황을 조성하면서

'용공', '간첩', '반혁명' 등의 혐의를 정치적 경쟁자나 경쟁세력에게 뒤집어씌우면서 통치기반과 통치력을 강화하는 통치 전략은 점차 제도화·일상화 단계로 발전했다.

독재권력은 평상시에도 '용공', '간첩', '반혁명' 등의 사건들을 끊임없이 터뜨렸다. 자신들이 정치적 위기나 고비를 맞았을 때 보수세력을 결집해 정치적 경쟁세력을 강력하게 탄압하기 위해서는 언제라도 터져 나올 수 있도록 동원 가능한 이념적 적대감의 축적이 항시적으로 예비되어 있어야 하기 때문이다. '간첩' 혐의는 곧 자신의 파멸은 물론 연좌제를 통해 가족과 친지에게도 치명적인 불이익을 의미했다. '간첩' 사건의 조작이나 과장은 사상적 혐의에 대한 공포감을 불러일으켜 일반 사람들이 가능한 한 이념적 의심을 받지 않으려고 자신의 생활을 엄격하게 관리하고 '간첩 혐의자' 고발이나 밀고, 극우 또는 극좌의 행동 반응을 나타내도록 하는 기능을 했다. 이데올로기적 공포분위기로 인해 부모와 자식 간에도 이념적 감시를 할 수밖에 없는 사회적 분위기를 조성함으로써 남북한의 이념폭력에 의한 독재체제는 극단적인 방향으로 심화됐다.

이승만 정권은 정치적인 고비마다 이념 조작과 이념 폭력의 동원으로 장기적인 독재권력을 꾀했다. 이승만은 1950년 선거로 구성된 제2대 국회의 간접선거에서 자신이 대통령으로 선출될 가능성이 없어 보이자 대통령 직선제 개헌을 하려고 1952년 '부산 정치 파동'을 일으켰다. 대통령 직선제 개헌안이 국회에서 부결되자 이승만은 1951년 5월 2차 개헌안을 내놓고 계엄령을 선포하는 한편, 무장 경찰을 동원해 국회를 포위했다. 폭력집단들의 국회의원 납치·협박·폭행 등으로 공포분위기를 조성한 뒤 야당 국회의원 50여 명을 국제공산당의 자금을 받았다는 등의 '간첩' 혐의를 씌워 헌병대로 연행했다. 이런 공포분위기 속에서 반대파 국회의원 10여 명을 감금한 채 1952년 7월 4일 직선제 개헌안을 기립 표결로 통과시켰다.

재집권에 성공한 이승만은 헌법의 3선 금지 조항을 없애버리고 종신 집권을 하기 위해 1954년 '사사오입 개헌' 사태를 벌였다. 이 개헌 과정에서도 '용공 조작'과 이념폭력 사태가 벌어졌다. 개헌의 엄두도 못 낼 국회 판도에서 야당세력을 교란하기 위한 '용공 조작' 사건으로 '뉴델리 밀담설'이 터졌다. 당시 야당 대표인 신익희가 북한 쪽 인사들과 만나 남한에서 제3세력을 규합해 남북 협상을 추진하기로 모의했다는 내용이었다. '용공의 회오리'가 일어났으나 이 사건과 관련한 어떤 수사나 처벌도 따르지 않았다. '뉴델리 밀담설'은 애초 불순한 정치 공작의 의도로 조작된 것이었기 때문이다. 이승만은 이런 '용공 조작'과 '극우 정국' 속에서 개헌안을 통과시켰다.

극우적 이념폭력으로 인한 이승만 정권의 말기적 징후가 극에 달했다. 1957년 여름에는 '불온서적' 및 '불온영화' 단속 선풍이 불었다. 경찰은 '불온서적'을 판 서점주인 5명을 국가보안법 위반 혐의로 구속했다. 북한군을 인간으로 묘사했다는 이유로 〈7인의 여포로〉 감독이 구속되고 지식인들의 필화사건도 벌어졌다.[20] 이승만 정권 말기 대통령 선거에서 이승만에게 위협적인 상대로 등장한 조봉암의 간첩 혐의 처형, 신국가보안법의 강제 통과, 폭력단 중심의 반공청년단 조직, 야당 성향의 《경향신문》 폐간 등 종북몰이로 공포분위기의 공안 정국을 조성하는 일들이 꼬리를 물고 일어났다.

제5대 국회의원 선거가 있는 1958년에는 1월부터 조봉암 사건이 터지는 등 극우의 한파가 몰아쳤다. 이승만 정권은 보수 성향의 표를 확대재생산하기 위해 조봉암 사건을 비롯해 '간첩단 사건' 조작과 '사상 공세' 따위의 이념폭력을 휘둘렀다. 선거에서 북한의 적화 통일 위기감과 대북 적대감을 최대한 자극해 안보와 안정을 바라는 '보수적 대결집'을 이룸으로써 선거 판세가 여당 쪽으로 쏠리게 하기 위해서는 야당을 '용공' 쪽으로 몰아 차별화하려는

---

20. 《한겨레신문》 2015년 6월 12일.

선거 전략이었다. 이런 과정이 반복되면서 여야가 '보수성'을 경쟁적으로 내세우는 상승작용을 통해 사회의 '극우화'가 심화됐다. 야당인 민주당의 통일 입장도 '북진' 또는 '멸공' 통일이었다.

민주당은 전당대회에서 이해 5월 총선거와 관련한 여당과의 차별화 전략으로 종전과 다른 통일 방안을 내놓았다. 유엔 감시하의 자유총선거를 통한 평화통일 방안이었다. 대표적인 보수적 인물인 조병옥 민주당 대표최고위원이 "국제 정세로 보아 북진통일보다 평화통일이 유익하다"고 강조했다. '평화통일론'은 조봉암을 간첩으로 몰아 죽음에 이르도록 한 핵심 혐의였다.

이승만 정권 쪽은 민주당의 통일 방안을 놓고 '대한민국을 파괴하는 것'이라거나 '국시 위반', '용공'으로 매도하며 맹렬하게 규탄하고 나섰다. 국회에서 '야당은 용공'이라는 발언이 나오자 여야 의원들 간의 폭력 사태가 벌어져 의사당은 난투장이 돼버렸다. 여당의 '용공' 공세에 밀려 야당의 전열이 흐트러지기 시작했다. 마침내 조병옥과 같은 민주당 소속인 정일형 의원 등이 종전의 '멸공통일론'에 입각한 결의안을 국회에 내놓아 채택되는 상황에 이르렀다. 이는 민주당의 공식 입장과 정면으로 배치된 것이었다. 이처럼 공산주의 이념이나 사상의 사실 여부와 관계없이 이승만 정부의 '멸공통일론'과 다르면 그 자체가 무조건 '용공'으로 매도되는 극우의 사회적 상황이 돼버렸다.

북한도 남한과 마찬가지로 사상이나 이념이 아닌 정책의 문제라도 집권세력의 입장과 다르거나 비판적인 주장을 하는 행위를 '간첩'이나 '반혁명' 혐의로 처벌했다. 북한의 집권세력은 정치적 경쟁세력을 이념적 혐의로 '숙청'함으로써 통치권력을 강화하며 유일지도체제를 구축해나갔다. 남한에서 자유민주주의를 실현하려는 행위가 극우적 독재권력의 탄압을 받는 것처럼 북한에서도 정통적인 사회주의 이상을 실현하려는 노력이 봉쇄됐다. 남북한은 자유민주주의든 사회주의든 본래의 이념적 이상과 목표로 발전하기보다는 권위주의 독재를 지향했다.

김일성은 한반도 전쟁의 과정에서 김무정 등 중국 연안파와 허가이를 비롯한 소련파, 토착세력인 갑산파 등의 반대세력을 제거했다. 김일성이 제거한 가장 큰 반대세력은 박헌영 등 남로당세력이었다. 이들을 제거한 구실은 '간첩', '반혁명', '반국가' 행위의 혐의였다.

1956년 8월의 '종파 사건'은 김일성에게 위기이자 그의 독재권력을 더욱 굳건하게 강화시켜주는 계기였다. 당시 자본주의와 사회주의 진영의 평화공존이 강조되는 국제 정세에서 스탈린 격하 및 개인숭배 비판운동이 전개됐다. 이런 국제적 상황을 틈타 북한의 연안파와 소련파, 국내파 등의 잔존세력이 반김일성운동을 시도했다. 이들이 '반혁명', '반당종파' 혐의로 숙청된 이후 북한에서는 김일성에게 정치적 도전을 할 세력은 사실상 소멸됐다. 이로써 북한은 '유일적 지도자'와 '주체사상'의 절대적인 권위주의 독재의 시대로 접어들었다.

1950년대는 남북한이 상호 적대적 대결의식과 적대감을 부추기면서 이념 조작과 이념폭력으로 권위주의 독재권력을 강화하는 적대적 대결 구조의 형성기였다. 이런 대결 구조를 바탕으로 1960년대에는 적대적 구조의 긴장이 극대화되며 마치 전쟁이라도 벌어질 것 같은 적대적 대결 사태가 벌어졌다. 남북한의 적대적 대결 사태로 인한 위기감과 상호 적대감을 이용해 남북한의 권력은 권위주의 독재를 강화했으며 군사화 경향도 갈수록 심해졌다. 1970년대 들어서는 남북 간 적대적 기조가 유지되면서도 정략적인 남북 간 대화가 진행되는 남북 상호간의 적대적 공생체제가 형성되기 시작했다.

2) 남북한 적대적 공생과 독재권력의 강화

1960년대는 초반부터 동·서양 진영 간의 군사적 긴장과 충돌·갈등으로 국제 정세가 악화됐다. 동서 간의 냉전이 치열해지면서 한반도의 주변 상황도 불안해졌고 한반도의 내부 상황도 긴장과 위기의 격변이 소용돌이쳤다. 1961년 남한에서는 반공을 국시의 제1로 삼은 군사정권이 들어섰다. 북한도 남한의 반공 군사정권에 맞서 이해 7월 중국과 소련 양국과 군사동맹조약을 체결해 유사시 두 나라가 북한을 지원하도록 만들었다.

1962년 9월 쿠바 미사일 위기는 세계를 핵전쟁의 공포로 몰아넣었다. 소련이 미국의 턱 밑인 쿠바에 핵 미사일을 배치하자 미국이 철수를 요구하며 핵전쟁도 불사하겠다고 강경하게 나왔다. 일촉즉발의 핵전쟁 위기가 감돌았다. 위기는 소련의 미사일 철수로 수습됐지만, 위기의 여파는 냉전의 전초기지인 한반도로 들이닥쳤다. 북한은 소련에 대한 수정주의 비판을 맹렬하게 가하는 한편 남한의 혁명역량 등 3대 혁명역량의 강화로 한반도 통일을 이룩하겠다며 대남 군사적 대결 태세를 강화했다.

1960년대 중반 미국과 북베트남의 전면전으로 확대된 베트남전에 대한 남한의 참전은 북한의 군사화와 무력 도발을 촉발하는 요인이 됐다. 남한은 1964년 9월 베트남전 참전을 시작해 1966년에는 남한의 베트남 파병 병력 규모가 5만 명에 이르렀다. 1965년에는 한일협정이 체결돼 한·미·일 삼각 동맹관계가 형성됐다. 이 삼각관계를 자신에 대한 포위·압박 전략으로 여긴 북한의 불안과 위기감은 더욱 증폭됐다.

1965년부터 1966년에 걸쳐 빨치산 출신의 군인들이 북한의 고위직을 장악해 대남 강경론이 한층 강화됐다. 북한은 베트남전과 관련해 중국과 소련이 상호 분쟁으로 피압박민족의 혁명투쟁을 효과적으로 지원하지 못하고 있다며 1966년 10월 대외관계의 자주성을 공식적으로 선언하고 나섰다. 마침내 1968년 북한의 무력 도발 사건들이 잇따라 터졌다.

1968년 1월 21일 북한 특수부대원 31명이 청와대 부근까지 침투해 한국 경찰과 총격전을 벌인 대통령 암살 미수 사건이 발생했다. 이틀 후에는 미국의 정보 수집함인 푸에블로 호가 북한의 원산항 부근 앞 바다에서 북한군에 의

해 나포됐다. '제2의 한반도 전쟁'의 가능성이 거론될 정도로 한반도의 위기가 긴박하게 조성됐다.[21]

1960년대 남북한의 적대적 대결 과정에서 남북한은 지배권력의 강화라는 동일한 내부 문제를 안고 있었다. 남북한은 이런 문제를 남북 간의 긴장과 대외적 위기를 이용해 해결하려고 했다. 남북한 독재권력의 지배자들은 남북 간의 문제를 민족의 통일과 한반도의 평화라는 차원에서 근본적으로 접근하기보다 외부로부터의 위기와 도전을 빌미로 삼아 자신의 지배권력을 절대적인 권위주의 독재의 방향으로 강화하려는 데만 몰두했다.

반공을 국시로 내건 박정희 군사정권은 군사 쿠데타 이틀 뒤인 1961년 5월 18일 《민족일보》 폐간과 함께 조용수 사장을 비롯한 간부들을 구속한 '민족일보 조용수 사건'을 일으켰다. 사건의 내용은 "조용수가 일본으로 도피한 조봉암의 비서 이영근의 지령하에 평화통일을 주장하며 일본 조총련계의 불법 자금으로 《민족일보》를 발간해 북한의 목적 수행에 활용했다"는 것이었다. 조용수는 이해 12월 21일 사형이 최종 확정돼 그날 32살의 나이로 삶을 마감했다.

이 사건은 박 정권의 정략적 목적을 위해 조작된 것임이 밝혀졌다. 노태우 정권은 조용수에게 지령을 내렸다는 이영근이 1990년 5월 일본에서 사망하자 그에게 국민훈장을 추서했다. 이 사건으로 실형을 선고받은 대부분의 인물들도 유신·5공·6공 정권의 요직을 맡았다. 조용수는 2008년 1월 16일 서울

---

21. 당시 북한과 중국의 국경 충돌과 중국 홍위병들의 김일성 비난이 있었다. 1967년 2월 중국 베이징 홍위병들의 대자보에는 김일성을 흐루시초프와 다름없는 수정주의자로 매도했으며 남한이 남베트남에 파병해 전쟁을 지원하고 있는데 반해 북한은 북베트남을 도와주지 않는다고 지적하고 한반도 전쟁의 중국 지원을 상기시켰다. 대통령 암살 미수 사건과 푸에블로 호 납치 사건 등 북한의 도발은 베트남전을 고려한 북한의 전략적 의도가 있다는 분석도 있다. 이상숙, 「김정일-후진타오 시대의 북중관계: 불안정한 북한과 부강한 중국의 비대칭협력 강화」, 《한국정치학회보》 제42집 제3호, 447쪽 참조.

중앙지법 형사합의22부 재심에서 47년 만에 무죄 판결을 받았다.

박정희는 정치적 고비 때마다 간첩단 사건의 조작으로 이념폭력을 휘둘러 권력을 유지·강화했으며, 그 결과 영구적 집권체제인 유신체제가 확립됐다. 1964년 한일협정 체결을 앞두고 이해 6월 '대일 굴욕 외교'라는 여론이 들끓었고 굴욕적인 외교를 반대하는 학생 데모가 전국을 휩쓸었다. 데모로 연행된 학생들의 구속영장이 기각됐다는 이유로 군인들이 법원에 난입해 판사에게 영장 발부를 강요한 사건이 터졌다. 이로 인해 데모 사태가 6월 3일 절정에 이르렀다.

위수령이 발동되고 '인혁당 사건'이 발표됐다. 1964년 8월 14일 김형욱 중앙정보부장이 "북괴의 지령을 받고 대규모의 지하조직으로 국가를 변란하려던 인민혁명당 사건을 적발, 일당 57명 중 41명을 구속하고 나머지 16명을 전국에 수배 중"이라고 발표했다. 인혁당이 북한의 지령을 받아 한일회담 반대 데모를 획책했으며 4·19와 같은 혁명으로 현 정권을 타도하기로 결의했다는 어마어마한 내용이었다. 중앙정보부에서 나체로 물고문·전기고문을 당했다는 등 고문에 의한 사건 조작설이 퍼졌다. 당시 13명이 유죄 판결을 받았으나 2015년 5월 29일 대법원 재심에서 이들에 대한 무죄 판결이 확정됐다. 이는 데모 정국에서 벗어나기 위한 박 정권의 정략적 음모로 조작된 사건이었음을 입증한 판결이었다.

남북한의 권력자들 입장에서 1967년 5월은 매우 중대한 고비였다. 남한에서는 5월 3일 제6대 대통령 선거가 있었고, 북한에서는 같은 달 초 '갑산파' 숙청이 벌어졌다. 이런 권력투쟁을 앞두고 남북한 간에는 군사적 충돌과 무장 간첩단 사건 등이 빈번하게 발생했다.

남한의 선거 과정에서 '북괴의 군사적 도발'과 '북괴의 현역 군인들의 대량 남파를 통한 선량한 국민의 납치, 무차별 살인, 약탈, 주요 산업시설 파괴' 등은 '안정과 조국 근대화'를 집권 과업으로 내세운 집권 여당 쪽에 유리하게 작용했다. 북한에 의한 남한의 해군 함정 피격 침몰 사건(1. 19)에 이어 5월의 대통령 선거를 앞둔 국면에서 당국이 발표한 간첩단 사건은 3건이나 됐다. 중앙정보부가 3월 11일 발표한 '똘만이 간첩단'의 임무는 선거 분위기의 교란이었다. 4월 12일 북한군 대규모 침투 사건과 투표 하루 전인 5월 2일의 중국인 간첩단 검거 등 일련의 간첩단 사건의 당국 발표는 유권자들의 불안심리와 북한에 대한 적대감을 자극했다. 선거 결과는 박정희의 압도적인 승리로 나타났다.

남한의 대통령 선거와 거의 같은 시기인 1967년 5월 4~8일간 열린 북한의 제4기 제15차 전원회의에서 '갑산파'에 대한 숙청이 벌어졌다. 숙청의 이유는 유일사상 위배 등이었다. 숙청과 함께 김일성에 대한 개인숭배 현상이 폭발적으로 일어났다.

1968년 말에서 1969년 초의 기간에도 남북한에서는 중대한 권력투쟁이 벌어졌다. 이 기간 남한에서는 박정희의 집권 연장을 위한 3선 개헌이 추진됐고, 북한에서는 항일 유격대 출신의 고위 간부들에 대한 숙청이 진행됐다. 이런 권력투쟁 국면에서 남북관계는 전쟁이 터질 것 같은 위기 상황이 벌어졌으며 북한의 무장간첩 침투와 간첩단 사건이 꼬리에 꼬리를 물고 일어났다.

1968년 1월 북한 무장공비 서울 침입 사건을 비롯해 미국 푸에블로 호 납치 사건 등으로 한반도에 전쟁 직전의 위기가 조성됐다. 이런 위기 상황에서 이해 10월 120명의 무장게릴라 울진·삼척 침투 사건과 통일혁명당 사건 등의 간첩단 사건들은 일반 국민의 위기의식과 북한에 대한 적대감을 불러일으켰다. 이 사건들은 국가 안보를 확고하게 보장해줄 강력한 정부의 필요성을 부각시킴으로써 3선 개헌의 추진을 합리화시켜주는 역할과 기능을 했다.

박정희의 3선 개헌안이 통과된 해인 1969년에도 한반도는 극도의 긴장과 불안에 휩싸였다. 미 해군의 EC121 정찰기가 북한에 의해 격추돼 승무원 31명 전원이 사망했다. 북한의 무장간첩 침투 사건도 전년보다 3배나 늘어 무장

간첩 생포 또는 검거 68명, 사살 64명 등 모두 132명에 달했다. 개헌안 국민투표 공고 사흘 뒤인 10월 11일 유근창 간첩대책본부장은 북한의 전면 도발 가능성을 부각시키며 북한의 대남공작 활동상황과 이에 대한 대책을 발표했다. 그는 특히 북한의 대남공작이 3선 개헌 반대 선동 공작에 역점을 뒀다고 강조했다. 개헌안 국민투표 사흘 전에는 간첩선이 격침되고 무장간첩 약 20명이 사살된 소흑산도 간첩선 격침 사건이 발표됐다. 국민투표 결과 개헌안은 압도적인 찬성표를 얻어 통과됐다. 대북 적대감과 안정 회구 심리를 노린 박 정권의 투표 전략과 군과 향토예비군, 공무원을 동원한 '행정 투표'의 결과였다.

북한은 1967년부터 온건한 대남정책을 바꿔 적대적인 무력통일 노선을 지향하기 시작했다. 무력통일 노선에 따라 북한의 강경한 군사적 도발과 대남 무장간첩 침투 사태가 잇달아 벌어졌다. 그러나 당시 대내외적인 조건은 북한이 현실적으로 무력통일 노선을 추구할 상황은 아니었다. 북한은 중국이나 소련과의 관계가 좋지 않았으며 소련은 EC121기 격추 사건과 관련해 미국과 협조하면서 북한의 자제를 요구했다. 북한의 무력통일에 절대적으로 요구되는 중국과 소련의 군사적 지원은 엄두도 못 낼 상황이었다. 소련의 대북 원조 전면 중단 등으로 북한은 경제적으로도 어려웠을 뿐만 아니라 정치적으로도 불안한 도전 요인이 있었다.

김일성은 이런 대내외적 도전을 무력통일 노선과 이에 따른 남북 간 적대적 대결 상황의 조성을 통해 극복하려고 한 것으로 보인다. 1968년 말 김창봉 등 김일성과 같은 빨치산 출신의 장군들이 숙청됐다. 숙청 혐의는 이들이 군부 안에 도당을 형성하고 군 병력을 자신의 사병처럼 다루었다는 것이었다. 중요한 이유는 이들이 '당 정책의 불이행'으로 당의 유일사상체계 확립에 반대하거나 미온적이었다는 것이었다. 숙청 이후 김일성의 유일지도체제가 확립되고 '혁명적 수령관'이 등장했다. 북한군은 사실상 김일성의 군대가 되고 김일성에 대한 극단적인 우상화 작업이 진행됐다.

남북 간의 적대적 대결 구조와 위기 상황은 남북한의 권력자들이 서로 적대적 대결을 벌이면서도 자신의 권력을 절대적인 권위주의 독재의 방향으로 강화하는 데 기여하는 기능을 했다. 남북관계는 외견상으로는 적대적이었지만, 남북한의 권력자들은 독재체계의 구축에 이를 활용했다. 남한이나 북한이나 권위주의 독재체제를 강화하기 위해 적대적 대결 구조를 매우 유용하게 활용했다는 측면에서 남북 권력자들 사이에서 '공생적 관계'가 형성되고 있었다. 이 관계는 남북한 독재권력의 영구적 집권체제인 '적대적 공생체제'로 발전했다.

3) 유신체제와 유일지도체제

국제적 긴장 완화라는 대격변과 중국-소련 간의 갈등 심화는 남북한에게 매우 큰 충격을 주었다. 남북한이 새로운 모색을 할 수밖에 없는 상황이었다. 남북한의 정치적인 상황도 중대한 고비를 맞고 있었다.

미국은 1970년대 한반도와의 관계를 '한반도 긴장 완화의 시대'로 규정했다. 미국은 '베트남전의 베트남화'에 바탕을 둔 닉슨 독트린에 따라 주한미군의 일부를 철수시키고 무상원조도 끝내버림은 물론 '두 개의 코리아 정책'을 표명했다. 1970년 7월 6일 윌리엄 포터 주한 미국 대사는 주한미군 병력 일부의 철수 결정을 한국 정부에 공식 통보하고 남북 간의 대화를 권유했다. 남한의 박정희 정권은 위기감에 휩싸였다.

국내의 정치적 상황에서도 박정희 정권의 한계가 드러났다. 박정희가 1971년 4월 17일 제7대 대통령선거에서 지역감정 선동과 지역대결 조장, 간첩단 사건 발표 등 온갖 수단을 동원해 당선되기는 했지만, 그 결과는 여당 쪽의 예상에는 크게 못 미쳤다. 게다가 5월 25일 제8대 국회의원 선거에서 야당인 신민당의 의석수가 두 배 이상 늘어나 '4선 개헌'을 통한 집권 연장은 엄두도 못

낼 상황이었다.

북한도 1970년대를 맞아 유일지도체제의 이론화와 법적 제도화를 추진했다. 이와 함께 북한 권력의 후계체제 확립이 본격적으로 추진됐다. 이에 따라 김정일의 당권 장악이 진행되고 세대교체 작업이 일어났다. 그러나 이 과정에서 유일지도체제를 거부하는 움직임이 나타났다. 김일성으로서는 유일지도체제의 확립과 후계체제의 확고한 구축이 절대적으로 필요했다. 소련이나 중국에 편중된 북한 경제도 한계를 드러내 서방권의 자본과 기술이 도입되지 않으면 한계를 극복할 수 없었다. 북한의 대외 경제관계의 다변화를 위해서는 서방과의 관계 개선 특히 남한과의 대결관계를 개선할 필요가 있었다.

국내외의 상황에서 위기와 불안을 겪은 남북한은 적대적 대결관계와 정반대의 방향인 대화관계에서 탈출구를 모색했다. 박정희 대통령은 1970년 8월 15일 남북 통일의 기반 조성을 위한 획기적인 구상을 발표하고 '선의의 평화공존'을 제안했다. 북한 최고인민회의도 1971년 4월 12일 '조국통일을 위한 8항목 구국방안'을 제안했다.[22] 남북한이 서로 화해의 손짓을 주고받은 셈이었다.

1972년 7월 4일 서울과 평양에서 동시에 발표된 7·4 남북공동성명은 획기적인 역사적 성명이었다. 공동성명의 '자주·평화·민족 대단결의 통일 3원칙'은 남북 모두가 공유하는 원칙이 됐다. 성명이 발표되자 일반 국민은 4반세기 동안 갈라졌던 조국이 하나로 통일될 날이 멀지 않은 것처럼 느꼈다.

---

22. 박정희 대통령이 1970년 8월 15일 발표한 남북 통일 기반 조성을 위한 획기적인 구상의 요지는 북한이 무력도발을 중지하고 유엔의 권능을 인정한다는 전제조건으로 북한이 유엔에서의 한국 문제 토의에 참석하는 것을 반대하지 않겠다는 것이었다. 1971년 4월 12일 북한의 '조국통일을 위한 8항목 구국방안'은 주한미군 철수, 남북 군대의 10만 이하로의 감군, 남북 총선거에 의한 통일중앙정부 수립, 과도적 조치로서의 연방제 실시, 경제·문화 인사교류, 남북정치협상회의 개최 등의 내용이었다. 정상모, 『새로운 세기를 위하여』, 117-118쪽 참조.

남북한의 권력자들은 7·4 남북공동성명을 계기로 터져 나온 통일에 대한 민족의 열망을 사실상의 통일을 위한 실질적인 남북 간 화해와 협력, 교류가 아니라 자신들의 영구적인 집권전략의 명분으로 활용했다. 박정희는 1961년 군부 쿠데타로 권력을 장악한 이후 민정 이양의 '혁명 공약'을 깨고 재집권한 데 이어 재선·3선을 거치며 영구적인 집권을 꾀했다.

박정희의 영구적인 독재권력 의지는 서구 민주주의에 대한 거부감으로 나타났다. 박정희는 서구 민주주의를 국력 소모의 원인으로 간주했다. 그의 서구 민주주의에 대한 비판은 그의 통치 기간 내내 반복됐다. 그는 쿠데타 이후 군정 기간 동안 민주주의의 소모적 측면을 비판하는 의미의 '행정적 민주주의'를 주장했다. 그는 1963년 재집권을 위한 대선 과정에서 '민족적 민주주의'를 표방한 뒤 1967년·1971년 대선에서도 계속 민족적 민주주의론을 폈다. 그의 민주주의론은 민주주의를 사실상 해체시킨 '유신체제'에서 한국적 민주주의로 표현이 바뀌었다.[23]

북한도 정치적 반대세력을 '숙청'하며 유일지도체제의 확립과 대를 이은 영구 집권을 위한 후계체제의 구축을 도모했다. 절대적인 권력을 영구적으로 독점하려는 독재적인 권력자들에게 양보와 타협이 요구되는 대화와 화해, 교류의 통일 기반 조성과 이를 통한 통일은 권력의 유지와 강화를 위한 명분에 불과했다. 이들에게 진정한 의미의 남북 대화와 관계 개선을 위한 진정성이 있을 리가 없었다.

박정희는 1972년 초 남북한의 밀사들이 서울과 평양을 오가며 민족의 자주

---

23. 박정희는 '유신체제 2기'인 1979년 1월 19일 연두기자회견에서 "이승만, 장면 정권기에 서구 민주주의를 모방, 복사한 결과 비생산적, 비능률적, 혼란, 무질서를 가져오게 되었다"며 "서구 민주주의는 좋은 제도이지만, 토착화 또는 한국화시킴으로써 '한국적 민주주의'로 바뀌어야 하며 그러한 취지와 정신을 가미한 제도와 체제가 '유신체제'"라고 강변했다. 김지형, 「1960-1970년대 박정희 통치이념의 변용과 지속」, 《민주주의와 인권》 제13권 2호, 174-177쪽 참조.

통일 원칙에 합의했을 때에도 남북한관계의 진전에 별다른 기대를 하지 않았다. 그는 7·4 공동성명이 발표되던 그날 청와대 비서관들에게 이렇게 말했다. "남북공동성명이 발표되니까 통일이 눈앞에 다가온 것처럼 착각하고 기뻐하는 사람이 많은 것 같은데, 공산당과의 대화에 성공한 일이 세계에 거의 없었어. 북한 쪽이 자기들 전쟁 준비 시간을 벌기 위해 대화에 응했을 거야. 소기의 목적이 달성되면 틀림없이 회담을 깨고 우리에게 그 책임을 뒤집어 씌우려들 거야. 이 시간부터 그것 연구하고 앉았는지 모르지."[24] 그의 말대로 남북공동성명에 따른 남북 대화와 회담은 영구적 집권전략을 위한 것으로 그 목적이 달성되면 중단될 수밖에 없는 운명의 정략적 대상이었다.

박정희는 북한과의 적십자회담을 진행시키는 한편, 서울 일원의 위수령 발동(1971. 10. 15), 국가 안보를 최우선으로 삼는 '국가비상사태' 선언(12. 6), '국가보위에 관한 비상조치법'의 변칙 통과(12.27)를 밀어붙였다. 그는 1972년에 들어 국가의 총력을 안보에 집결해 국가를 보위한다는 총력안보체제 확립에 박차를 가했다. 그는 한 손에 '통일에의 환상적 미래'라는 '꽃'을 들고 '남북 간의 화해와 협력'을 제시하고 있었지만, 다른 손에는 '전쟁의 위협'이라는 '칼'을 들고 '총력안보태세의 확립'을 부르짖으며 영구적인 집권전략을 획책했다.

이처럼 남북한에서는 영구적 집권 전략에 따라 남북대화의 진행과 함께 남북한의 절대적인 권위주의 독재체제가 형성되고 있었다. 7·4 공동성명에 따라 10월 12일 역사적인 제1차 남북조절위원회 공동위원장회의가 열려 이에 대한 국민적 흥분이 채 가시지도 않은 10월 17일 박정희 대통령은 '10월 유신'인 '10·17 대통령 특별선언'을 발표했다. 선언의 명분은 '평화적 통일 지향'과 '총력체제의 구축'이었다. 박 대통령은 특별선언을 통해 국회의 해산과 정당 및 정치활동의 중지, 헌법의 일부 효력 정지 등을 내용으로 하는 비상계엄

---

24. 이상우, 『박정희, 파멸의 정치공작』, 동아일보사, 1993 참조.

령을 선포하고 제3공화국을 종결시켰다. 이는 '친위 쿠데타' 또는 '재직상의 쿠데타'였다.

'10월 유신'에 따라 10월 27일 '유신헌법안'이 공고되고 헌법개정안은 11월 17일 국민투표에 부쳐졌다. 유신헌법안에 대한 반대는 금지된 채 헌법안 지지를 위한 '지도·계몽활동'만이 전국적으로 전개됐다. 심지어 군에서도 계몽교육이 집중적으로 실시됐다. 비상계엄령 속에서 실시된 국민투표 결과 유신헌법안은 제헌국회 선거 이래 가장 높은 투표율(91.9%)과 투표자 총수에 대한 가장 높은 찬성률(91.5%)로 확정됐다. 유신헌법안은 1972년 12월 27일 공포되고 통일주체국민회의에서 당선된 박정희가 제8대 대통령에 취임함으로써 제4공화국인 '유신공화국'이 시작됐다.

유신헌법에서 대통령의 권한은 입법·사법·행정의 3권을 거의 장악할 정도로 막강했다. 대통령은 중요한 정책을 국민투표로 확정할 수 있으며 긴급조치권을 갖는다. 대통령은 국회의원의 3분의 1을 사실상 임명할 수 있으며, 법관 임명권도 갖는다. 박정희의 영구적인 독재 시대가 개막된 것이다.

남한에서 '10·17 대통령 특별선언'으로 '10월 유신'의 회오리가 휘몰아치고 있을 무렵 북한에서도 김일성의 '유일지도체제'를 법적으로 제도화하는 조치가 취해졌다. 남한의 '유신헌법안' 공고 시기와 비슷한 10월 23일 '북조선사회주의 헌법초안'이 발표됐다. 유신헌법 공포와 함께 박정희가 '유신공화국' 대통령으로 취임한 12월 27일 북한 최고인민회의 제5기 1차 회의에서 북한의 권력 구조를 주석 중심으로 한 '조선민주주의인민공화국 사회주의헌법'을 제정해 '김일성 주석의 유일지도체제'가 시작됐다. 주석은 국가주권을 대표하는 국가의 수반이며 행정·군사 부문의 최고책임자로서 최고인민회의에서도 소환할 수 없을 정도로 절대적인 지위와 권한을 갖는다.

일본의 와다 하루키 교수에 따르면, 1960년대 후반 북한에서 '유격대 국가'가 형성되기 시작해 1970년 무렵 새로운 상부구조가 만들어지고 1972년 새 헌법의 제정으로 제도적 완성이 이루어졌다. 1961년께 북한은 소련형 사회주의를 모델로 국가사회주의체제를 건설했다. 그러나 1960년대 후반에 전개된 '갑산파'와 '동북항일군' 제2·제3로군 계열에 대한 숙청으로 최고사령관 김일성을 정점으로 한 유일혁명전통의 유격대 국가가 형성됐다. 이런 북한의 유격대 국가 형성 과정에는 반공을 국시로 내건 남한의 군부정권 등장, 중소 분쟁, 쿠바 미사일 위기, 한일조약과 한·미·일 삼각동맹관계의 형성, 한국군의 베트남 파병, 조·중 및 조·소 간의 갈등 등 북한에 대한 외부의 위기 상황이 주요 요인으로 작용했다.

남북한에 마치 쌍둥이처럼 남한엔 유신체제, 북한엔 유일지도체제라는 절대적인 권위주의 독재체제가 들어서는 동안 분단사상 처음으로 남북 간 대화국면이 전개됐다. 북한에서는 전례 없이 남한의 '10월 유신'과 정치적 대변동에 대한 언급이나 비판이 나타나지 않았다. 7·4 공동성명 발표 직후 7월 6일과 7일 판문점에서 열린 군사정전위원회 비서장회의와 본회의는 한마디의 중상과 욕설도 없이 매우 부드러운 분위기였다. 이는 과거에는 상상도 할 수 없는 일이었다. 이런 남북한의 상황 전개는 남한의 권력 독점과 영구적인 집권을 핵심으로 한 유신헌법과 절대적인 지위와 권한의 주석제를 골자로 한 북한의 새 헌법의 공생적 상관관계와 상호작용으로 인한 것으로 분석된다.

남북한 양쪽에 비록 이념적 지향은 달라도 절대적인 권위주의 독재체제라는 동일한 유형의 권력체제가 형성된 것은 세계의 냉전이 이념적 갈등과 충돌의 전초기지인 한반도에 전개된 결과의 산물이다. 세계적 냉전의 상호 갈등과 충돌이 한반도뿐만 아니라 독일이나 베트남·쿠바 등지에서도 벌어졌지만, 한반도의 경우처럼 극단적으로 나타나지는 않았다. 그 이유는 한반도가 대륙세력과 해양세력의 충돌 지역인 '연변지대(Rim Land)'에 위치함으로써 세계 패권의 전략적 가치를 지니게 된 한반도에서 냉전의 두 세력이 패권을 다투며 각축한 데서 찾을 수 있다. 물론 근본적인 책임은 절대적 권력을 추구한 남북한 권력자들에게 있다.

　남북한은 통일을 명분으로 삼았으면서도 반통일의 적대적 이념을 목표로 한 절대적인 권력독점체제를 확립함으로써 통일이 아닌 분단의 고착화를 지향했다. 남북한은 상호 화해와 교류는커녕 오히려 적대감을 조장했다. 이처럼 통일과 남북 간 화해와 교류는 당시 남북한 권력자들의 절대적인 독재권력 장악을 위한 명분이며 상징 조작에 불과했다. 이후 남북한은 적대적 대결을 통한 적대적 공생체제로 들어섰다.

4. 영구적 집권전략의 적대적 공생체제

1) 적대적 공생체제의 확립

　7·4 남북공동성명을 계기로 절대적 권력체제를 수립한 남북한은 적대적 대결관계를 기조로 한 적대적 공생체제의 확립에 나섰다. 7·4 공동성명에 따른 남북 간 대화의 공생관계에서 새 헌법의 제정으로 절대적 권력체제를 구축한 남북한의 권력자들은 독재적인 권력체제의 기반을 확고하게 다질 필요가 있다는 점에서는 공통된 입장이었다. 박정희는 그의 영구 집권이 가능한 유신체제의 토착화가, 김일성은 그의 사후를 보장해줄 김정일 후계체제의 확립이 가장 우선적인 과제였다.

　남북한은 간헐적으로 남북문제나 통일과 관련된 의제를 상호 제의했지만, 그것은 권력의 유지·강화와 체제의 결속을 위한 상징 조작이거나 정치적 합리화와 명분을 노린 정략적 의도에서 비롯된 것이었다. 남북한은 때로는 적대적 대결관계, 때로는 위장적 대화관계라는 두 가지 모순된 관계를 상황에 따라 적절하게 활용하면서 체제 결속이나 지배권력을 강화시키는 교묘한 적대적 공생관계를 발전시켜나갔다.

남한의 박정희 정권은 영구 집권이 가능한 '유신체제'를 구축했으나 영구적인 독재에 항거하는 민주화 운동에 직면했다. 박 정권은 남북문제의 적절한 활용과 이념 공세 및 조작으로 민주화 운동을 탄압하며 유신체제를 공고하게 다졌다. 김정일도 자신에 대한 반대세력 숙청 등을 통해 자신의 권력 서열을 높여가며 후계체제를 굳혀나갔다.

남북대화가 교착상태에 빠지자 통일에 대한 기대감 충족을 통한 권력의 정당성 강화를 위해 남북한은 공교롭게도 같은 날인 1973년 6월 23일 각각 통일방안을 제시하며 평화통일 공세를 펼쳤다. 이날 박정희 대통령은 '6·23 선언'으로 불리는 '평화통일 외교정책 선언'을 내외에 선포했다. 같은 날 김일성 주석도 '평화통일 5대강령'을 발표했다. 남북한의 통일 방안은 남북대화에서 각각 주장한 입장을 정리한 것으로 남북 간 대화와 타협이 아니라 자신의 권력과 입장을 정당화하려는 데 목적이 있었다.

1974~1977년은 남북한의 절대권력 기반이 공고화되는 중대한 시기였다. 이 기간 남한에서는 유신체제를 반대하는 100만인 서명 운동 및 반정부 데모 사태(전국민주청년학생총연맹 사건과 인혁당 사건 등), 유신헌법에 대한 국민투표, 긴급조치 9호 발령, 판문점 미군 병사 살해 사건 등의 정치적 사건들이 이어지며 유신체제가 강화됐다. 같은 기간 북한에서는 김정일의 당 비서 선출과 당권 장악, 3대혁명소조 운동과 권력 갈등, 숙청 등의 정치적 변혁과 함께 김정일 후계 작업이 진행됐다.

이 기간 동안 남북한의 내부 탄압과 절대권력 강화의 명분을 제공하는 남북 간 군사적 분쟁이 터져 나왔다. 1974년 비무장 어선과 해경 경비정 피격 침몰 등 군사적 분쟁 사건이 모두 100여 건에 달했으며, 인명 살상을 동반한 사건만도 10여 건에 이른다. 이 해 유신체제에 반대하는 서명 운동과 함께 반정부 학생 데모가 확산되고 독재에 항거하는 '전국민주청년학생총연맹(민청학련)'의 선언문이 뿌려졌다. 박정희 대통령은 민청학련과 관련된 행위에 사형 등의 엄벌에 처한다는 대통령 긴급조치 제4호를 선포했다. 그는 특별담화에서 '공산주의자들의 불순한 책동'을 강조하며 학생 데모와 관련된 '간첩단 사건'을 예고했다.

신직수 중앙정보부장은 1974년 4월 25일 '민청학련 사건'을 발표했다. 발표 내용은 민청학련은 인혁당 재건위 조직과 국내외 공산세력과 복합적으로 작용, 1974년 4월 3일을 기해 정부를 전복하려 한 불순 반정부세력으로, '북괴'의 통일전선 형성 공작과 같은 혁명을 기도했다는 것이다. 민청학련 관련자 180명이 구속·기소되어 사형 7명, 무기징역 7명, 징역 20년 12명 등의 중형을 받았다. 특히 인혁당 관련자 8명에 대해서는 대법원의 사형 확정 판결이 난 그다음 날인 1975년 4월 9일 사형이 집행됐다.

민청학련 사건은 유신독재 체제의 대표적인 용공 조작 사건으로 국내는 물론 국제적으로 이에 대한 비난 여론이 확산됐다. 미국 의회에서 한국에 대한 군사·경제 원조의 대폭 삭감 논의가 진행될 정도로 국제 여론이 악화됐다. 박정희 대통령은 1975년 2월 인혁당과 반공법 위반자 일부를 제외하고 사건 관련자 전원을 대통령 특별조치에 의한 형집행정지로 석방했다. 박 대통령이 스스로 사건이 조작된 것임을 인정한 셈이다.

2009년 9월 사법부는 민청학련 관련자들에게 무죄를 선고했다. 2010년 10월 서울중앙지방법원은 "국가가 불법행위를 저질렀다"며 피해자들에게 520억여 원의 배상 판결을 내렸다. 사형이 집행된 인혁당 사건 관련자 8명에 대해서도 2015년 5월 29일 대법원이 무죄 확정 판결을 선고했다.

박 정권의 용공 조작과 공안 탄압에도 불구하고 1974년 11월 27일 정치, 종교, 학계, 언론, 법조계 인사들의 '민주회복국민선언' 등 유신헌법을 반대하는 민주화 운동이 그 기세를 높여가며 확산됐다. 마침내 박정희 대통령은 1975년 1월 22일 특별담화로 유신헌법과 유신체제에 대한 국민투표의 실시를 발표했다. 발표 1주일 전 김일성 주석이 전쟁에 대비해 쌀 1백만 톤을 비축하라는 지령을 내리는 등 남북 간에는 적대적 대결과 긴장이 조성되고 있었다.

국민투표는 국민투표안에 대한 찬반 활동은 물론 투개표의 정당인 참관도 금지한 채 국민투표안이 발표된 지 20일 만에 실시됐다. 남북 간의 긴장과 공안 탄압의 분위기 속에 진행된 투표는 형식적인 절차에 불과했다. '국민투표의 지지'를 끌어낸 박정희는 '북괴의 위협'에 대한 '총력안보'를 내세우며 민주화 운동을 탄압했다. 그는 5월 13일 특별담화를 통해 당시의 시국을 북한의 남침 위협으로 인한 일대난국으로 규정짓고 국론분열과 국민총화를 해치는 일체의 행위를 용납하지 않겠다고 밝혔다. 그는 이어 긴급조치의 집대성인 '긴급조치 9호'를 발표했다. 이 조치는 위반자 처벌은 물론 위반자가 소속한 학교나 단체, 업체 등도 문을 닫게 하는 등 그야말로 유신헌법에 대한 비판·반대 행위를 엄두도 못 내도록 막강한 권한을 행사할 수 있었다.

박 정권의 혹독한 공안 탄압에도 불구하고 반유신 민주화 운동은 끊이지 않았다. 1976년 3월 1일 서울 명동성당의 3·1절 기념 미사에서 재야인사들이 '민주구국선언문'을 통해 민주 회복을 주장하는 '명동 사건'이 발생했다. 검찰은 이들이 민주 회복의 명분 아래 시위의 선동과 민중봉기의 확산으로 정부를 전복, 정권을 탈취하려고 한 사건이라고 발표했다. 그러나 '민주구국선언'은 박 정권의 정치체제나 인권문제, 학원·언론·종교 탄압 등을 비판한 것으로 재판 과정에서 드러났다.

이듬해인 1977년에도 '명동 사건'과 관련된 인권문제가 제기되고 구속자 석방을 요구하는 반체제 민주화 운동이 계속됐다. 미국 의회와 일부 외국 언론도 '명동 사건' 구속자들의 인권문제를 거론하며 박 정권을 비판했다. 이에 대해 박정희 대통령은 "북한이 주한미군 철수 못지않게 노리는 것이 유신체제의 파괴"라며 반체제 민주화 운동을 '용공'으로 매도했고, 인권 탄압을 비판하는 국제적인 여론에 대해서도 기본권의 일부 제한은 불가피하다고 무시해버렸다.

북한에서도 남한과 유사한 '적대적 공생' 현상이 벌어졌다. 남한에서 '명동 사건'이 벌어진 1976년 6월 북한 중앙위원회 정치위원회에서 항일유격대 출신인 당 정치위원 겸 비서인 김동규가 김정일의 정책을 비판하고 나섰다. 김정일 및 그가 주도한 3대혁명의 소조원들과 기존 세대 간부들 사이에 권력투쟁이 벌어진 것이다. 북한 정권 수립 기념일인 '9·9절' 행사에 김일성 주석이 불참하고 당 기관지에 '당 중앙'으로 불리던 김정일에 대한 격하 운동이 벌어졌다. 그러나 1년가량 뒤인 1977년 가을, 김동규와 그의 세력이 숙청됐다.

이런 남북한의 내부 사정과 맞물려 남북한의 적대적 대결관계는 1976년에 최고조에 달했다. 김정일을 비판한 김동규가 숙청되고 김정일이 1977년 11월 다시 본격적인 활동에 들어갔다. 다음 해인 1978년에는 6·25 전쟁 이래 최대 규모의 팀스피리트 훈련이 실시되고 휴전선에서는 땅굴 제3호가 발견됐다. 이에 맞서 북한은 임전 태세에 돌입해 남북 간 긴장이 지속됐다. 남북 간의 긴장 상황 속에서 박정희는 통일주체국민회의에서 제9대 대통령에 당선돼 이해 12월 27일 취임했다.

당시 한국과 미국 사이에는 미묘한 마찰이 빚어지고 있었다. 미국의 카터 행정부는 '인권 외교'를 앞세우며 '유신독재체제'로 인권을 탄압하는 박정희 정권에 압박을 가하는가 하면 주한미군의 일부 철수 방침을 밝혔다. 이에 맞서 박정희 대통령은 독자적인 군사노선을 추구하며 무기 수출과 핵 개발을 추진하고 나섰다. 특히 박 대통령의 핵 개발 움직임은 한·미 간 미묘한 갈등의 요인이 됐다.[25] 이런 복잡하고 미묘한 상황에서 1979년 12월 26일 박정희가 피살됨으로써 유신체제가 막을 내리게 됐다. 1970년대에 형성된 남북 간

---

25. 세계적인 물리학자 이휘소 박사가 박정희 대통령의 핵 개발을 돕다가 1977년 6월 16일 미국에서 석연치 않은 교통사고로 사망했다. 이 박사가 미국에서 기밀정보를 들여오려다 당한 위장된 암살이라는 의혹이 제기되기도 했다.

적대적 공생체제는 남북 간 적대감을 기본 동력으로 유지되는 반통일적·반민족적 체제였다.

2) 극우세력의 집권전략과 용공 조작

1979년 10월 26일 박정희가 살해돼 그의 영구 집권을 위한 유신체제는 끝나게 됐지만 절대적인 독재권력을 위한 남북 간 적대적 공생체제는 계속됐다. 1980년 남한에서는 새로운 독재권력인 전두환 정권이 등장했다. 이해 북한에서는 김정일이 김일성의 후계자로 공식화되고 김정일 후계체제가 확립됐다. 남북한의 권력 재편기에서 남북 간에는 적대적 대결 사태가 벌어졌다.

일반 국민의 민주화 염원을 외면한 채 1979년 '12·12 군사쿠데타'와 1980년 '5·18 광주민주화운동' 탄압 등을 통해 권력을 장악한 전두환 등 신군부세력은 새 헌법안을 마련해 1980년 10월 22일 국민투표를 거친 뒤 10월 27일 '제5공화국 헌법'을 공포했다. 새 헌법은 대통령의 임기를 8년 단임으로 제한했으나 통일주체국민회의 대신 대통령 선거인단이 대통령을 뽑는 간선제를 채택했다. 1인의 영구적인 집권에서 신군부세력 출신이 대통령을 이어가며 맡게 되는 '신군부 독재형' 헌법이었다. 유신헌법처럼 신군부 이외의 야당 후보가 대통령으로 선출되기는 사실상 불가능했다. 전두환은 1981년 2월 25일 새 헌법에 의한 대통령 선거인단의 간접선거로 제12대 대통령으로 선출돼 3월 3일 취임했다. 전두환 정권은 3월 25일 주요 정치인들의 정치활동을 금지시킨 채 총선을 실시해 여당인 민정당이 압승을 거둠으로써 군부독재의 안정적인 기반을 마련했다.

북한에서도 남한의 '제5공화국 헌법'이 진행되던 시기와 비슷한 1980년 10월 10일부터 24일까지 조선로동당 제6차 대회가 열려 김정일이 처음 김일성의 후계자로서 공개적으로 등장했다. 김정일은 10년 만에 소집된 이 대회에서 김일성을 제외하면 유일하게 당 정치국, 비서국, 군사위원회 등 3대 권력기구의 핵심 요직을 모두 차지했다. 이 대회는 김정일 후계체제를 공고히 하는 작업을 1980년대의 중요한 과제로 천명했다. 1981년 3월 5일에는 지방 대의원 선거가 실시되고 이해 상반기까지 정무원 부총리 등 권력 재편이 진행됐다.

남북한은 권력 재편기를 맞아 권력의 명분과 정통성을 보강하기 위한 남북 간 대화관계를 모색하고 나섰다. 1980년 1월 12일 북한은 남한의 인사들에게 편지를 보내고 신현확 국무총리에게 남북 당국자나 총리 회담을 제의했다. 남한도 1월 24일 국무총리의 답장 형식으로 남북 총리 회담 실무대표 회담을 제의했다.

1980년 2월 6일 판문점 실무대표 회담으로 남북대화가 시작됐다. 대화는 1980년 '5·18 광주민주화운동', 1983년 버마 랑군 폭발 사건 등으로 중단됐으나, 1984년 남북 간 대화 모색의 움직임이 다시 나타났다. 한반도 사태를 우려한 국제적인 중재 노력도 작용했지만, 남북한도 대결관계를 대화관계로 바꿔야 할 필요가 있었기 때문이다. 남한의 경우 권력의 정통성을 인정받으려는 의도도 깔려 있었지만, 1986년 아시안 게임과 1988년 서울 올림픽을 성공적으로 치르기 위해서는 한반도의 안정이 요구됐다. 북한도 공산권조차 비판하고 나선 김정일의 후계문제와 버마 랑군 테러 사건의 부담에서 벗어나려면 남북관계를 개선해야 할 상황이었다.

북한이 1984년 3월 30일 남북올림픽 단일팀 구성을 위한 회담을 제의했다. 이해 9월 남한에서는 홍수로 190여 명이 사망하고 1,300억 원 이상의 재산 피해를 입는 수재가 발생했다. 북한적십자사는 쌀 5만 섬과 포 50만 미터, 시멘트, 의약품 등을 제공하겠다고 발표했다. 남한적십자사는 북한의 구호물자에 대한 답례로 트럭 34대 분의 카세트라디오와 팔목시계 등을 전달했다. 분단 이후 처음 이루어진 남북 간 물자 교류였다. 이 역사적인 사건은 남북 경제회담, 남북 고향방문단과 예술공연단의 상호 방문으로 이어졌다. 그러나 1986년 연초부터 남북관계는 다시 얼어붙기 시작했다.

1984년 들어 전두환 군부독재에 저항하는 시민운동단체들이 조직돼 민주화운동을 전개했다. 이런 상황에서 치러진 1985년 2월 12일의 제12대 국회의원 총선거 결과는 전두환 정권에게 큰 충격이었다. '2·12 총선'에서 여당인 민정당이 대도시에서 참패를 당해 민주적 저항에 대한 독재권력의 한계가 드러났다. 전두환 정권은 노신영 국가안전기획부장을 국무총리로, 장세동 청와대 비서실장을 국가안전기획부장으로 임명하는 개각과 함께 노태우 민정당 대표위원 임명 등 당직 개편을 단행했다. 이는 '노·노 체제'로 1988년 정권 승계를 함으로써 군부 독재체제를 확립하기 위한 '공안통치' 전략의 의지를 나타낸 정치적 포석이었다.

'2·12 총선'으로 등장한 신민당은 1986년 2·12 총선 1주년을 기해 '대통령 직선제 개헌 1천만명 서명 운동'을 선언했다. 검찰은 서명 운동과 관련된 행위는 7년 이하의 징역에 처하겠다는 '개헌 서명 단속 및 처벌 지침'을 시달하고 물리적 탄압에 나섰다. 부산과 광주에서 벌어진 개헌 서명을 위한 대중집회에서 국민의 민주화 염원이 봇물처럼 터져 나오며 확산됐다. 부산·광주에 이어 5월 3일 열린 인천대회에서는 서울과 인천의 재야 운동권이 총집결했다. 직선제 개헌을 위한 서명 운동이 범국민적으로 확산될 조짐을 보였다.

전두환 정권은 신군부 독재세력의 영구 집권을 위한 '제5공화국체제'를 수호하기 위해 대북 적대감의 조성 및 용공 조작과 매도를 통한 공안 탄압의 칼을 휘둘렀다. 박정희 정권이 '유신체제'를 지키기 위해 대북 적대감을 선동하며 온갖 간첩단 사건을 조작해 민주화운동을 용공으로 몰아 탄압하던 현상이 전두환 정권에서 다시 노골적으로 나타났다. 전두환 정권은 '5·3 인천사태'를 계기로 민주화를 위한 시위를 '용공'으로 규정짓고 '좌경용공세력 척결'을 부르짖으며 민주화 운동에 대한 전면적인 탄압에 나섰다.

신군부 독재체제 종식을 위한 직선제 개헌 서명 운동에 밀리고 있던 전두환 정권은 이해 10월 유성환 의원 구속 사건과 북한의 금강산댐 건설에 대한 규탄 등으로 북한의 위협을 부각시키고 대북 적대감과 불안감을 선동하며 '공안 탄압'의 광풍을 일으켰다. 신민당 유성환 국회의원이 1986년 국회의 대정부 질의 첫날인 10월 14일 "(우리나라) 국시는 반공이 아니라 통일이어야 한다"며 "통일이나 민족이라는 용어는 공산주의나 자본주의보다 그 위에 있어야 한다"[26]고 한 발언을 두고 여당 쪽이 '용공적 발언'이라며 문제를 일으켰다. 유 의원은 국가보안법 위반 혐의로 구속했다. 정부는 이를 계기로 '좌경용공 세력의 척결' 정책을 강경하게 밀어붙였다. 재야 단체인 민주통일민중운동연합이 강제 해산되고 14개 시민운동단체들에게 자진 해산 명령이 내려졌다. 건국대에서는 사법사상 최대 인원인 1,400여 명의 농성 시위 가담자가 구속됐다. '좌경용공세력 척결'이라는 공안 탄압의 선풍으로 개헌 논의는 꽁꽁 얼어붙었고 세상은 숨을 죽였다.

유 의원이 구속된 지 나흘 뒤인 10월 21일 '금강산댐 건설'이라는 어마어마한 '북한 수공(水攻) 조작 사건'이 터졌다. 이날 북한이 금강산수력발전소를 착공하자 정부는 북한의 발전소 건설의 실제 목적이 유사시 남한에 대한 수공이라고 공식 발표했다. 정부는 북한의 수공으로 그 하류에 있는 화천, 춘천, 의암, 청평, 팔당 등 5개 댐은 물론 서울을 비롯한 수도권까지 물에 잠겨 황폐해질 것이라는 분석 자료를 내놓았다. 또한 이 댐이 건설되면 취수난과 수질 악화, 이상기온 등의 생태계 파괴로 그 피해의 정도는 상상할 수 없을 정도라며 북한 쪽 수공의 심각한 위험성을 강조했다.

---

26. 유성환 신민당 국회의원은 1986년 10월 14일 국회의 대정부 질의에서 "우리나라의 국시를 반공으로 해둔다면 (1988년) 서울 올림픽 때 동구 공산권이 참가하겠나. 모든 나라와 무역을 하는데 반공을 국시로 하는 게 합당한가"라고 문제제기를 했다. 그는 이어 자신도 반공정책을 발전시켜야 된다고 보는 사람이라고 전제한 뒤 "이 나라의 국시는 반공이 아니라 통일이 되어야 한다. 통일이나 민족이라는 용어는 공산주의나 자본주의보다 그 위에 있어야 한다"고 발언했다.

이와 함께 댐 건설 중지를 요구하는 정부의 대북한 성명 발표와 함께 대응 댐 건설계획 발표, 남북한 수자원 관계자 회담 제의 등 긴박한 상황이 벌어졌다. 북한의 수공으로 금강산댐의 200억 톤 물이 초당 2,300여만 톤의 양으로 범람해 서울의 여의도까지 물에 잠기게 된다는 등의 정부 발표에 일반 국민은 극도의 불안감에 휩싸였다. 북한을 규탄하는 대중집회가 전국 곳곳에서 벌어졌고, 금강산댐에 맞설 대응 댐인 '평화의 댐' 건설을 위한 국민성금모으기 운동이 범국민적으로 전개됐다. 전국을 휩쓴 '금강산댐' 수공으로 개헌 서명 운동은 침몰되고 말았다.

남한 쪽이 거론한 '금강산댐'은 북한의 임남저수지로, 북한은 12월 15일 금강산 백서를 통해 임남저수지의 저수용량은 26억 톤이며 저수지의 물은 동해로 흘러간다고 밝혔다. 북한의 백서 발표 이후에도 전두환 정권의 '금강산댐' 규탄몰이와 '평화의 댐' 모금 운동은 계속됐다. 북한의 '금강산댐 수공'은 국가안전기획부가 '금강산 대책 추진본부'를 두고 기획, 홍보, 대응댐 건설, 국민성금 운동 등 모든 과정을 주관하며 지휘·통제한 조작극이었음이 훗날 밝혀졌다.

신군부 독재세력의 영구 집권을 위한 전두환 정권의 조작 행태는 다음 해인 1987년 1월 '간첩 수지 김 사건'과 '박종철군 고문치사 사건' 등으로 터져 나왔다. 정부는 1월 8일 '북한 공작원에 의한 홍콩 교민 윤태식씨 납북 미수 사건'을 발표해 북한에 대한 적대감을 불러일으켰다. 그러나 '수지 김 사건'으로 알려진 이 사건은 국가안전기획부가 은폐·조작한 사건이었음이 14년 뒤 드러났다.

'수지 김 사건'으로 뒤숭숭한 상황에서 1987년 1월 14일 서울대 언어학과 3학년 박종철이 서울 용산구 남영동 치안본부 대공분실에서 경찰의 고문으로 사망한 사건이 발생했다. 박종철 사망 사건의 일부가 처음 세상에 알려지자 당국은 사건 진상의 은폐·축소에 급급했다. 강민창 치안본부장의 첫 공식 발표는 박군이 밤에 술을 많이 마셔 갈증으로 물을 마신 뒤 "심문 시작 30분 만에 수사관이 책상을 '탁' 치며 추궁하자 갑자기 '억' 하고 쓰러졌다"는 것이었다. 당국은 치안본부 대공수사단의 조한경 경위와 강진규 경사를 구속하는 선에서 사건을 마무리하려고 했다. 당국의 온갖 은폐 노력에도 불구하고 천주교 정의구현전국사제단의 폭로와 언론의 추적 보도로 사건의 진상이 축소·조작됐음이 드러났다. 사건이 발생한 지 4개월이 지난 5월 21일 고문 공범 3명이, 29일에는 사건 축소 지시를 한 치안본부 5차장 등 3명이 추가로 구속됐다. 사건의 은폐는 이것으로 끝난 게 아니었다. 사건의 진상이 추가로 밝혀져 사건 발생 1년 만인 1988년 1월 강민창 치안본부장이 사건 은폐 혐의로 구속됐다.

'박종철군 고문치사 사건'을 계기로 직선제 개헌을 외치는 민주화 운동이 봇물처럼 확산됐다. 마침내 이해 5월 조직된 '민주헌법 쟁취를 위한 국민운동본부' 주도로 벌어진 '6월 민주항쟁'의 승리로 직선제를 골자로 한 민주헌법이 제정되기에 이르렀다. 직선제 개헌에 이은 대통령 선거는 신군부 집권세력으로서는 '생존의 위기'였다.

신군부세력의 '생존'이 걸린 제13대 대통령 선거 국면에서 기묘하게도 남북 간 '적대적 공생'의 현상이 벌어졌다. 12월 대선을 앞두고 선거 때만 되면 단골 메뉴처럼 등장하는 간첩 사건이나 남북 간 군사 충돌 따위의 안보 사태가 터졌다. 10월 7일 남한 쪽 어선이 북한 경비정의 총격을 받고 침몰하는가 하면,[27] 11월 21일에는 비무장지대 총격 사건이 벌어졌다.

대선 국면에 결정적인 영향을 끼친 것은 11월 29일 미얀마 안다만 해역 상공에서 119명의 승객을 태운 대한항공의 KAL 858기가 폭파된 사건이었다. 사건이 북한의 특수공작원 김현희의 자백으로 북한의 공작에 의한 것으로 알

---

27. 1987년 10월 7일 당국은 남한의 제31 진영호가 북한 해군 경비정의 총격을 받고 침몰했다고 발표했다. 이에 대한 북한의 입장은 북한 쪽이 단속하려 하자 남한 쪽 어선이 북한 경비정을 돌연히 들이받고 침몰했다는 것이다. 정상모, 『새로운 세기를 위하여』, 195쪽.

려지면서 세계적인 충격과 파문을 일으켰다. 국가안전기획부는 사건 발생 직후부터 이 사건을 '북한의 테러 소행'으로 규정짓고 제13대 대통령 선거에서 여당 후보에게 유리하도록 적극 활용하라고 지시했다. 노태우 대통령을 만들기 위한 국가안전기획부의 대선 개입 프로젝트인 '무지개 공작'이었다.[28] 선거 결과는 신군부 출신의 노태우 후보의 승리로 끝났다.

대통령 직선제의 '1987년 체제' 이후 극우 성향의 기득권 세력은 위기의식과 불안감을 갖게 되었다. '유신체제'와 '제5공화국체제'에서는 '공안 탄압'으로 체제를 수호하면 됐지만, 이제는 국민의 지지를 받아 선거에서 이기지 않으면 안 되기 때문이다. 극우 기득권세력은 일반 국민의 북한에 대한 적대감을 최대한 선동해 안정 희구 심리를 확대시키며 정치적 반대세력을 '용공'으로 모는 '적대적 공생체제'의 전략을 선거 국면에서 노골적으로 동원했다.

1992년 12월 제14대 대통령 선거에서 여당인 민자당은 선거 국면 초반부터 '안정이냐 혼란이냐'를 쟁점으로 내세워 보수세력의 안정 희구 심리를 겨냥하면서 야당에 '색깔론'의 이념 공세를 가했다. 남로당 이후 최대의 간첩단 사건이라는 '중부지역당 사건'이 발표되고 비무장지대에서는 남북 간 총격 사건이 벌어져 여당의 전략은 효력을 발휘했다. 선거 결과는 여당의 승리였다. 남북 간의 적대적 대결과 대북 적대감의 고취와 함께 야당을 '용공'으로 몰아 선거에서 이기려는 극우세력의 집권 전략은 1996년 4월 제15대 총선거 직전 발생한 '판문점 북풍 사건'과 1997년 12월 제15대 대통령 선거 종반 북한에게 판문점 공동 경비구역에서 무력시위를 요청한 '판문점 총풍 사건' 등에서 더욱 본격적으로 진행됐다.

---

28. poweroftruth.net/column/mainview. php?lcat=2018&table=sk shin&uid53

3) 용공 조작과 적대적 공생 사례

남북한의 적대적 대결과 간첩단 사건의 조작, 이에 따른 북한에 대한 적대감의 고취와 함께 정치적 반대세력과 경쟁자를 '용공'으로 몰아 선거에서 이기려는 극우세력의 집권 전략인 '남북 간 적대적 공생 전략'은 집권세력의 핵심 기관인 국가안전기획부가 그 진행에 적극적으로 나섰다. '금강산댐' 사건과 '수지 김 사건'은 제5공화국의 기간 동안 국가안전기획부가 개입한 대표적인 조작 사건이었다.

1986년 10월 21일 북한의 금강산수력발전소 착공을 빌미로 전두환 정권이 '금강산댐 사건'을 일으킨 것은 제5공화국 헌법 개정을 위한 개헌 서명 운동을 잠재우기 위한 것이었다. 북한이 200미터 높이로 200억 톤의 물을 저장할 수 있는 댐을 만들어 유사시 남한에 수공을 하게 되면 초당 2천3백만 톤의 물이 범람해 한강 상류 지역은 물론 서울 여의도까지 물에 잠겨 황폐해질 것이라는 정부 발표는 그야말로 가공할 만한 내용이었다. 이해 11월 한 달에만 1천만 명이 넘는 국민이 북한을 규탄하는 시위에 가담할 정도로 전쟁 직전의 위기감이 감돌았다. 국민은 너도나도 '평화의 댐' 건설을 위한 국민성금모으기에 가담했다. 마침내 1987년 2월 28일 국민성금과 정부 예산을 합친 총 2000억 원의 규모로 '평화의 댐' 건설이 시작됐다. 그러나 '금강산댐 사건'은 개헌 서명 운동을 무산시키기 위한 '북풍 조작 사건'으로 밝혀졌다. '금강산댐 사건'의 발생에서 '평화의 댐'에 이르기까지 모든 과정을 실질적으로 지휘·통제한 곳은 국가안전기획부였다.

김우홍 당시 한국과학기술연구원에 따르면 "'금강산댐'의 지형상 최대 저수량은 160억 톤이며 그 이상이 되면 물이 오히려 북한 쪽으로 역류하게 된다"며 200억 톤의 저수는 불가능하다는 것이다. 200미터 높이의 댐을 만들려면 20톤 트럭 1천 대를 동원해도 13년 동안 흙을 퍼 날라야 하며, 200억 톤의 물을 채우려면 14년이 걸린다는 게 안수한 서울대 토목공학과 교수의 분석이다. 27년 뒤에나 벌어질 일을 당장 난리라도 날 것처럼 전두환 정권이 난리법석을 떤 셈이었다. 서울이 50미터 깊이로 침수된다는 것 등도 모두 거짓말로 국가안전기획부가 조작한 내용이었다. 금강산 대책본부 자문을 맡았던 김여택 당시 삼안건설 부회장에 따르면, 국가안전기획부는 '평화의 댐' 건설을 주관하는 대책추진본부를 두고 분석, 홍보, 대응팀 구성 등 모든 과정에서 중심적인 역할을 했다고 한다.[29]

북한은 1987년 12월 15일 북한전력공급위원회 이름으로 금강산 백서를 발간해 금강산발전소의 규모와 내용을 공개했다. 금강산발전소는 4개의 댐으로 이루어졌으며 총 저수능력은 47억 톤이었다. 남한 쪽이 문제를 삼은 '금강산댐'은 4개의 댐 가운데 하나인 '임남저수지'로 저수용량은 26억 톤에 불과하며 물은 동해로 흘러가게 돼 있었다. 이런 사실을 알고도 '금강산댐' 소동은 계속되고 '평화의 댐' 사업비는 집행됐다. '평화의 댐' 물이 오히려 북한 쪽으로 역류하는 일도 벌어졌다.

북한의 금강산발전소 건설은 1987년 5월 중단됐다가 1996년 1월 1단계 완공을 했다. 금강산발전소 준공식은 2000년 10월 20일 열렸다. 완공된 '평화의 댐' 저수량 규모는 6억 톤이다. 1988년 8월 1일자 《워싱턴포스트》는 "2억 5천만 달러를 들인 '평화의 댐' 건설은 '불신과 낭비의 기념비적인 공사'"라고 비판했다.

'수지 김 사건'은 부부 싸움 끝에 남편이 아내를 죽인 사건을 '북한의 여간첩이 남편을 납북하려고 한 사건'으로 둔갑한 사건이다. 1987년 1월 3일 홍콩 아파트에서 윤태식이 아내 김옥분을 목 졸라 살해하고 이틀 뒤 싱가포르 북한 대사관을 찾아가 망명하려고 했다. 북한 대사관이 소극적인 반응을 보이

---

29. 《문화방송》「이제는 말할 수 있다-금강산 댐 사건」, 2001년 7월 20일 방영된 내용 참조.

자 그는 미국 대사관으로 갔으나 한국 대사관으로 인계되고 말았다. 그는 한국 대사관에서 "북한 공작원에게 납치됐다가 탈출했으며 아내는 북한 간첩이었다"고 주장했다. 그를 면담한 이장춘 싱가포르 대사와 국가안전기획부 현지 주재관은 그의 주장에 신빙성이 없다는 결론을 내렸다.

사건 조작은 당시 장세동 국가안전기획부장의 지시로 진행됐다. 당시 시국은 공안당국이 개헌 서명 운동을 무산시키기 위해 '용공세력 척결'을 부르짖으며 공안 탄압을 강행하던 상황이었다. 장세동의 지시로 1987년 1월 8일 타이 방콕과 1월 9일 김포공항에서 윤태식 기자회견이 열렸다.[30] 언론은 '미모의 북한 여간첩이 미인계로 남편을 납북하려고 했으나 남편이 가까스로 탈출한 활극'으로 대대적으로 보도했다. 살인범 윤태식은 사지에서 돌아온 반공투사로 등장했다.

국가안전기획부는 윤태식의 귀국 기자회견 뒤 그를 신문하여 사실대로 자백을 받았으나 절대 사실을 말하지 말라고 발설 금지 조치를 취했다. 1987년 1월 26일 홍콩 경찰은 김옥분의 주검을 찾아내고 윤태식의 살인으로 추정했다. 홍콩 언론은 "수지 김(김옥분)은 북조선 간첩이 아니다"라고 보도했다. 홍콩 경찰이 윤태식을 홍콩으로 불러 조사하려 했으나 한국 외무부가 이에 불응했다. 싱가포르 북한 대사관도 윤태식이 자진해서 대사관에 왔을 뿐 그에 대한 납치 기도는 없었다고 밝혔다. 그러나 한국 대사관은 "납치 미수는 사실이다"라고 반박했다.

윤태식은 이후 사기 등 범죄행위를 저질렀다. 그는 신분증을 위조해 신용카드를 발급받아 수억 원을 쓴 혐의로 감옥살이를 하고 1996년 출소하기도 했다. 국가안전기획부는 1998년 10월 윤태식이 설립한 벤처회사의 지문인식

---

30. 이장춘 싱가포르 대사는 윤태식의 싱가포르 기자회견을 하라는 본부 지시에 따르지 않았다는 이유로 시말서를 썼다.

시스템 시연회를 열어주었다. 2000년 1월 그의 살인행위가 언론의 심층 취재로 알려져 김옥분의 유족이 3월 9일 그를 고소하기에 이르렀다. 국가안전기획부의 방해 공작으로 수사가 지지부진했으나 담당 검사가 2001년 5월 국가안전기획부의 은폐 정황을 포착하고 2001년 11월 그를 살인 혐의로 구속했다. 그는 살인과 사기, 뇌물공여 혐의로 징역 15년 6월을 선고받았다.

'6월 민주항쟁'의 결과 직선제 개헌이 이루어진 이후 극우세력은 북한에 대한 적대감 조장과 '색깔론'의 용공 조작을 통한 집권 전략인 '적대적 공생 전략'을 더욱 노골적으로 진행했다. '적대적 공생 전략'은 선거가 형식적인 절차에 불과한 북한보다 남한의 극우세력이 주도하며 집권 전략으로 적극 이용했다. 선거 때만 되면 남북 간 대결 사태나 간첩단 사건과 용공 조작, 정치적 경쟁세력이나 경쟁자에 대한 용공 몰이인 '색깔론' 공세가 극우세력의 집권 전략으로 예외 없이 벌어졌다. 국가와 민족을 위한 정치적 비전이나 정책, 이의 수행능력보다 북한에 대한 적대감을 이용한 집권 전략을 얼마나 효율적으로 전개하느냐에 극우 집권세력의 사활이 걸렸다. 따라서 이러한 극우세력의 집권 전략은 선거를 거치며 갈수록 노골적이고 본격적으로 강화됐다. 특히 국가안전기획부가 극우세력의 집권 전략에서 주도적인 역할을 했다.

1992년 12월 18일 제15대 대통령 선거를 앞두고 국가안전기획부는 10월 6일 남조선노동당 이후 최대의 '간첩단 사건'이라며 95명을 간첩 혐의로 적발했다. 사건은 유권자의 북한에 대한 불안감을 불러일으켰고 반공주의를 자극했다. 당시 평민당 김대중 후보의 비서가 관여됐다는 말도 유포됐다. 사건은 집권 여당인 민자당의 김영삼 후보의 당선에 기여했다. 법원은 "남조선노동당의 실체가 불분명하다"고 판결했다.

1996년 4월 11일 실시된 제15대 총선거 국면에서 '판문점 북풍 조작 사건'이 벌어졌다. '북풍 조작 사건'은 1996년 4월 4~6일 판문점 북쪽 구역에서 북한의 무력시위를 두고 일어났다. 「96년 판문점 북풍 사건에 대한 청와대 조사보고서」에 따르면, 당시 청와대와 국방부, 합동참모본부가 일반 국민에게 북한이 당장 전쟁이라도 일으킬 것처럼 무력시위 사실을 과장·왜곡해 공포와 불안감·긴장을 조성함으로써 안보 상황을 제15대 총선에 이용했다는 사실이 분명히 드러난다. 미국과 주한미군은 북한군의 특이 동향이 없어 심각한 군사 도발 상황이 벌어지지 않을 것으로 판단해 사건을 외교적으로 해결하려고 했다.[31] 다음은 「청와대 조사보고서」에 대한 《신동아》 보도의 발췌 내용이다.

유종하 청와대 외교안보수석은 김동신 합참작전본부장에게 대언론 홍보 강화 지시를 하고 김 작전본부장은 세 차례에 걸쳐 유 수석 전화 지시대로 충실하게 이행한 후 그 결과를 합참의장과 국방장관에게 보고했다. 유 수석은 1996년 4월 6일 합참 지휘통제실에 전화해 김동신 본부장에게 판문점 북한군 투입 상황을 상세히 보고하라고 지시하자 김 본부장은 "예, 전투복을 착용하고 즉각 브리핑하겠습니다"라고 지시사항을 복명했다. 김 본부장은 신상길 작전처장 등 3명에게 전투복을 입고 언론 브리핑에 나설 것을 지시해 기자 브리핑이 이루어졌다. 3차례 언론 홍보가 진행된 뒤 유 수석은 4월 8일 김 본부장에게 전화를 했다. 통화 후 김 본부장은 상황실 근무자들에게 "너희들 그동안 수고 많이 했다. 청와대에서 여론이 15% 이상 좋아졌다고 한다"고 말했다. 한 장교는 "총선 승리합시다"며 박수를 유도했다. 누군가는 "지난해 지자체 선거는 졌지만, 이번 총선에서 압승하겠네"라고 큰 소

31. 《신동아》 2000년 6월 1일 통권 489호, 154-173쪽 참조. 《신동아》는 청와대 비서관실에서 작성해 대통령에게 올린 「96년 판문점 북풍사건 조사보고서」를 단독 입수해 보도했다. 1996년 3월 말 한국군이 호국훈련을 실시하자 북한 쪽에서 '한반도 전쟁 불사론'이 나왔다. 4월 4일 북한의 비무장지대 임무 포기 선언, 4월 5-7일 판문점 공동경비구역 내 북측 지역에서의 무력시위가 벌어졌다. 이에 대해 시위에 지나지 않은 상황이라는 게 대체적인 판단이었다. 워치콘 격상에 한·미 정보실무자들의 이런 의견이 전혀 반영되지 않았다.

리로 외쳤다.

　이양호 당시 국방부 장관은 워치콘 격상을 주도했다. 한미연합군은 1993년 북한 NPT 탈퇴 선언 이후 워치콘3을 유지해왔다. 워치콘2는 적의 위협 및 공격 징후가 현저한 경우 발령된다. 워치콘1은 전쟁 직전의 상태로 6·25 이후 발령된 적이 없다. 1996년 4월 5일 워치콘이 3에서 2로 바뀌었다. 북한의 김일성 사망 때나 북한의 잠수함 침투 사건 때도 워치콘3이 유지됐다.

　1996년 4월 5일 14시 20분 국방부 관계자회의에서 이양호 장관이 "워치콘 격상 문제는 어떻게 돼가고 있느냐'고 묻자 합참전략정보과장인 김남국 대령이 "현 상황에선 아직 거론되지 않고 있다'고 답변했다. 유 장관은 "연합부사령관에게 내가 얘기하지. 장성 연합부사령관이 미 측과 협조하면 바로 격상될 테니 한미 합의로 격상됐다고 하는 것이 좋겠지'라고 말했다. 이날 오후 3시 언론에 워치콘 격상이 발표됐다. 이는 한미 합의도 거치기 전 한국군이 일방적으로 발표한 것으로 워치콘이 실제 격상된 것은 4월 7일이었다. 미군 측 정보 실무자는 선거에 악용될 우려가 있다며 한국 측의 워치콘 격상 협조 요청을 거부했으나 한국 측의 끈질긴 요구로 미국의 정찰기 동원 등의 워치콘 격상에 따른 조치도 없이 격상이 형식적으로 이루어졌다.

　김동진 당시 합참의장은 정보 판단을 부풀려 북한군의 위협을 강조하도록 정보판단관을 바꾸도록 압력을 행사했다. 4월 6일 지휘통제실 상황대책회의에서 북한정보부 차장인 박현진 소장에게 판문점 상황을 물었다. 박 소장은 "종전에도 있었고, 이번 상황도 별 것 아니다'라고 답변했다. 김 합참의장은 "어느 놈이 정보 판단을 했느냐'고 화를 냈다. 정보판단관인 전략정보과장 김남국 대령이 "제가 했다'고 답변하자 김 의장은 "야 임마, 북한이 서울로 포를 쏠지, 판문점에서 총격으로 쓸어버릴지, 미사일로 원전을 때릴지, 너희들이 어떻게 아느냐. 정보에는 저런 엉터리 장교만 있느냐. 누구 사람 없어'라고 큰 소리로 질책했다. 회의가 끝난 뒤 정보판단관이 교체됐다.

1996년 3월 말 한국군은 호국훈련을 실시했다. 호국훈련은 팀스피리트 훈련을 대신한 것으로 4월 중순 이후 실시할 계획이었던 것을 국방부가 1996년 1월 월간회의에서 앞당기기로 결정했다. 회의에선 "지난해 지자체 (선거)에서 참패했으니 총선에서 뭔가 도와줘야 한다"는 얘기가 공공연하게 오갔다고 한다.

1996년 4월 총선을 앞둔 시기에 발생한 '판문점 북풍 조작 사건'은 1997년 12월 11일 실시된 제15대 대통령 선거 국면에서도 시도됐다. '제2의 북풍' 시도 사건은 1997년 12월 오정은 청와대 행정관, 한성기 포스데이터 고문, 장석중 대호차이나 대표 등 3명이 북한에게 판문점 총격을 요청한 '총풍' 사건이다. 한성기와 장석중 등은 1997년 12월 10일 중국 베이징 켐핀스키 호텔에서 북한 대외경제위원회 참사 리철윤, 아시아태평양위원회 참사 박충 등에게 "대선 3~4일 전 판문점 공동 경비구역에서 무력시위를 해주면 비료 지원 등을 해주겠다"고 제안했다. 그러나 북한 측은 "평양에서 지시가 없어 지금은 답변을 줄 수가 없다"며 응하지 않았다.

이들에게는 유죄가 선고돼 2003년 대법원에서 확정됐다. 유죄 선고 이유는 '무력시위 요청 자체가 자유민주주의의 핵심인 선거제도와 국가 안보에 심각한 위협'이 된다는 것이었다. 1998년 10월 권영해 전 국가안전기획부장은 판문점 총격 요청 사건에 대한 안기부의 수사 방해 사실이 확인돼 직무유기 혐의로 검찰에 의해 기소됐다.

국가안전기획부는 비슷한 시기에 또 다른 '북풍 공작 사건'을 벌였다. "김대중 새정치국민회의 대통령후보가 북한으로부터 정치자금을 받았다"는 취지의 허위 사실을 재미교포 사업가인 윤홍준이 기자회견을 통해 폭로하도록 공작을 진행했다. 이 공작은 이병기 차장(박근혜 정부의 국가정보원장, 청와대 비서실장)의 산하인 203실이 주도했다.

1997년 12월 7일 권영해 부장이 윤씨에게 허위 기자회견을 지시하고 이에 따라 12월 11일 중국 베이징과 12일 일본 도쿄에서 윤씨의 폭로성 기자회견이 잇따라 열렸다. 기자회견 뒤 권 부장은 12월 25일 윤씨에게 공작자금 20만 달러를 전달했다. 당시 언론에는 이병기 차장이 "윤씨 기자회견을 지시했다"는 진술이 확보돼 이 차장에 대한 2차 소환 조사 뒤 구속 영장이 청구될 것이라는 보도가 나왔다. 그러나 1998년 3월 21일 권 부장의 자살 시도 사건 이후 권 부장과 203실 소속 국정원 직원 5명, 그리고 윤씨만 구속돼 사건의 진실은 더 이상 밝혀지지 않았다. 국가안전기획부의 대선 개입은 이것으로 끝나지 않았다.

권영해 부장은 부서장 회의에서 직원들에게 한나라당 이회창 후보 지원을 위한 귀향활동을 지시했다. 대선 직전인 12월 11~17일 철저한 보안 유지하에 영남·충청 지역 출신 직원 200여 명을 선발해 1인당 10만~100만 원씩 여비를 주고 2~3일간 귀향해 이회창 후보 지원활동을 하도록 했다. 김대중을 색깔론으로 공격하고 이회창 후보를 띄우는 '구전 홍보단'이 운영된 것이다. 당시 임경묵 102 실장은 간부회의에서 노골적으로 "사상을 믿을 수 없는 사람과 같이 일할 수 없다. 이회창 후보가 당선되기 위해서는 영남지역에서 압도적인 지지가 필수적이다"라고 지역감정을 선동하며 선거운동을 독려했다. 그는 북풍 사건에 개입한 혐의로 유죄가 선고됐다.[32]

32. 《오마이뉴스》 2015년 7월 29일, 「원세훈의 악명? 권영해에겐 못당한다」 참조.

제 **3** 장

적대적 공생체제의 폭력과 공동체 위기

1. 적대적 공생체제의 본질과 폭력

1) 적대적 공생체제의 본질과 영향

적대적 공생체제 자체가 반민족적이다. 민족 간 적대감을 확대 재생산하며 이를 원동력으로 삼아 남북 간 교류와 협력·통일을 가로막고 분단을 고착시킨 '적대적 공생체제'야말로 그 본질이 반민족적이다. 적대적 공생체제의 반민족성은 체제의 생성 과정에서부터 생겼다. 체제를 주도해온 남한의 극우세력의 뿌리가 '친일세력'이라는 데서 반민족성의 불행은 시작된다. 남북한에서는 극우나 극좌적 해결 방법 이외에는 어떠한 민족주의적 해결 노력도 철저하게 봉쇄됐다.

북한 김일성의 민족주의관도 매우 부정적이었다. 그는 민족주의가 "인민들 간의 친선관계를 파괴할 뿐만 아니라 민족적 리익과 근로대중의 계급적 리익에도 배치되는 것"이라고 보았다. 1967년대를 기점으로 북한에서는 실학사상가들과 의병장, 이순신이나 강감찬 같은 전쟁영웅에 대한 선전이 사실상 금지됐다. 북한 지도부의 민족주의 인식에 일대 전환을 가져온 것은 1986년 김정일이 '조선민족 제일주의'를 제창하면서부터다. 그러나 '조선민족 제일주의' 논리가 남한 주민을 포함한 전체 한반도의 민족을 상정하지 않고 '주체형 사회주의 민족'으로서의 '조선민족', 즉 '북한 인민'에 국한되고 있다. '조선민족 제일주의'는 한반도의 한쪽 분단국가인 북한 내부의 단결력을 강화하기 위한 이데올로기로서 전체 한반도의 관점에서 통일민족국가를 지향하는 민족주의의 성격은 매우 희박하다.[1]

남한의 '천민자본주의'와 북한의 '유일체제적 공산주의'라는 극단적 이념 토양이 형성·강화되는 과정에서 민족주의가 자라나기는 극히 어려운 일이었다. 남북한은 상극적이고 배척적인 이념을 내세우면서도 적대적 공생관계를 유지하며 민족주의적 사상이나 이념·주장을 '용공'이나 '간첩' 또는 '반혁명' 등으로 몰아 혹독하게 탄압했다. 적대적 공생체제는 상호 적대적인 지배세력만 서로 공존할 수 있는 반면에 진정한 통일을 지향하는 민족세력은 존재할수 없는 불모의 체제다. 대외 의존 또는 예속적 관계는 강화하면서 정작 같은 민족끼리는 적대적 대결을 벌여 민족 역량의 소모를 초래하는 반민족적 체제다.

남한의 지배세력은 명분으로는 '자유민주주의 체제의 수호'를 내세우지만 실제로는 독재적 집권을 위해 '자유민주주의체제'를 끊임없이 유린했다. 남한의 헌정사는 독재권력을 위한 개헌의 유린으로 얼룩졌다. 이런 반민주적 유린이 있을 때마다 동원된 논리가 적대적 대결상태에서의 '총력안보'와 '강력한 권력의 중단 없는 유지'였다. 그들은 정치적 고비, 특히 선거 때만 되면 '간첩단 사건' 등을 통해 북한의 위협을 강조하고 안정 희구의 대중심리를 선동하면서 야당을 '용공'으로 몰아 야당 쪽으로 가는 표를 차단했다. 공교롭게도 북한의 무장간첩 사건이나 테러, 비무장지대 총격전 등이 겹쳐 일반 유권자의 안정 희구 심리를 부채질해 여당의 선거 전략을 도와주는 결과를 빚었다.

적대적 공생체제에서는 극우나 극좌의 대결적인 논리나 접근방법, 주장,

---

1. 이종석, 『현대북한의 이해』, 역사비평사, 1988, 198-199쪽 참조.

입장 이외의 어느 것도 용인되지 않을 뿐만 아니라 탄압의 빌미가 됐다. 특히 한반도 문제와 관련해 남북한 당국의 공식 입장과 다르거나 조금이라도 앞질러가는 주장은 '체제를 위협하는 불순한 사상'으로 매도당했다. 자신과 다른 정치적 주장은 아예 '적을 이롭게 하는 나쁜 행위'로 매도하는 행태가 전 사회적으로 확산됐다. 모든 문제를 '선'과 '악'의 이분법으로 단정하는 흑백논리가 온 사회를 지배하게 됐으며, 자기만이 옳고 내가 아니면 안 된다는 절대주의적 권위주의가 팽배해졌다. 적대적 공생체제는 다양한 사고와의 표현을 전제로 하는 민주적 논의 자체가 사실상 불가능한 반민주적 체제다.

남북한의 지배세력은 적대적 공생체제에서 내적 체제의 안정과 기득권의 유지라는 공통의 이해관계를 갖기 때문에 '공생체제'의 변화에 대해 본질적으로 부정적이다. 두 세력은 상대방의 지배세력이 교체됨에 따라 남북 간 화해와 통일로의 근본적인 체제 변화가 생기는 것을 달갑게 여길 리가 없다. '공생체제'의 붕괴는 곧 자신의 교체나 붕괴를 가져올 수 있기 때문이다. 남북한은 상호간의 적대적 위기의식을 대내적 단결과 통합에 활용하면서 변화의 요구를 억압했다.

그 결과 남한에서는 자유민주주의적 발전이 이승만, 박정희, 전두환 등 독재세력에 의해 억압됐다. 북한의 유일지도체제에서는 사회주의적 민주화가 불가능했다. '4·19 혁명'과 '6월 민주항쟁'으로 독재세력의 영구 집권이 중단됐지만, 진정한 민주적 변화와 개혁의 시대를 열지 못하고 극우세력의 재집권으로 변화와 개혁에 대한 탄압의 시대가 다시 나타났다. 김영삼 문민정권 초기 국가안전기획부법 개정을 통해 대공 수사권이 일부 제한됐으나 1996년 12월 26일 여당 단독의 '날치기 통과'에 의한 재개정으로 국가보안법상의 찬양고무죄와 불고지죄에 대한 안기부의 수사권이 다시 살아났다. 노무현 정권 때 국가보안법 개정 시도가 있었으나 무산되고 말았다. 민주적 개혁에 대한 '공생체제'의 저항이 얼마나 거센가를 보여주는 대표적인 사례다. 분단체제론을 제기한 백낙청은 "분단체제하에서의 민중 권력의 창출은 하나의 환상이며 자유민주주의의 획득도 불가능하다"며 "분단체제 자체에 대한 큰 폭의 변화가 없는 한 남북한 모두 의미 있는 변화는 불가능하다"고 주장한다.

적대적 공생체제는 반생산성을 제도화하고 이를 재생산하는 체제다. 남북 간의 적대적 대결과 이에 따른 남북한의 막대한 군사비 지출로 인한 낭비와 폐해는 추산하기 어려울 정도로 극심하다. 동족 간의 적대적 대결을 위해 사회·경제적 개발이나 발전, 사회복지의 향상 등에 쓰일 막대한 자원이 낭비되고 있다는 사실은 민족적 불행이 아닐 수 없다. 남북한은 모두 170여만 명의 상비군에 1천여만 명에 이르는 예비 병력을 유지하고 있어 이로 인한 인적 부담만도 해도 엄청나다. 또한 무기 및 장비의 개발과 도입, 군사시설의 확충 등 군사력의 유지와 강화를 위한 물적 부담도 막대하다.

남북한의 군사비가 전체 예산에서 차지하는 비중은 세계 평균을 훨씬 웃돌 수밖에 없다. 냉전의 종식 이후 세계 국가들의 군사비 지출 비율은 낮아지는 추세를 보였으나 남북한의 경우 이와 반대로 오히려 갈수록 증가하는 추세. 세계 평균비율보다 높은 남북한의 군사비 지출로 남북한의 투자성장률은 세계 평균보다 낮아질 수밖에 없으며 국제경쟁력 또한 계속 뒤처지고 말 것이다. 영국의 반냉전주의자인 E. P. 톰슨은 동·서 간 냉전체제의 궁극적 결과는 공멸일 수밖에 없다는 절멸주의를 경고했었다. 반생산적인 남북 간 적대적 공생체제는 소모와 낭비의 과정을 거듭하며 그 궁극적 결과는 국제사회에서의 낙후와 도태일 것이다.

적대적 공생체제는 남북 간의 적대적 대결 기조를 바탕으로 한 것이기 때문에 그 본질이 반평화적이다. 따라서 이 체제의 집권세력은 본질적으로 한반도 문제의 평화적 해결을 추구하지 않는다. 평화적 해결은 곧 적대적 대결 구조의 청산을 의미하며 그것은 지배세력의 재생산 구조, 나아가 적대적 공생체제의 붕괴를 초래하기 때문이다. 간헐적으로 남북 간 대화나 교류·협력이 진행되기도 하지만, 진정한 의미에서 통일이나 화해 등 평화에 목적을 둔 것이 아니었다. 그 목적은 권력의 강화나 명분 포장을 위한 정략적 이해관계에 있으며 적대적 공생체제의 관리를 위한 것이었다.

적대적 공생체제의 정치적 측면에서 집권세력은 체제 안보와 사회 안정을 기존의 이념과 질서에 도전하는 어떤 정치세력도 무제한의 공권력을 발동해 철저하게 탄압하는 명분과 정당성의 근거로 삼았다. 적대적 공생체제를 확립한 박정희의 '유신체제'는 이승만이 통치 이념으로 내세운 '반공'에 '조국 근대화'를 보태 권위주의적 탄압을 강화했다. 적대적 공생체제의 정치적 결과의 핵심은 보수적인 여당과 야당이라는 정치적 쌍생아를 낳았다는 점이다.

반공, 국가 안보, 조국 근대화라는 이름 아래 자유민주주의의 핵심 이념인 개인의 자유와 권리, 정치적 의사 표현의 자유를 허용하지 않는 절대적인 권위주의적 독재의 폭력이 제도화되고 일상화됐다. 행정의 능률화라는 논리 아래 입법부나 사법부는 독재권력의 보조기구로 전락해 민주주의의 기본 원칙인 삼권 분립도 무너져버렸다. 산업화 과정에서 늘어난 이농 현상과 도시 빈민층, 노동계급, 소외된 지식인들의 체제 도전을 억누르기 위해 중앙정보부 등 정보기관을 비롯해 검찰과 경찰, 군 수사기관 등 공안기관의 역할과 기능이 비대해졌다.

경제적 측면에서는 일제의 재산을 친일세력에 넘기는 반민족적 처리, 원조 자금의 특혜 배분 등으로 관권과 결탁된 친일파를 비롯한 소수에게 자본이 집중된 관료독점자본이 형성되고 민족적인 민간형 중소 자본은 점차 도태됐다. 남한의 경제는 미국이나 일본의 독점자본의 재생산 구조에 편입됨으로써 산업구조의 왜곡과 대외종속성이 심화됐다. 특히 남북 간의 적대적 대결 관계는 남북한의 경제를 파행으로 치닫게 만들었다.

남북 간의 적대적 대결 과정에서 군부의 팽창과 사회적 신분 상승은 필연적 결과였다. 독재체제를 구축한 군부세력을 중심으로 전 사회적으로 냉전문화와 군사문화가 토착화됐다. 이 문화는 재생산구조를 통해 언론, 문학, 예술, 종교 등 전 부문을 지배했다. 특히 교육은 냉전문화와 군사문화의 계승과 심화에 가장 기본적인 역할과 기능을 수행했다. 교육의 핵심은 남북 간 적대감의 고취였다. 세계적으로 손꼽히는 반공의 보루이며 전초기지인 남한에서는 다른 어느 반공국가보다도 강력한 반공교육이 실시됐다. 지배적인 이데올로기로서 반공산주의 극우 이념만이 통용됐다. 이 극우 노선을 벗어나면 '용공'으로 몰렸고, '빨갱이'나 '용공분자'로 낙인찍히면 북한에서 '미 제국주의 앞잡이', '반동분자', '반혁명분자'로 숙청된 것처럼 '사상적 이단아', '불순분자'로서 혹독한 탄압을 받고 추방을 당했다.

북한의 정치사상 교육의 목표는 사회주의·공산주의혁명을 위한 혁명 투사나 전사를 양성하는 것이었다. 1977년 9월 5일 김일성이 제기한 「사회주의혁명에 관한 테제」에서 "사회주의 교육의 목적은 유일사상체계를 확고히 세우고 특히 혁명의 원쑤를 철저히 미워하는 교육을 철저히 하여야 한다"고 강조했다. '혁명의 원쑤를 미워하도록 한다는 것'은 '미 제국주의자', '남조선 반동세력', '인민과 계급의 적'에 대한 증오심과 적개심을 불태우도록 한다는 것을 의미한다. 이런 교육은 언론·출판 등의 각종 선전매체를 통해 다시 강조된다.

남북한의 냉전문화는 극우 또는 극좌의 극단적인 이념적 편향성을 강요하며 상대방을 '악'으로 인식하고 끊임없이 적대감을 갖도록 했다. 극단적인 이념과 노선에서 이탈하는 어느 집단이나 주장도 용납되지 않았다. 이런 냉전문화를 바탕으로 문화적 폭력, 이념적 폭력이 횡행했다. 권력의 영속적 독점을 위해 '적의 위협'을 부르짖고 '적대감'을 선동하며 내부의 도전세력이나 도전적 주장을 억압·탄압하는 적대적 공생체제의 본질은 폭력이다. 체제의 폭력은 정치폭력으로, 나아가 사회 전체의 폭력으로 만연하게 됐다. 폭력문화의 재생산 기제가 형성되고 폭력이 일상화·구조화됨으로써 우리 사회는 폭력

지향적인 사회가 되고 말았다.

막스 베버(Max Weber)는 '국가는 폭력을 독점하는 기관'이라고 말했다. 국가에 의해 독점된 폭력기관이 엄격한 합법성과 중립성 원칙의 통제를 제대로 받지 않는다면 곧바로 무고한 인명을 살상하는 흉기로 돌변할 수 있다. 국가가 최대의 폭력조직이자 살인자가 될 수 있다는 뜻이다. 박정희 군사독재 시기에 확립된 남북 간 적대적 공생체제에서 남북한의 지배세력은 정치적 도전세력의 주장을 폭력적으로 억압했다. 그들은 폭력적 억압을 정당화·합리화하기 위해 상대에 대한 적대감을 불러일으켜 '공안 탄압'을 하거나 '반혁명에 대한 숙청'을 벌였다. 이 과정에서 상대방의 '군사적 위협'이나 '도발'이 폭력적 억압의 명분이나 구실로 이용됐다.

남한의 적대적 공생체제의 구조는 용공 조작 및 간첩단 사건 조작을 위한 법적 근거로서의 국가보안법 등의 법제와 이의 실행을 위한 중앙정보부와 검찰·경찰 등의 공안 사법체제로 구성된다. 특히 국가보안법과 박정희의 군사 쿠데타 직후 설립된 중앙정보부(국가안전기획부, 국가정보원)는 적대적 공생체제에서 핵심적인 기능을 했다. 적대적 공생체제의 용공 조작 및 간첩단 사건 조작 등을 통한 극단적인 이념 탄압과 폭력은 세계의 그 어느 곳보다도 심하게 나타났다.

2) 적대적 공생체제와 국가보안법

발터 벤야민(Walter Benjamain)은 법은 폭력의 산물이라고 말했다. 폭력의 뒷받침이 없으면 법은 유지될 수 없기 때문이다. 법이 폭력을 정당화기 위해 법의 형식을 빌리지만, 법은 '폭력 그 자체' 또는 '폭력적 법'이라는 것이다. 바로 일본 제국주의의 식민지체제는 '법의 지배'가 아닌 '폭력적 법'에 의한 지배체제였다.

국가보안법의 모태는 일제 강점기의 대표적인 조선인 탄압법인 '치안유지법'이다. 일본은 3·1 독립운동이 일어나자 집회와 결사를 금지하고 독립운동을 탄압하기 위해 '치안유지법'을 만들었다. '국가체제의 변혁이나 사유재산의 부정을 목적으로 하는 일체의 행위를 금지'하고 '위험한 인물'이나 '불온한 사상'의 혐의자를 '예방 구금'할 수 있도록 한 것이다. 이 법은 일제가 군사 파시즘의 길을 걸으면서 일본 본토와 식민지의 사회주의자, 반체제주의자, 독립운동가 등을 처벌하며 일제에 대한 모든 항거와 반대를 불가능하게 만든 악법이었다. 탄압을 위해 자의적으로 남용할 수 있는 '치안유지법'의 독소 조항들은 그것을 본떠 만든 국가보안법에서 그대로 이어졌다.[2]

한반도의 분단을 초래할 이승만의 단선단정(單選單政)에 반대하는 '4·3 항쟁'과 이의 진압 명령을 거부한 '여수·순천 사건' 등을 겪으면서 반정부세력이 커지자 이승만 정권은 일제의 '치안유지법'을 모델로 한 국가보안법을 서둘러 제정했다. 1948년 12월 1일 시행된 국가보안법은 원래 공산주의혁명을 막는다는 것이었지만, 실제로는 이승만 정부에 반대하는 세력을 탄압하기 위한 수단으로 동원됐다.

국가보안법을 동원한 '용공' 탄압은 이듬해 5월 나타났다. 김약수 제헌국회 부의장을 비롯한 제헌의원 13명이 '남로당 프락치' 활동 혐의로 체포돼 국가보안법의 적용을 받았다. 이들은 국가보안법 제정을 반대하고 지방자치제를 적극 지지하는 입장이었다. 이들에게는 '남로당의 7원칙'의 실시를 모의했다는 어마어마한 혐의가 씌워졌지만, 이 프락치 사건은 대표적인 조작 의혹 사건 중 하나다. 이들을 '용공'으로 몰았던 제헌의원 이재학은 이 사건이 "소장파 의원들을 제거하려는 정치적 음모"와 연관된 것 같다고 회고했다.[3]

---

2. 김민배, 「국가보안법·반공법과 한국 인권 50년」,《역사비평》, 1999년 봄호(통권 46호), 42-43쪽 참조.

3. 제헌의원으로 우파인 이재학은 "나는 이 사건을 문자 그대로 믿지 않고 하나의 정치적 연극

이승만 정권은 비슷한 시기인 5월 20일 반민족행위 처벌법의 제정을 추진했던 소장파 국회의원 3명도 국가보안법 위반 혐의로 구속했다. 친일세력은 이들의 석방 결의안에 찬성한 국회의원 88명 모두 공산당원이라고 맹렬하게 비난했다.[4] 국가보안법을 동원한 이승만의 종신 집권을 위한 '용공 조작'과 '용공 폭력'은 대통령 직선제 개헌을 위한 1952년 '부산정치파동', 종신 집권 개헌을 위한 1954년 '사사오입 개헌'에서도 벌어졌다.

이승만 정권의 '용공 조작'과 '용공 폭력'은 '진보당의 조봉암 간첩 사건 조작'에서 절정을 이루었다. 당시 내무부 장관이었던 최인규가 『옥중자서전』에서 "제3대 대통령 선거(1956년 5월)는 조봉암의 승리였다"고 말할 정도로 조봉암은 이승만의 집권에 위협이 되는 인물이었다. 이승만 정권은 1958년 1월 조봉암과 진보당 간부 10여 명을 국가보안법 혐의로 체포했다.

조봉암에 대한 간첩 혐의의 유일한 증거는 양명산의 자백뿐이었다. 양명산은 법정에서 "특무대의 고문과 회유에 못 이긴 허위자백이었다"며 자백을 부인했다. 당시 1심 재판장이었던 윤병건 판사는 이승만 정권의 간첩 조작에 저항하여 간첩 혐의에 대한 무죄를 선고했다. 그러나 조봉암은 대법원의 사형 선고 확정 뒤 1959년 7월 31일 사형당했다.

처음 6개 조항으로 구성된 국가보안법을 만든 애초 취지는 공산주의를 처벌하는 것이 아니었다. 대한민국을 파괴·전복·부인하고 인민공화국을 정통으로 내세울 때만 적용되는 법이었다. 공산주의자라고 하더라도 대한민국을 인정하면 처벌 대상이 아니었다. 친구나 가족이 간첩인 줄 알면서 신고하지 않

이 아니었나 본다. 당시 국회 부의장 김약수를 중심으로 한 소장파 의원들의 지나친 태도, 방약무인하고 영웅적이려고 한 그들의 태도가 국회에서 물의를 일으키게 되니까 이를 경고하는 뜻에서 정치적인 트릭을 꾸민 것 같은 점도 있다"고 회고했다. 정상모, 『새로운 세기를 위하여』, 한겨레신문사, 1997, 68-69쪽.

4. 송건호, 『분단과 민족』, 지식산업사, 1986, 200쪽.

으면 처벌하는 불고지죄 조항도 없었다.[5] 최고 법정형도 무기징역이었다. 형법상 내란죄는 최고 법정형으로 사형이 규정돼 있었으나 국가보안법상 행위는 내란죄 이전의 단순한 결사 또는 집단을 구성한 것에 불과하기 때문에 사형을 과할 수 없다는 취지였다.

이승만 정권은 '남로당 프락치 사건'이 있은 뒤 국가보안법을 1949년 12월 개정했다. 이 개정에서 사형제와 단심제가 들어가고 사회안전법의 보안감호와 비슷한 보도구금제가 도입됐다. 인권유린법이라는 비난이 나오자 이승만 정권은 1차 개정 법률을 시행하지도 않고 2차 개정안을 국회에 제출했다. 2차 개정의 핵심은 사형을 선고받은 자는 단심제를 적용하지 않고 상고의 기회를 제공한다는 것이었다. 이승만 정권은 '2·4 파동' 또는 '보안법 파동'을 일으키며 1958년 국가보안법 3차 개정을 강행했다.

국가보안법 3차 개정의 취지는 위장 평화통일 공작을 주 임무로 하는 간첩과 국가 변란 목적의 범죄를 충분히 단속할 수 있는 법 조항이 없어 이를 보완한다는 것이었다. 개정안에는 국가 기밀의 개념 확대 조항과 허위사실 유포자 처벌 등의 언론 조항도 포함됐다. 개정안의 기본적 이유와 근거는 북한의 침략과 위협의 증대였다. 그러나 당시 북한은 전후 복구기로 남한에 대해 무력도발이나 침략정책을 적극적으로 수행할 수 있는 여건이 아니었다.

실제로는 이승만의 자유당 정권이 위기에 처했으며 자유당의 위기감과 초조감은 '조봉암 간첩 조작 사건'으로 나타났다. 집권 위기에 처한 이승만 정권이 국가보안법 개정 등으로 야당의 정치활동을 규제하고 언론에 재갈을 물려[6]

---

5. 국가보안법의 불고지죄 조항은 1958년 국가보안법 개정 때 들어갔다. 4·19 이후 장면 정권의 국가보안법 개정에서도 불고지죄가 들어갔다. 오제도, 「너희가 보안법을 아느냐」, 《신문고》 통권 83권, 우진문화, 1999, 7-8쪽.

6. 《동아일보》 1958년 8월 10일 보도는 "신국가보안법은 공산당이 아닌 자들도 공산당과 같이 처벌할 수 있도록 되어있으며…신문은 관보 노릇을 하지 않는 한 폐간을 하거나 망해야 할 것. 공산당을 잡는다는 미명하에 신문을 다 관보화하겠다는 것이야말로 대한민국의 국

독재체제를 강화하려고 하자 '보안법 파동'이 전국을 휩쓸었다. 야당인 민주당이 반대 투쟁에 나섰고, 11월 12일 대한변호사협회는 개정안의 적용범위가 광범위하여 국민에게 공포감을 주고 국민의 기본권을 침해하는 위헌 조항이 들어 있다는 등의 비판을 내놓았다. 신문인편집인협회도 11월 21일 개정안이 언론 자유와 인권을 침해하는 법률이라고 단정하고 반대 투쟁을 선언했다. 그럼에도 이승만 정권의 자유당은 12월 19일 법사위에서 자유당 의원만으로 개정안을 날치기 통과시킨 뒤 12월 24일 무술 경위들을 동원해 농성 중이던 야당 의원들을 끌어내고 자유당 의원만으로 가결했다.[7]

날치기로 개정된 국가보안법은 근본적으로 위헌 법률이라는 지적이 제기됐다. 범죄의 구성 요건이 지극히 모호하고 추상적이어서 명확성과 구체성을 요구하는 근대 형법의 지도 원리인 죄형법정주의에 어긋난다는 것이다. 국가기밀과 정보, 허위사실 유포, 사실의 왜곡, 인심 교란 등의 개념과 그 범위가 너무 광범하고 막연하기 때문에 수사기관의 권한 남용과 이로 인한 인권의 심각한 침해가 생길 수밖에 없다는 논리다.

이 국가보안법은 4·19 혁명 직후인 1960년 5월 30일 장면 정권 때 개정돼 문제의 조항들이 대폭 삭제됐다. 그러나 반국가단체의 개념 등 비민주적 조항들은 그대로 남았다. 특히 가족과 친지를 밀고하도록 강요하는 반인륜적 독소 조항인 불고지죄와 선동·선전이라는 대단히 추상적이고 모호한 조항들을 그대로 둔 것은 반공 보수의 민주당 정권의 한계였다.[8]

오히려 민주당은 혁신세력이나 학생들의 통일운동 등에 대한 규제를 위해 반공법 제정을 추진했다. 민주당이 추진한 반공임시특별법안은 5·16 후 박정희 군사정권에서 그대로 수용돼 반공법으로 나타났다. 반공법은 박정희 군사

헌을 변란하겠다는 것 아닌가"라고 비판했다.

7. 대한민국국회사무처, 『국회사』1971, 81쪽.

8. 박원순, 『국가보안법연구Ⅱ』, 역사비평사, 1992, 168-177쪽 참조.

독재의 '용공 조작'과 '용공 폭력'의 법률적 기반 노릇을 했다. 국가보안법과 반공법이 통합된 제5공화국의 국가보안법은 전두환 군사독재가 민주세력을 용공조작으로 탄압하는 데 전가의 보도처럼 악용됐다.

국가보안법 가운데 가장 심각하게 남용된 독소 조항은 제7조다. 이 조항은 찬양·고무 및 이적단체 구성과 가입, 이적표현물 제작·반포·판매 등의 내용이다. 간첩이 아닌 일반 국민에 대하여 제7조의 찬양·고무죄, 이적표현물 소지죄 등을 적용하는 사례가 대부분이다. '찬양', '고무', '동조', '기타의 방법'으로, '이롭게', '이적 표현물' 등의 개념이 너무나 포괄적이고 불명확하기 때문에 수사기관이 자의적으로 해석해 남용할 수 있기 때문이다. 이는 죄형법정주의나 법치주의 원리 등에도 위반된다.

수사기관의 자의적 권한 남용 때문에 어이없는 국가보안법 위반 사례가 비일비재하다. "예비군 훈련이 지긋지긋해서 북한으로 넘어가버리겠다"고 농담했다가 국가보안법 위반 혐의로 구속되기도 했다. 농담이나 취중에 한 말도 보안법 위반 대상이 돼 '막걸리 보안법'이란 말도 나왔다. 역사를 공부하는 대학생이 『미제 침략 백년사』라는 역사 자료를 갖고 있다가 보안법 위반 혐의로 기소됐다. "북한 지하철이 우리보다 7년이나 앞섰다"는 발언도 '반국가단체 찬양·고무죄'가 됐다. 조총련에 소속된 형에게 경부고속도로가 4차선이라고 말했다는 이유로 국가 기밀 누설과 간첩 혐의로 구속된 원양 선원도 있다.[9]

헌법상의 표현의 자유, 학문과 예술의 자유, 사상과 양심의 자유 등 자유권의 의미가 국가보안법에는 별로 없다. 국가보안법의 찬양·고무죄는 헌법 전문이나 헌법 제4조의 평화적 통일 지향의 규정과도 어긋난다. 자유민주주의적 기본 질서에 입각한 통일정책의 추구나 단순한 동포애의 발휘도 북한의

---

9. 김민배, 「국가보안법·반공법과 한국 인권 50년」, 48쪽.

활동에 동조하거나 북한을 이롭게 한 혐의로 처벌될 수 있다. 정부의 정책과 다른 통일론을 주장하는 일은 곧 '정치적 순교'를 각오한 용기가 필요했다.[10]

같은 법 조항이라도 정부의 판단에 따라 누구에게는 범법행위가 되고 누구는 적용되지 않는 모순도 벌어진다. 법적으로 남북교류협력법이 적용되기도 하고 국가보안법이 적용되기도 하기 때문이다. 제주 '4·3 항쟁'의 양민 학살을 다룬 다큐멘터리 〈레드 헌트〉를 부산영화제에서 상영했다는 이유로 서준식이 구속됐다. 국가보안법상의 이적표현물 반포 혐의였다. 그러나 부산영화제 조직위원장이었던 문정수 부산시장과 관련자들은 구속되지 않았다. 같은 영화 상영을 둘러싸고도 보안법 적용은 자의적이었다.

유엔인권위원회는 1998년 12월 현행 국가보안법 제7조의 반국가단체 찬양·고무 등을 위반하여 대법원에서 유죄 확정 판결을 받은 사건을 두고 유엔의 인권규약 위반이라는 결정을 내렸다. 사건 판결은 유엔 B규약 제19조 2항이 보장한 '표현의 자유'를 침해했다는 결정이었다. 유엔인권위원회는 한국의 안보 상황을 고려하더라도 표현의 자유보다 국가보안법이 우선 적용되어야 한다는 한국 정부의 주장은 규약에 위배된다고 못 박았다. 한국은 규약의 이행 여부를 감시하기 위한 유엔 인권위의 활동을 인정하는 선택의정서를 모두 비준했기 때문에 이 결정은 국내법적 효력을 갖는다.[11]

국가보안법은 헌법상 국가긴급권의 발동, 즉 국가비상사태에 준하는 일상적 역할을 수행한다. 헌법은 국가긴급권을 제한하고 있지만, 국가보안법으로 인해 사실상 그 조항 자체가 유명무실하게 됐다. 국가보안법은 법체제상 헌법의 하위 법이지만, 실제적으로는 헌법 위의 법률로서 상위에 군림했다. 현행 헌법이 그 근본이념과 정신으로서 규정하고 있는 인간의 존엄과 가치가 국가

---

10. 이종석, 「남한의 통일정책과 통일운동」,《사회와 사상》, 1988년 9월호, 95쪽.
11. 김민배, 「국가보안법·반공법과 한국 인권 50년」, 49-50쪽.

보안법의 이름으로 유린됐다. 국가보안법으로 어떤 자유와 인권도 얼마든지 제한·침해할 수 있었다. 국가보안법으로 인해 신성불가침의 기본권은 장식물에 불과했으며 헌법은 사문화되고 말았다.

적대적 공생체제의 지배세력은 국가보안법을 동원해 자유주의를 표방하는 어느 나라에서도 유례가 없는 사상 탄압과 인권 유린을 자행했다. 그들은 국가보안법이 자유민주주의를 수호하기 위한 체제수호법이라고 강변하지만, 이와는 정반대로 자유민주주의의 본질을 훼손하며 독재체제를 수호하기 위한 통치·탄압법이었다. 국가보안법은 자유민주주의 국가의 보안이 아니라 독재권력의 보안을 위한 법이었다. 극우 지배세력의 권력축이자 지배체제의 제도적 장치를 뒷받침하는 핵심적 법률이었다. 국가보안법은 극우세력이 적대적 공생체제를 통해 권력을 영속적으로 장악하기 위한 법률적 기둥이었다.

국가보안법은 제정 당시 6개 조항으로 법정 최고형이 무기징역이었던 것이 사형이 가능한 조항만도 수십 개로 늘어났다. 국가보안법은 개정과 반공법 통합을 거치며 불사조의 힘을 길렀다. 반란이 없고 비상사태가 아닌데도 국가보안법이 확대된 것은 이 법이 국가안보보다 정권의 안보, 극우세력의 안보를 위한 법이었기 때문이다.

적대적 공생체제의 기본 동력인 대북 적대감의 재생산과 확대를 위한 국가보안법의 주요 기능은 '용공 조작'과 '간첩단 사건 조작'이었다. 국가보안법의 남용과 악용에 의한 '용공 조작'과 '간첩 사건 조작'은 1961년 박정희 군사정권이 중앙정보부를 창설한 이후 조직적으로 이루어졌다. 1980년 제5공화국 전두환 정권에서는 '간첩'과 거리가 먼 일반 '시국사범'에게 엄청난 고문과 조작으로 국가보안법을 적용하는 일이 다반사로 벌어졌다.

특히 간첩사건은 "독재정권이 위기에 처할 때마다 정권안보를 위한 대국민 선전용으로 조작"[12]한 경우가 많았다. 실제 남파 간첩은 1950~1960년대에 가장 많았으며 1970년대 이후 점차 줄어들다가 1980년대 들어 거의 사라졌다. 이처럼 남파 간첩이 줄어들었음에도 간첩 사건은 일반 국민의 북한에 대한 불안감과 적대감을 계속 유지해야 하는 독재권력에게는 반드시 필요한 존재였다. 간첩 사건이야말로 독재정권의 안정을 위해 가장 긴요한 수단이었다.

3) 적대적 공생체제와 국가정보원

5·16 군사쿠데타로 집권한 박정희 군사정권은 아무런 법적 근거도 없이 설치한 국가재건최고회의에서 국가재건비상조치법, 혁명재판소 및 혁명검찰부 조직법, 특수범죄처벌에 관한 특별법 등을 제정해 진보·혁신계 인사들을 구속하고 사형시켰다. 일단 사람들을 먼저 잡아 가둔 다음 그들을 처벌할 법을 만들어 적용하는 전형적인 소급 입법에 의한 처벌이었다. 공포의 대상이 된 중앙정보부도 소급 입법에 의해 설립됐다.

박 정권은 1961년 5월 20일 국가재건최고회의 소속으로 정보기관이자 수사기관인 중앙정보부를 신설했다. 다음 달인 6월 10일 국가재건최고회의법과 중앙정보부법을 제정해 중앙정보부 설치의 근거를 마련했다. 박 정권 아래 최고의 권부가 된 중앙정보부는 불법적인 정치 개입과 인권유린으로 비판의 표적이 됐다. 특히 중앙정보부는 멀쩡한 사람을 '빨갱이'로 제조하는 공장이었다.[13]

중앙정보부의 불법적인 정치 개입과 공작은 1년 후인 1962년 '4대 의혹 사건'으로 나타났다. '4대 의혹 사건'은 중앙정보부가 박정희 군사정권의 신당인 민주공화당의 정치자금을 확보하기 위해 일으킨 횡령 사건으로 '증권 파동',

---

12. 민주화실천가족운동협의회 양심수후원회, 『장기복역양심수실태보고서』, 3쪽; 박원순, 『국가보안법연구Ⅲ』, (역사비평사, 1992, 389쪽에서 재인용.

13. 홍석률, 「박정희 정권기 국가폭력과 인권침해」, 대통령 소속 의문사진상규명위원회 보고서, 『진실을 향한 험난한 여정』(2차), 2003, 7-2004. 6쪽, 2004, 101쪽. 김동춘, 『전쟁정치』, 도서출판 길, 2013, ㅋ82쪽에서 재인용.

'새나라자동차', '워커힐', '빠찡코' 등의 사건이다. 1963년 대통령 선거를 앞두고 중앙정보부가 1962년 1월부터 비밀리에 정당 조직에 착수해 정치자금을 조달하면서 '4대 의혹 사건'이 터진 것이다.

1962~1963년의 '증권 파동'은 중앙정보부가 증권거래소를 직접 장악한 뒤 주가 조작으로 엄청난 부당이득을 챙긴 사건이다. 주가 조작으로 인해 5,024명의 군소 투자가들이 138억 6천만 환에 이르는 막대한 손해를 봤다는 피해설이 나돌았다. 자살 소동이 벌어지는 등 사회적 파문이 매우 컸다.

'새나라자동차'는 일본제 승용차를 불법으로 반입한 뒤 시가보다 2배 이상 높은 가격으로 국내에 팔아 거액의 폭리를 취한 사건이다. '워커힐' 사건에서는 정부 자금으로 인건비 없는 인력을 동원해 위락시설을 마련하면서 상당한 금품을 횡령했다. '빠찡코'는 당시 금지된 도박기구 '빠찡코'를 500대나 구입한 뒤 영업허가를 내주며 돈을 챙긴 사건이다.

'4대 의혹 사건'으로 사회적 파문이 커지자 김종필 초대 중앙정보부장은 '자의반 타의반' 외유를 떠났다. 그가 떠난 지 2주일 뒤 사건에 대한 수사 결과 발표가 나오고 15명이 구속됐다. 그러나 의혹의 일부만 드러난 채 의혹의 실체는 파묻히고 말았다.

1963년 3월 26일 미국 안보회의가 케네디 대통령에게 올린 한국정세보고서는 "김종필이 한국 역사상 최대 규모의 증권 조작을 통해 2천만~3천만 달러를 벌었다"고 적었다. 증권 파동의 실무책임자인 중앙정보부 강성원은 "그때 약 20억을 벌어 재건동지회 조직에 썼다"고 증언했다. 당시 20억 환은 현재 2천억 원에 상당한 액수다. 김종필은 의혹 사건과 관련해 "새 정당을 조직하려면 정치자금이 필요하다. 정당 만드는 데 국고를 쓸 수 없지 않은가. 이 방법은 제2차 세계대전 중 미국 CIA가 부족한 공작비를 보충하는 방법으로 썼는데, 우리도 이 방법을 모방해 보았다"고 밝혔다.[14]

중앙정보부는 대공 및 정보 수집으로 업무를 확장하며 1963년 민정 이양

이후 한국의 정보·첩보·수사를 총괄하는 최고의 정보수사기관으로서 막강한
권력기관이 됐다. 김종필은 중앙정보부의 창설 이유로 "혁명 과업을 뒷받침
하려면 무서운 존재가 필요하다"[15]며, 중앙정보부가 강력한 공포정치의 도
구로 활용됐음을 시인했다. 중앙정보부는 불법적인 정치 개입과 용공 조작,
간첩 사건 조작, 인권 유린 등으로 정치적 비판세력을 혹독하게 탄압하며 공
포의 대상으로 군림했다.[16] 중앙정보부는 1980년 12월 31일 제정된 국가안전
기획부법에 따라 국가안전기획부로 확대·개편됐다. 중앙정보부나 국가안전
기획부는 재판과 법원 인사에도 개입했다. 자신들이 조사한 피의자를 보석했
다는 이유로 대법원에 압력을 넣어 부장판사의 사표를 강요하기도 했다.[17] 국
가안전기획부는 1999년 1월 22일 안기부법이 국가정보원법으로 개정돼 국
가정보원으로 명칭이 바뀌었다.

중앙정보부의 폭력은 적대적 공생체제의 근본 동력인 대북 적대감의 확대
재생산을 위한 용공 및 간첩 사건 조작에서 전형적으로 나타났다. 정권에 비
판적인 사람들을 '용공'으로 몰기 위해서는 지속적으로 간첩 사건을 터트려
일반 국민의 북한에 대한 불안감과 적대감을 계속 유지할 필요가 있었다.
1970년대 이후 북한의 대남정책 변경으로 남파 간첩의 검거 수가 줄어들게
되자 '국가정책'으로 간첩을 조작해 양산하기 시작했으며 그 주체는 중앙정
보부였다. 1980년대 들어서는 군의 보안사가 가세해 두 기관이 '간첩 만들어
내기' 경쟁을 본격적으로 벌였다.

중앙정보부 같은 공안수사정보기관의 본질은 외적의 활동이나 내부의 이

14. 조갑제, 『내무덤에 침을 뱉어라 5: 김종필의 풍운』, 조선일보사, 1988, 196쪽.

15. 《중앙일보》 2015년 4월 3일.

16. 국가정보원은 2010년 10월 『과거와 대화, 미래의 성찰』이라는 '반성문'을 냈다. 6권 3,315쪽
에 이르는 방대한 분량의 '반성문'에서 간첩 사건 조작, 야당 지도자 납치, 정치 공작의 진실
이 밝혀지고, 김형욱의 살해 과정도 생생하게 기록됐다. 《주간경향》 2015년 4월 29일.

17. 김동춘, 『전쟁정치』, 179쪽.

적활동 차단을 목적으로 외적이나 내부의 동조자로 의심 가는 이들에 대해 비밀리에 정보 수집 활동을 하는 데 있다. 이들 기관은 국가 안보를 명분으로 내걸지만, 국가의 안전이나 적을 자의적으로 확대 해석해 수사 대상자가 국가의 안전에 어느 정도 위험한 존재인지 누가 '적'인지 일방적으로 정한다. 무엇보다도 이들 기관은 가상 '적'을 끊임없이 만들어내려고 하며, 이런 경향은 '용공 조작'과 '간첩 사건 조작'으로 나타난다. 이 과정에서 이들 기관의 비밀 정보수집권의 남용이 당연한 일처럼 벌어진다.

정보 수집은 대상자가 눈치 채지 못하게 은밀하게 이루어져야만 효과적이기 때문에 정보기관은 활동의 비밀주의를 생명으로 내세워 일체의 외부 감시나 통제를 안간힘을 다해 거부한다. 따라서 정보기관 안에서 무슨 음모를 꾸며도 밖에서는 알 수가 없다. 정보기관원들은 자의적으로 생각한 국가 안보의 명분 아래 일방적으로 정한 잠재적 '적'을 대상으로 비밀리에 활동하기 때문에 권력 남용의 유혹에 빠지기 쉽다.

이들은 국가 안보를 위해서는 거짓말과 범법행위도 용인된다고 생각한다. 그들이 일방적으로 정한 '적'이나 '적'과 내통한 자는 공포와 증오의 대상이자 섬멸의 대상일 뿐이다. 일단 적으로 판명되거나 적과 연계된 것으로 의심되는 자에 대해서는 군사작전, 기타 어떤 극한행동을 해도 문제될 것이 없다. 여기서 인권 보호는 한낱 말치레에 불과할 뿐이다. 도청과 감청, 거짓말, 사건 조작, 폭력과 고문, 협박, 부인 등과 같은 범죄행위들이 끊임없이 일어났다.

이런 범죄행위를 통해 '용공 조작'과 '간첩 사건 조작' 사건이 숱하게 벌어졌다. 진실화해위원회에서 조사한 바에 따르면, 중앙정보부는 경찰에 '혐의 없는 자라도 입건하라'고 지시했다. 검찰은 법원에 사건을 기소하면서 '국가 시책에 의한 사건'이라고 기재했다.[18] 법원에서 유죄 판결을 내리라는 은근한

---

18. 김동춘, 『전쟁정치』, 35쪽.

압박성 요구로 해석될 수 있는 행위다.

공안수사정보기관의 횡포는 국가보안법 자체의 문제점에서도 비롯된다. 법 조항의 내용과 개념 규정이 지나치게 포괄적이고 추상적이며 애매모호해 정보기관의 자의적 해석과 적용이 얼마든지 가능하도록 돼 있기 때문이다. 국가안전기획부 등의 권한 중 가장 일상적으로 남용되고 정치적으로 악용되는 권한이 국가보안법 제7조 (북한에 대한) 찬양 고무와 관련된 정보수집권이다. 국가 안전과 이적단체의 개념이 얼마든지 자의적으로 해석될 수 있는 상황에서 찬양·고무와 관련된 정보기관의 권한은 정보기관이 표적으로 삼고 싶은 그 누구에 대해서도 비밀 사찰의 감시를 할 수 있는 전가의 보도다. 우리 사회의 거의 모든 개인이나 단체가 북한이나 통일, 남북문제에 대해 주장이나 발언을 할 수 있기 때문이다.

게다가 국가보안법은 수사기관원의 과잉 수사를 조장하는 조항까지 두고 있어 '용공 조작'과 '간첩 조작'을 양산하도록 장려하는 게 아니냐는 지적까지 받아왔다. 국가보안법 제21조에 의하면 수사기관이 법 위반자를 체포하여 유죄 판결을 받게 했을 경우 따로 상금을 받도록 했다. 심지어 국가보안법 사건의 유죄 판결이 수사관들의 승진에 결정적 영향을 주기 때문에 수사관으로서는 기를 쓰고 '적'을 찾아내 사건을 조작했다. 힘도 없고 연고도 없는 사람을 잡아내 고문을 해서라도 자백만 받아놓으면 법원은 유죄 판결을 내려주었으므로 간첩으로 고문 조작을 해도 상관이 없었다.[19]

또한 공안수사기관은 실적을 올리기 위해 잠재적인 '적'으로 찍어놓은 사람 앞에 일부러 함정을 파놓은 뒤 여기에 걸리면 올가미를 씌워 '용공 조작'을 하는 '함정 수사 공작'도 벌였다. 1974년 《일간스포츠》 편집부 차장인 추영현이 북한 평양방송을 청취했다는 반공법 및 긴급조치 위반 혐의로 징역형을

---

19. 홍성우·한인섭, 『인권변호사의 시대: 홍성우 변호사의 증언』, 경인문화사, 2011, 391쪽.

선고받은 사건이 바로 수사기관의 함정 수사 공작에 의한 것이었다. 추영현이 지인에게 자신은 반공주의자인데도 사찰을 당하니 억울하다고 말한 '반정부적' 발언이 빌미였다. 추의 발언을 들은 지인은 자신을 사찰하던 형사에게 이 사실을 제보했다. 이에 서울 남부경찰서는 수사 실적을 올리기 위해 제보자가 추영현을 계속 만나 북한과 관련한 발언을 유도하는 식으로 1년 동안 공작을 벌여 추가 발언한 녹음을 제출하도록 했다. 남부경찰서 정보과는 1974년 5월 19일 그를 연행해 폭행하며 북한을 찬양했다고 자백할 것을 강요했다. 중앙정보부는 그에게 긴급조치 위반 혐의도 추가하라고 개입했다.[20] 유신 시절 이런 식의 사건 조작이 많았다.

'용공 조작'과 '간첩 사건 조작'에 의한 국가폭력의 희생자들은 우리 사회에서 가난하고 힘없는 사람들이었다. 그들은 생활고와 현실에 대한 불만으로 홧김에 정부를 욕하거나 북한에 대해 우호적인 이야기를 하다가 국가폭력의 희생자가 됐다. 이들 가운데 수사기관이 간첩으로 조작하기 가장 좋은 대상자들은 남북 어부들이었다. 납북 귀환 어부는 피랍되어 북한에서 사회주의와 북한 체제의 우월성 등을 교육받고 돌아와 조금만 '가공'하면 간첩으로 만들 수 있는 '반제품'이었기 때문이다.[21]

북한에 나포됐다가 돌아온 어부들 일부는 수사당국의 사찰을 받다가 정치적 필요에 따라 간첩으로 조작됐다. 정보과 형사들은 자신들이 원하는 대로 진술하지 않으면 폭행을 했고 "다른 사람은 해양경계선을 넘었다고 하는데 너는 왜 부인하느냐"고 다그친 다음 원하는 답을 얻어냈다. 원하는 답이 안 나오면 '답이 나올 때까지' 고문했다.

공안수사기관의 '간첩 사건 조작'을 위한 또 다른 '황금어장'은 재일동포였

---

20. 진실화해위원회, 「긴급조치에 의한 인권침해사건」, 『2009년 하반기 보고서』, 제8권, 2009, 110-13쪽.
21. 「간첩조작사건, 왜 어부가 단골이었을까」, 《오마이뉴스》 2011년 1월 19일.

다. 국방부 과거사위원회 조사에 의하면 1970~1980년대 간첩 사건 966건 가운데 재일동포 관련은 319건이었으며, 1980년대 발생한 사건은 285건이었다.[22] 일본에서는 공산당과 사회당의 활동이나 공산주의 문헌의 판매가 법률상 문제가 되지 않는다. 정치적 소속과 관계없이 부모, 형제, 친척, 친구 사이의 왕래도 자유롭다. 재일동포 청년들이 부모 형제, 친지들을 만난 일이 나중에 국가보안법상의 회합통신죄가 되고, 주고받은 여비는 금품수수죄, 대화한 내용이나 일간신문 전달은 간첩활동이 되었다. 공산주의 서적을 소지하고 탐독했다는 것도 국가보안법 위반 혐의가 됐다.

1980년대 들어 군 보안사는 법적인 수사권이 없었음에도 재일동포 간첩 사건 조작에 적극적으로 나섰다. 보안사는 한국어도 서투른 재일동포 유학생들을 체포영장도 없이 잡아다 고문을 가했다. 보안사는 불법 수사를 한 뒤 안기부 수사관의 명의를 빌려 공문서인 수사기록을 허위로 작성하는 경우가 많았다. 검찰은 보안사의 위법 사실을 알고도 방조하거나 묵인했다. 보안사에서 보안사 수사관은 고문으로 재일동포 유학생에게 거짓 자백을 시킨 뒤 검찰 조사에서도 보안사에서 말한 대로 하지 않으면 다시 조사하겠다고 겁박했다. 검사는 공소 사실대로 진술하라며 빨리 끝내자고 독촉했다.[23]

통치자의 명령에 따라 움직이는 공안수사정보기관은 국회의 통제와 감시를 받지 않으며 법 위에 군림했다. 이들 조직이 무슨 일을 하는지 일반 국민은 잘 알 수 없고, 그 예산과 활동이 국민을 대표하는 국회의 사전 동의를 받거나 사후에 보고되지 않는 경우가 많았다. 공안정보기관은 성역 아닌 성역으로서 특권적 지위를 누리며 민주적 변화와 개혁을 거부하는 자기 영속적 권력기관으로서 민주적 유연성의 이념에 전혀 맞지 않는 이단아적 존재다.

---

22. 국방부 과거사위, 『재일동포 및 일본 관련 간첩조작의혹사건 조사보고서』, 2007.

23. 진실화해위원회, 「재일동포 유학생 이종수 국가보안법 위반 사건」, 『2008년 하반기 조사보고서』, 제4권, 2008, 89쪽.

언론·집회·결사·시위의 자유권이 보장되지 않는다면 민주주의는 존재할 수 없다. 민주주의 사회라면 정치적 비전과 표현이 아무리 귀에 거슬리고 타당치 않아도 폭력 등 형법상 범죄가 되지 않는 한 공개 토론의 방법으로 걸러내고 설득해야 마땅하다. 형법상 문제가 되지 않는데도 공안정보기관이 자의적으로 위험성을 재단해 마구잡이로 거리낌 없이 어느 누구나 비밀정보 수집 대상으로 삼는다면 이미 법이 지배하는 민주 사회가 아니다. 자유권의 행사가 공안정보기관을 비롯한 국가기관의 비밀스런 사찰 대상이 되고, 이로 인해 나중에 불이익을 받게 된다면 일반 국민은 자유권을 자유롭게 행사할 수 없다.

각종 정치적 활동 특히 정치적 반대세력의 정치활동을 국가의 공안정보기관이 감시·포착·사찰하는 것은 자유권에 대한 위해(危害)로서 민주적 의사 형성을 위협하는 행위가 아닐 수 없다. 공안정보기관이 득세를 해 마음 놓고 권세를 부릴수록 권력자와 기득권층의 월권과 타락은 이와 정비례로 심해질 수밖에 없다. 공안정보기관의 권세와 이를 이용한 권력자와 기득권층의 횡포가 늘어날수록 이에 반비례하여 법치주의와 민주주의의 위기는 그만큼 심각해지고 말 것이다.

공안정보기관이 마음대로 가상의 '적'을 끊임없이 만들어내면서 자신의 존재 근거를 확보하는 단계에 이르면 민주주의와 법치주의는 종언을 고하게 된다. 전쟁에 대한 공포와 대북 적대감 및 불안심리를 양산하며 이를 조직 안보의 동력으로 삼는 한 남북 간 평화적 교류와 발전, 평화통일의 길이 열릴 리가 없다. 오히려 공안정보기관은 대북 적대감을 통한 자신의 영속적 존재를 위해 진정한 의미의 남북 간 평화와 안정의 진전에 반발할 가능성이 높다. 남북 간의 긴장과 위기로 대북 불안심리가 심화되는 상황은 국민의 입장에서는 몹시 바람직하지 못하지만, 공안정보기관에게는 그야말로 속으로 쾌재를 부르며 자신의 존재의미를 확인하는 가장 보람 있고 유리한 상황이 아닐 수

없기 때문이다.[24]

과거 권위주의 군사독재정권 시절 반민주적 탄압의 핵심 기관이었던 국가안전기획부 개혁론이 나온 것은 민주화가 이루어지고 문민정부가 출범한 이후다. 1993년 정기 국회에서 국가안전기획부법 개정안이 통과됐다. 개정안의 주요 내용은 안기부 직원의 정치 관여 금지 및 직권 남용행위의 금지, 안기부의 활동에 대한 국회의 통제, 국가보안법에 규정된 죄 중 제7조(찬양·고무 등)와 제10조(불고지)의 수사권 제한 등이었다. 개정 취지는 정보정치와 공작정치의 폐단을 없애고 건전하고 자유로운 정당정치제도를 확립하며 안기부의 불법적인 수사행위에 의해 유린되고 있던 개인의 기본적 인권을 보호하자는 것이었다.

안기부법 개정을 둘러싸고 가장 첨예하게 대립된 쟁점은 국가보안법에 규정된 죄 중 제7조(찬양·고무·이적단체 구성, 이적표현물 제작·반포·소지 등)와 제10조(불고지)에 규정된 죄에 대한 수사권을 인정할 것인가의 여부였다. 안기부의 권한 중 가장 일상적으로 남용되고 정치적으로 악용되는 것은 국보법 제7조와 관련된 정보수집권이었다. 인간의 기본적 인권 중 가장 중요한 표현의 자유와 관련된 정보수집권을 안기부가 아니라 검찰에 넘겨 일원화하는 게 효율적이고 바람직한 일이었다. 안기부 직원의 직권 남용죄 및 정치 관여죄 수사권도 안기부가 갖는 대신 검찰에 넘겼어야 마땅하다.[25] 그럼에도 수사권 일부를 검찰과 경찰에 넘기는 정도의 미미한 '개혁 조치'에서 머물고 말았다. 안기부의 과거 숱한 인권 유린의 불법행위에 대한 최소한의 과거청산작업은 아예 진행되지도 못했다.

그럼에도 안기부는 미미한 '개혁 조치'에 완강한 반발을 하며 '실지 회복'

---

24. 곽노현, 「안기부 권력남용의 현황과 그에 대한 민주적 투쟁의 경과와 전망」, 《민주법학》 제12호, 1997, 334-344쪽.
25. 박영도, 『입법의견조사 97-1 입법의견 동향분석』, 한국법제연구원, 1997, 15-15쪽.

을 선언하고 나섰다. 1996년 일련의 간첩사건을 계기로 안기부의 공산주의에 대한 방어력의 향상을 도모한다는 명분 아래 안기부는 안기부법의 재개정을 추진했다. 막강한 권세를 주장하는 검찰조차 찍소리 한번 못한 채 안기부가 자신의 권한을 빼앗아가는 것을 속수무책으로 지켜볼 뿐이었다.[26] 마침내 1996년 정기 국회에서 안기부의 직무 범위에 제7조 및 제10조에 규정된 죄에 대한 수사권을 부활하는 안기부법 개정이 이루어졌다. 이후 국민의 정부와 참여 정부에서도 국가보안법과 안기부에 대한 개정이나 개혁은 제대로 이루어지지 않았다. 이후 안기부와 같은 공안정보기관의 대반격과 부활은 이미 예고된 것이었다.

2. 국가폭력

1) 제3세계의 국가폭력과 한반도

인류의 역사는 폭력의 역사다. 폭력이 없으면 인류 사회의 유지는 불가능하다. 그러나 사회의 유형에 따라 그 사회의 위계질서 유지를 위한 폭력의 형태도 달라진다. 과거 전통 사회는 평민 이하의 신분들에 대한 정의를 가장한 신분적 폭력으로 유지됐다. 양반이 아닌 일반 서민, 특히 노비는 양반인 '주인'의 채찍을 두려워하며 지배계급의 폭력에 의한 사회질서 유지에 순응할 수밖에 없었다.

유럽에서는 18~19세기 부르주아 민주혁명 이후 유럽 사회의 주류인 중산층 이상의 백인 남성, 즉 '시민계급'은 폭력으로부터의 자유를 획득했다. 그러

---

26. 곽노현, 「안기부 권력남용의 현황과 그에 대한 민주적 투쟁의 경과와 전망」, 330-331쪽.

나 빈곤층이나 흑인 등 유색인종, 여성이나 어린이는 여전히 신체적 폭력을 당했다. 1945년 이후 인권운동을 비롯한 각종 시민운동으로 신체적 폭력이 크게 줄어들어 신체의 자유는 일반적 권리로 확대됐다. 그러나 중심부라 할 수 있는 미국·캐나다·유럽에서는 민주주의의 정착과 함께 인권이 신장돼 신체의 자유가 일반화됐지만, 주변부인 아시아·아프리카와 중앙 및 남아메리카에서는 독재권력의 국가에 의한 물리적 폭력이 횡행했다. 특히 자본주의와 사회주의의 이념적 대결이 한창이던 냉전 시대의 아시아와 중남미에서는 군부독재의 이념 탄압과 폭력까지 더해져 살인·고문 등의 정치적 폭력이 국가기관에 의해 자행되는 '추악한 전쟁'이 펼쳐졌다. 더욱이 동서 냉전의 전진기지로서 두 세력의 대결장이었던 한반도에서는 적대적 공생체제의 유지를 위한 '야만의 전쟁'이 벌어졌다.

군부 쿠데타로 집권한 아르헨티나의 호르헤 비델라(Jorge R. Videla) 군부 독재정권은 1976~1983년 기간, 납치, 고문, 암살, 폭탄테러, 재산 강탈, 영유아 탈취 등 희대의 범죄행위까지 저지르며 '추악한 전쟁'을 벌였다. 수많은 젊은 이가 가족과 함께 끌려가 다시는 돌아오지 못하고 사라졌다. 심지어는 '좌익사범'을 양성하는 불온한 가정환경에서 떼어내야 한다는 일방적인 이유로 납치된 임산부나 부부의 영유아를 강제로 입양시키는 반인륜적 범죄도 벌어졌다. 1983년 12월 등장한 알폰신 문민정부의 '실종자조사국가위원회'가 펴낸 『다시는 안 돼』라는 제목의 조사보고서에 따르면 16~45세의 실종자가 8,960명에 이른다. 그러나 '5월광장 어머니회' 등의 민간단체나 인권단체에 따르면, 실종자가 1만 5천~3만 명, 사망자 4천 명으로 그 정확한 숫자는 여전히 밝혀지지 않고 있다.

칠레에서는 피노체트 군부 독재정권 시절 반정부 시위를 벌이던 10대의 두 남녀에게 군인들이 휘발유를 뿌려 중화상을 입히고 군 트럭에 이들을 짐짝처럼 싣고 가다 버려놓고 달아난 사실이 29년 만에 밝혀졌다. 당시 10대 남녀에 대한 '백색테러'는 피노체트 군부독재의 잔혹성을 전 세계에 알린 충격적 사건이었다. 1999년 칠레 법원이 과거사 진상규명을 통해 유죄 선고와 함께 배상 판결을 내렸지만 관련자들은 거짓 증언으로 일관했다. 진실이 밝혀진 것은 당시 작전에 참여했던 한 군인의 증언 번복 때문이었다. 그는 "사건 직후 군부가 작전에 참여했던 군인들에게 침묵을 강요하고 살해 위협을 하기도 했다"고 말했다. 17년에 걸친 피노체트 독재정권의 잔혹한 통치로 이 기간의 불법 감금 고문 피해자는 3만 8천여 명, 살해되거나 실종된 사람은 보고된 숫자만 3,200명에 이른다.[27]

2014년 12월 10일 브라질 진실위원회가 세계인권의 날에 맞춰 발표한 조사 결과에 따르면, 1964~1985년간 지속된 군부독재 시절 191명이 살해됐고 243명이 실종됐다. 살인·고문 등의 정치적 폭력이 군부독재정권의 대통령과 국방장관의 승인 아래 조직적으로 이뤄졌다. 보고서는 폭력에 관여했던 377명의 이름을 밝히고 이들 가운데 생존자의 처벌을 촉구했다. 이 보고서를 받고 연설을 하던 지우마 호세프 브라질 대통령은 "브라질 사람들은 진실을 알 권리가 있다. 우리는 고단한 투쟁과 많은 희생을 통해 민주화를 쟁취했다"며 눈물을 삼키느라 말을 잊지 못했다. 군부 독재에 맞서 게릴라 활동을 했던 호세프 대통령은 1970년 붙잡혀 3년 가까이 옥고를 치렀다. 그는 당시 심한 구타와 가슴 곳곳의 전기고문, 봉에 사지를 걸어 매달아 두는 '앵무새 횃대' 고문 등을 당했다고 미국 《워싱턴 포스트》가 보도했다. 보고서는 성기 전기고문, 강간, 심리고문 등 끔찍한 사례들도 소개하고 이런 수법은 1960~1970년대 미국과 영국에서 전수받은 것이라고 밝혔다.[28]

27. 《중앙일보》 2015년 7월 23일.
28. 《한겨레신문》 2014년 12월 12일. 파울루 말량이스 전 대령은 "심리고문이 가장 효과적이었다"며 "영국이 이를 배우기 제일 좋은 곳이었다"고 브라질 진실위원회에 증언했다. 그는 진실위에 증언한 2주 뒤 집에서 의문의 죽음을 당했다.

정확한 통계는 없지만, 1948년 이후 한국은 20세기 이후 국가폭력이 가장 많이 그리고 가장 잔혹하게 벌어진 국가일 것이다. 분단과 냉전, 전쟁, 군부독재, 남북한의 적대적 공생체제 등의 상황에서 얼마나 많은 무고한 생명이 학살과 고문, 간첩 조작, 사법살인, 의문사 등으로 희생됐는지 그 수를 헤아리기 어렵다. 사상범에 대한 국가폭력의 잔혹성은 한반도가 세계적으로도 으뜸이다. 한국의 사상범들은 감옥에서도 깡패를 비롯한 동료 수감자들에게 곤봉과 수정, 로프 등으로 매일 폭행을 당했다. 이들이 법원의 판결에 따라 수십 년의 형을 살았으면 법적인 처벌은 다 받은 셈이다. 그럼에도 이들은 사회안전법의 족쇄에 걸려 또다시 20년 이상 감옥살이를 했다. 30년 이상의 장기수가 45년을 감옥에서 보낸 세계 최장기수 김선명을 비롯해 수십 명에 이른다. 19세기까지 감옥에서 가장 오래 살은 수형자는 프랑스의 혁명적 사회주의자 루이 블랑키(Louis Blanqui)로 수형 기간이 28년이었다. 남아프리카공화국의 넬슨 만델라는 27년을 감옥에서 살았다.

한반도의 분단 상황과 관련된 학살과 고문은 국가폭력 중 가장 잔혹한 폭력이다. 1949년 12월 24일 경북 문경의 첩첩산중에 있던 석달마을 주민 86명이 태백산지구 빨치산 토벌작전을 벌이던 국군에게 무참하게 학살당했다. 군인들은 민가에 불을 놓고 뛰쳐나오는 주민들을 닥치는 대로 사살했다. 마을 뒤 산모퉁이에 숨어 있던 청년들과 학교에서 돌아오던 어린이들까지 사냥 연습하듯 사살했다. 희생자의 70%는 20세 이하거나 51세 이상이었다. 10세 이하의 어린이도 25%인 22명이나 됐다. 1951년 2월 1일부터 경남 산청과 함양에서 700여 명, 거창에서 720여 명의 주민이 학살당했다. 이런 잔혹한 대량학살은 1948년 제주 4·3사건의 민간인 학살을 비롯해 한반도 전쟁 기간 내내 한반도 전역에서 일어났다.[29]

---

29. 김동춘, 『전쟁정치』, 74-77쪽 참조.

한반도 전쟁 이후 이승만·박정희·전두환 독재권력은 공안기관과 수사기관, 검찰과 사법부를 동원해 정적이나 정권 위협 세력을 투옥·처형·살해했다. 그중 아직 사인이 밝혀지지 않은 '의문사'도 상당수에 이른다. 사법살인과 의문사는 1970년대와 1980년대 주로 발생했으며, 권력 최상층의 지휘·묵인 아래 특정한 개인들을 살해한 사건들이다.

이승만 정권 때 국가폭력으로 '간첩'으로 조작된 대표적인 사법살인 사건은 죽산 조봉암의 사형이다. 이 사건을 직접 수사했던 당시 서울시 경찰국 한승격 조사요원은 1999년 8월 18일 《동아일보》와의 인터뷰에서 "당시 경무대로부터 조봉암을 어떤 수를 쓰더라도 잡아넣으라는 지시를 받았다"고 털어놓았다. 그는 조사 과정에서 "당시 상부로부터 '진보당을 없애고 죽산을 죽일 수 있을 만큼 사건을 엮지 않으면 네가 죽을 것'이라는 협박도 받았다"고 말했다. 그에 따르면 "경찰 고위 인사가 간부 몇 명과 한씨를 불러놓고 '경무대에서 조봉암을 그대로 두어서는 이 대통령의 재선이 불가능하니 치안국이 책임지고 대책을 강구하라'는 지시가 내려왔다"며 "우리가 살 길은 이것밖에 없으니 당신들이 책임지고 조봉암을 잡아넣을 수 있는 방법을 강구하라"고 말했다는 것이다. 1958년 1월 이승만 정부는 진보당의 강령이 국시에 위배된다는 이유로 진보당 간부들을 구속하고 이듬해 죽산을 사형에 처했다.[30] 당시 진보당의 정강 정책은 평화통일론이었다. 야당인 민주당도 진보당을 용공으로 몰았다.

남한에서 조봉암과 진보당이 '간첩'으로 몰려 국가보안법 위반 혐의로 처벌된 것과 북한에서 박헌영과 남로당이 반혁명 간첩죄와 반국가행위 혐의로 숙청된 것은 국가의 이념적 폭력이라는 측면에서 동일하다. 김일성과 박헌영은 한반도 전쟁의 수행 방법론과 휴전 여부 등을 두고 대립했다. 그들은 서로

---

30. 《동아일보》 1999년 8월 18일.

경쟁관계였다.

1953년 초 김일성은 박헌영과 그의 남로당 핵심 인물 12명을 반혁명 간첩죄와 반국가행위 혐의로 체포했다. 박헌영은 1955년 12월 미국을 위한 간첩행위, 남한 내 민주세력 파괴행위, 북한 정권 전복 음모 등의 이유로 사형 선고를 받았다. 소련 공산당은 김일성 지도부에게 박헌영 사형에 대한 유감의 서한을 보냈다. 김일성이 박헌영을 정치적인 이유로 숙청한 데 대한 유감의 표시였다. 김일성은 한반도 전쟁 과정에서 김무정 등 중국 연안파와 허가이 등 소련파, 국내 갑산파 등의 정치적 반대세력을 숙청·제거했다. 북한의 국가폭력인 김일성의 반대세력 숙청은 김일성 유일지도체제가 확립될 때까지 숱하게 벌어졌다. 남북한 모두 이념적 폭력이 존재하기는 마찬가지였다.

2) 국가폭력의 사례

박정희 정권의 잔혹한 사법살인은 인혁당재건위 사건이다. 유신체제에 반대하는 반체제 민주화 운동이 100만인 개헌서명운동과 반정부 학생운동으로 확산되자 박 정권이 간첩 사건 조작으로 사법살인을 자행한 것이다. 반체제 민주화운동을 용공으로 몰아 탄압하기 위해 박 정권은 긴급조치 제4호를 선포하고 1974년 4월 25일 '전국민주청년학생총연맹(민청학련) 사건'을 발표했다. 신직수 중앙정보부장이 발표한 내용은 민청학련이 인혁당 재건위 조직 등 공산계 불법단체들과 함께 정부를 전복하려고 했다는 것이다.

인혁당 관련자들은 5월 27일 국가보안법과 반공법 등 위반 혐의로 기소돼 8명은 사형을 선고받았다. 조지 오글 목사와 제임스 시노트 신부 등이 고문조작을 폭로했다가 강제로 추방당했다. '인혁당 사건 조작설'에 대해 박 대통령은 "인혁당은 세상이 다 아는 공산주의자들이다. 일부 인사들이 날조라느니 올가미를 씌웠느니 하고 있다. 아무리 얘기해도 못 들으면 법대로 다스리겠다"며 엄단 방침을 밝혔다. 법무장관은 '조작설'과 석방 요구 행위를 반공법으로 엄중하게 처리하겠다고 밝혔다.

대법원이 8명에 대한 사형 확정 판결을 내리자 다음 날인 1975년 4월 9일 새벽 이들의 사형이 집행됐다. 대법원 판결 선고 훨씬 이전에 사형 선고 통지서가 검찰부에 보내지는가 하면 국방부 장관의 사형 집행 명령서가 오기도 전에 집행됐다는 것으로[31] 그야말로 전격적인 사형 집행이었다. 이런 전격적 처형은 처참한 고문 흔적 때문이었으며 상처가 심한 두 사람의 시신은 경찰이 가족에게 인도조차 하지 않고 화장해버렸다. 제네바에 본부를 둔 국제법학자협회는 4월 9일을 '사법사상 암흑의 날'로 선포했다.

의문사진상규명위원회와 국정원과거사건진실규명을통한발전위원회는 각각 2002년 9월 12일과 2005년 12월 7일 인혁당 재건위 사건은 중앙정보부가 정권 안보를 위해 고문 등으로 조작한 것이라고 발표했다. 이어 서울중앙지방법원(형사합의23부)은 2005년 12월 27일 사건의 재심 개시 결정을 내렸다. 재판장인 이기택 판사는 "피고인들이 이미 없어진 국가기관에 의해 사형당해 지금 이 법정에 서지 못하게 된 점이 가장 가슴 아프다. 그분들의 명복을 빈다"고 술회했다.[32] 2007년 1월 23일 같은 재판부는 재심 피고인 8명에 대해 무죄를 선고했다. 진실규명위의 한 위원은 "사건의 성격상 사형 집행은 박 대통령의 재가 없이는 불가능한 일이었다"고 말했다.

사형당한 하재원의 가족은 '빨갱이 낙인'이 찍혀 형벌 아닌 형벌을 당했다. 하재원의 아내 이영교는 "동네 아이들이 막내아들을 당산나무에 묶어놓고

---

31. 사형수들에 대한 교수형 집행은 1975년 4월 9일 오전 4시 반경부터 8시 무렵까지 계속됐다. 사형수들은 "나는 억울하다. 언젠가는 모든 일이 밝혀질 것이다", "나는 유신체제에 반대한 것밖에 없고 민족과 민주주의를 위해 투쟁한 것밖에 없는데 왜 억울하게 죽어야 되느냐", "우리의 이번 억울한 희생은 반드시 정의가 밝혀줄 것이다" 등의 유언을 남겼다. 《경향신문》 2015년 5월 3일.
32. 《경향신문》 2005년 12월 28일.

'빨갱이 새끼는 총살해야 한다'고 했어요. 아들 목에 줄을 매 끌고 다니는 거예요. 학교 끝나고 집에 오는 셋째 딸의 뒤를 쫓아와 '너희 아버지 간첩이지'라고 놀려대던 아이들에게 하드를 사주며 '애 아빠는 그런 사람이 아니야'라고 말할 땐 정말 죽고 싶었어요.'라고 절규했다.[33]

1973년 10월 19일 서울 남산의 중앙정보부에서 변사체로 발견된 최종길 서울대 법대 교수 사건도 정보기관의 범죄행위로 인한 희생이었다. 당시 중앙정보부는 "간첩 혐의를 시인한 최 교수가 자책감을 못 이겨 투신했다"고 발표했다. 이로부터 28년 뒤인 2001년 10월 의문사진상규명위원회는 "투신 자살로 보기 어렵고 타살 의혹이 짙다. 중정이 밝힌 현장 검증 사진도 조작됐다"고 밝혔다.

도널드 그레그 전 주한미 대사는 최 교수와 관련한 위원회의 질의에 대한 답변에서 "한국 중앙정보부가 최 교수를 고문을 통해 죽이거나 고문을 피해 창밖으로 뛰어내리도록 만들었다는 사실을 알고 박종규 대통령 경호실장을 찾아가 항의했다"고 밝혔다. 그는 박 경호실장에게 "그것은 범죄"라고 말했다. 최 교수 사건은 한국 정보기관의 범죄행위라는 사실을 미국 대사가 지적한 것이다. 중정 관계자도 "최 교수를 상대로 수년간 공작을 벌여왔다"고 증언함으로써 최 교수가 중정 공작의 희생자였음을 시인했다.

세상을 떠들썩하게 만들었던 1967년 '동백림(동베를린) 사건' 역시 정보기관의 전형적인 공작정치의 산물이었다. 당시 '사상 최악의 선거'라는 부정선거 시비로 궁지에 몰리자 '공안정국'을 조성해 이를 돌파하려고 대규모 간첩단 사건으로 확대·왜곡된 것이다. 교수·예술인 등 66명이 사건에 연루돼 고초를 겪고 5개월 뒤 대부분 석방됐다.[34] 5·18 광주민주화운동 위령제를 지낸 행

33. 《한겨레신문》 2015년 4월 9일.
34. 《한국일보》 2001년 11월 29일.

위가 좌경 폭력혁명을 선동한 '오송회 사건'으로 조작돼 젊은 교사들이 이루 말할 수 없는 혹독한 고문을 당했다. 사건의 주역 중 하나로 민주화운동 관련자로 인정받은 전성원은 "며칠 동안 잠재우지 않고 조사를 했으며 벌거벗긴 뒤 손발을 묶어 통닭처럼 매달아 놓고는 물고문을 했다. 나중에는 공포감으로 머리카락이 곤두서고 살이 부들부들 떨렸다"고 혹독한 고문에 몸서리를 쳤다.[35]

중앙정보부가 1974년 울릉도 등에 거점을 두고 북한을 오가며 간첩활동을 한 혐의로 전국 각지에서 47명을 검거했다고 발표한 울릉도 간첩단 사건의 관련자들도 온갖 고문을 당했다. 김용희는 당시 수사 과정에서 영장 없이 불법 연행돼 고문과 폭행, 수면 박탈 등 가혹행위를 견디지 못해 허위로 자백을 할 수밖에 없었다고 회고했다. 그의 남편 전영관등 3명은 사형을 당했으며 그는 남편의 간첩행위를 방조한 혐의로 10년의 억울한 옥살이를 했다. 남편의 친·인척 등 4명도 간첩 신고를 하지 않았다는 이유로 징역 1~5년형을 받았다. 2015년 1월 대법원은 김씨 등 5명에게 무죄 확정 판결을 내렸다.[36] 국가기관이 범죄집단이 돼 무고한 사람을 잡아다가 불법 구금을 하고 고문을 가해 간첩으로 조작한 것임을 밝힌 판결이었다.

조작 간첩의 희생자 신귀영은 "고문을 당할 때는 경찰관이 사람으로 안 보이고 작은 짐승을 잡아먹는 큰 짐승이자 저승사자로 보였다"고 증언한다.[37] "고문을 하다가 죽여도 좋다. 항복을 받아라", "네가 죽겠느냐, 000를 죽이겠느냐", "한강에 돌을 매달아 빠뜨려 죽이겠다", "죽여서 휴전선에 갖다 버리고 월북하려는 것을 죽인 것이라고 발표하겠다"는 등 온갖 협박을 하며 공산주의자임을 자백하라고 국가기관의 폭력 고문이 가해졌다. "죽여 달라"고 부

35. 《중앙일보》 2002년 1월 21일.
36. 《연합뉴스》 2015년 8월 12일.
37. 《오마이뉴스》 2007년 2월 6일.

탁하거나 정신이상을 일으켜 수사관을 한동안 '엄마'라고 부를 정도로 국가기관의 폭력은 극에 달했다.[38]

군사독재 시대의 국가기관원에 의해 어디론가 끌려가 죽은 '의문사'의 경우는 어떤 협박과 고문을 당하다 목숨을 잃게 됐는지 그 진실이 묻혀버렸다. 국가기관의 공식적인 자료에 따르면 모두 자살이나 사고로 판정돼 있지만, 의문점들이 너무나 많다. 자살자로 낙인찍힌 당사자는 정신력이 나약해 불효를 저지른 사람으로 매도되기 십상이다. 당사자가 기관원에 의해 억울하게 죽은 것을 불명예스러운 죽음으로 조작된 것이라면 이야말로 원통하기 짝이 없는 일이다. 민간인 통제구역 바다 속에서 발견된 서울대생 김성수의 의문사 사례다.[39]

1968년생인 김성수는 독실한 기독교인으로 고등학교 때 학생회장을 한 모범적인 학생이었다. 서울대학교 지리학과에 입학한 그는 대학의 다른 동기들처럼 종종 시위에도 참여했다. 입학한 해인 1986년 6월 18일 그는 자취방에서 시험공부를 하던 중 서울대생을 찾는 전화를 받고 나갔다가 돌아오지 않았다. 그는 3일 뒤 부산 송도 매립지 방파제로부터 약 20미터 떨어진 수심 17미터의 바다 속에서 시체로 발견됐다. 그의 허리에는 3개의 시멘트 덩어리가 매달려 있었다. 경찰은 성적 비관에 의한 자살 판정을 내리고 시신을 화장해버렸다.

그러나 자살로 볼 수 없는 의문점들이 한두 가지가 아니었다. 김성수가 전혀 연고도 없는 부산에 내려갈 이유가 없었다. 사건 현장은 민간인 통제구역으로 3미터 높이의 방파제로 막혀 있었고 방파제에서 바닷물까지는 6~7미터 폭의 수초가 깔려 있었다. 무거운 시멘트 덩어리를 매단 채 20미터 거리의 바

---

38. 이철, 『5공화국의 사건들』, 일월서각, 1987, 74-75쪽.
39. 전국민족민주유가족협의회, 『80년대 의문사 자료집─누가 이들을 죽게했는가』, 도서출판 진원, 1997, 31-40쪽 참조.

다까지 헤엄쳐 간다는 것은 불가능한 일이다. 시체에는 최후의 고통에 몸부림친 흔적이 전혀 없었다. 머리 부분에는 정교한 타격에 의한 것으로 보이는 상처가 있었다. 김성수가 타살된 뒤 사건 현장에 버려졌다는 의혹을 갖지 않을 수 없는 점들이다.

국가폭력의 살인 의혹을 갖게 되는 것은 경찰과 정보기관의 수상한 행위들 때문이다. 가족이 사건 소식을 알기 훨씬 이전의 시각에 김성수의 어머니 직장으로 정보기관의 전화가 2차례 걸려 왔다. 전화 내용은 "안기부다"라면서 어머니의 직장생활을 묻고 "집안에 가정불화가 있지 않은가", "집안 친척 중에 빨갱이와 관련된 사람은 없는가" 등의 질문이었다. 직장 소장은 "집안은 화목하며 철저한 반공 가족"이라고 답했다고 한다. 사건에 정보기관이 밀접하게 관련돼 있음을 드러낸 전화다. 경찰은 김성수의 할머니에게 김군이 학업에 소홀하다는 유도성 질문을 함으로써 '자살 조작'의 의혹을 갖게 했다. 김성수의 아버지는 "오월제에 김성수가 참가한 연극 배역이 기업가와 투쟁하는 노동자였다. 이것 때문에 결국 사고가 나지 않았나 생각한다"고 말했다.

의문사는 학생을 비롯해 군인, 노동자, 빈민운동가, 산업선교활동가 등 수십 건에 이른다. 고문사와 의문사 등은 사법 절차를 거치지 않았다는 점에서 일종의 초법적인 약식 처형이며 국가가 저지른 반인도적 행위다.[40] 정치적 탄압 중에서 가장 심각한 것은 국가 권력에 의한 살해다. 정치적 암살은 대체로 극우 권력의 '특권' 영역이었다.

---

40. 이재승, 「중대한 인권침해 행위의 법적 청산」, 『전환기의 정의와 한국의 민주주의: 과거사 청산 재평가』(한양대학교 비교문화연구소·민족문제연구소 주최 학술대회 자료집, 2011, 7-8쪽.

3. 공동체의 위기

1) 폭력 지향의 사회

마르크스는 국가를 지배계급이 지휘하는 폭력 도구로 간주했다.[41] 적대적 공생체제가 지배한 한반도의 남북한에서 국가는 폭력 도구였다. 온갖 폭력이 국가기관에 의해 저질러졌다.

인간이 신체의 고통으로부터 벗어나고 자신의 안전을 지키고자 자유를 국가에게 넘기고 포기한 결과는 무엇인가. 볼프강 조프스키는 폭력의 집중화와 중앙집권화로 인간이 폭력의 위협에서 벗어나지 못하고 오히려 폭력의 행사자가 아닌 폭력 행사의 대상자로 전락해 폭력 앞에 한없이 무력한 존재가 돼버렸다고 갈파한다. 인간이 폭력으로부터 안전을 지키고자 만든 국가체제가 오히려 인간을 소외시키고 처벌이나 절멸의 대상인 체제 밖의 인물, 즉 '타자'를 만들어내 폭력의 희생물로 만든다는 것이다.[42]

사회의 핵심 영역에 속하지 않는 사회적 범주인 '타자'로 분류·취급되는 사람들은 고문, 사형, 박해 또는 추방 등 다양한 형태의 폭력에 희생된다. 이들이 사회질서를 실제로 위협했는지는 중요하지 않다. '타자'를 끊임없이 만들어내 그들에게 폭력을 가함으로써 다른 사회구성원의 불안감과 공포감을 자극하는 게 폭력의 근본적인 의도이기 때문이다. 조프스키가 말한 '폭력사회'의 전형적인 경우가 '적대적 공생체제'다.

적대적 공생체제에서 남북한은 독재권력의 원동력인 남북 간 '적대감'을 재생산하기 위해 끊임없이 '간첩' 또는 '반혁명분자'라는 '적'을 만들어냈다.

---

41. 한나 아렌트, 『폭력의 세기』, 김정한 옮김, 도서출판 이후, 1999, 34쪽.
42. 볼프강 조프스키, 『폭력사회』, 이현우 옮김, 푸른숲, 2010 참조.

체제의 권력은 추상같은 위엄을 과시하기 위해 스스로 만들어낸 '적'에게 잔혹한 폭력을 가함으로써 일벌백계의 교훈을 보여주었다. 이런 국가의 폭력은 냉전문화를 바탕으로 문화적 폭력으로 일반 사회에 만연하게 됐다.

인간은 본능적으로 폭력을 두려워한다. 따라서 폭력의 대상자가 아니라 폭력을 주재하는 위치와 입장에 서는 것이 폭력의 두려움에서 벗어나는 가장 좋은 방법이다. 유한한 생명을 가진 인간이 타인에게 전지전능한 입장에서 폭력을 가할 수 있게 되었다는 사실에서 말로 표현할 수 없는 '극점의 쾌락'을 느끼게 되는 게 극단적인 경우다. 검투장의 구경꾼들이 구경만 하는 게 아니라 검투사의 생명까지 좌지우지하는 폭력의 주재자가 된 것처럼 엄지를 올리고 내리며 열광하는 경우가 그 예다.

우리 사회에서 정보기관의 조작에 의해 '간첩'의 누명을 쓴 피해자 가족들은 폭력의 주재자가 된 검투장의 구경꾼들처럼 '간첩'을 규탄하는 다른 사회 구성원들로부터 이루 말할 수 없는 폭력을 당하며 무참히 희생됐다. '수지 김' 간첩 조작 사건의 유족들은 '불행의 끝'과 같은 고통의 삶을 겪었다. '수지 김'의 올케 이명수의 증언은 사회 폭력의 끔찍한 실상을 말해준다.

"시누이가 간첩이라는 소식이 전해지자 동네 사람들이 손가락질을 하더군요. 빨갱이 집안이라고, 슈퍼마켓에도 못 가고 집 안에만 있어야 했어요. 당시 중학교 2학년이던 아들은 학교에서 놀림당하고 구타까지 당해 학교를 그만두고 말았어요. 충주 시내에서 교외로 이사했지만 빨갱이 집안이란 딱지는 계속 붙어 다니더군요."[43]

'수지 김'의 큰 언니는 동생이 빨갱이로 몰리고 난 다음 해부터 정신이상 증세를 보이다 변사체로 발견됐다. 화병으로 실어증을 보이던 어머니는 1997년 한을 안은 채 숨을 거두었다. 집안의 유일한 남자인 오빠는 동생의 누명을

---

43. 《동아일보》 2001년 11월 15일.

벗기기 위해 탄원서를 내는 등 뛰어다니면서 식음을 전폐하고 거의 매일 술로 살다 결국 2000년 교통사고로 세상을 떠나고 말았다. 여동생은 언니가 간첩이라는 이유로 이혼을 당했다.[44]

아론슨(Elliot Aronson)은 폭력으로 나타나는 인간의 공격을 '자신 또는 타인에게 상처나 고통을 주려는 의도를 갖고 수행하는 행동'이라고 규정하고, 도구적 공격(instrumental aggression)과 증오적 공격(hostile aggression)으로 구분했다. 도구적 공격은 '특정한 목표의 달성을 위해 공격적 행동을 도구로 이용하는 공격'으로 강도가 돈을 뺏으려고 사람을 때리는 경우가 이에 해당된다. 증오적 공격은 어떤 목적이 있는 게 아니라 공격 행동 그 자체가 목적으로 불량배가 폭력 행동 그 자체를 좋아해 사람을 때리는 경우다.[45] 남한 사회의 폭력은 도구적 공격이 아닌 증오의 공격 단계에서 폭력 그 자체가 일상화·구조화하는 현상으로 심화됐다.

주목되는 것은 정부의 강압적 통제가 정치폭력, 나아가 사회 전체의 폭력을 증가시킨다는 견해다. 수십 년에 걸친 일제의 통치, 남북 대결의 극한 상황에서 독재정권의 존재와 이에 대한 저항, 급격한 경제성장 과정에서 생긴 계층 간 갈등, 지역감정 등은 폭력의 구조화·일상화의 요인들로 작용했다. 선거나 정치적 고비에서 극우세력이 어김없이 이용하는 '색깔론'이나 '용공 조작', '종북몰이' 따위의 이념폭력은 사회 전반에 구조화·일상화됐다.

2008년 8월 새누리당의 김문수 경기지사와 이완구 충남지사가 수도권 규제 완화 문제를 놓고 갈등을 빚은 과정에서 서로가 상대방에게 '공산당식 발상'이라고 이념 공격을 하는 어이없는 일이 벌어지기도 했다. 수도권 규제 완화를 반대하는 이 지사에 대해 김 지사는 '공산당보다 못하다'고 비판했다. 이

44. 《한겨레신문》 2001년 11월 16일.

45. 윤진, 「인간의 공격성과 평화」, 『한반도 평화론』, 고려대평화연구소, 1988, 185쪽.

지사는 김 지사에게 "(세종시 건설비용 42조 원을) 1조씩 나눠주자는 것이야말로 공산당식 발상"이라고 역공을 폈다.[46] 반공주의 이념에 철저한 새누리당의 지도급 인물들이 정치적 이해관계가 다르다고 서로 '공산주의자'라고 몰아붙이며 이념 공격을 벌이는 판이 돼버렸다. 자신과 이해관계나 입장이 다르면 '빨갱이'라고 몰아붙일 만큼 이념폭력은 사회적으로 만연됐다.

고영주 방송문화진흥회 이사장(새누리당 추천 세월호 특별조사위원회 비상임위원)은 대통령 선거 직후인 2013년 1월 4일 서울 프레스센터에서 열린 '애국시민사회진영 신년 하례회'에서 당시 국가정상화추진위원회 위원장 자격으로 참석해 "문재인 후보는 공산주의자"라고 발언한 사실이 뒤늦게 드러나 논란이 됐다. 그는 "이 사람(문재인)이 대통령이 되면 우리나라가 적화(赤化)되는 것은 그야말로 시간문제다. 부림 사건은 민주화 운동이 아니라 공산주의 운동이며 노무현 전 대통령과 문 후보도 그걸 잘 알고 있었을 것"이라고 강조했다. 그는 또 "노무현 정권 때 청와대 부산 인맥은 전부 부림 사건 관련 인맥이고 공산주의 활동과 운동을 하던 사람"이라고 말했다.

부림 사건은 1981년 9월 공안당국이 독서 모임을 하던 부산 지역 학생과 교사 등 22명을 불법 감금해 국가보안법 위반 혐의로 기소한 사건이다. 고 이사장은 이 사건을 맡은 공안검사 출신이다. 부림 사건 피해자들은 재심을 청구해 2014년 9월 대법원에 의해 최종 무죄를 확정받았다. 논란이 된 발언을 "후회하지 않느냐"는 기자의 질문에 고 이사장은 "평소 생각이 나온 것"이라며 "후회하지 않는다"고 밝혔다.[47] 극우세력이 정치적 반대자들을 '공산주의자'로 몰아 이념폭력을 가하는 일은 일상적인 일처럼 돼버렸다.

---

46. 《연합뉴스》 2008년 8월 27일.
47. 문재인은 당시 부림 사건을 변론하지 않은 것으로 알려졌다. 2013년 '부림 사건'을 소재로 한 영화 〈변호인〉이 만들어져 화제가 됐고, 노무현 전 대통령은 이 사건을 계기로 '인권변호사'의 길로 들어섰다. 《오마이뉴스》 2015년 9월 8일.

아군과 적군이라는 군사주의적 수사가 일상생활의 구석구석에 스며들었다. 국가와 사회 문제에 대한 비판자들은 극우적 연대를 훼손하는 적군으로서 그들을 확실하게 제거하는 것이 곧 국민의 사명처럼 여기는 현상이 여기저기서 나타났다. 민주주의 이념과 가치를 지향하는 헌법보다 국가 안보나 총력안보가 정치적 정당성의 근거가 돼 민주주의 원칙이 유린되기도 한다. "우리 편을 들어라. 그렇지 않으면 당신은 우리의 적이 된다"는 식의 폐쇄적 편집증은 파시즘 현상이다. 파시즘은 적군과 아군의 배타적 명령을 어느 곳에서나 도입함으로써 정치 자체를 폐지시키려는 권력 집성체다.[48]

우리 사회에서는 개인이나 집단의 이해가 걸린 문제를 물리적 폭력으로 해결하려는 경향이 심하다. 가정이나 교육 현장은 물론 평화를 선도해야 할 종교계에서도 종권 다툼 등에서 폭력이 행사된다. 이익집단이 자신의 이익을 관철하거나 불만을 나타내기 위해 기관을 점거하고 기물을 부수는 폭력행위가 빈번해졌다.

폭력이 일상화·구조화됐다는 것은 이를 영속화시키려는 사회구조적 메커니즘, 즉 폭력문화의 재생산 기제가 형성돼 있음을 뜻한다. 폭력이 사회구조적으로 또한 문화적으로 학습되고 전달되고 있는 것이다. 우리의 가치관 속에는 폭력을 용인하고, 필요악인 줄 알고 일상생활에서 사용하려는 욕구가 있으며, 그 효과를 누리기도 한다.

근본적인 문제는 우리 사회가 갈수록 폭력 지향적으로 치닫고 있다는 사실이다. 1950~1960년대에 비해 폭력과 관련된 범죄가 늘고 있을 뿐만 아니라 흉포화하고 있다. '폭력행위 등 처벌에 관한 법률' 위반 범죄를 보면, 1964년 인구 십만 명당 27건에서 1991년에는 337건으로 크게 늘어났다. 단순한 폭행이나 상해보다 상습적이고 집단적인 폭력범죄가 늘고 흉포화되고 있음

---

48. 『문화과학』 58호(2009년 여름), 288쪽 참조.

을 보여준다.[49]

개인이 불만이나 불의에 대해 공식적인 해결을 모색하지 않고 스스로 해결하려는 이유는 무엇인가. 블랙(Sue Black)은 인류학자들의 연구 결과를 인용해 폭력범죄가 많은 부족들의 공통적인 현상으로 국가가 제도적으로 개인의 불만이나 문제를 해결하지 못할 때, 즉 국가권력이 미치지 못할 경우 폭력적인 범죄가 생긴다는 사실에 주목했다. 이와 마찬가지로 우리 사회에서 폭력이 용인되고 개인 간의 분쟁에서 폭력이 자주 발행하는 이유는 국가의 공식적인 개입이 문제 해결에 효율적이지 못하기 때문이다. 특히 개인이 법적 보호를 받지 못할 때 비공식적인 경로로 해결하려고 하며, 해결의 가능성이 비관적이면 불만 표출의 행위로 폭력행위가 발생할 가능성이 매우 높다.

한국 사회의 폭력 수준이 심각하다는 것은 누구나 인식하고 있는 현실이다.[50] 폭력의 부정적인 측면에도 불구하고 많은 사람이 폭력의 효율성을 인정하고 있다는 사실에서 우리 사회의 폭력 지향성이 얼마나 심각한지가 여실히 드러난다. 폭력에 대한 태도가 우호적일수록 실제 폭력행위로 표출될 가능성은 그만큼 높아진다. 개인들 사이에 원만한 의사소통 방식이 제대로 발달되지 않은 상황에서는 잠재적 폭력성이 사소한 마찰이나 분쟁에서 쉽게 폭력으로 발전될 수 있다. 폭력이 효율적인 삶의 한 방식이요 수단이 되고 있다면, 훈육이나 교육의 차원에서 폭력이 정당화된다면, 폭력이 일상화 단계로 심화될 수밖에 없다.

---

49. 연성진, 『폭력에 대한 국민의식 조사』, 한국형사정책연구원, 2000, 22-23쪽 참조.

50. 조사 대상자의 약 30%가 지난 12개월 동안 적어도 한 번은 다른 사람들끼리 구타하는 것을 목격했고, 약 60%의 사람들이 서로 고함을 지르거나 큰 소리로 말하는 것을 보았다는 사실은 우리 사회의 폭력이 심각한 수준임을 보여준다. 연성진, 『폭력에 대한 국민의식 조사』, 108쪽.

2) 공동체의 붕괴

한국 사회의 폭력성이 매우 심각하다. 가정을 비롯해 학교, 직장, 군대 등 어느 곳이든 온갖 폭력이 벌어진다. 더욱 심각한 것은 이런 사회적 폭력이 상상할 수 없을 정도로 흉포화하고 있다는 점이다. 이처럼 흉포해지고 있는 사회적 폭력 속에서 사회의 기본적 질서와 가치체계가 온전하게 유지될 리가 없다.

무엇보다도 사회의 기본 단위인 가정에서의 폭력은 근본적으로 심각한 문제다. 가정폭력은 사회의 기본 질서와 가치체계를 근본적으로 뒤흔드는 요인이 되기 때문이다. 이런 가정폭력이 늘어나고 있다는 것은 사회의 공동체 기반이 그만큼 취약해지고 있음을 뜻한다. 국회의 국정감사 자료에 따르면, 가정폭력 사범 접수가 2011년 2,939명에서 2015년 7월 말 현재 2만 3,984명으로 8배나 늘어난 것으로 나타났다. 이처럼 가정폭력 사범이 폭증하고 있음에도 검찰의 기소율은 오히려 떨어졌다. 정부 당국의 가정폭력 대책마저 제대로 되지 않아 가정폭력의 심화가 방치되고 있는 꼴이다.[51]

학교폭력은 이미 자라나는 청소년의 가치체계를 파괴하는 단계에 이르렀다. 학교폭력으로 인해 우리 사회의 미래를 세울 청소년의 정신적 기반이 붕괴되고 있는 것이다. 학교폭력의 실례로 학생들이 경찰청 사이트에 호소한 학교폭력의 실태를 보자.[52]

"우린 친구가 아닌 노예예요." 경찰청이 운영하고 있는 사이버경찰청 학교폭력상담신고센터(www.police.go.kr)에 한 중학생이 털어놓은 하소연이다. 주

---

51. 국회 법제사법위원회 소속 새누리당 이한성 의원이 법무부에서 제출받은 국정감사 자료에 따르면, 가정폭력 사범에 대한 검찰의 기소율은 2011년 18%, 2012년 15%, 2013년 15%, 2014년 13%, 2015년 7월 말 현재 7%로 떨어졌다. 《세계일보》 2015년 9월 1일.
52. 《한국일보》 2001년 11월 3일.

먹대장의 스파링 파트너가 되는 아이, 의자로 두들겨 맞아도 웃어야 더 얻어맞지 않는 사연 등 하소연의 내용은 매우 충격적이다. "친구를 펀치머신으로 생각하고 때린 뒤 점수를 물어보고 낮게 말하면 그것밖에 안 되느냐며 또 때리고 컴퍼스로 손가락도 찍습니다." "2학년 때부터 이모군에게 수시로 돈을 빼앗겨왔는데 3학년이 돼서는 아빠의 금시계를 가져오라 하는데 어찌 하느냐." 중학생들의 충격적인 신고는 계속 이어진다.

폭력 문제는 최종적으로 사법제도를 통한 해결에 기대할 수밖에 없다. 그러나 사회 정의의 보루가 되어야 할 한국의 사법제도에 대한 기대는 만족할 만한 수준인가. 그 기대가 낮다면 폭력 문제는 사회에 대한 근본적인 절망으로 이어질 수밖에 없다.

한국 국민의 정부 신뢰도는 2014년 기준으로 전 세계 주요국 가운데 중하위권이며, 특히 사법제도에 대한 신뢰도는 무법지대에 가까운 콜롬비아와 비슷한 수준인 것으로 조사됐다. 경제협력개발기구(OECD)가 여론조사기관인 갤럽에 의뢰해 정부를 신뢰하는지 조사한 결과 34%만이 신뢰한다고 답했다. 이는 조사 대상국 평균에도 못 미치는 수치다. 한국의 사법제도 신뢰도는 27%로 조사 대상국 42개국 가운데 39위였다. 한국보다 낮은 나라는 콜롬비아(26%), 칠레(19%), 우크라이나(12%) 등 3개국뿐이다.[53] 한국에서는 권력과 돈이 있으면 처벌을 안 받는다는 '유전무죄, 무전유죄'라는 말이 있을 정도로 한국 국민의 사법에 대한 불신이 팽배함을 드러낸 조사 결과다. 사법제도를 국민이 신뢰하지 않으면 엄격한 법 집행, 법치주의가 어려워지고 이는 사회의 혼란, 나아가 붕괴로 이어질 수 있다.

근본적인 문제는 일반 국민의 구조적인 절망과 폭력의 악순환으로 인한 공동체 기반의 붕괴다. 개인이 법적 보호를 제대로 받지 못하고 개인의 불만

---

53. 《연합뉴스》 2015년 8월 9일.

과 문제를 국가가 효율적으로 해결해주지 못할 때 폭력행위에 의존하려는 경향이 나타나게 된다. 폭력의 구조화·일상화는 곧 공동체의 붕괴로 귀결될 수밖에 없다.

우리 사회의 20대가 꿈을 잃고 30대가 좌절한다면 우리 사회 공동체의 미래는 어떻게 될까. 아무리 노력해도 성공할 수 없고, 아무리 노력해도 더 잘살 수 있는 계층 상승을 할 수 없다면 어느 누구라도 열심히 살려고 노력하지 않을 것이다. 국민이 열심히 노력하지 않는 판에 경제성장이 될 리가 없을뿐더러 사회 갈등이 더욱 커지고 사회 폭력은 심해질 것이다.

"노력하면 계층 간 이동이 가능하다고 생각하십니까"라는 질문에 우리 국민 10명 중 8명은 아무리 노력해도 계층 상승이 어렵다고 생각하는 것으로 나타났다. '개천에서 용 난다'는 말은 이제 실현 불가능한 옛말이 된 셈이다. 현대경제연구원 리서치센터가 2015년 7월 27일~8월 5일간 실시한 설문조사 결과 '아무리 노력해도 성공하기 어렵다'는 응답률이 무려 81%나 나왔다.[54] 이는 2년 전의 같은 조사 결과인 75%보다 6%나 악화된 수치다. 특히 20대의 부정 응답률은 71%에서 81%로 10%나 악화됐다. 어느 세대보다 긍정적으로 생각해야 할 세대인 20대가 오히려 더 꿈을 잃었다. 부와 가난의 대물림이 심각하다는 인식에서는 30대가 94.2%로 가장 높았다. 30대의 대부분이 좌절하고 있는 셈이다. 2008년 이후 양극화, 소득 격차, 중산층의 비중 등의 문제가 개선되고 있다는 한국 정부의 공식 발표는 현실과 동떨어진 꼴이 돼버렸다.

양극화 및 소득 격차와 관련한 조사에서는 재벌들의 돈은 갈수록 쌓여 가는데 가계는 빚만 계속 늘어나 더욱 허덕인다는 결과가 나왔다. 2015년 3월 23일 재벌닷컴의 발표에 의하면, 국내 10대 그룹 상장사의 2014회계년도 내부유보금은 40조원 가까이 불어나 500조원을 돌파했다. 유보금은 기업이 벌

---

54. YTN 〈신율의 출발 새아침〉, 2015년 8월 28일 방송.

어들인 소득이 기업 밖으로 빠져나가지 않고 기업에 남아 있는 자금이다. 같은 기간 가계는 67조 6천억 원의 빚이 늘어났다. 기업에는 돈이 쌓이고 가계 빚은 늘어나는 구조가 고착되면서 내수 침체가 심해지고 금융 불안은 커지고 있다.[55] 경제 상황이 이러함에도 한국 정부의 소득 재분배 기능은 OECD에서 꼴찌다.

청소년이 국가나 사회에 대한 애정, 어른에 대한 존경심을 잃은 지도 오래다. 그뿐만 아니라 자신에 대한 믿음, 미래에 대한 희망도 이미 사라졌다. 《고대신문》이 창간 50주년 기념으로 고려대학생 259명과 중국 베이징대, 프랑스 파리대, 일본 쓰쿠바대, 러시아 상트페테르부르크대 등 7개국 16개 대학생 358명을 설문조사한 결과는 충격적이다. 이 조사에서 고려대생 51%가 '다시 태어나면 모국을 택하지 않겠다'고 응답했다. 중국·프랑스·캐나다 7%, 러시아 11%, 일본 23%로 한국 학생의 모국 선택 기피율이 가장 높았다. '모국을 택하겠다'는 고대생들의 응답도 고작 30%에 머물렀다. 프랑스(80%), 러시아(79%), 캐나다(76%), 중국(73%), 일본(49%) 등과 큰 차이로 가장 적었다. 한국 대학생들의 애국심이 비교가 되지 않을 정도로 꼴찌로 나타났다.[56]

7개국 중 한국 청소년의 애국심이 가장 약하다면 조국을 지키겠다는 조국 수호 의지도 가장 약할 게 뻔하다. 《한국일보》가 광복 70주년을 맞아 최초로 독립운동가와 그 후손들 모임인 광복회 회원 6,831명 전원을 대상으로 한국리서치와 함께 생활실태 설문조사를 한 결과 '독립운동 하면 3대가 망한다'는 말이 현실로 나타났다. 가난의 대물림은 3대를 넘어 4대로 이어지고 있었다. 독립유공자 가족의 소득수준은 2015년 우리나라 4인 가구 최저생계비(166만 8,329원)와 비슷하거나 이보다 못한 빈곤층이 대다수였다. 개인 총재산도 국민

---

55. 《한겨레신문》 2015년 3월 24일.
56. 《중앙일보》 2001년 11월 6일.

평균을 훨씬 밑돌았다.[57] 이런 현실에서 국가와 민족이 정말로 어려워졌을 때 국가와 민족을 위해 얼마의 사람들이 희생적으로 나서게 될지 우려된다.

한국 청소년의 애국심이 약한 만큼 이들의 어른에 대한 존경심이 있을 리 만무하다. 한국 청소년의 어른에 대한 존경심이 동아시아·태평양 지역 국가들 가운데 최하위였다. 권위 있는 사람에 대한 존경심도 가장 낮았고, 교사를 존경하는 청소년은 아예 없는 것으로 나타났다. 유엔아동기금(유니세프) 아·태평양 지역 사무소가 2001년 초 조사한 결과다.[58] 한국이 동방예의지국에서 '어른을 몰라보는 나라'로 바뀌고 말았다.

문제는 국가나 사회, 어른에 대한 존경심뿐만 아니라 자신에 대한 긍지나 자신감, 미래에 대한 믿음도 별로 없다는 사실이다. 한국 청소년은 미국이나 중국·일본과 비교해 볼 때 자신감이 가장 적으며 21세기의 사회에 대해 매우 비관적인 전망을 갖고 있다. 한국청소년개발원, 미국의 케인파슨스연구소, 중국사회과학원, 일본청소년연구소 등이 한국·미국·중국·일본 등 각국의 중·고등학생 2,000명가량을 추출해 1998년 10월~1999년 3월 조사한 결과다.[59] 자신이 다른 사람보다 우월한 특징을 갖고 있다고 생각하는 청소년의 비율이 일본 89.0%, 중국 72.9%, 미국 44.4%, 한국 38.8%로 한국 청소년의 자신감이 가장 낮았다. 일이나 공부만 하는 것은 따분한 인생이라고 생각하는 청소년

---

57. 조사에는 생존 독립유공자 26명을 비롯해 배우자 32명, 자녀(2대) 469명, 손자녀(3대), 증손자녀(4대) 등 모두 1,115명이 참여했다. 독립유공자 가족의 월 개인소득을 분석한 결과 200만 원 미만 구간에 전체 75.2%가 몰려 있었다. 100만 원 이상 200만 원 미만이 43.0%로 가장 많았고, 50만 원 이상 100만 원 미만이 20.9%, 심지어 50만 원 미만도 10.3%였다. 더욱이 3대를 넘어 4대 후손으로 가난이 대물림되고 있었다. 월 개인소득을 세대별로 보면, 200만 원 미만 구간에 독립유공자 본인(23%)보다 자녀(25.3%), 손자녀(37.9%), 증손자녀(24.5%)의 비율이 더 높았다. 《한국일보》 2015년 8월 12일.

58. 《중앙일보》 2001년 10월 11일·12일, 11월 6일.

59. 정희옥·이춘화, 『청소년의 성공의식에 관한 국제비교』, 한국청소년개발원, 1999.

의 비율은 가장 높았다.

심각한 것은 미래에 대한 꿈의 상실이다. 조사 대상국 가운데 자신이 추구해야 할 목표를 결정하지 못한 청소년의 비율이 가장 높은 나라가 한국이었다. 21세기의 사회에 대해 미국이나 중국의 청소년보다 현저하게 비관적인 전망을 갖고 있는 나라도 한국이었다. 상상력과 창조력을 억압하는 구조적·문화적·이념적 폭력 지향의 사회가 낳은 결과다.

제 2 부
한반도의 흥망

제**4**장

동북아의 민족주의 전쟁

1. 신민족주의와 동북아

1) 신민족주의

21세기는 지구촌사회라고 한다. 세계화론자들은 '우리는 하나다(we are the world)'라고 외친다. 그러나 세계화로 인해 세계 곳곳에서 신(新)민족주의가 분출했다. 세계화의 역설이다.

인터넷 신문인 《허핑턴포스트》는 2015년 7월 「그리스에서 프랑스, 중국까지, 민족주의가 돌아왔다」라는 기사에서 세계화가 민족주의의 불씨를 끄기는커녕 오히려 불쏘시개 역할을 했다고 분석했다. 전 세계의 자본 흐름이 다국적기업을 탐욕스럽게 만들고 가난한 나라의 긴축을 불러오면서 민족주의를 불러일으키는 불씨가 됐다는 것이다. 브루킹스연구소의 제레미 샤피로는 "세계화라는 지렛대가 오히려 각국의 정체성을 더욱 중요하게 만들었다"며 "민족주의는 인간사에서 가장 강력한 힘이며 유럽과 다른 지역에서 다시 명백하게 드러났다"고 강조했다.[1]

"세계는 더 이상 평평하지 않다." 이 명제는 국가 간 경계와 무역장벽을 무

---

1. 《중앙일보》 2015년 7월 20일.

너뜨린 세계화 시대가 저물고 이제는 각국이 정치·경제 분야의 장벽을 높이는 '신민족주의' 시대로 들어섰다고 《월스트리트저널(WSJ)》이 2008년 4월 28일 보도에서 지적한 핵심 화두다. 《뉴욕타임스》 칼럼니스트 토머스 프리드먼이 2005년 "세계는 평평하다"고 주장한 '세계화론'을 정변으로 반박한 것이다. 9·11 테러 이후 세계 각국이 안보에 갈수록 예민한 관심을 갖게 된 것이 '신민족주의' 등장의 원인이라는 분석이다.[2] 세계은행 산하 국제금융공사의 마이클 클라인 수석 연구원은 "각국의 이해관계가 상충해 국제적인 대응이 더욱 어려워질 것"이라며 "국가의 영향력이 강화되는 '신민족주의'가 오래 지속될 것"이라고 전망했다.

제2차 세계대전 이후 민족주의는 제3세계에서 민족분쟁으로 자주 나타났다. 제3세계 이외의 지역에서는 냉전 이데올로기에 의해 민족주의가 억압된 형태로 잠복되고 있었다. 유고슬라비아의 티토가 민족주의를 철저히 금지한 것이 대표적인 경우다. 그러나 그가 사망하고 냉전체제가 붕괴하면서 민족주의가 분출하기 시작했다.

1989년 밀로세비치가 민족주의를 금기의 대상으로 삼은 유고연방의 전통을 깨고 세르비아 민족주의자로 변신하면서 민족주의의 불길이 타올랐다. 냉전체제의 해체와 함께 동유럽권이 급격하게 몰락한 이후 유고뿐만 아니라 민족주의 세력이 정권을 장악한 지역에서는 민족주의라는 대단히 배타적이고 공격적인 이데올로기가 지배적인 수단이 됐다. 세르비아공화국의 자치지역인 코소보에서 벌어진 '인종청소'는 민족주의의 병폐가 극단적으로 나타난 대표적인 사례다.

유럽 국가들이 유럽연합(EU)을 결성한 배경은 전쟁과 파시즘, 점령의 비극을 과거로 돌리고 민족주의를 배척하면서 민주주의, 법치 등을 바탕으로 보

---

2. 《한국일보》 2008년 4월 29일.

다 나은 미래를 향해 함께 나아가자는 데 있다. 그리스는 민주적 변화와 이를 유럽통합체제로 연계하는 데 선도적인 역할을 했다. 그런 그리스가 유럽연합 분열의 핵이 되고 말았다. 그리스 사태를 계기로 유럽에서도 민족주의 갈등이 새로운 뇌관으로 떠올랐다. 선진국과 후진국 간의 남북 갈등은 전통적인 민족주의 갈등이었다. 이런 전통적인 남북 갈등에다 동·서 간 민족 갈등이 중첩됐다.

영국과 프랑스의 민족주의도 심상치 않은 움직임을 나타내기 시작했다. 2014년 스코틀랜드 분리 독립을 가까스로 막아낸 캐머런 영국 총리는 자국에게 유리한 유럽연합 협약 개정을 유럽연합에 요구했다. 캐머런 총리는 협상 결과를 바탕으로 2017년 말까지 유럽연합 잔류 여부를 묻는 국민투표를 실시하겠다는 계획이다. 프랑스에서는 2015년 7월 초 그리스의 국민투표 과정에서 프랑스의 극우주의 정당인 국민전선(FN)이 그리스의 급진좌파연합(시리자)의 긴축안 반대 주장을 지지하는 일이 벌어졌다. 국민전선이 이념적으로 정반대인 시리자를 지지한 것은 프랑스의 유럽연합 탈퇴를 공공연히 주장하는 국민전선의 노림수 때문이었다. 1993년 유럽연합의 출범으로 시작된 유럽 통합의 물결이 신민족주의라는 거대한 암초를 만나 다시 갈라지는 분열현상이 나타났다.

1973년과 1978년 1·2차 석유 파동으로 나타난 중동의 자원민족주의는 2000년대 들어 남아메리카와 중국, 인도, 러시아 등으로 급속하게 번졌다. 2005년 베네수엘라, 볼리비아, 에콰도르 등 안데스 국가들은 국제사회와의 마찰을 무릅쓰고 석유시설에 대한 외국 지분을 강제로 양도받는 등 자원 국유화를 골자로 하는 자원민족주의를 강화했다. 민족주의 정서를 기반으로 자국의 천연자원에서 재정 수입을 높여 국가 주도의 경제발전을 도모하겠다는 것이다. 늘어나는 국가의 재정 수입으로 빈부 격차 등 사회적 현안을 해결하고 국민의 삶의 질을 개선함으로써 유권자의 지지를 확보할 수 있는 것도 자원민족주의가 강화되는 요인이다.

러시아에서는 푸틴이 옐친 시기보다 국가의 역할을 더욱 강조하며 자원 민족주의를 적극적으로 활용하고 나섰다. 러시아 경제는 천연자원 부문이 러시아 GDP의 약 3/1, 수출의 70%, 특히 석유·가스 부문은 GDP의 약 4/1, 수출의 60%를 차지하는 대표적인 자원 기반 경제다. 러시아의 자원 민족주의가 강화되는 것은 러시아의 경제 성장에서 에너지 부문의 역할이 절대적이기 때문이다.

유럽은 에너지원으로서의 천연가스에 대한 의존도가 매우 높다. 유럽은 이 천연가스의 대부분을 러시아에서 파이프라인으로 직접 공급받아왔다. 러시아가 크림반도를 합병하고 반서방주의를 강화하면서 유럽에 대한 천연가스 등 자원 공급 중단 위협을 하고 나서자 영국과 독일 등 유럽 국가들은 러시아에 대한 제재를 망설이지 않을 수 없었다. 러시아는 우크라이나 사태 때도 우크라이나에 대한 자원 공급 제한 조치를 취했다.

동북아에서도 자원 민족주의가 강화돼왔다. 중국은 외국 기업의 희토류 광산 개발을 금지하고 수출량에 쿼터제를 적용해 공급량을 제한하는 등 자원 민족주의를 적극적으로 활용했다. 중국이 2010년 9월 일본과의 영토 분쟁 과정에서 일본에 대한 희토류 수출 제한을 감행한 사건은 자원을 전략무기로 활용한 자원 민족주의의 사례.

과거 과테말라, 칠레, 니카라과 등의 자원 민족주의가 오래 지속되지 못하고 폐기된 것과는 달리 다시 강화되고 있는 자원 민족주의는 장기간 지속될 전망이다. 자원 민족주의에 매우 유리한 국제적 환경과 조건이 조성되고 있기 때문이다. 전 세계에서 자원 확보를 위한 외교 전쟁이 치열해지고 있는데다가 자원의 수요 증가로 인해 천연자원의 국제가격이 크게 오르는 추세다.

동북아에서는 1990년대 이후 신민족주의가 갈수록 강화되는 경향이다. 고대사·근현대사 기술과 관련한 역사 민족주의를 비롯해 영토·종족 민족주의로 인해 한국·중국·일본 3국 간의 대립과 갈등이 심해졌다. 동북아의 신민족주의는 '민족주의 전쟁'의 양상마저 보일 정도로 다른 어느 지역보다도 심화되는 추세다.

2) 격동하는 동북아

1989년 냉전의 상징이었던 독일의 베를린 장벽이 무너지고 냉전의 시대가 끝나자 동북아 국가들은 국가 정체성이라는 중대한 문제에 직면하게 됐다. 냉전의 종식과 함께 밀어닥친 세계화의 강풍 속에서 '우리 국가는 어떤 국가여야 하는가'라는 국가 정체성의 위기 극복은 가장 중요한 과제가 될 수밖에 없었다. 냉전 이후 10년의 기간 동안 한국·중국·일본 모두가 국가 정체성의 확립에 가장 우선적으로 힘을 쏟았다. 이와 함께 이들 국가는 새로운 동북아 질서 재편에 대한 주도권 경쟁을 벌이며 갈등을 빚었다. 이 과정에서 동북아의 신민족주의가 등장해 '민족주의 전쟁' 양상마저 나타내는 단계에 이르렀다.

탈냉전 시대의 진입기인 1990년대 초 중국은 두 개의 위기 국면을 맞았다. 하나는 톈안먼 사태를 수습하는 일이었고, 다른 하나는 중국이 세계 질서 형성 과정에 어떻게 관여하느냐는 것이었다. 톈안먼 사태는 개혁·개방 10년이 빚은 중국 사회주의 체제의 위기이자 정치권력의 정당성 위기였다.

덩샤오핑의 개혁·개방 체제 10년 동안 중국은 세계가 놀랄 정도의 경제 성장을 이룩했다. 그럼에도 중국에서는 개인 간 소득 격차를 비롯해 계층 간, 도농(都農) 간, 지역 간 빈부 격차가 늘어나면서 '상대적 박탈감'이 심해지고 국가 정치체제 및 공산당지배 권력구조에 대한 정치적 민주화 요구 등 다양한 입장이 나타나게 됐다. 제2차 세계대전 후 신생국들이 공통적으로 겪어온 '국민 통합의 위기'를 중국도 뒤늦게 맞게 된 것이다.

톈안먼 사태는 중국 공산당 지도부의 강압적 대응으로 진압됐다. 그러나 중국 공산당의 군대를 동원한 유혈 진압은 범세계적인 비판 여론을 불러일으켰다. 미국을 비롯한 서방 민주국가들은 중국의 비인권적인 무력 진압을 강력하게 비난하고 중국의 인권 문제를 거론하며 중국에 대해 경제적 제재를 가했다. 톈안먼 사태 이후 제기된 '중국 위협론'은 1990년대 중반까지 미국을 비롯한 국제사회의 최대 관심사가 됐다.

미국과 중국은 1970년대 소련의 위협에 공동으로 대응하기 위해 일본과 함께 3국 간 '전략적 협력관계'를 맺은 이후 우호적 관계를 유지해왔다. 이런 두 나라의 긴밀한 관계가 톈안먼 사태로 깨지기 시작했다. 중국은 미국을 비롯한 서유럽 국가들의 비난과 제재는 내정 간섭이며 중국 사회주의 체제의 붕괴를 노린 것이라고 강력하게 반발하고 나섰다.

중국은 모든 언론을 동원해 '반화평연변(反和平演變)' 캠페인을 벌였다. 이 캠페인은 중국에 대한 주권 침해와 내정 간섭에 중국 인민이 결연히 맞선다는 외세에 대한 저항 운동이었다. 중국의 지식인들 사이에서는 중국의 국가 정체성 재정립 논쟁이 촉진됐다. 1990년대 중반까지 진행된 논쟁에서 '중국 전통의 재발견', '중화민족의 영광', '민족적 자신감' 등의 담론이 강조됐다.[3] 논쟁 결과는 중화민족주의가 새롭게 강화되는 것으로 나타났다. 1997년 제15차 당 대회 이후 중국 지도부의 공식 언급에서 '중화민족의 위대한 부활'이 자주 등장했다.

1990년대 이후의 중국 신민족주의인 중화민족주의는 20세기 초 대내외적인 국가 위기에서 구국과 변혁을 목적으로 등장한 초기의 중화민족주의와는

---

3. 중국의 국가 정체성 논쟁은 '급진개혁개방파', 1990년대에 등장한 '신보수주의파', '신좌파'로 분류된다. '급진적 개혁주의자'들은 세계화·시장화·개인화를 주장해온 주류다. '신보수주의파'는 중국의 전통적 가치를 복원하고 역사를 재정리하면서 중화민족의 영광을 재현하는 것이 중국의 정체성 확립의 정도라고 주장한다. '신좌파'는 고전적 마르크스와 차별성을 갖는 중국적인 것을 강조하며 모택동 시대의 인민민주주의 전통 등을 내세운다. 김동성, 「동북아 안보질서의 형성과 민족주의」, 《국가전략》 제15권 4호(2009), 11쪽.

그 성격이 크게 다르다. 중국의 근대 민족주의는 외부의 침략에 대한 반응으로서 국가 위기를 극복하기 위한 반응적·자위적 민족주의였다고 할 수 있다. 그러나 1990년대 이후의 중국 민족주의에서는 중국의 경제 성장과 부상에 따른 국제적 지위 상승과 자신감의 증대로 공세적 민족주의 성격이 강화돼왔다.

1999년 5월 유고슬라비아 중국 대사관에 대한 미국의 폭격으로 3명의 언론인과 20여 명이 부상당한 사건으로 인해 대중주의적 중화민족주의가 촉발됐다. 중국의 100여 개 도시에서 세대와 계층을 망라한 군중 시위가 '반미 민족주의' 운동의 성격으로 전개됐다. 2001년 4월 남중국 해상에서 미군 정찰기와 중국 비행기가 충돌한 사건은 중화민족주의의 '반미 민족주의' 운동을 더욱 증폭시켰다. 공교롭게도 이 사건의 시기가 중국이 매우 예민하게 여기는 미국의 타이완에 대한 무기 판매 결정 시점과 겹쳤기 때문이다.

일본에서도 냉전 종식을 계기로 국가 정체성의 문제가 제기됐다. 국가의식과 역사의 재정립, 동아시아에서의 일본의 지위와 역할 등이 대표적 주제로 등장했다. 논쟁 끝에 '아시아 중시론'이 나왔다. 미·일 경제 마찰로 인한 반미의식의 형성, 아시아 국가들의 경제 성장, 아시아 내 갈등 구조의 악화 등이 '아시아 중시론' 등장의 배경이었다. 일본의 경제력에 걸맞은 일본의 위상이 확보되어야 하며 이를 위해서는 아시아의 독자성이 강조되어야 하고 독자성의 중심 실체는 일본이어야 한다는 게 '아시아 중시론'의 이론적 근거였다.

일본은 아시아에 무게의 중심을 두는 외교 전략을 폈다. 일본은 아시아태평양경제협력체(APEC)와 아시안지역안보포럼(ARF)의 설립에도 적극적으로 나섰다. 1993년 자민당 정권 붕괴 이후에는 '과거사에 대한 반성론'이 나왔다. 이해 8월 비자민연립정권의 총리가 된 호소가와의 과거 잘못된 침략전쟁 시인과 사죄 발언, 종군위안부 문제를 공식 사과한 고노 담화, 1995년 8월 식민지 지배와 침략 행위에 대해 사죄한 무라야마 담화 등이 이어졌다. 전후 처리를 통해 아시아 국가들과의 협력관계를 강화해야 한다는 관점이었다.

일본의 극우 성향의 보수세력은 이런 진보적 역사 인식에 강력하게 반발했다. '자유사관연구회'와 '새로운 역사 교과서를 만드는 모임' 등을 중심으로 신민족주의 운동이 전개됐다. 일본의 신민족주의는 우선 역사 재해석으로 나타났다. 일본의 역사 교육은 미국이 강요한 '자학사관(自虐史觀)'이기 때문에 이를 '자유주의 사관'으로 바꾸어야 한다는 것이다. '자유주의 사관'은 일본의 패전 책임을 부정하고 제국주의 침탈의 역사를 정당화시키며 천황제 가치의 부활과 일본식 국가주의를 주장한다. 또한 일본의 신민족주의는 정치·군사 대국주의의 지향을 보인다. 일본은 '보통국가론'을 정치적 명분으로 내세우지만, 정치·군사 대국화를 위해 이웃 나라들과의 역사 및 영토 분쟁을 일으켜 갈등을 빚어냈다.

일본의 신민족주의는 21세기 벽두에 중화민족주의와 충돌했다. 그 충돌은 2001년 4월 고이즈미 정권이 출범하여 일본의 신민족주의를 강화하면서 비롯됐다. 고이즈미 총리는 야스쿠니 신사 참배 등으로 과거 일본의 침략사에 대한 향수를 불러일으키면서 민족주의 정서를 촉발했다. 그는 집권과 그에 대한 지지 확보를 위한 국내 정치에서의 민족주의 동원이 한국 및 중국과의 협력관계보다 더 중요하다고 판단한 것으로 보인다.

마침내 2003년 8월 중국에서 일본 제국주의가 유기한 화학물질이 폭발하는 사건이 벌어지고, 9월에는 일본 관광객의 집단매춘 사건, 10월 중국 시안 서북대학교에서의 일본 유학생 음란공연 등이 발생해 중국의 반일 민족주의 감정이 터져 나왔다. 그럼에도 일본의 민족주의적 국민정서를 이용하는 고이즈미의 정치 행태는 계속됐다. 이로 인해 엄청난 규모의 반일 민족주의 시위가 중국 곳곳에서 폭발했다. 2005년 4월 베이징, 상하이, 광저우, 선전 등 중국의 30개 이상의 도시에서 반일 민족주의 운동이 벌어졌다. 야스쿠니 신사 참배를 중지하지 않겠다는 고이즈미 총리의 공식 선언, '새 역사 교과서'에 대한 일본 정부의 인정, 유엔 안전보장이사회 상임이사국 진출 시도 등이 중

화민족주의의 대중주의적 확산을 촉진했다.[4]

　일본의 과거사 왜곡 등 민족주의 도발로 한·일 간에도 갈등이 끊임없이 터져 나왔다. 박근혜 정부 이후에는 특히 위안부 문제로 일본과의 갈등이 심해졌다. 마침내 과거사를 둘러싸고 한국과 중국이 일본을 겨냥해 공동보조를 하고 나섰다. 중국이 2015년 10월 12일 일본군 위안부의 세계기록유산 등재를 한국과 공조하겠다고 밝히자 일본은 매우 예민한 반응을 보였다.[5] 동북아의 민족주의적 갈등은 과거사를 둘러싸고 일본과 한·중 간의 대립각이 나타나는 등 본격적인 단계로 접어들었다.

　이런 동북아의 민족주의적 갈등과 관련해 미국은 일본의 편을 드는 모습을 보였다. 미국 국무부 웬디 셔먼 차관은 2015년 2월 27일 "어느 곳이든 정치인들이 과거의 적을 비난해 값싼 박수를 받는 일은 어렵지 않다. 그런 도발은 진전이 아니라 마비를 초래한다"며 일본의 도발을 비난하는 한국과 중국을 겨냥하는 듯한 발언을 했다. 그는 과거사에 대한 '동북아 3국 책임론'을 주장하며 일본에 대해서는 사과와 반성을 촉구하는 말을 한마디도 하지 않았다. 그의 말에서는 '일본은 나름대로 노력하는데 한국과 중국이 국내 정치를 이유로 이를 받아들이지 않는다'는 식의 논리가 곳곳에서 발견된다.[6] 그의 발언으로 논란이 일자 미국 국무부가 긴급 진화에 나섰지만, 미국의 아시아 재균형 정책에 따라 중국을 포위·견제하려는 전략적 입장이 드러난 것이다.

　러시아도 민족주의자 푸틴의 제2기 대통령 집권 기간 민족주의 정책을 한층 강화하는 추세다. 러시아는 반서방주의를 강화하고 크림반도를 합병하는 등 영토 민족주의의 의지를 노골적으로 드러내며 영향력 확대에 나섰다. 우크라이나 사태에서 러시아와 미국을 비롯한 서유럽 국가들은 '신냉전' 양상

---

4. 김동성, 「동북아 안보질서의 형성과 민족주의」, 16-17쪽.

5. 《오마이뉴스》 2015년 10월 13일.

6. 《한겨레신문》 2015년 3월 2일.

의 갈등마저 빚었다.

　냉전 종식 후 동북아 지역 국가들의 공통적인 과제는 '국가 정체성 위기'의 극복이었다. 국가 정체성 재정립과 민족주의의 결합은 필연적인 과정이었다. 중국과 일본, 러시아 모두가 국가 정체성의 확립을 위해 국가 또는 관이 주도하는 민족주의의 동원력을 매우 중요하게 인식했고, 그 결과 공세적인 대중주의적 민족주의가 전개됐다. 중국과 일본 간에는 대중주의적 민족주의의 대결이 반복적으로 벌어졌고 이런 반복적 대결은 앞으로도 계속될 가능성이 높다. 여기에 미국과 중국, 한국과 중국 및 일본, 중국과 일본, 러시아와 미국 및 일본 간의 민족주의적 갈등이 서로 겹쳐 동북아의 민족주의 갈등은 더욱 험난하게 될 것으로 보인다.

　1995년 무라야마 담화에는 '독선적인 내셔널리즘을 배제해야 한다'는 구절이 있다. 이와 관련해 담화의 당사자인 무라야마 도미이치 전 일본 총리는 "애국심이 우리에게만 있는 것이라는 잘못된 판단을 하게 되면 전쟁이 일어난다. 전쟁은 독선적 애국심, 내셔널리즘이 원인이 돼 발생하는 것"이라며 이를 경고한 것이라고 증언했다.[7] 전쟁으로 귀결될 수도 있는 일본의 신민족주의를 경고한 것이다. 이는 동북아의 다른 강대국 민족주의에도 적용되는 경고다.

2. 동북아 민족주의

1) 미국 민족주의

　근대 민족주의는 18세기 처음 프랑스 대혁명을 계기로 서유럽에서 시작됐

7.《한겨레신문》2015년 7월 3일.

다. 당시 봉건주의와 종주국의 권위, 교회 및 교황통치권에 저항하는 장기적 투쟁 과정에서 시민사회가 성장했고, 국가주권과 인민주권 간 상호작용 속에서 민족주의가 점차 보편적인 이념과 사상으로 자리 잡게 됐다. 공동체와 개인의 자유에 대한 열망은 서유럽의 민족주의가 발전하는 원동력이었다. 영국을 비롯한 여러 나라의 유럽인은 미국에서 앵글로색슨을 중심으로 한 새로운 공동체를 형성하며 자유를 핵심 이념으로 한 미국 민족주의를 만들어냈다.

미국에는 다양한 인종과 민족이 존재한다. 그러한 미국에서 '민족'이란 개념이 존재할 수 있는가. 그러나 미국인은 이미 오래전부터 '민족'의 구성원으로서 존재해왔다는 놀라운 사실이 발견된다. 조지 뱅크로프트는 "미국인은 '인간의 민족'으로서 특정 종교나 언어로 정의되는 인종이나 종족집단에 속하지 않고 범인류에 속한다"고 말했다. 에머슨은 미국인이 개인을 위한 자유와 존경에 바탕을 두고 있기 때문에 '우주적 민족'이라고 주장했다. 인본주의와 평등주의를 바탕으로 인류의 최선의 희망을 지향한다는 미국의 보편주의는 미국적 민족동질성의 표상이었다.[8] 미국의 '민족'이야말로 가장 이상적인 완성형의 개념으로서 절대적 '선(善)'이다. 이런 '민족' 개념이 '미국 민족주의'의 바탕이다. 미국 '민족' 개념의 원초적 뿌리는 미국의 생성 과정에서 비롯된다.

미국 민족주의는 '앵글로색슨'이라는 인종적 민족의식으로 거슬러 올라간다. 미국의 선조들은 신대륙으로 왔지만 영국인이라는 '민족의식'을 갖고 있었다. 미국은 애초부터 영국인의 나라인 셈이었다. 이들은 자신을 영국인보다 더 영국적이라고 믿었으며 영국적인 모든 것에 애착을 보였다. '영국인의 자유'에 대한 애착이 독립혁명의 원동력으로 작용했다. 식민지의 자유를 보장하지 않는 모국 정부에 대한 반란과 독립 요구는 다름 아닌 '영국인이라는

---

8. 노태구, 『민족주의와 국제정치』, 백산서당, 2002, 237쪽과 31쪽.

자의식'에서 비롯된 것이었다. 독립혁명은 '진정한 영국인'으로 남기 위한 불가피한 선택이었다. 미국 민족주의를 태동시킨 독립혁명은 아메리카에서나마 '영국의 정신'을 수호하려는 정신의 소산이었다. 미국의 민족주의가 다인종·다문화국가의 민족주의라고 자처하지만, 지금까지도 앵글로색슨주의와 백인우월주의가 짙게 배어 있는 것은 그러한 이유 때문이다.[9]

이처럼 뿌리 깊은 '영국인 의식'에서 벗어나 '미국의 민족'으로 새롭게 태어나는 과정에서 토머스 페인의 역할이 컸다. 그는 식민지인들에게 스스로 영국인이라는 생각을 버리라면서 영국으로부터의 분리를 강력하게 주장했다. 그러나 영국의 뿌리를 버리기 위해서는 영국과 구별되는 또 다른 미국의 정체성이 요구됐다. 이 정체성의 근거가 바로 독립혁명의 정신과 이념이었다. 미국인은 자유의 인민이며 인류의 자유를 구현할 '선민'이라는 사고가 미국의 집단자의식으로 자리 잡게 됐다. '자유' 이념과 연방헌법은 미국인을 하나의 민족으로 결집시켜주는 구심이었으며 미국인의 정체성을 의미했다. '자유' 이념을 중심으로 13개 주가 충성을 바치는 연방헌법의 연방주의는 바로 미국 민족주의의 바탕이었다.

미국 민족주의는 인간의 보편적인 이상이 바탕을 이룬다. 인간의 존엄성에 기초한 인본주의와 평등주의를 바탕으로 미국을 인류의 최선의 희망으로 지향한다는 보편주의와 이를 현실적으로 실현하려는 실용주의가 미국적 민족동질성의 표상이었다. 이런 민족적 동질성을 소중하게 여기고 이를 지키려는 충성주의가 바로 미국 민족주의인 것이다. 미국의 흑인 정치학자 랄프 분쉬는 "미국의 국기는 모든 인간의 평등을 상징하며 모든 사람에게 생명과 자유와 재산의 보호, 언론과 종교의 자유, 그리고 인종적 관용을 보장한다"고 강조했다.

---

9. 권용립, 「미국 민족주의의 본질-반사와 투영」, 《역사비평》 통권 64호(2003년 가을), 83-86쪽.

'미국 민족'의 정체성이 영국이나 유럽과의 구별에서 비롯됐다는 미국 민족주의의 기원은 본질적으로 중요한 의미와 결과를 낳게 된다. 부정적으로 보이는 '미국의 바깥'에 대해 미국이야말로 '모범적'이라는 '미국 예외론'의 '선민의식'이 등장하게 된 것이다. '아메리카는 다르다'는 믿음은 이미 식민지 시대부터 생겨나 민족의식으로 굳어졌다. 미국은 세계의 미래를 이끌 민족으로서 세계의 모범이 되어야 한다는 예외론적 역사관이 냉전 시대에 이르면 미국의 사회과학 전반을 지배하게 됐다.[10]

미국의 모범성과 구원자적 숙명은 미국의 시민종교인 캘빈주의, 즉 천년왕국에 대한 신념과 선민의식에서 기원한다. 미국은 '신세계의 이스라엘'이고 '아메리카의 이스라엘'이었다. 미국을 고대 이스라엘의 후신으로 보는 역사관은 미국의 외교 이념까지 지배했다. 선민의식은 윌슨의 메시아니즘, 존 F. 케네디의 '뉴프런티어', 린든 존슨의 '위대한 사회'를 거쳐 조지 W. 부시의 일방주의적 독트린, 오바마 행정부의 '다시 오라, 미국의 세기(Again American Moment)'라는 민족주의적 구호로 이어졌다.

1823년의 먼로 독트린에서 2002년의 부시 독트린에 이르기까지 미국 외교의 관행이 돼온 '독트린의 남용'은 미국 스스로를 국제 정치의 보편적 기준으로 보는 선민의식의 또 다른 표현이다. 하나의 적이 사라지면 또 다른 적을 만들어온 미국 외교의 역사적 패턴도 다른 무엇인가를 반대하고 부정하는 데서 자신의 정체성을 확인하려는 미국 민족주의의 본질적 반영이다.

미국을 '신의 민족'이라 믿는 선민의식과 소명의식은 19세기 중반 제임스 포크 대통령의 팽창주의적 민족주의로 나타났다. 그는 1845년 멕시코의 영토인 텍사스 주를 합병해버렸다. 텍사스 합병은 러시아가 2014년 3월 우크라

---

10. Jack P. Greene, *The Intellectual Construction of America: Exceptionalism and Identity from 1492 to 1800*, University of North Carolina Press, 1993, pp.6-7. 권용립, 「미국 민족주의의 본질—반사와 투영」, 88-89쪽에서 재인용.

이나의 크림반도를 합병한 것과 비슷한 방식이었다. 포크 대통령은 이에 만족하지 않고 보다 많은 영토 확장을 위해 멕시코와 전쟁을 벌였다. 미국과 멕시코의 전쟁에서 미국의 성조기가 처음 전선에 등장해 미국 애국주의를 불러일으켰다. 이는 성조기 아래 미국의 제국주의와 민족주의가 결합한 것임을 의미했다. 전쟁에서 이긴 미국은 1848년 2월 멕시코와 과달루페이달고 조약을 맺어 뉴멕시코와 캘리포니아 주 등 멕시코 영토의 절반이 넘는 영토를 차지했다.[11]

미국 민족주의에서 주목되는 것은 전쟁을 통해 군사적 민족주의가 강화됐다는 사실이다. 1898년 스페인과의 전쟁은 남북전쟁의 좋지 않은 기억을 지우고 미국 바깥의 적과 싸우는 '용감한 미국 군대'의 이미지를 새롭게 세우는 계기였다. 이 전쟁을 통해 미국 북부의 양키 제국주의와 남부의 기사 백인주의가 결합돼 군사적 애국주의가 미국 민족주의의 특징으로 나타나기 시작했다. 미국은 군사적 민족주의를 전개하면서 무력에 의한 '불량 정권 교체 작업'을 일상사처럼 벌였다. 멕시코(1916), 이란(1953), 쿠바(1961), 파나마(1989), 소말리아(1993), 아프가니스탄(2001), 이라크(2003) 등이 그러한 사례들이다.

제1차 세계대전은 '비미국적인 것'을 배척하는 호전적 애국주의를 강화하는 계기였으며 미국 제일주의가 절정에 달했다. 윌슨 미국 대통령에 따르면 제1차 세계대전은 '모범 국가'의 십자군 원정이자 민주주의를 위한 성전이었다. 배타적 성향의 미국 제일주의는 개입 이데올로기, 십자군주의로 이어졌다.

---

11. 1845년 미국은 멕시코 영토인 텍사스 주에 정착한 미국인들이 독립을 선언하자 이를 빌미로 텍사스 주를 합병해버렸다. 이에 멕시코가 1945년 3월 미국과의 관계를 단절하자 미국은 뉴멕시코와 캘리포니아를 3,000만 달러에 구입하려고 멕시코에 비밀사절을 보냈다. 멕시코가 이를 거절하자 미국은 멕시코를 점령한 뒤 1848년 과달루페이달고 조약을 맺어 멕시코에 1,500만 달러를 주고 뉴멕시코, 유타, 네바다, 애리조나, 캘리포니아, 텍사스, 서부 콜로라도 주 등 멕시코의 절반이 넘는 영토를 차지했다. 미국 기업인과 농장주들은 멕시코의 값싼 노동력을 수백만 명 확보할 수 있었다.

냉전 시대의 반공민족주의도 이때 이미 나타났다. 윌슨은 1919년 11월부터 이듬해 1월까지 파머 법무부장관에게 볼셰비즘 동조자를 색출하고 방첩법을 제정해 사회당의 유진 테브스를 투옥시키라고 지시했다.

미국 민족주의는 제2차 세계대전을 거치며 글로벌 민족주의로 확대됐다. 얄타 회담을 비롯해 유엔 창설, 마샬 플랜, 트루먼 독트린 등은 글로벌 민족주의의 표현이었다. 세계 정치에 적극 개입하는 것만이 미국과 세계의 평화를 유지하는 적극적인 방법이라는 독선적인 인식이 확고하게 뿌리를 내렸다.

제2차 세계대전으로 피폐해진 소련은 미국과의 평화적 관계를 바탕으로 경제 재건과 발전에 모든 노력을 집중하려고 했다. 그러나 미국은 이를 허용하지 않았다. '미국적인 것'은 모두 '자유'로서 반드시 지켜야 할 '선'이며, 공산주의 주도국인 소련의 모든 행위는 배척·타도해야 할 '악'이었다.

미국의 군사적 반공 민족주의는 소련 봉쇄정책을 위한 군사적 세계화로 나타났다. 미국은 이념적으로 '자유'를 위한 민주주의를 내세웠다. 그러나 한반도나 중남미, 제3세계 국가들에서는 반공을 위한 군사독재가 일반적인 현상으로 벌어졌다. 특히 미국의 군사·이념적 패권을 전개하기 위한 냉전적 반공 민족주의의 전초기지가 된 한반도에서는 가장 권위주의적인 독재정치가 펼쳐졌다.

1980년 레이건 정권이 등장하자 신보수주의자들의 작용으로 '악의 제국' 소련에 대한 강경정책이 펼쳐졌다. 그러나 냉전체제가 붕괴하며 소련이 없어지자 신보수주의자들은 위기를 느꼈다. 1991년 이후 이들은 신세계질서의 새로운 적과 위험을 경고하며 지속적인 힘의 보유와 적극적인 힘의 사용을 강조했다.

미국의 신보수주의에 가장 큰 영향을 미친 레오스트라우스는 군사적 민족주의 국가의 필요성을 주장했다. 그는 "만약 적을 찾을 수 없다면 만들어내야 한다"고 역설했다. 마침내 미국은 '세계화가 곧 미국'이라는 이데올로기 아래 미국 주도의 세계화를 거부하는 이슬람근본주의 국가와 북한 등을 불량 국가로 규정하고 미국에 적대하는 모든 세력을 '테러리즘'으로 묶어 '테러와의 전쟁'을 벌이게 됐다.

본질적으로 '적'을 전제로 하는 미국 민족주의가 '중화민족의 대부흥'을 외치며 부상하는 중화민족주의와 어떤 관계로 전개될지가 앞으로의 근본적인 문제다. 선민주의 사상, 도덕적 우월감, 메시아니즘 등의 자기 중심적인 미국 민족주의 입장에서 백인도 아니고 미국적 가치를 받아들이지도 않았으며, '비문명권'에 속하는 중국이 전 세계를 지도하는 패권적 지위에 오른다는 것은 상상 그 자체가 힘들 것이다. 앞으로 중국의 국력이 미국에 근접하면 할수록 미국의 대중 인식 및 행태는 중국을 더욱 견제하고 부정하려는 예외론적이고 배타적인 미국 민족주의가 강화될 가능성이 높다.

2) 중화민족주의

중국의 부상은 21세기 국제정치 변화에서 가장 중추적인 추동 요인이었다. 중국은 개혁·개방 이후 성공적인 경제 발전을 바탕으로 국제사회에서 강대국으로 등장해 자국의 영향력을 전방위적으로 확대해왔다. 그 결과 'G 2'라는 말이 나올 정도로 탈냉전과 함께 형성된 미국 중심의 단극체제가 새로운 형태의 미·중 양극체제로 전환되는 양상마저 나타나기 시작했다.

이런 중국의 강대국화 과정에서 주목되는 것은 중화민족주의가 강화되는 경향이다. 강대국화 이후 중국의 국가 정체성을 이해하는 데 가장 중요한 논쟁의 주제는 민족주의다. '중국 위협론'에 따르면, 중국의 부상이 세계 질서를 위협하게 될 것이라고 보는 근거는 단지 경제적·군사적 부상뿐만 아니라 중화민족주의의 부활이 크게 작용한 것이었기 때문이다.

중화민족주의는 원초적 형태인 중화주의, 20세기 초 저항적 중화민족주의,

20세기 말 자긍적·공세적 중화민족주의 등 3단계로 구분할 수 있다. 3단계의 민족주의는 각각 독립적으로 분리돼 있는 것이 아니라 기존의 민족주의에 새로운 요소가 추가되면서 다음 단계의 민족주의로 변화·발전한 결과로 보아야 할 것이다. 이런 접근을 통해 21세기 중화민족주의의 특성과 동향이 제대로 이해될 수 있을 것이기 때문이다.

중국의 일부 역사학자들은 한(漢)나라 시기부터 '중화민족'과 단일한 정치 공동체로서의 '국가' 관념이 존재했다고 주장한다. 중국의 저명한 사상가인 거자오광(葛兆光)은 중국인에게 '민족국가' 관념이 형성된 시점은 송(宋)대부터라고 말한다. 북방을 장악한 요(遼)와 서하(西夏)의 강력한 압력에 직면한 송대부터 영토의 경계선이 명확하게 그어지고 한족 중심의 자아(自我)인 중국과 타자(他者)로서의 주변 이민족 간의 국제 관념이 형성됐다는 것이다.[12]

중국에서는 오래전부터 중국이 세상의 중심이며 변방은 모두 저등한 '오랑캐(夷人)'라는 화이 관념이 뿌리 깊게 이어져왔다. 화(華)는 한족으로 문명의 가치를 이해하는 존재이며, 이민족인 이(夷)는 미개한 민족, 야만으로 간주됐다. 이런 관념은 화이사상(華夷思想)으로 발전했다.

화이사상에 따른 중화주의 질서에서 천하의 중심은 한족이었다. '한족주의'는 중국 역사에서 최근에 이르기까지 지배적인 작용을 해왔다. 현대 중국의 민족주의인 중화민족주의에서도 '한족주의'는 주체 또는 주도적인 기능

---

12. 민족주의의 기원과 관련한 서구 사회과학계의 근대주의적 시각에 따르면, 민족국가와 민족주의는 1968년 베스트팔렌 조약 이후 생성된 역사적 인공물(artifact)일 뿐이다. 반면에 반근대주의적 시각에 따르면, 중화제국 시기의 문화주의적 공동체 관념은 초보적 민족 관념이었으며, 20세기 국민국가 형성 이후에도 존속·변형되어 유지되고 있다고 주장한다. 중국에서 '화하민족(華夏民族)'이라는 민족주의 공동체 관념은 오랜 세월 존속되어온 것으로, 중화민족 수천 년의 역사는 문화적 공동체이자 정치적 공동체로서 근대적 민족주의의 뿌리라는 것이다. 이문기, 「중국 민족주의의 세 가지 특성과 국가 정체성」, 《국제정치논총》 제54집 3호, 192-193쪽.

을 발휘해왔다.

절대 다수의 민족주의 사상가들이 제창한 '대민족'이나 '동화(同化)'의 의미
는 한족을 위주로 한 한화(漢化)였다. 한화는 한족의 정치·경제·문화로 동화
시키는 것이었다. 1921년 쑨원이 제기한 '한족을 중심으로 삼는다'는 식의 동
화 방안이나 1951년 마오쩌둥이 주장한 '대가정론' 모두 '한족주의'가 근본을
이룬다. 이런 동화의 결과 중국에서 한어(漢語)가 통하지 않는 비한족 촌락을
발견하기가 매우 어려워졌으며 비한족 언어와 문자는 대부분 실제 생활에서
사라졌다. 비한족 지역에서 한족의 비율은 계속 늘어났다.

중국에서 근대적 의미의 민족주의 사상이 태동하기 시작한 것은 한족주의
가 위기에 처한 19세기 말이었다. 중국은 1840년 아편전쟁, 1894년 청일전쟁
에서 패배의 굴욕을 겪었다. 특히 청일전쟁을 계기로 전통적 중화주의의 제
국 질서가 해체되면서 화하족, 현재의 한족 중심의 종족 민족주의가 등장했
다. 한족 민족주의자들은 청의 만주족을 비롯한 주변 민족들을 배제한 한족
중심의 국가를 수립하면서 외세에 대한 저항을 통해 한족 민족주의를 강화하
려고 했다. 이처럼 중국의 민족주의가 한족주의를 중심으로 전개되면서도 다
른 소수민족도 포함하는 중화민족주의 움직임이 나타났다.

근대적 민족주의 이론을 체계화한 량치차오(梁啓超)는 '중화민족'은 처음부
터 일족이 아니라 다수의 민족이 혼합되었다는 '대민족주의'를 주장하면서 청
의 지배층인 만주족까지를 포함하는 국민국가론을 폈다.[13] 그의 민족주의 이
론은 쑨원의 신해혁명과 마오쩌둥의 공산혁명으로 완성됐다. 쑨원은 혁명 단
계에서는 한족 중심의 종족혁명론을 주장하다 혁명 성공 이후 5족공화론으
로 전환해 다민족국가론을 수용했다. 1912년 반포된 「중화민국임시약법」은
"중화민국 인민은 모두 평등하며 종족·계급·종교의 차별이 없다"고 민족의 평

---

13. 백영서, 『동아시아의 귀환』, 창작과비평, 2000, 73-75쪽.

등권과 자결권을 명시했다. 20세기 초 역사적으로 형성된 중국의 민족 실체가 '통일적 다민족'으로서의 '중화민족'이 됐다. 이런 민족 관념은 중국 공산당이 현재까지 견지하는 소수민족 융합정책에까지 그대로 이어지고 있다.[14]

1949년 중화인민공화국 수립 이후 56개 민족의 공화(共和)로 사회주의 가정을 구성한다는 기본 국책이 결정되고 헌법이 만들어졌다. 그러나 홍콩과 마카오는 물론 일부 소수민족 지역에 대한 영토적·행정적 편입이 이루어지지 않은 상태였다. 한족과 55개 소수민족을 결집시킬 중화민족의 개념화와 다수 민족에 기반을 둔 중화민족주의에 대한 구체적인 이론화 작업이 이때부터 시작됐다.

1951년 중국의 현 영토에서 벌어진 역사는 중국의 역사라는 바이서우이(白壽彛)의 영토적 역사관이 등장했다. 그는 현재의 영토를 중국의 기본 영토로 하고, 중국 역사는 현재의 영토에서 벌어진 모든 일을 포함해야 한다고 주장했다. 그의 영토적 역사관에 바탕을 둔 중화민족론 창출 이론에 따라 1980년대 들어 중국의 역사를 재해석하는 작업이 본격적으로 시작됐다. 이는 한족 중심의 역사를 재편하는 작업이기도 했다. 소수민족도 중화민족의 일부이기 때문에 기존의 중국 역사에 변방 민족사를 편입시키는 작업이었다. 고구려나 발해가 중국사로 등장하게 된 '동북공정', 즉 '동북 변강의 역사와 현상 계열 연구 공정'이 중앙 정부의 적극적인 지원 아래 이루어졌다. '동북공정'은 중국사회과학원 변강사지연구중심을 주축으로 2002년 시작돼 2007년 마무리됐다. '동북공정'에 의한 중국 역사 재편은 역사적 측면에서 중화민족주의의 지리적·공간적 팽창으로 나타났다.

이와 함께 중화민족주의의 시간적 확대를 위한 두 가지 역사공정이 진행됐

---

14. 쑨원은 청의 강역 및 국민을 계승해야 할 입장에서 중국 민족의 구성 요소로 한족, 만주족, 몽골족, 회족, 장족(티베트족)을 주장했다. 조병한, 「근대 중국 민족주의의 형성과 전통」, 《동북아역사논총》 제23호(2009), 189-190쪽.

다. 전설과 신화의 시기들을 역사적 실체로 바꾸려는 '하상주단대공정(夏商周斷代工程)'과 '중화문명탐원공정(中華文明探源工程)'이다. 역사공정의 결과 하나라가 역사적으로 실존할 뿐만 아니라 요(堯)와 순(舜)이 역사적 인물로 등장한다. 심지어 신화 속의 주인공인 황제(黃帝)가 역사 속의 제왕이 되어 56개 민족을 총괄하는 중화민족의 시조로 재창조됐다.[15] 중국의 역사공정에는 중국 역사의 유구한 전통과 고대 문명의 수월성을 대내외에 과시함으로써 세계적으로 가장 뛰어난 중화민족의 자부심을 고취하고 정체성을 강화하려는 의도가 포함돼 있다.

중화민족은 한족을 주체로 하고 55개 소수민족을 포괄하는 56개 민족으로 구성된 민족이다. 2000년 11월에 진행된 소수민족의 인구 비율은 전체 중국 인구의 8.41%인 약 1억 6백만여 명이지만, 소수민족이 집중된 거주 지역은 중국 국토의 64.2%를 차지한다. 정치적·문화적으로 한족과 분명히 구별되는 대부분의 소수민족은 경제적으로 빈곤하고 낙후한 상태다. 민족 문제는 국가 통합 차원에서 중국 정부가 당면한 중요한 과제다. 특히 중국 변경 지역에서 분리·독립 운동이 전개되고 있는 현실적 상황은 중국 당국의 큰 고민이 아닐 수 없다.

인류학자 페이샤오퉁(費孝通)에 의해 1989년 제기된 중화민족의 다원일체 구조론은 민족 단결과 국가의 응집력을 강화하려는 국가의 의도가 반영된 것이다. 그럼에도 2008년 티베트 독립 시위 사태를 비롯해 소수민족의 분리·독립 운동은 끊이질 않는다. 한족 중심의 중국 정부의 정책으로 인한 민족 간 불평등 문제가 해소되지 않는 한 소수민족 문제는 계속될 것이다.

---

15. 2000년 11월 9일 공식 발표된 하상주단대공정의 연구 성과는 하·상·주 세 나라의 절대연대를 확정한 것으로, 하나라의 시작은 기원전 2070년, 하와 상나라의 경계는 기원전 1600년, 주나라가 상나라를 정복한 해는 기원전 1046년이었다. 박양진, 「중국 역사공정의 비판적 검토」, 《역사비평》 통권 82호(2008년 봄), 301-318쪽.

1990년대 이후 중국 국력의 부상과 함께 중화민족주의가 부상했다. 1990년대 이전의 민족주의가 외부의 침략에 대한 반응으로서의 자위적 민족주의라고 한다면 그 이후의 민족주의는 국력 상승에 따른 자긍적·공세적 민족주의라고 할 수 있다. 1997년 제15차 대회 이후 자주 등장하는 '중화민족의 위대한 부활'이나 2013년 시진핑이 국정 슬로건으로 제시한 '중국의 꿈'은 중화민족주의의 자긍심이 드러난다.

자긍적 민족주의 단계의 중국은 자국의 주권 보호에서 강력한 방어적 성향을 보이며, 중국 국내 문제에 대한 외부의 간섭을 일체 허용하지 않는다. 중국은 1995~1996년 중국의 타이완 근해 포격 실험을 비롯해 1998년 베오그라드 오폭 사건, 2001년 해남도 상공의 전투기 충돌 사건 등을 자국의 주권 문제에 대한 국제사회의 간섭이라고 주장했다. 이들 사건을 계기로 중국에서는 반외세적인 민족주의 운동이 대중주의 성격으로 확산됐다.

특히 2008년 베이징 올림픽 성화 봉송 과정에서 티베트 유혈 사태에 대한 국제적인 항의와 함께 베이징 올림픽 보이콧을 주장하는 시위가 이어지자 대중주의적 중화민족주의가 매우 공격적인 양상으로 나타났다. 중화민족주의 열풍이 중국 국내 성화 봉송 과정에서 지진해일처럼 폭발적으로 일어나 세계가 놀랄 정도였다. 중국의 개혁·개방이 시작된 1980년대 이후의 세대가 중화민족주의 열풍에 앞장섰다는 점에서 주목을 끌었다.

공세적인 중화민족주의는 2010년 천안함 사태를 계기로 나타났다. 사태 당시 황해에서 실시하려던 한미군사훈련에 대해 중국은 "중국의 안보를 해치는 행위"라고 비난하며 조지 워싱턴 미 항공모함이 황해에 배치될 경우 중국군의 타깃이 될 것이라는 경고도 나왔다. 2011년 연평도 포격 사태 때에도 중국 외무성은 황해에서의 한미해군합동훈련에 대해 "중국의 배타적 경제수역에서는 중국의 허가 없이는 어느 누구도 어떤 군사행동을 할 수 없다"고 강경한 대응을 보였다.

마침내 공세적 중화민족주의의 전략으로서 '신형대국관계'가 등장했다. 2012년 2월 미국을 방문한 시진핑 부주석은 "미국과 중국의 지도자는 주요 국가들 간의 새로운 모델의 협력 파트너십을 열어가야 한다는 데 합의했다"고 밝혔다. 2013년 6월 시진핑은 오바마 미국 대통령과의 정상회담 이후 신형대국관계를 거듭 거론했다. 그가 신형대국관계에서 제일 중요하게 강조하는 것은 상호 존중이다. 그는 상호 존중과 관련해 양국이 서로의 '사회체제와 발전 방향' 및 '핵심 이익과 주요 관심사'를 존중하고 상이점을 보유하면서 공통점을 찾아가는 것이라고 구동존이(求同存異)를 강조했다.

중국은 세계에 대한 청사진과 이상으로서 조화세계론을 제기한다. 현존하는 국제 질서의 틀을 새로운 틀로 전환시키려는 중국의 구상이 조화세계론이다. 공세적인 중화민족주의의 진행 방향이 중화질서와 유사한 패권적 동아시아 질서의 추구인지, 주권국가 간의 자율성과 민주적인 관계를 존중하는 새로운 형태의 동아시아 질서로 나아가는 것인지가 근본적인 문제의 관건이다. 특히 미국 민족주의나 중국 민족주의 모두 자국 중심적인 데다가 서로 다른 세계관과 세계 질서를 추구하고 있어 두 강대국 민족주의의 상호 충돌 가능성을 경계하지 않을 수 없다.

3) 러시아 민족주의

민족이라는 개념의 러시아어는 '나로드(нРод, narod)'로서 러시아민족은 고대 러시아민족과 근대 러시아민족(대러시아민족)을 복합적으로 지칭한다.[16] 고대 러시아민족은 후대의 러시아(대러시아)와 우크라이나, 벨로루시 세 나라의 선조이기도 하다. 하나의 고대 러시아민족에 뿌리를 두긴 했지만, 언어나 문

---

16. 조정남, 『러시아 민족주의 연구』, 고려대학교 출판부, 1996, 14-16쪽.

화·풍속에서 각각의 특색을 지닌 러시아·우크라이나·벨로루시의 삼형제 민족이 차례로 형성된 것이다. 이 세 민족은 역사적 격동과 시련을 겪으면서 수 세기에 걸쳐 공통의 기원, 의식·언어와 문화의 친근성, 운명의 공동성을 갖게 됐다.

고대 러시아민족의 기원은 동슬라브어 형성기인 7~9세기로 거슬러 올라가며, 고대 러시아민족의 형성은 원시 공동체의 해체기인 9~10세기에 고대 러시아 국가가 세워지면서 시작됐다. 고대 러시아 국가의 성립은 키예프와 노브고로트의 통일로 완성됐다.

1238~1240년 몽골이 키예프 러시아 전역을 정복한 이후 240여 년간의 몽골족 지배는 저항적인 러시아 민족주의 의식 형성에 큰 영향을 미쳤다. 1480년에 이르러 모스크바공국의 이반 3세가 몽골과의 주종관계를 청산하고 새로운 전제군주제를 확립했다. 이로써 러시아 민족주의 기반이 마련된 것이다. 19세기 유럽을 휩쓴 나폴레옹 전쟁은 러시아 민족의식을 심화시킨 결정적 계기였다. 러시아의 나폴레옹에 대한 전쟁 승리로 러시아 민족의 자긍심과 일체감이 확고하게 뿌리를 내렸다.

러시아 민족주의가 구체화되는 과정에서 988년 유입된 기독교가 적지 않은 영향을 끼쳤다. 당시 키예프 지도자인 블라디미르는 비잔티움과 우호관계를 강화하면서 파격적으로 그리스정교를 받아들였다. 정교회는 몽골 지배로 인한 좌절감과 무력감이 팽배하던 암울한 시기에 러시아인의 결속을 유지·강화하는 데 중심적인 역할을 했다.

러시아인이 러시아 제국의 다른 모든 민족을 지배해야 한다고 주장한 최초의 러시아 민족주의적인 정치사상가는 페스텔(Pavel Ivanovich Pestel)이다. 서양을 퇴폐한 '과거의 나라'로, 러시아를 희망찬 '미래의 나라'로 규정하는 러시아 메시아적 입장의 역사적 기원은 16세기 모스크바를 '제3의 로마'로 상정한 필로페이(Vologodskii Filofei)의 사상에서 비롯됐다. 그는 러시아인은 하나님에 의해 선택된 새로운 이스라엘인이며 이 지상의 모든 기독교인 가운데서도 첫째가는 기독교인이라고 자기 중심적 민족주의의 표현을 썼다.[17]

마침내 러시아 민족주의가 러시아와 유럽은 본질적으로 차이가 있다는 인식과 러시아를 항상 유럽과 견주어 평가하려는 경향을 보이게 됐다. 다니레프스키(Nikolay Danilevsky)는 러시아 중심적 민족주의 입장을 단적으로 드러냈다. 그는 러시아가 유럽적인 것을 받아들여서는 안 된다고 주장했다. 정통성에서 서양은 이단인 로마의 후계자인 반면, 러시아는 비잔틴과 그리스의 후계자라는 주장이었다. 도스토예프스키도 반서구적 입장에서 러시아정교를 세계로 전파하는 '세계화'가 러시아의 역사적 과업이라고 강조했다. 러시아 종족 민족주의인 슬라브주의가 1877~1878년 터키와의 전쟁을 계기로 제국주의적 민족주의로 강화됐다.

1917년 2월 볼셰비키 혁명의 명분은 반러시아적 세계주의였다. 그러나 유럽으로의 공산혁명 수출이 부진함에 따라 레닌의 국제주의적 입장이 힘을 잃고 러시아의 민족적 전통이 다시 강조됐다. 소련의 고립 현상이 심해질수록 서구의 침략에 대비하려는 민족주의적 노력은 한층 강화됐다. 소련 공산당은 공산주의적인 메시아주의를 오랜 문화 전통인 러시아 메시아주의로 바꿔 반서구적인 노선을 추구했다.

1930년대에 이르러 이런 경향은 더욱 심해졌다. 1934년 제16차 공산당 전당대회 후 스탈린은 러시아 민족주의에 대한 지원을 확대했다. 그는 소수민족들의 특이성을 말살하기 위해 소수민족을 그들의 고향에서 다른 지방으로 강제 이주시키는 정책을 대대적으로 벌였다. 소비에트 기간은 대체적으로 '러시아화'가 강화된 시기였다.

소련의 민족정책이 다양한 민족의 공존체제를 제도화하려는 것이었지만,

---

17. 조정남, 『러시아 민족주의 연구』, 29쪽.

민족세력들 사이에 위계적 질서가 존재하는 민족계열화를 초래함으로써 민족 문제의 본원적 해결은커녕 갈등과 모순의 결과를 빚었다. 과격한 러시아 민족주의자는 소련의 경제 성장이 주력 민족집단인 러시아인의 희생을 대가로 이루어진 것이라는 입장이다. 러시아인이 여유 있는 고향 생활을 희생시키고 외지에서 기술과 자원을 동원해 열심히 노력한 결과로 경제성장을 이룩했으나 제대로 보상을 받지 못했다는 불만이다. 이에 반해 비러시아인은 연방체제 수립 이래로 러시아인이 소수민족을 지속적으로 착취해왔다고 생각했다. 러시아인과 비러시아 소수민족 집단 사이의 갈등이 광범위하게 빚어졌다. 비러시아인뿐만 아니라 러시아인도 소련 체제에 불만이었기 때문에 연방 해체의 흐름은 봇물로 확산됐다.

러시아인의 반연방적 움직임의 결정적 계기는 1991년 8월의 보수파 쿠데타였다. 쿠데타 좌절 이후 강력한 민족주의 물결이 소련을 휩쓸었다. 쿠데타 분쇄 과정에서 두각을 나타낸 옐친, 포포프, 샤브체크 등의 세력이 러시아 민족주의의 거센 흐름을 타고 새로운 러시아 국가의 건설에 앞장섰다. 러시아 민족주의가 '단일하고 불가분한 러시아'라는 형태로 나타나자 다른 비러시아 민족들이 거세게 반발하고 나섰다.

독립국 러시아연방은 1993년 12월 12일 의회 선거와 함께 출범했다. 참다운 러시아의 혼을 되찾자는 러시아 민족주의의 반소투쟁 결실이었다. 문제는 러시아에도 다양한 민족과 종교집단이 공존하고 있다는 점에서 옛 소련이 가지고 있던 문제가 그대로 이어졌다는 사실이다.

러시아연방의 면적은 옛 소련의 약 70%를 차지하며 인구는 1억 5천만 명이다. 러시아연방은 70여 개의 민족으로 구성된 다민족국가로서 전체 인구의 82%가 슬라브계의 러시아인이며, 18%는 비러시아 소수민족 집단이다. 러시아가 이렇게 중층적인 민족 구조를 갖게 된 것은 러시아의 팽창 역사에서 비롯된 결과다. 몽골족 지배를 벗어난 15세기 말 이래 500여 년의 러시아 역

사는 이민족 정복의 역사였다.[18]

　러시아연방에는 자칭 타칭 공화국 형태의 연방 구성단위가 21개에 이른다. 이들 지역의 민족감정은 한결같이 러시아연방 내지 러시아적인 것으로부터의 독립 또는 자립이었다. 하부 자치단위에서도 지배를 당하는 소수민족들이 그들을 억압하는 비러시아 주력 민족집단에 대해 불만을 갖기는 마찬가지였다.

　러시아연방 내에서 가장 반러시아 또는 반연방적인 민족은 1992년 연방조약 체결을 거부했던 타타르와 체첸이다. 타타르인은 전체 연방 인구의 3.8%인 550여만 명으로 두 번째로 많다. 타타르스탄은 소련의 해체가 본격화되자 1990년 8월 러시아연방 내에서 가장 먼저 국가 주권을 선언했다. 이들의 독립 주장은 1994년 2월 러시아연방이 타타르스탄공화국에게 민족적 자치 영역을 공식적으로 허용하는 상호 조약 체결로 일단락됐다.

　이와는 달리 체첸의 독립 움직임은 반러시아 분리 운동을 차단하려는 반분리 정책에 따라 러시아연방의 무력 탄압을 받았다. 체첸의 독립 시도는 1990년 10월 결성된 체첸민족회의의 체첸공화국 주권 선언으로 시작됐다. 1992년 10월 체첸공화국 의회 선거가 진행되고 두다예프가 대통령으로 당선됐다. 이후 러시아와 체첸 간의 갈등이 계속돼왔다.

　소련 시기에 강압적으로 진행된 민족분산 정책으로 가장 극심한 피해를 입은 민족집단은 한민족이다. 한민족의 러시아 이주는 1850년대로 거슬러 올라간다. 이후 한민족의 인구는 1937년 스탈린의 강제 이주가 이뤄질 때 이미 20여만 명을 넘었고 소비에트 시기에는 60여만 명에 이르렀다. 그러나 한민

---

18. 러시아는 16세기 중반 카잔과 아스트라 칸을 정복하고 16세기 말부터 시베리아를 병합하기 시작했다. 17세기 우크라이나, 18세기 초 발트 해 연안, 18~19세기 중앙아시아, 18세기 후반 크리미아, 19세기 전반 베사라비아, 19세기 후반에는 남카프카스와 중앙아시아를 각각 정복함으로써 이민족 병합이 완료됐다.

족은 강제로 중앙아시아로 이주되는 혹독한 과정에서 4만 명 이상이 사망했다.[19] 한반도에서 러시아로 방랑을 시작한 한민족은 '제2의 방랑'으로 우즈베크, 카자흐 등 중앙아시아에 35만 명이 흩어져 살게 됐다. 소련 붕괴 이후 한민족은 '제3의 방랑'의 길로 내몰렸다. 소련 연방으로부터 새로 독립한 국가의 지배민족이 한인에게 가한 탄압 때문이었다. 탄압은 배타적 이슬람 민족주의 지역인 중앙아시아에서 특히 심했다. 이 지역의 한인은 일자리까지 빼앗기는 등 생존권의 위협을 받았다.[20]

러시아연방 출범 이후 개혁 과정에서 나타난 러시아 대중의 궁핍화, 사회 전반에 만연한 범죄, 정치적 불안정, 러시아의 대국 지위 상실 등은 러시아 민족주의자들에게 충격적인 위기였다. 옐친의 친서방 외교 노선은 보수적 민족주의자들로부터 일방적인 양보의 굴욕이라는 비판을 받았다. 러시아 민족주의자들은 러시아의 민족의식과 역사의 위대성을 재발견하려고 했다.

소련이 해체된 이듬해인 1992년 이래 '신제국주의'라는 용어가 자주 나타났다. 러시아인은 신제국주의적 관념의 주제로서 '유라시아'라는 말을 자주 사용한다. '유라시아'는 옛 소련이 지배했던 정치적 공간을 언급하는 것으로, 강력한 반서구주의의 의미를 담고 있으며 러시아의 정체성과 역할에 대한 주장이 주요 내용을 이룬다.[21]

---

19. 조정남, 『러시아 민족주의 연구』, 279쪽.

20. 소련 해체 이전인 1989년 11월 연방최고회의는 「새로운 민족정책 강령」을 채택하면서 "1937년 극동 한인에게 실시한 강제 이주와 권리상의 제약을 가한 것은 비합리적이고 범죄적인 탄압이었음을 인정한다"고 선언했다. 1992년 '대한민국과 러시아연방 간의 기본관계에 대한 조약'이 체결되고, 1993년 1월 29일 러시아연방 최고회의에서 한인의 명예회복에 관한 법안이 통과됐다. 이해 4월 러시아 중앙 정부가 한인에 대한 「명예회복 결의문」을 채택하여 강제 이주 한인의 러시아 국적 취득과 연해주 재이주 보장 등의 조치를 취했다. 그러나 러시아 지역으로 재이주해온 한인에 대한 러시아 당국의 효과적인 제도적 뒷받침이 따르지 않고 한인을 위한 자치지역이 만들어지지 않아 한민족 동포의 불안한 처지는 계속됐다. 정상모, 『위기의 한민족, 평화민족주의로 넘는다』, 풀빛출판사, 2005, 142-144쪽.

신제국주의적 사고가 뚜렷하게 드러난 것은 1993년 11월 2일 러시아연방 의회가 채택한 「러시아연방의 군사 독트린」과 이 해 4월 나온 러시아 '외교 정책 개념'이다. 군사 독트린은 러시아 민족주의를 반영하여 러시아 안보에 대한 위협을 매우 광범위하게 규정했다. 군사 독트린은 러시아인의 정치적 권리와 이익을 보호하기 위해 군사력을 사용할 수 있다는 의지를 분명히 했 다. 외국에 거주하는 러시아 시민의 권리, 자유, 정당한 이익에 대한 탄압을 러시아에 대한 실질적 및 잠재적 위협의 원천으로 규정했다. 옐친은 신군사 독트린 발표에서 러시아연방의 방어선은 '독립국가연합(CIS)' 국가의 외부 경 계와 일치한다는 원칙을 밝혔다.

2003년 러시아 하원 선거에서는 '리버럴 제국주의'라는 개념이 제기됐다. 이 개념을 제기한 인물은 푸틴 대통령의 그림자와 같은 존재인 우파연합 전 대표 아나톨리 추바이스였다. '리버럴 제국주의'는 추바이스가 말하는 '푸틴 정권의 새로운 제국주의'인 셈이다. '리버럴 제국주의'라는 개념은 '강권에 의 한 국내 통제'와 '경제력 증강에 의한 타국에 대한 정치적 지배'로 요약된다.[22] 전자는 '국가 관리 민주주의'라는 러시아 독자의 정치 지배 형태와 치안조직 의 강화'며, 후자는 '에너지산업의 국가 관리화에 의한 경제력 증강'이라고 설 명할 수 있다. 푸틴의 '리버럴 제국주의'는 대내적으로는 강권 통치로, 대외적 으로는 자원 민족주의의 강화로 나타났다. 그는 1997년 「러시아 경제의 발전 전략과 천연자원」이라는 경제학 박사학위 논문에서 "천연자원은 러시아가 단기적으로 경제적 강국이 되기 위한 경제적 기반이다. 시장 메커니즘만으로 는 안 되기 때문에 더 강한 국가 규제가 있어야 한다"고 주장한 바 있다. 그의 자원 민족주의 성향을 드러낸 대목이다.

21. 우평균, 『소련 붕괴와 현대 러시아 정치』, 도서출판 매봉, 2002, 111쪽.
22. 이노우에 다카스케, 「'리버럴 제국' 러시아 푸틴 대통령의 강권통치」, 《극동문제》 2005년 1월호, 107-115쪽.

푸틴은 2003년 8월 28일 '2020년 에너지 전략'을 발표했다. 에너지 전략의 과제는 첫째, 에너지 의존적 경제구조의 다각화, 둘째, 에너지 공급량의 지속적 성장 유지, 셋째, 에너지 수출 루트와 시장의 다양화였다. 러시아는 에너지 자원을 토대로 공격적인 자원 민족주의 외교를 전개했다. 특히 러시아는 자국에 진출한 외국계 석유회사들을 반강제로 국유화하거나 기존의 개발계획을 파기하여 쫓아냈다.[23] 러시아의 '리버럴 제국주의'에 따른 자원 민족주의의 전개는 우크라이나 사태에서도 우크라이나에 대한 천연가스 등 자원의 공급 제한 조치와 유럽에 대한 공급 중단 위협 등으로 나타났다.

4) 일본 민족주의

일본의 민족 구성은 북방의 아이누족을 제외하면 비교적 단일하다. 일본 민족의 조상은 아시아 북방의 몽골인종과 동남아시아의 말레인 등이 장기적인 융합 과정을 거쳐 형성된 것으로 보인다. 이들은 1세기 말 단일 부족국가를 세워 그 수령을 천황이라고 부르고 전 민족의 신으로 받들었다.[24]

일본의 민족주의적 각성이 일어난 것은 17세기 도쿠가와 시대였다. 당시 국제 질서의 중심축은 중국이었다. 조선이나 일본이나 중국 문화를 숭배했다. 그러나 일본인은 조선과 달리 독자적인 문화의식에 눈 뜨기 시작했다. 조선인은 중국을 섬기는 모화사상에서 헤어나지 못했지만 일본인은 중국에 대한 대등한 의식의 발전, 즉 인식의 혁명적 대전환을 이룩했다.

도쿠가와 시대의 일본 학자들은 전통적 세계 질서인 중화 질서에 대해 근본적인 의문을 갖기 시작했다. 이들은 '안'을 중국, '바깥'을 일본으로 보는 화이(華夷) 질서를 비판했다. 일본이 갖고 있는 선(善)과 덕(德)은 무엇이며 그것은 중국의 그것과 어떻게 비교되는가를 깨닫는 학문적인 탐구 노력을 기울였다.

일본이 중국과 대등하다고 보는 인식은 야마가 소코(山鹿素行)에 이르러 오히려 일본을 중심으로 보는 인식으로 크게 바뀌었다. 문명의 중심지는 중국이 아니라 일본이라는 것이었다.[25] 중조(中朝)라는 명칭이 중국보다는 오히려 일본에 훨씬 적합하며 일본이야말로 세계의 중심, 즉 중화라는 게 야마가의 결론이다. 그는 "중조와 문명의 땅에서 태어난 몸으로서 이 땅의 아름다움을 지금까지 깨우치지 못했던 나는 얼마나 바보였던가. 지금까지 나는 외조(外朝)의 고전에만 맛들이고 그들에게만 아첨해왔다"고 비판하면서 "황통(皇統)의 전승을 받은 일본이야말로 오히려 '중화'와 '중국'에 걸맞은 곳"이라고 역설했다.

히라가 겐나이(平賀源內)는 중국을 숭배하는 모화주의자들을 '우물과 연못 속의 개구리 학자들'이라고 혹평했다. 그는 "(그들은) 우리가 태어난 일본을 동이(東夷)의 땅이라고 부르고 심지어는 황실의 선조인 아마테라스를 저물어가는 별이라고 부른다"고 모화주의자들을 비난했다. 그는 "일본과 중국은 정녕 별개의 나라"라고 강조했다.

야마가의 세계관으로 볼 때 조선은 한마디로 수호(修好)나 선린(善隣)의 대상조차 되지 못했다. 그는 조선을 이렇게 평가했다. "고조선·신라·백제가 모두 본조(本朝, 일본)의 번신(藩臣)이었고…고려는 본래 속국이었다. 문(文)을 일컫든 무(武)를 일컫든 외조(外朝)에 비할 수 없으니 하물며 중화(中華, 일본)에 비하

---

25. 야마가는 중국이 아닌 일본이 문명의 중심지라는 근거로 『주초지지쓰(中朝事實)』에서 첫째, 중국의 황실은 단절이 있었지만 일본은 아마테라스 오미카미(天照大神) 이후 그의 정통 후손들이 단절되지 않고 통치해왔다, 둘째, 삼한(三韓)과 모든 나라가 일본의 무술과 장비의 우수성을 인정해왔다, 셋째, 일본은 중국보다 인성(人性)이나 용맹의 덕성을 잘 계승해 훨씬 뛰어나다 등을 들었다. 정상모, 『새로운 세기를 위하여』, 한겨레신문사, 1997, 21-23쪽.

랴." 이런 야마가의 세계관이 도쿠가와 중기 이후의 지식인에게 본격적으로 전개돼 조선 침략론이 나왔다. 18세기에 이미 조선은 '선린의 대상이 될 수 없는 나라'에서 '침략의 대상'으로 바뀌었다. 하야시 시헤이(林子平)는 1785년 일본의 조선 침략에 대비해 『삼국통람도설(三國通覽圖說)』을 펴내고, 1786년에 쓴 『해국병담(海國兵談)』에서는 임진·정유년의 조선 침략을 찬미했다.

18세기 후반의 조선 침략론은 19세기 들어 더욱 노골화돼 사토 노부히로(佐藤信源)는 조선, 만주, 몽골 그리고 중국을 침략해 세계로 진출하자고 역설했다. 요시다 쇼인(吉田松陰)은 침략론을 집대성해 북으로는 만주를, 남으로는 타이완과 필리핀을 침략하고 더 나아가 진취의 세를 보여주어야 한다고 주장했다. 가쓰 가이슈(勝海舟)는 1863년 '아시아 연대론'를 명분으로 내세우며 조선 등 아시아 침략론을 폈다. 이들의 논리는 메이지 유신의 이념적 토대가 됐으며, 메이지 유신 이후 학문적 이론의 문제에 머물지 않고 구체적인 침략의 정책 문제로 발전했다.

1868년 메이지 유신으로 메이지 천황의 왕정 선포 이후 일본의 팽창적인 군사 민족주의가 본격화됐다. 일본은 1874년 중국의 타이완을 침입해 은전 50만 량의 배상비를 약탈했다. 다음 해 9월에는 '운양호 사건'을 일으켜 조선에게 불평등조약을 강요했다. 일본은 1879년 류쿠를 점령해 오키나와현으로 이름을 바꿔 자국의 영토로 만들어버렸다.

1880년대 들어 일본에서는 아시아주의를 비롯해 연대론, 흥아론(興亞論), 제휴론 등의 논의가 벌어졌다. 일본을 중심국으로 전제한 논의였다. 1882년 당시 메이지의 사상적·이념적 지도자인 후쿠자와 유기치(福澤諭吉)는 대외전략론으로 '동양맹주론', 구체적인 대외정책으로 '일중결전론(日中決戰論)'을 주장했다. 그는 조선을 일본의 '울타리'로 규정했다.

또한 일본의 조선 침략 의도가 노골적으로 드러났다. 1885년 타루이 토키치(樽井藤吉)는 「대동합방론(大同合邦論)」에서 일본과 조선이 '대동'이란 나라로 합방해 청과 연대해야 한다고 주장했다. 여기서 합방이란 일본의 조선 흡수 또는 병탄을 의미한다. 도쿠토미 소호(德富蘇峰)는 일본의 침략을 '사명감'으로 여겼다. 그는 청일전쟁 후 "아시아에서는 오직 일본만이 근대 민족국가를 이해하고 운영할 수 있는 능력을 갖추었기 때문에⋯대일본제국은 동아시아와 남태평양 지역에 이 능력을 전파시킬 사명이 운명적으로 지워져 있다"고 일본의 사명감을 강조했다. 아시아 제패는 일본 민족주의의 사명이었다.

1894년 7월 25일 일본은 전쟁 선포도 없이 청나라와 전쟁을 벌였다. 이 전쟁은 일본 제국주의의 획기적인 계기였다. 1905년 미국과 영국 등 해양세력의 지원을 받은 일본이 러시아와의 전쟁에서도 승리함으로써 일본의 군사적 민족주의는 더욱 기세를 올렸다.

제1차 세계대전이 주로 유럽에서 벌어져 유럽 국가들이 아시아에 관심을 기울일 여유가 없었기 때문에 일본은 아시아 대륙 침략을 적극적으로 도모했다. 세계대전이 일어나자 독일 군대와 작전한다는 구실로 중국 산둥반도를 강점했다. 일본은 세계대전의 여파로 유럽 동맹국들을 대상으로 많은 군수품을 주문 생산함으로써 국력을 길렀다. 이 전쟁으로 일본은 그 어느 나라보다도 군사 민족주의의 혜택을 누렸다.

제2차 세계대전이 일어나고 일본이 중국 침략과 태평양전쟁을 일으키면서 일본의 군사 민족주의는 파시즘으로 발전했다. 일본은 당시 금융 위기 등 경제적 어려움의 해결책을 대외 침략에서 찾았다. 해결책은 일본의 중국 침략론이었다. 대전 이전인 1927년 다나카 기이치(田中義一) 일본 수상은 중국 침략정책을 결정하고 '만주 지역에 대한 적극적이고 근본적인 정책'을 천황에 올렸다. 주요 내용은 중국을 정복하려면 만주 지역을 먼저 정복해야 하며, 세계를 정복하려면 그에 앞서 반드시 중국을 차지해야 한다는 것이었다. 미국과 소련을 가상 적국으로 설정한 다나카는 일본이 모든 힘을 다하여 만주 지역에서의 권익을 확보해야 한다고 역설했다.

1931년 일본은 '9·18 사변'을 일으켜 이듬해 3월 만주국을 세우고 파쇼 통치를 실시했다. 마침내 1937년 7월 7일 일본군은 '루거우차오(盧溝橋) 사건'을 계기로 중국 침략을 전면적으로 개시했다. 1941년 12월 7일 일본군은 미국 진주만을 습격해 태평양전쟁을 일으키기에 이르렀다. 일본이 대동아공영권을 건설한다는 '대동아전쟁'이었다. 일본 당국은 전쟁 상황에서 국민사상을 통제하고 일체화하기 위해 의무교육에서부터 군국주의 교육을 철저하게 강화했다. 1933년부터 국정교과서를 군국주의 내용으로 만들었다. 제2차 세계대전이 일어나자 일본 국민은 천황의 이름 아래 군국주의의 광풍에 휩싸였으며, 전쟁 말기에는 천황을 위해 목숨도 희생할 극단적인 민족주의 물결 속으로 빠져들었다.

　　일본은 대전에서 패배했으나 국가 건설을 위해 거국적으로 나서자는 일본인의 민족의식이 발동했다. 일본 경제는 1947년 회복세를 보여 1950년대 중반에는 전쟁 전의 수준에 이르렀다. 1985년 일본은 세계 최대의 채권국, 1989년에는 세계 최대의 자본수출국·대외원조국으로 발전했다.

　　이와 같은 일본의 경제 발전 요인으로는 전쟁 후 미국의 지원, 한반도 전쟁과 베트남 전쟁을 위한 군수물자 생산, 미국의 '핵 보호 우산'을 통한 안전 보장 및 일본의 낮은 군비 지출, 선진 기술의 도입 등을 들 수 있다. 그러나 기본적으로는 경제적 민족주의가 중요한 역할을 했다. 일본의 경제 발전을 위한 보호무역정책에서도 일본인의 강한 민족의식이 작용했다.[26]

　　1990년대 일본 경제의 심각한 장기 침체로 일반 국민은 깊은 좌절감을 느

26. 일본 국내시장에서 외국 상품들이 일본 상품의 장벽을 넘지 못하는 이유는 일본의 경제적 민족주의 의식 때문이다. 일본인의 습관화된 자국 상품 애호, 문화적 자주성, 배타적 국내 분배와 판매 구조 등 경제적 민족주의의 장벽이 일본 국내 시장을 보호했다. 기술산업 정책에서도 일본은 첨단 기술을 적극 개발하면서 이미 개발된 첨단 기술에 대해서는 엄격한 보호정책을 폈다. 세계 첨단의 기술력 확보로 세계 경제의 주도권을 장악한다는 경제적 민족주의 전략이다. 정상모, 『새로운 세기를 위하여』, 88-91쪽.

끼게 됐다. 일본 정치·경제 시스템의 제도적 피로와 함께 동아시아 금융 위기, 중국의 고도 경제 성장과 부상 등으로 일본인의 좌절감은 더욱 심해졌다. 이런 상황에서 국민적 좌절감의 탈출구로서 민족주의 의식이 강화되고 정치권도 이를 증폭시키는 역할을 했다. 일본의 신민족주의가 부상하게 된 것이다.

일본의 신민족주의가 촉발하게 된 직접적인 계기는 '중국 위협론'과 북한 문제였다. 북한의 일본인 납치사건으로 촉발된 일본의 신민족주의는 2004년 총선거에서 엄청난 위력을 보였다. 북한 노동당과 우호적 관계를 맺어온 당시 사회당 당수 도이 다카코가 중의원 선거에서 낙선해 비례대표로 겨우 의원직을 유지하는 수모를 겪었다.

일본의 신민족주의는 군사 민족주의가 강화되는 현상으로 이어졌다. 미국과 일본의 관계가 탈냉전 시대 이후 '미·일 무역전쟁'과 1995년 9월 오키나와에서 발생한 '미군 병사의 일본 소녀 성폭행 사건' 등으로 갈등을 빚기도 했었다. 그러나 1996년 4월 미·일 정상회담에서 '미·일 신안보 공동선언'과 함께 미일동맹관계가 다시 강화된 이후 일본의 군사 민족주의 행보는 본격화됐다.

2015년 4월 27일 미국과 일본이 합의한 '신미일 방위협력지침'의 목표는 미일 군사동맹의 글로벌 확대와 급격하게 부상하는 중국에 대한 견제다. 미국은 방위 지침을 통해 남중국해에서 일본 자위대가 미국을 지원하길 바란다. 게다가 미국은 지침에서 중국과 영토 분쟁에 있는 센카쿠 열도(중국명 댜오위다오)와 관련해 일본 자위대를 지원한다고 밝혔다. '미일 신밀월 시대'를 발판으로 일본의 군사 대국화를 향한 군사 민족주의는 더욱 가속화될 것이다.

3. 동북아 민족주의 전쟁

1) 미국과 중국의 민족주의 전쟁

'미국과 중국의 민족주의는 상호 공존인가 충돌인가.' 이 명제는 21세기 초반 가장 중대한 화두임은 분명하다. 이 명제의 향방에 따라 절대적인 명운이 걸려 있는 한민족의 입장에서는 다른 어느 나라보다도 절박한 화두가 될 수밖에 없다.

미국의 오바마 행정부는 '다시 오라, 미국의 세기(Again American Moment)'라는 민족주의 구호를 외친다. 중국은 중화인민공화국 100주년이 되는 2050년까지 사회주의 강대국인 '중화민족의 대부흥'이라는 '중국의 꿈(中國夢)'을 실현하겠다는 장기적 비전의 중화민족주의를 야심차게 전개하고 있다. 미국의 민족주의는 미국적인 것은 '타자'로부터 반드시 지켜야 할 '선'이라고 인식하고 타자를 '악'으로 부정한다. 중화민족주의도 자신을 부정한 '타자'에 대한 공세적 저항을 결코 멈추려 하지 않을 것이다.

미국과 중국 간의 민족주의적 충돌을 우려하게 되는 이유는 두 강대국의 민족주의가 모두 배타성과 팽창성을 본질로 하기 때문이다. 미국 민족주의나 중화민족주의나 모두 자기 중심적 세계관과 배타적인 민족의식, 선민주의 사상과 소명의식, 이를 관철하려는 메시아니즘을 추구하고 있어 서로 용납하기보다는 충돌의 가능성이 더 높게 보일 수밖에 없다. 두 강대국의 민족주의가 충돌하게 된다면 그 요인들은 무엇이며, 서로 공존할 여지는 얼마나 있는가.

미국과 중국의 민족주의는 흥미롭게도 둘 다 스스로의 권위를 하늘에서 부여받았고 따라서 자신은 타자보다 도덕적으로 우월하다는 인식에서 비롯된다. '미국 예외주의(American Exceptionalism)' 또는 '명백한 운명론(Manifest Destiny)'은 영국과 다른 새로운 땅에서 진행된 미국의 건국 역사에서 형성됐다. 미국의 국부로 추앙받는 인물들은 한결같이 미국의 위대함과 도덕적 우월성을 강조했다. 부패한 유럽에서 이주한 자신들을 통해 새로운 신의 역사가 미국 땅에서 펼쳐질 것이라는 믿음이 기독교를 통해 일반 대중에게 주입되었다. 미국은 스스로를 도덕적 권위가 있는 존재로 여기고 신의 이름으로 행하는 자신의 모든 행위는 정당하고 옳은 것이라는 도덕적 우월성을 스스로 믿어 의심치 않게 되었다.

미국의 세계관은 역사적으로는 구세계와 신세계, 정치적으로는 자유와 억압, 종교적으로는 선과 악으로 나누는 이분법적 특성을 보인다. 미국인에게 자신은 '신세계·자유·선'을 대변하는 자인 반면, 타자는 '구세계·억압·악'이라는 관념의 뿌리가 깊다. 미국의 어느 대통령보다도 도덕에 집착한 루스벨트 대통령은 세계를 문명국과 미개국으로 나누는 이분법적 세계관을 당시 미국의 동아시아 정책에 반영했다. 그 대표적인 사례가 미국과 일본의 가쓰라-태프트 밀약이다.[27]

흥미롭게도 자신의 권위를 하늘로부터 받은 것으로 생각하고 타자와 차별되는 도덕적 우월성을 상정하는 미국 민족주의의 특성은 중화민족주의에서도 마찬가지로 발견된다. 중국 고대의 중화 질서관인 천자관(天子觀) 또는 천하사상(天下思想)에서 중국 통치자는 자신을 당시의 최고 신(神)인 하늘(天)의 아들(子)로 여겼다. 천하는 서주 시대에 처음 등장한 용어로 하늘의 섭리, 즉 통치권이 닿는 모든 지역을 뜻했다. 통치자의 권력은 하늘로부터 부여받은 것으로 무조건 도덕적 정당성이 담보된다는 관념은 동아시아 전체에 지배적인 영향을 미친 유교와 결합됐다.

---

27. 루스벨트를 비롯한 당시 미국 정치인들은 미개한 조선인을 개화된 일본이 통치하는 것이 옳다고 여겼고, '가쓰라-태프트' 밀약을 통해 한반도에 대한 일본의 독점적 지배권을 인정해주었다. 미국은 일본의 한반도 지배를 위해 앞장섰다. 서정경, 「미·중 민족주의의 특성과 양국관계─메시아니즘과 천자관의 조우」,《국가전략》제19권 3호(2013년), 13-14쪽.

신중국 설립 이후 중국은 소련이 친서방으로 노선을 바꾸자 수정주의·제국주의라고 비난하고 자신이야말로 진정한 사회주의 국가라고 대내외적으로 역설했다. 또한 자신을 소련 수정주의와 미국 제국주의에 의해 핍박받는 '제3세계 국가'라고 주장하며 제3세계 국가들의 리더 역할을 했다. 개혁·개방으로 국력을 기른 중국은 자신은 절대 패권을 추구하지 않는 '책임 있는 강대국'이라고 역설하며 자기 중심적 '조화세계'를 내세운다.

미국과 중국 모두 민족주의를 기반으로 자신의 몸집을 불려온 팽창주의적 역사를 갖고 있다. 미국은 신이 내려준 미국의 운명이라는 '명백한 운명론' 또는 '미국 예외주의'에 따라 영토를 외부로 넓혀나갔다. 1803년 프랑스로부터 루이지애나, 스페인으로부터 플로리다, 1845년 멕시코로부터 텍사스, 이듬해엔 영국으로부터 오레곤을 합병했다. 1848년에는 전쟁을 통해 캘리포니아 등 멕시코 영토의 절반 이상을 차지했다. 1867년에는 러시아로부터 알래스카를 매입했다. 이처럼 오늘날 미국 영토는 대부분 무력을 포함한 여러 수단으로 다른 나라에게서 쟁취한 땅이다.

특히 1860년대 이후 1920년대까지 미국 공화당의 팽창주의 이념을 바탕으로 미국의 해외 확장이 진행됐다. 1898년 미국은 스페인과의 전쟁으로 괌, 푸에르토리코, 필리핀을 자국령으로 만들었다. 또한 같은 해 무력으로 하와이 왕국을 멸망시키고 하와이를 차지했다.[28] 이듬해엔 사모아섬을 점령했다. 이런 영토 확장은 모두 자유 및 복음을 전파하고 미개한 영역을 개화한다는 명목으로 이뤄졌다. 오늘날에도 미국은 전 세계를 대상으로 '자본의 자유로

---

28. 1885년 미국은 당시 하와이 왕국에게 하와이의 사탕수수 전량을 무관세로 수입한다는 조건으로 진주만에 미 해군기지 건설을 허용해달라고 요청했다. 사탕수수 수출로 하와이 경제가 크게 좋아지자 미국은 약속을 어기고 엄청난 액수의 관세를 부과했다. 이에 칼리우 칼리 하와이 국왕이 하와이의 미국인에 대한 특혜를 폐지해 문제가 발생하자 미국은 1898년 하와이를 침공해 하와이 왕국을 멸망시키고 하와이를 미국 영토로 만들었다.

운 이동 및 세계적 확산을 추구하는 신자유주의적 세계화를 주창하며 확장의 기조를 이어가고 있다. 기본적으로 미국적 가치를 전 세계에 확산하려는 강렬한 민족의식이 미국의 대외정책에 면면히 흘러왔다.

중국의 민족주의도 주변세력을 끊임없이 자신의 세력권으로 끌어들인 확장의 역사로 전개돼왔다. 열강의 제국주의적 침탈을 당한 근대를 제외한 과거의 역사에서 한족을 중심으로 한 세력은 끊임없이 자기 세력의 확장을 추구했다. 인종과 언어·문화가 전혀 다른 위구르인의 동투르크 지역, 수천 년간 고유 문화를 지녀온 티베트, 칭기즈칸의 역사를 자랑하는 몽골의 일부 등 광활한 주변 지역을 중국 영토로 병합해왔다. 타이완이 중국에 정식 편입된 청나라 시대의 집권세력은 한족이 아닌 만주족이었다. 따라서 타이완은 중국의 정통 세력과 역사적으로 분리돼 존재해왔다. 타이완 독립 움직임은 이런 역사적 사실을 근거로 일어났다. 그러나 중국은 타이완 독립 움직임에 대해 무력 사용도 불사하겠다는 초강경의 입장이다.

오늘날에도 중화민족주의는 서남공정, 서북공정, 동북공정 등 광범위한 역사 재편 작업을 통해 역사 민족주의적 확장성을 보이고 있다. 1951년에 나온 바이서우이의 영토적 역사관에 따라 중국 국경 안의 역사를 모두 중국 역사로 재편하는 작업이 이루어졌다. 현재는 중국의 영토지만 청나라 이전에는 다른 민족의 역사가 이루어진 지역의 나라들과 역사적 갈등이 생길 수밖에 없다. 중국이 한국과의 고구려·발해 역사 분쟁을 포함해 베트남, 러시아, 몽골, 중앙아시아 이슬람 계열 국가들과 고대사와 관련한 역사 민족주의 갈등을 겪게 된 이유다.

'미국민족(American)', '중화민족'은 모두 인종적 기반 없이 인위적으로 만들어진 개념으로 베네딕트 앤더슨이 말한 '상상의 공동체(imagined community)'에 해당된다. 이런 민족 개념의 인위적 형성은 여러 민족을 기반으로 형성된 국가를 '하나의 민족'으로 결집시키기 위한 필요성에서 비롯된다. 그럼에도 미국 민족주의에는 청교도를 중심으로 한 앵글로색슨 계열의 백인 우월주의와 유색인에 대한 차별 등 인종주의적 요인이 존재한다. 중화민족은 1980년대 말 페이샤오퉁의 '중화민족다원일체론(中華民族多元一體論)'에 따라 56개 민족을 포괄하는 개념으로 등장했지만, 어떤 민족이든 한족으로 동화시켜 한족 국가를 만든다는 '한족 중심론적 사고관'은 변화하지 않았다. 미국민족이나 중화민족은 공통적으로 상호 충돌 요인인 배타적인 인종주의적 특성을 지니고 있다.

미국은 미국적 가치의 확장을 '자유의 확장'이란 명분으로 '명백한 숙명론'에 따라 사용하는 무력은 '선'이라는 인식을 갖고 세계를 미국 자신의 것으로 바꾸기 위해 무력 사용을 서슴지 않는다. 미국은 제국주의적 영토 확장 시기이후에도 먼로 독트린을 내세워 멕시코, 베네수엘라, 도미니카, 아이티 등 중남미 국가들에 대한 군사 개입을 강행했고, '불량 정권 교체'라는 명분 아래이란, 쿠바, 파나마, 소말리아, 아프가니스탄, 이라크 등을 잇달아 침공했다. 1994년 미국의 북한 영변 핵시설 폭파 계획과 북한 유사 사태를 대비한 작계 5029 등은 미국의 자유 이념 전파와 부정의 제거를 위해 무력을 사용할 수 있다는 군사적 민족주의의 발로다. 미국의 이런 군사적 민족주의는 미국과 일본의 군사동맹관계를 강화한 '미일 신밀월 시대'를 맞아 중국에 대한 견제와 포위 전략을 더욱 옥죄는 방향으로 진행됐다.

중국도 자국의 존엄을 지키기 위해 무력을 사용해왔다. 중국은 타자의 내정 간섭이나 자신의 주권에 대한 침해, 자국 권위의 손상 등에 매우 민감하게 반응했다. 1962년 인도와 국경 분쟁 시, 1969년에는 수정주의 소련에 저항하기 위해, 1979년에는 베트남 징벌을 위해 무력을 동원했다. 과거 청일전쟁의 패배로 인해 굴욕적으로 빼앗긴 타이완을 재통합시키고, 굴욕적인 역사의 상처를 완전히 씻는 데 반대하는 세력이라면 무력을 쓸 수 있다는 게 중국의 일관된 입장이다.

미국에 대한 중국의 저항적 민족주의는 1989년 '톈안먼 사건'이 계기였다. 사건 이후 미국이 중국에 대해 제재를 가하자 중국이 강력하게 반발했다. 1990년대 들어 중국인의 미국에 대한 민족감정이 결정적으로 악화된 계기는 1993년에 발생한 두 가지 사건이다. 하나는 중국의 2000년 올림픽 유치에 대해 미국이 반대하고 경쟁 도시인 호주의 시드니를 지지함으로써 결국 베이징 올림픽 유치 노력이 실패로 끝난 사건이다. 다른 하나는 중국 상선 '은하호(銀河號)'가 화학물질의 원료가 되는 물질을 중동으로 싣고 가는 것으로 판단한 미국 해군이 강제수색을 집행한 사건이었다. 이런 미국의 행동은 중국인의 반미감정과 민족주의 정서에 불을 질렀다. 특히 1990년대 중반 이후 서방세계에서 '중국 봉쇄론'·'중국 위협론'이 높아지면서 반미 성향의 민족주의 정서가 중국의 일반 국민 사이에 급속하게 확산됐다.

중국에서 반미 성향의 대중 민족주의가 처음으로 집단적 시위의 양상으로 발전해 나타난 것은 1999년 5월 유고 주재 중국 대사관 폭격 사건이었다. 당시 대학생과 청년을 중심으로 한 중국인의 민족주의적 반미 정서는 최고조에 달했다. 중국의 각 도시에서 수십만 명이 거센 항의 시위에 참가해 '반미'와 '반패권'을 부르짖었다. 중앙텔레비전(CCTV)을 비롯한 관영 매체도 매일 미국을 공개적으로 비판했다. 중국인의 반미 감정은 2001년 4월 중국 영공을 침범한 미군 정찰기(EP-3)와 중국 전투기가 하이난다오(海南島) 남단 상공에서 충돌하여 중국 전투기 조종사가 실종된 사건이 일어나자 또다시 불거졌다.[29]

중화민족주의는 2010년대 들어 도광양회(韜光養晦)적 은둔의 자세에서 '타자를 힘으로 욱박지른다'는 '돌돌핍인(咄咄逼人)'의 공세적 민족주의 행태를 드

---

29. 박병광, 「개혁기 중국의 민족주의 등장 배경과 실태」, 《국제문제연구》 제8권 제3호 통권 31호(2008).

러내기 시작했다. 중국의 일본에 대한 공세적 행태와 동남아 영유권을 둘러싼 강경한 대응은 중국이 힘의 외교를 본격화한 것이 아니냐는 의구심을 불러일으켰다.

중국이 미국과의 관계에서 신형대국관계(新型大國關係)를 주장하고 나선 것은 미국에 대한 자신감의 반영이었다. 중국은 2015년 9월 3일 열병식 행사를 통해 군사적 굴기를 선언했다. 미국과 중국이 각각 배타적인 메시아니즘과 천자관을 가진 민족주의를 바탕으로 서로 용납하거나 공동체의 진정한 일원으로 여기지 않는 한, 양국의 민족주의적 충돌 가능성은 존재할 수밖에 없다.

2) 일본과 중·러 민족주의 전쟁

일본은 1980년대까지 실리주의 외교 관점에서 아시아의 이웃 국가들과의 공존을 중시하는 정책을 폈다. 냉전 종식 이후에도 아시아 국가들의 경제 성장과 미·일 경제 마찰에 따른 반미의식의 성장 등의 요인으로 '아시아 중시론'에 따른 정책이 계속됐다. 그러나 1990년대 중반 이후 '신민족주의 운동'이 전개되면서 '안보 내셔널리즘'을 강조하는 민족주의적 국가 전략이 등장했다.

일본의 민족주의적 국가 전략은 첫째, 국가이익 위주의 일방주의적 외교 안보 정책, 둘째, 군사적·안보적 팽창주의, 셋째, 국가주의적 정체성의 강화 등으로 요약된다.[30] 특히 주목되는 것은 일본의 민족주의적 국가 전략에 따른 안보정책의 근본적인 변혁이다. 변혁 이전에는 일본 자위대의 평화유지군(PKO) 등 해외 활동은 일본 고유의 안보 영역이 아니었다. 그러나 일본은 자위대의 해외 파병을 통해 전 세계의 안보 질서 형성에 참여하는 것을 커다

---

30. 송주명, 「일본의 민족주의적 국가전략과 한반도 평화」, 《기억과 전망》 통권 11호(2005년 여름), 195-196쪽.

란 안보 영역에 포함시킨다는 변혁에 나섰다.

일본의 민족주의 전략의 목표는 궁극적으로 동북아 나아가 세계의 패권국가의 반열에 진입하겠다는 것이다. 전 세계적 안보국가로서의 변신을 꿈꾸고 있는 것이다. 이를 위해 미일 군사동맹의 강화를 통해 국제 안보 질서 재편 과정에서 발언권을 높이고 동아시아의 지역적 위협에 개입하겠다는 의도다. 일본이 유엔 안전보장이사회 상임이사국에 진출하려는 것도 이런 민족주의 전략의 일환이다.

일본이 동아시아에서 가장 겨냥하는 전략적 개입 대상은 중국이다. 일본의 보수 지도층은 중국을 가장 본질적인 가상 적국으로 본다. 그러나 '중국 위협론'을 직설적으로 부각시키면 중화민족주의를 건드려 자칫 중국의 역공을 초래할 수 있다. 이는 중국과의 경제적 이해관계가 많은 일본으로서는 큰 부담이 아닐 수 없다. 그래서 중국이라는 본질적인 위협을 대신해 일본의 민족주의적 국가 재편을 위한 현실적 명분으로 삼은 것이 바로 북한이다. 일본의 정계와 사회의 지도적인 보수 인사들은 북한의 핵 실험과 미사일 발사 등을 민족주의적 국가 전략의 명분으로 적절하게 활용해왔다. 특히 북한의 일본인 납치 사건은 일본의 민족주의적 국가 전략을 일본 사회에 확산시킨 결정적 계기였다. 아베 신조 일본 총리가 정치적으로 급부상할 수 있었던 것도 이 사건 때문이었다.

일본 민족주의의 잠재적 주적관(主敵觀)과 동아시아 '안보 개입론'이 동아시아를 인위적으로 신냉전의 양분 구도로 갈라놓아 필연적으로 갈등을 일으키게 된다는 게 근본적인 문제점이다. 일본의 민족주의 전략은 말라카 해협, 남사군도, 바시 해협, 한반도에 이르는 동아시아의 '불안정의 호(弧)'를 따라 중국, 북한, 러시아 등 옛 사회주의권을 포위하기 위한 '광역 봉쇄망'을 형성하려는 것이다. 중국 등의 영향력을 배제하려는 일본의 국가 전략은 동아시아 지역 내부의 경쟁과 대립·갈등을 증폭시키는 요인이 될 수밖에 없다.

일본 민족주의는 1990년대 중반 이후 신민족주의가 등장하면서 역사 민족주의와 영토 민족주의의 입장을 강화하는 방향으로 진행됐다. 역사 민족주의의 경우 과거 역사를 왜곡하는 교과서 문제가 1990년대 초까지만 해도 일본 정부의 전략적 행위는 아니었다. 그러나 신민족주의 등장 이후 과거 침략의 역사가 '범죄'가 아니라 아시아 민중의 '해방'을 위한 것이라는 따위의 역사 인식이 일본 정부의 전략으로 추진됐다.

따라서 역사 왜곡은 일본 정부가 바로잡아야 할 '잘못'이 아니라 오히려 적극적으로 추진해야 할 '전략'이 됐다. 일본 정부의 입장은 역사 왜곡 문제에 대해 과거처럼 양보하지 않을 뿐만 아니라 도리어 아시아나 일본 양심세력의 비판을 정면으로 돌파하려는 일방주의적 강행으로 바뀐 것이다. 아베 신조 일본 총리는 2015년 10월 14일 일본을 방문한 중국 양제츠 국무위원과의 회담에서 난징 대학살[31]과 관련한 자료가 유네스코 세계기록유산에 등재된 데 대해 유감을 나타내 갈등을 빚었다. 장제츠 국무위원은 "역사를 제대로 인정하고 미래를 지향하는 것이 중요하다"고 면전에서 반박했다.[32]

영토 문제에 대한 일본 정부의 입장도 마찬가지의 맥락에서 부쩍 강해졌다. 일본이 영토 분쟁 문제에 대해 민족주의적 전략을 강화한 것은 해양국가로서 해양 영토의 확보와 해양에 대한 영향력 확대 등의 요인에서 비롯된 것

---

31. 난징 대학살은 1937년 12월 13일 일본군이 중국 국민정부의 수도였던 난징(南京)을 점령한 뒤 이듬해 2월까지 대량학살과 강간, 방화 등을 저지른 사건이다. 약 6주 동안 일본군에게 20~30만 명의 중국인이 잔인하게 학살되고 강간 피해를 입은 여성의 수도 2~8만 명에 이르는 것으로 알려졌다. 일본군의 방화와 약탈로 난징시의 건축물 약 23.8%가 불에 타고 88.5%가 파괴된 것으로 보고됐다.

32. 아베 총리는 2015년 10월 14일 장제츠 중국 국무위원과의 회담에서 난징 대학살과 관련된 자료가 유네스코 세계기록유산에 등재된 것과 관련해 "과거 불행한 역사에 초점을 맞추는 것은 부적절하다"고 유감을 나타냈다. 장제츠 국무위원은 그 자리에서 "2차 대전과 관련된 일은 국제적으로 이미 정론이 됐다"고 말했다. 《오마이뉴스》 2015년 10월 15일.

으로 보인다. 이처럼 일본이 민족주의 전략 차원에서 역사 민족주의와 영토 민족주의적 주장을 강화함에 따라 중국을 비롯한 이웃 나라들과 '민족주의 전쟁' 양상이 전개됐다.

동아시아 영토 분쟁 지역에서 강대국 사이에 전면적인 민족주의적 충돌이 벌어질 가능성이 가장 높은 곳은 센카쿠 열도(중국명 댜오위다오)다. 세계 2·3위의 경제 규모를 보유한 중국과 일본이 맞서고 있는데다가 미국이 개입하기 때문이다. 영토 분쟁은 영토 민족주의 감정을 촉발시킬 가장 예민한 사안이라는 점에서 어느 국가도 양보하거나 물러서기가 어렵다.

2010년 9월 중국 어선이 일본 해양순시선에 충돌해 선장이 체포된 사건이 터지자 중국은 전례 없이 강경하게 대응하고 나섰다. 일본 정부가 선장을 "일본의 국내법대로 처리한다"는 입장을 밝힌 게 도화선이었다. 중국은 군사관리구역에 허가 없이 침입했다는 이유로 일본인을 구속하고 광물의 비타민이라 불리는 희토류 수출까지 중단하는 등 강경한 자원 민족주의 조치를 취했다.[33] 결국 일본이 백기를 들었다. 이 사건 이후 아시아·태평양 지역에서 미국의 입지가 크게 강화됐다. 하토야마 유키오 일본 총리가 취임 직후 내걸었던 '중국을 중시하는 아시아 중심 외교'는 막을 내리고, 다시 전통적인 미일 동맹관계가 강조됐다.

2012년에도 센카쿠 열도 분쟁으로 중국과 일본의 갈등이 격화됐다. 갈등은 일본 정부가 센카쿠 도서 지역에 대한 명칭을 부여하면서 시작되어, 일본 정부의 센카쿠 열도 국유화 조치로 절정에 이르렀다. 중국에서는 날마다 반

---

33. 중국의 2008년 일본에 대한 희토류 수출 쿼터 4만 톤은 세계 최대의 희토류 수요 국가인 일본의 전자 및 자동차산업의 연간 수요량과 비슷하기 때문에 일본으로서는 극심한 공급 부족에 시달릴 수밖에 없는 입장이다. 따라서 일본은 매년 총 희토류 수입량의 20% 이상을 중국의 불법 광산과 밀수 등의 암시장에서 조달하는 형편이었다. 김동환·오병석, 「중국 자원 민족주의의 부상과 실태: 희토류를 중심으로」,《한국과 국제정치》제26권 제2호 통권 69호(2010년 여름), 165쪽.

일 시위가 벌어졌다. 타이완도 선박을 보내 분쟁에 가담했다. 홍콩 시위대는 영웅 대접을 받는 등 대중 민족주의가 확산되는 움직임도 나타났다.

중국 지도부도 강경한 발언을 잇달아 쏟아냈다. 중국은 센카쿠 열도에 대한 영해기선을 선포하는 등 일본의 국유화 조치에 맞섰다. 양국 군함이 서로 대치하는 등 대립·갈등이 거세졌다. 중국 전투기가 미 해군 잠수함 초계기와 미 공군 수송기를 추적하는 일촉즉발의 사태도 벌어졌다. 2013년 11월에는 방공식별구역(ADIZ) 선언으로 중국과 일본 간 전략적 갈등 구도는 더욱 선명해졌다.

두 나라의 민족주의적 갈등은 온라인 공간에서 더욱 증폭돼 나타났다. 인터넷을 통한 민족주의적 갈등은 2000년 초부터 확산됐다. 온라인의 민족 갈등은 일부 이데올로기적 편협성을 지닌 온라인 이용자들이 네트워크 극단주의(network extremism)[34]와 배외주의(排外主義)의 모습으로 나타나 상호 갈등의 반복과 확산만 이루어질 뿐 이성적인 갈등 해결이나 대안이 논의되는 경우는 별로 없다. 센카쿠 열도 분쟁이 터진 2010년 이후 중국과 일본 간 영토 민족주의적 갈등이 온라인에서도 벌어졌다. 인터넷 민족주의[35]는 대체로 증오와 공포의 확산이라는 극단주의·배외주의의 경향을 보였다. 이로 인해 두 나라의 신민족주의가 대중적으로 더욱 확산됐다.

일본과 러시아 사이에는 남쿠릴 열도(일본명 북방 4개 섬)를 둘러싼 영토 분

---

34. 네트워크 극단주의는 극단주의자들의 온라인 활동이 아니라 온라인을 사용하면 할수록 극단화되고 끼리끼리 파편화되는 현상을 말한다. 류석진·조희정·박설아, 「온라인 신민족주의의 정치화 가능성: 한·중·일 온라인 갈등 유형과 확산 사례를 중심으로」, 《한국정치연구》 제22집 제3호(2013), 154쪽.

35. 백지운은 중국의 온라인 공론장에서 이루어지는 현상을 '인터넷 민족주의'라고 규정하고 톈안먼 사건과 반일 시위 등의 촉발 과정에 인터넷 공론장에서 등장하는 민족주의적 담론이 지대한 영향을 미쳤다고 평가한다. 류석진·조희정·박설아, 「온라인 신민족주의의 정치화 가능성: 한·중·일 온라인 갈등 유형과 확산 사례를 중심으로」, 178쪽.

쟁이 있다. 이 분쟁으로 인해 제2차 세계대전 종전 이후 일본과 러시아는 평화조약을 체결하지 못한 상태다. 2015년 10월 8일 양국 외무차관이 평화조약 체결 협상을 벌였지만 합의점을 찾지 못했다. 일본은 조약 체결 전제조건으로 러시아가 실효 지배하고 있는 남쿠릴 열도를 일본에게 모두 반환해야 한다는 입장이다. 러시아는 이 섬들이 제2차 세계대전 종전 후 러시아에 귀속됐다며 맞서고 있다. 러시아는 크림전쟁으로 인해 일본에게 빼앗긴 땅인 남쿠릴 열도에 대한 실효 지배를 강화해왔다. 2015년 6월 9일 세르게이 쇼이구 러시아 국방장관이 남쿠릴 열도에 대한 군사시설 건설에 박차를 가하라고 지시한 것도 실효 지배를 강화하기 위한 것이다. 엄청난 천연자원과 전략적 가치를 지닌 남쿠릴 열도에 대한 러시아의 입장은 갈수록 강경해지는 추세다. 2004년 이래 강경 노선을 취해온 푸틴은 2005년 9월 국민과의 대화에서 일본에 남쿠릴 열도를 반환할 계획이 없음을 밝혔다.

영토 민족주의에 대한 일본의 입장도 강화돼왔다. 1993년 일본 교과서에 해양 영토를 강조하는 영토 교육이 등장한 뒤 특히 신민족주의 이후 학습지도요령 개정을 거듭하며 일본의 영토적 도발이 심해졌다. 아베 신조 일본 총리가 2013년 9월 12일 "일본의 주권에 대한 도발을 외면하기 어렵다"며 일본의 군사적 역할을 강조한 것은 일본의 영토 민족주의를 강화하겠다는 의지의 표현이다. 일본과 중국·러시아 간의 민족주의 갈등이 악화될 전망밖에 보이지 않는다.

3) 한국과 중국의 민족주의 전쟁

한국과 중국 사이에는 역사 민족주의와 영토 민족주의 갈등이 존재해왔다. 양국 간 갈등은 역사 민족주의 측면에서는 중국의 고구려와 발해 역사 왜곡으로 인한 분쟁이며, 영토 민족주의 측면에서는 이어도를 둘러싼 영토 분쟁이다. 특히 중국의 역사 민족주의는 중국 지도부의 주도로 전개된 것으로, 지도부의 필요에 따라 언제든지 양국 간 갈등으로 터져 나올 수 있다는 점에서 문제의 심각성이 있다.

중화민족주의에서의 '중화민족'은 다민족국가인 중국의 한족 등 56개 민족을 하나로 묶어내기 위해 국가 주도로 만들어낸 '상상의 공동체' 또는 '상상의 문화공동체' 개념이다. 따라서 중국 인구의 8.4%에 불과한 55개 소수민족을 하나의 '중화민족'에 포함시키기 위해서는 전통적으로 한족을 의미하는 '중화민족'의 외연을 확대하지 않을 수 없다. 중국이 선택할 수 있는 길은 오로지 강력하고 인위적인 '중화민족 만들기'밖에 없다는 것이다.

중국은 민족을 구분하는 기준으로 혈연보다 문화를 강조하는 문화주의를 내세운다. 유교를 기반으로 하는 전통 문화가 현대 중국 민족국가의 전제라는 것이다. 중국은 유교와 같은 문명적·문화적 요소를 복원해 중화민족의 확대를 위해 활용했다. 그래서 중화민족주의를 '문화 민족주의(cultural nationalism)' 또는 '중화 문화민족주의(Sinocentric cultural nationalism)'라고 부르기도 한다. '문화 민족주의' 관점에서 유교문화를 기준으로 보면 유교문명권 전부가 중국의 문화 영토로 해석돼 소수민족의 문화가 중화민족의 문화로 편입될 수 있다. 편입 정책의 핵심 논리는 중화민족을 형성한 모든 민족이 관할하던 영역은 중국의 역사와 문화의 영토인 '중국 강역(疆域)'이며, 따라서 현존하는 중국 영토 내에 존재하는 모든 민족의 역사와 문화는 모두 중화민족의 역사와 문화가 된다는 것이다.[36]

이런 문화 민족주의 논리와 영토적 역사관에 따라 소수민족의 역사와 문화를 중국의 역사와 문화에 인위적으로 편입시키는 작업이 국가 주도로 진

---

36. 박정수, 「중화(中華) 민족주의와 동아시아 문화 갈등: 역사와 문화의 경계짓기」, 《국제정치논총》 제52집 2호(2012), 81-83쪽.

행됐다. 몽골, 티베트, 베트남, 신장위구르, 동북3성 등 전방위로 진행된 중국 정부의 소수민족 역사와 문화 편입 정책은 이와 관련된 고유의 문화와 역사를 가진 주변국들과의 갈등을 불러일으켰다. 한국과도 역사 민족주의적 갈등이 벌어졌다.

한반도와 관계가 깊은 동북공정은 2002년부터 본격적으로 추진된 역사 프로젝트다. 동북공정의 핵심은 만주를 중심으로 하는 고구려, 발해 그리고 고조선의 고대 역사를 중국 역사에 편입시키는 것이다. 중국은 만주, 즉 동북 지역은 중국의 역사적 영토인 중국 강역이며 이 강역을 기반으로 수립된 고조선·고구려·발해는 중화민족인 중국 강역의 변방 민족이 세운 것이기 때문에 중국의 역사라는 것이다.

동북공정 프로젝트는 2003년 2월 확정돼 5년간 약 200억 위안(약 3조 원)의 예산을 들여 동북3성의 사회과학원과 이 지역의 대학 및 연구기관이 총동원되어 진행됐다. 중국 사회과학원은 2003년 7월 동북공정 관련 학자 100여 명이 참여한 가운데 논문 70여 편을 발표하고 토론을 벌여 고구려는 중국 변방의 민족정권이라는 결론을 낸 뒤 이를 정당화하는 이론 작업에 들어갔다.[37] 마침내 중국은 2004년 고구려 역사를 중국사에 편입시킴으로써 한국과 중국 간 역사 민족주의 갈등이 터졌다. 중국 정부는 한국 답사단의 답사마저 저지하는 배타적 문화주의의 성향을 드러냈다.

한국에서는 중국의 역사 왜곡에 대한 일반 국민의 항의와 비난이 폭발적으로 일어났다. 전면적인 협력동반자관계로 급속하게 가까워졌던 한국과 중국의 관계가 갈등관계로 바뀔 위기의 국면을 맞았다. 한국 정부는 정면 돌파 방침을 정하고 중국 쪽에 역사 왜곡의 시정과 재발 방지를 촉구했다. 중국 당국은 외교부 홈페이지에서 대한민국 정부 수립 이전의 역사를 삭제했다. 그러

---

37. 《중앙일보》 2004년 7월 15일.

나 이것은 한·중 외교 마찰을 줄이기 위한 '진실 회피성' 미봉책에 불과했다.

대중 민족주의의 발전에 따라 더욱 많은 관심을 갖게 된 역사 문제는 역사 문제를 넘어 문화유산 전반에 대한 관심으로 확장됐다. 중국의 역사와 문화 편입 논리대로 따른다면 한민족의 역사와 문화는 한반도로 축소될 수밖에 없다. 또한 동북 지역에 뿌리를 둔 조선족의 문화도 중국 문화에 귀속되고 만다. 따라서 중국과 한반도 사이에는 고대 문화를 둘러싼 갈등뿐만 아니라 판소리, 단오제, 한의학, 아리랑 등 현존하는 한국과 조선족의 문화의 귀속을 둘러싸고 첨예한 갈등이 벌어졌다. 그 대표적인 사례가 아리랑을 둘러싼 양국 간 갈등이었다.[38]

2008년 베이징 올림픽 성화 봉송 과정에서 티베트 독립 문제가 발단이 된 '반한(反韓)'·'혐한(嫌韓)' 현상은 올림픽 이후에도 네티즌을 중심으로 지속됐다. 이들은 중국의 개혁·개방이 시작된 1980년대 이후 출생한 이른바 '바링호우(八零後)' 세대가 핵심이란 점에서 주목된다. 바로 이들이 중국의 민족주의를 자극하고 동원하는 네티즌의 주류이기 때문이다.

오래전부터 전설상으로 전해져온 이어도는 제주도 남단 마라도 서남쪽 149km, 중국 퉁다오에서 북동쪽으로 245km, 일본 도리시마에서 서쪽으로 276km에 있다. 이어도는 남북으로 1,800m, 동서로 1,400m에 이르는 수중 암초다. 1900년 영국 상선 소코트라가 이 암초에 걸려 좌초하면서 이어도가 노출됐다. 이후 이어도는 소코트라 암초라는 영어 이름으로 해도상에 등록됐다.

우리나라는 이어도에 3,000톤에 달하는 철골 구조물을 설치한 뒤 수면 위

---

38. 2011년 5월 중국 문화부는 소수민족 보호라는 명분 아래 '조선족의 아리랑'을 국가급비물질유산으로 등재한 데 이어 2012년 6월 아리랑을 자국의 무형문화제로 지정하고 유네스코에 무형문화유산 등재를 신청함으로써 아리랑의 등재를 놓고 양국 간 첨예한 경쟁이 벌어졌다. 이해 12월 5일 파리 유네스코 무형문화유산 정부간위원회가 한국이 신청한 아리랑을 유네스코 무형문화재유산으로 등재하기로 확정했다.

3m 높이에 헬기장과 첨단 관측장비를 갖춘 해양과학기지를 1995년에 착공해 2003년 완공했다. 이 해양과학기지는 해상재해 방지책 마련과 어민 소득 증대 등 해양과학의 전진기지로서의 역할을 수행하고 있다. 문제는 중국 정부가 2006년 12월 이어도를 쑤옌자오(蘇岩礁)라고 부르면서 자국 영토라고 주장하고 나선 일이다. 이어도는 양국의 200해리 중첩 지역에 있기 때문에 어떠한 이유라도 중국이 이어도를 자국 영토라고 주장할 수 없다. 한국은 이어도가 한국의 대륙붕에 속한데다 중국보다는 한국 영토에 가까운 곳에 위치하고 있어 한국이 영유권을 갖는다는 입장이다. 중국의 이어도 문제 제기는 중국 역사학계가 '중화문명탐원공정'에 이어 '해양변강공정(海洋邊疆工程)'의 일환으로 '이어도 공정'을 시작한 데서 비롯된 것으로 보인다. 중국은 이어도 부근 해저를 탐사하여 암초를 새로 발견하고, 딩옌(丁巖)이라는 이름의 해도까지 작성해 이어도에 대한 이의를 제기하고 나선 것이다.

중국이나 일본이나 해양 영토 확보를 위해 자국의 암초나 암석을 기점으로 EEZ(Exclusive Economic Zone: 배타적 경제 수역)를 설정했다. 일본은 오키노도리를 EEZ 기점으로 설정함으로써 막대한 해양 영역을 확보하고 나섰다. 중국도 무인 암석에 불과한 퉁다오를 기점으로 200해리 EEZ를 주장하고 나섰다. 더욱 문제는 이 나라들이 역사적으로나 지리적으로나 엄연히 다른 나라의 영토이거나 영유권이 있는 곳까지도 넘본다는 사실이다.

중국의 '백두산 중국화 전략'은 한·중 간 갈등의 불씨가 될 '뜨거운 감자'다. 1992년 한중 수교 이후 중국을 찾은 많은 한국인의 입을 통해 만주나 백두산에 대한 한민족의 역사적 관련성·연고성이 퍼져 나갔다. 이에 자극을 받은 중국 당국의 '백두산 중국화 전략'이 시작됐다.

중국의 전략은 명칭에 대한 주도권 확보, 즉 백두산의 명칭을 장백산으로 일원화하는 조치로 나타났다. 1962년 북한과 중국의 국경 조약인 조중변계조약의 중문판(中文版)에서 '백두산'을 지칭하는 명칭은 모두 '백두산'으로 일원화돼 있었다. 어느 조문에도 '장백산'이라는 명칭은 사용되지 않았다. 그러나 중국 정부는 1998년 6월 '백두산 천지'를 '장백산 천지'로 바꾼 명칭을 공개 출판된 지도에 기재하도록 했다. 2006년 7월부터는 백두산 지역 내의 18개 초·중·고교의 기존의 학교 명칭을 바꿔 '장백산' 명칭을 통일적으로 사용하게 했다.[39] 이는 남북한에서 부르는 '백두산' 명칭을 없애고 '장백산' 명칭으로 일원화해 백두산에 대한 중국의 귀속권을 확립하려는 의도다.[40]

　근본적인 문제는 중국의 전략이 '장백산 문화론'으로 강화됐다는 점이다. '장백산 문화론'은 "중국의 역대 왕조가 백두산을 관할해왔으므로 백두산은 중화민족의 문화권에 속한다"는 논리로, 결국 "장백산=중국의 산"이라는 주장이다. '장백산 문화'라는 개념은 1994년 중국 지린성 바이산(白山)시에서 개최된 장백산문화연구토론회에서 처음 등장했다. '장백산문화론'은 2000년 10월 장춘에서 '지린성장백산문화연구회'가 결성되면서 동북 지역 전체를 대표하는 문화적 상징으로 부각되기 시작했다.

　마침내 2011년 지린성정치협상회의에서 정부 차원으로 "백두산을 만주족 문화의 성산으로 위치 지우자"는 주장이 공식적으로 제기됐다. 공식적인 제안에 대해 길림성 정부는 답변 형식으로 "백두산은 만주족의 발상지이며, 만주족 조상들이 대대로 거주하며 찬란한 민족적·지역적 문화를 창조한 곳이므로 장백산의 만주족 문화를 보호하고 선전하는 것은 중요한 의미를 지닌다"고 강조했다. 이에 따라 백두산이 여진족(만주족)의 성지·요람으로서 "여진족(만주족)의 뿌리=백두산"이라는 논리를 확산시키려는 다양한 활동이 펼쳐

---

39. '백두산' 명칭이 처음으로 사료에 나오는 시기는 고려 성종 10년(991)이고, '장백산' 명칭이 최초로 나온 시기는 요 성종 통화 30년(1012)이다. 윤휘탁, 「중국의 '백두산의 중국화' 전략」, 《동북아역사논총》 제48호, 204-209쪽.

40. 조중변계조약에 따라 백두산의 전체 면적(19.64㎢) 중 1/4은 북한 땅에, 약 3/4은 중국 땅에 귀속됐다. 백두산 천지도 분할돼 천지의 약 54.5%는 북한 땅에, 45.5%는 중국 땅에 귀속됐다. 윤휘탁, 「중국의 '백두산의 중국화' 전략」, 200-201쪽.

졌다.

중국은 '장백산 문화'를 '동북 문화의 대표이자 동북 인민의 정신적인 상징' 또는 '중화문화의 중요한 발상지', '중화민족다원일체문화(中華民族多元一體文化)의 중요한 구성 부분'으로 인식한다. 이런 인식의 논리에서는 '백두산=한민족의 성산, 발상지'라는 남북한의 백두산 문화 인식을 기본적으로 부정하고 장백산 문화를 중화민족의 문화라고 주장함으로써 백두산과 한민족의 역사적·문화적 연관성을 도외시한다.

2012년 9월 북한은 자신에게 귀속된 백두산의 개발권조차 중국에 넘겨버렸다. 그 결과 중국은 2012년 말부터 북한 쪽 백두산에 대한 관광개발사업에 나섰다. 이를 계기로 중국은 북한 영토로 귀속된 백두산을 개발하면서 백두산에 대한 중국의 주도권과 영향력을 강화시켜나갔다.

'장백산 문화론'에 따라 중국 정부가 단독으로 백두산을 '장백산'이라는 이름으로 중국의 세계자연유산 및 세계지질공원으로 유네스코에 등재해버린다면, 그리고 중국 정부가 동계 올림픽을 개최하면서 백두산 천지에서 성화를 채화하는 장면을 전 세계에 방영이라도 한다면(실제로 중국은 그런 계획을 갖고 있다) 백두산은 국제사회에서 '장백산'이라는 이름으로 알려질 것이고, '장백산=중국의 산'으로 세계인에게 각인될 것이다.

만약 우리의 '민족혼'이자 민족 정체성이나 다름없는 백두산의 역사적·문화적 귀속권이 중국으로 넘어간다면 우리 민족이 받게 될 충격은 '동북공정'을 초월한다. 백두산의 귀속권이나 주도권을 둘러싼 한·중 간 마찰 가능성을 분석하고 그 해법을 모색하는 작업이야말로 중차대한 과제다. 백두산을 매개로 한 남북한의 전략적 공조 작업도 마땅히 추진되어야 할 것이다.

4) 한국과 일본의 민족주의 전쟁

한국과 일본의 민족주의적 갈등은 기본적으로 일본의 과거 제국주의적 침략과 식민지 지배에 대한 청산이 제대로 처리되지 못한 데서 비롯된다. 갈등의 근본적 원인은 샌프란시스코 체제이며, 직접적 원인은 샌프란시스코 체제의 연장선인 한·일 간의 1965년 체제에 있다. 갈등은 1990년대 동북아의 신민족주의, 특히 일본의 신민족주의가 등장하면서 한층 강화되는 현상을 보여왔다.

남북한은 1951년 9월 8일 대일강화조약인 샌프란시스코 조약 체결에서 조인국의 지위를 가졌어야 하지만 초대조차 받지 못했다.[41] 그 결과 남북한은 일본에 대한 '전승국'으로서의 배상 등의 권리를 샌프란시스코 조약을 근거로 주장할 수 없게 됐다. 이는 동서 냉전 및 한반도 전쟁 등 사회주권과의 대결에서 일본의 역할과 가치를 중시한 미국의 대일정책에서 비롯된다.

한·일 간 갈등과 대립의 직접적 원인은 1965년 한일기본조약의 태생적 결함에서 비롯된다. 한·일 간 국교 정상화 과정에서 일본의 침탈과 식민 지배의 역사와 독도 문제 등의 쟁점을 제대로 정리하지 못하고 미결로 남겨둔 채 한일기본조약이 체결됐기 때문이다. 특히 1910년 한일합병조약의 불법성을 분명하게 정리하지 않고 조약의 합법성 여부에 대한 해석을 한·일 양국의 국내적 해석에 각각 맡겨 상이한 해석을 양해한 게 문제의 핵심이다.

미국은 샌프란시스코 조약의 연장선상에서 공산권 봉쇄를 위한 지역 방위체제 구축의 일환으로 한·일 간 국교 정상화 회담을 추진했다. 1965년 한·일

---

41. 1951년 6월 소련이 미국의 대일강화조약 초안을 협의할 4개국(미국, 소련, 영국, 중국) 회의를 요구할 당시 북한 외무상은 비신스키 소련 외무상에게 "4개국 회의에 참가할 수 있는 자격이 주어져야 한다"고 주장하고, 4개국회의 초대를 요청했다. 박정진, 「북일 국교정상화와 '65년 질서'」,《역사비평》통권 111호(2015, 여름), 98쪽.

국교 정상화 협상도 샌프란시스코 체제를 주도한 미국의 엄청난 압력으로 성사됐다.[42] 미국이 한·일 국교 정상화에 적극 개입한 것은 전면적인 베트남전에 들어간 미국이 한·미·일 삼각 군사동맹관계의 형성을 매우 바랐기 때문이다. 미국의 관심은 한·일 협상의 핵심 쟁점인 일본의 침략의 역사와 식민 지배의 청산 문제보다는 오로지 공산권과의 대결 전략에 있었다. 미국은 공산권 봉쇄를 위한 극동 전략과 원조 부담의 경감을 위해 한·일 협상 과정에 노골적으로 간섭했다. 미국은 한국 정부에게 배상의 의미가 있는 청구권을 강조하지 말고 총액도 축소할 것을 강요했다. 미국은 심지어 청구권의 액수까지 조정했다.[43]

한·일 국교 정상화가 근본적인 문제를 남겨둔 채 성사될 수 있었던 것은 1950년대 이승만 정권의 일본에 대한 인식이 1960년대 박정희 정권에서 달라졌기 때문이었다. 반공과 반일을 국시로 삼은 이승만 정권에서 일본은 제국주의 국가로서 지역 협력 대상에서 철저하게 배제해야 할 존재였다. 그러나 박정희 정권에서는 지역적 군사·안보 문제에서 반드시 협력을 구해야 할 대상이었다.[44]

---

42. 미국의 브루스 커밍스 시카고대학 교수는 1965년 한·일 국교 정상화에 미국의 엄청난 압력이 있었다며 "미국은 지난 70년간 일본에 대한 한국·중국의 역사적 주장에 많은 관심을 보여주지 않았다"고 밝혔다. 그는 일본은 침략자로서 독일처럼 분단됐어야 했다. 그러나 한반도가 분단됐고, 일본은 매우 관대한 처분을 받았다고 주장했다. 《한겨레신문》 2015년 5월 13일.

43. 2005년 민족문제연구소가 국사편찬위원회 소장 해외수집자료 중 미국 국립문서보관소의 소장 문서들을 조사하는 과정에서 한일기본협정 체결 전후 한·미·일 삼국 간 비밀협상 과정과 독도 문제 등 충격적인 내용의 사실들을 확인했다.

44. 1968년 청와대 게릴라 습격 사건과 푸에블로 호 사건을 통해 미국으로부터 '방기의 두려움'을 인식한 한국 정부는 2월 12일 사이러스 반스 특사에게 한미방위조약에 한반도 유사시 미군의 자동개입조항을 포함시키자고 강력하게 요구했으나 미국 정부는 이를 받아들이지 않았다. 이에 박정희 대통령은 베트남 참전국을 중심으로 한 나토형 집단안보기구를 구상하고 여기에 일본과 타이완을 참가국에 포함시키도록 하라고 지시했다. 이상현, 「아시아

한일기본조약은 식민 지배와 독도 문제의 청산은 뒤로 미뤄두고 일본의 한국에 대한 경제협력 차원에서 마무리됐다. 한일기본조약 전문과 각 조항에서 식민 지배에 대한 일본의 사죄 표현은 전혀 없었다. 한·일 간 기본합의사항인 일본의 '무상공여' 3억 달러의 사용권도 일본 쪽에 있었다. 남한에서는 정부의 이런 '굴욕외교'에 반대하는 시위가 전국 곳곳에서 벌어져 '6·3 사태'로 절정에 달했다. 북한은 남한이 "배상 권리를 포기했다"며 "미국이 남조선을 전초기지로 하고 일본 군국주의 세력을 끌어들여 동북아시아 군사동맹을 구축해 아시아 침략전쟁에 동원하기 위한 것"이라고 비난했다.[45]

1965년 12월 8일 한일기본조약 비준서의 교환이 완료됨에 따라 '1965년 체제'가 시작됐다. '1965년 체제' 이후 한·일 관계는 반공을 목표로 한 한·미·일 삼각동맹관계 속에서 전개됐다. 한일기본조약의 결함에서 비롯되는 한·일 간 갈등은 공산권에 대한 공동전선의 협력 차원에서 조정되거나 미봉됨으로써 '1965년 체제'가 유지됐다. 1965년 체제가 기본적으로 유지될 수 있었던 것은 한·일 간 안보 협력과 경제 협력이 갈등의 표면화를 억제하고 조기 수습을 촉진하는 기능을 했기 때문이다.

국교 정상화 이후 한·일 관계의 최초의 위기는 김대중 납치 사건(1973)과 문세광 사건(1974)을 계기로 발생했다. 한·일 관계가 국교 단절이라는 말이 나올 정도로 심각한 위기를 맞았다. 위기가 수습될 수 있었던 것은 한·일 관계가 깨지면 한국 방위도 어려울 것이라는 미국의 입장이 작용한 때문이었다. 한·일 양국 정부는 안보 연대의 필요성을 인식하고 두 사건의 조기 수습에 협

판 NATO 구상의 좌절」,《국제정치논총》제50집 5호(2010), 50쪽.

45. 북한은 중소 분쟁과 한국군의 베트남 파병, 한일기본조약 체결 등을 위기로 인식하고 1966년 10월 5일 제2회 조선로동당 대표자회의에서 '자주노선'을 조선로동당의 공식 외교 노선으로 표명했다. 대회에서 김일성은 "미국이 동북아시아 군사동맹을 구축해 아시아 침략전쟁에 동원하려는 것"이라고 최종 평가했다. 박정진, 「북일 국교정상화와 '65년 질서」, 105쪽.

력했다.

과거사 문제가 한·일 간 본격적인 외교 마찰로 번진 것은 1982년 7월 일본 역사 교과서 왜곡 문제 때문이었다. 7월 5일 당시 한·일 외무장관회담에서 한국에 대한 총액 40억 달러 규모의 경제 협력에 원칙적인 합의가 이루어져 경제 협력(소위 안보 경협) 문제가 최대의 관심사였다. 갈등의 도화선은 6월 26일 일본 언론에서 보도된 일본 교과서 문제에 대한 한국 쪽 비판을 두고 7월 23일 "일본 교과서에 대한 시비는 내정 간섭"이라고 말한 일본 국토청장관의 망언이었다. 한국에서 범국민적인 반발이 터져 나와 40억 달러 경협 문제도 차질이 생기고 한·일 관계가 마비되다시피 됐다. 마침내 11월 24일 교과서 검정에서 이웃 나라를 배려한다는 '근린제국조항'이라는 검정기준을 일본 정부가 발표함으로써 한·일 관계 정상화의 가닥이 잡혔다. 교과서 문제의 수습에 한·일 간 경제 협력의 필요성이 중요하게 작용했다.

그러나 냉전 종식 이후 1965년 체제에 구조적 변화가 일어났다. 1965년 체제를 유지해온 안보 협력과 경제 협력의 필요성이 줄어짐에 따라 갈등의 억제력 기능이 약해진 것이다. 한국은 냉전 종식을 계기로 일본과 안보 협력을 할 필요성을 덜 느끼게 됐다. 반면에 일본은 북한과 중국의 위협에 대비해 한·미·일 안보협력관계를 더욱 강화하기를 원했다. 안보 문제에 대한 한·일 간 간극이 확대될수록 안보 협력이 한·일 관계에서 갈등을 억제하는 기능이 약화되고 오히려 안보 협력 문제가 2012년 한·일 군사정보보호협정 서명 취소 사태처럼 갈등을 촉발하는 일도 벌어졌다.

한·일 간 경제 협력의 갈등 억제 기능도 마찬가지로 줄어들었다. 한국 경제에서 일본이 차지하는 비중이 크게 낮아졌기 때문이다. 2015년 2월 23일 한·일 통화스와프 협정의 종료는 바로 이런 현실의 반영이었다. 특히 중국의 급속한 부상은 한·일 관계의 구조적 변화를 촉진했다. 미·일과 중국의 대립 구도에서 양자택일의 위험을 회피해야 하는 한국의 입장에서는 한·일 간 안보

협력이 갈등 억제의 순기능보다 마찰을 초래하는 뇌관이 될 수 있었다. 한·일 간의 적극적인 안보 협력이 요구되는 미사일방어체제(MD) 합류나 사드(THAAD)의 한반도 배치 문제가 그러한 경우다. 아베 정권의 집단적 자위권 행사나 미·일 방위지침 개정 등 '적극적인 평화주의' 노선과 역사 수정주의 자세는 한국의 딜레마 입장을 더욱 어렵게 만들었다.

중국의 경제적인 급성장은 경제 협력 측면에서 한·일 관계의 구조적 변화를 초래했다. 한국의 대중국 수출은 대미 수출과 대일 수출을 합친 금액보다 약 1.4배나 더 큰 규모에 이르렀다. 한국이 한·미 자유무역협정(FTA) 다음으로 한·중 FTA를 선택하자 일본이 민감한 거부 반응을 보였지만, 한국으로서는 불가피한 선택이었다.[46]

영토 교육을 통해 영토 민족주의를 강화하려는 일본의 민족주의 전략은 교육기본법과 수차례의 학습지도요령의 개정을 통해 진행됐다.[47] 독도에 대한 일본 교과서 기술의 경우, 1966년 이전 교과서에서는 독도 관련 기술이 본문이든 각주든 없었다. 데이코쿠(帝國)서원의 교과서가 유일하게 '이승만 라인'을 지도에 표기하면서 '다케시마(독도의 일본명)'를 표기했을 뿐이다. 1958년 학습지도요령에 따른 1966년 교과서에서는 '이승만 라인'을 삭제하고 '다

46. 일본은 한·중 FTA가 한·일 FTA보다 먼저 추진되어서는 곤란하다는 판단으로 2010년 4월 민주당 정권의 실력자인 센고쿠 요시토 국가전략상을 비밀리에 한국에 파견해 한·일 FTA의 우선 추진을 타진했다. 조세영, 「한·일 관계 50년의 분석과 대일외교의 자세」, 《외교》 제113호(2015), 92-95쪽 참조.
47. 폐쇄적인 '섬나라'가 아닌 '해양국가'로서의 국가 정체성을 지향하며 일본의 배타적 '해양영토'를 강조하는 영토 민족주의적 교과서 기술의 변화가 1993년 교과서부터 등장했다. 일본의 영토 민족주의적 기술 변화는 2006년 12월 22일 제1차 아베 내각 때 약 60년 만에 개정된 교육기본법과 이에 맞춰 고시된 2008년 학습지도요령 개정 해설서에 따라 제작된 교과서에서 1993년 교과서의 '일본 영역 기술'이 최종적으로 완성됐다. 박삼헌, 「전후 일본의 영토 교육과 국가 정체성—중학교 지리교과서를 중심으로」, 《사림》 제52호(2015), 98-99쪽 참조.

케시마만 표기했다. 이때까지 센카쿠 열도에 대한 기술도 전혀 등장하지 않았다. 1969년 학습지도요령 개정에 따른 1972년 교과서에서도 교과서 8종 중 데이코쿠서원 등 2개 교과서만 독도를 점으로 표시하고 일본 영토에 포함시켰다. 1977년 개정된 학습지도요령의 1981년 교과서 중 갓코(學校)도서와 시미즈(靑水)출판의 교과서에서 독도와 센카쿠 열도 모두 일본의 고유 영토지만 한국 및 중국과 '영유권 대립'이 있다는 기술이 처음 나타났다.

마침내 2006년 개정된 교육기본법에 따른 2008년 학습지도요령 개정 해설서에서 독도는 일본 고유의 영토이고 이를 한국이 '불법 점거'하고 있다고 밝혀 한국은 많은 충격과 우려에 휩싸였다. 북방 영토(러시아명 남쿠릴 열도)도 일본의 고유 영토로서 러시아가 불법 점거하고 있다고 기술했다. 2015년 4월 6일 발표된 검정 결과 모든 지리 교과서에서 독도를 비롯해 센카쿠 열도, 북방영토가 모두 일본 고유의 영토로 설명됐다.

냉전 종식 이후 일본의 신민족주의가 강화되고 여기에 1996년 새롭게 강화된 미·일 동맹관계와 중국의 대립·갈등 구도가 결합되자 한·일 관계에서 일본의 외교 자세가 공세적으로 바뀌었다. 일본 정부가 과거와는 달리 적극적으로 자신의 입장을 주장하고 맞대응을 하는 일이 빈번해졌다. 1998년 1월 23일 일본의 한·일 어업협정 파기는 한·일 관계에서 일본이 전례 없이 공격적인 자세를 보인 상징적인 사건이었다.

1994년 11월 유엔해양법협약의 발효로 200해리 배타적 경제 수역 체제가 시작되자 한·일 어업협정을 개정하자는 일본의 본격적인 압력이 시작됐다. 일본의 영토 민족주의가 발동된 것이다. 1996년 한·일 간 어업협정 개정 교섭이 진행돼 1997년 12월 초 실무 당국 간 사실상 합의가 이루어졌다. 그러나 일본 정부는 협정 파기를 선언했다. 일본 정부는 협정 파기로 한국을 궁지로 몰아넣어 새로운 협상으로 밀어붙이는 공격적인 방식을 선택한 것이다. 1998년 최종 타결된 신어업협정의 핵심 내용이 1997년 실무 합의안과 별로 다르지 않다는 점에서 일본 정부의 공격적인 방식은 의도적이었다.

2001년의 한·일 꽁치 분쟁은 일본이 한국의 비협조에 대해 적극적인 보복 조치를 외교적 카드로 동원해 한국을 압박한 사례다. 일본은 한국의 남쿠릴 수역 조업을 봉쇄함은 물론 일본의 산리쿠 수역 조업도 불허하는 등 적극적인 보복 조치로 한국에게 공세적인 압박을 가했다. 한국은 러시아와 합의한 남쿠릴 열도 조업을 자제하기로 약속하는 대신 산리쿠 수역의 조업 쿼터를 인정받는 선에서 문제를 수습했다.[48]

일본 정부는 위안부 문제에서도 한국에 대해 노골적인 공세로 나왔다. 2014년 6월 20일 일본 정부가 고노 담화 검증 결과 발표에서 비밀이 해제되지 않은 외교 기록을 자신에게 유리하게 선별·편집해서 공개한 것은 국제적으로 유례가 없는 일이다. 일본 정부는 위안부 문제가 외교 문제로 된 1991년부터 10여 년에 걸친 상세한 외교 기록을 실무자의 의견은 물론 외교장관과 정상회담의 대화 내용까지 일방적으로 공개했다. 이는 일본 정부가 국제적 관례를 무시하고 노골적으로 벌인 외교 공세다.

박근혜 한국 정부와 아베 일본 정부는 2015년 12월 28일 일본군 위안부 피해자 문제에 대한 합의문을 발표하고 '최종적·불가역적 해결'을 선언했다. 핵심 내용은 아베 총리가 사죄와 반성을 밝히고 한국 정부가 만들 위안부 관련 재단에 일본이 10억 엔을 출연한다는 것이다. '최종적·불가역적 해결'이라는

---

48. 한국이 러시아 정부와 2001년도 남쿠릴 열도(일본명 북방영토) 주변 수역의 꽁치 조업에 합의하자 일본은 한국에 대해 일·러 간 영토 분쟁이 있는 남쿠릴 수역의 꽁치 조업을 자제해줄 것을 요청했다. 이에 한국 정부는 실효적 지배국인 러시아의 허가를 받고 조업하는 것이므로 일본의 요청을 수용할 수 없었다. 그러자 일본은 거꾸로 러시아를 설득해 러시아가 2002년부터 남쿠릴 수역에서 한국을 포함한 제3국의 조업을 허가하지 않기로 합의했다. 한국의 남쿠릴 열도 꽁치 조업이 불가능해진 것이다. 게다가 일본은 일본의 EEZ인 산리쿠 수역에서 한국 어선의 꽁치 조업을 불허하는 적극적인 보복조치를 취했다. 조세영, 「한·일 관계 50년의 분석과 대일외교의 자세」, 96쪽 참조.

선언은 아베 총리가 그런 문언이 들어가지 않는다면 그만두고 돌아오라고 지시한 결과로 나타났다.

아베 총리는 오바마 미국 대통령과의 통화에서 "최종적이고 불가역적으로 합의된 데 대해 미국의 이해와 협력에 감사한다"고 말했다. 위안부 협상은 한국과 일본이 했지만, 실제로는 미국의 기획과 지휘하에 진행됐음을 드러낸 발언이다. 오바마 대통령은 박 대통령과의 통화에서 "정의로운 결과를 얻어낸 박 대통령의 용기와 비전을 높이 평가한다"며 위안부 합의를 칭송했다.[49] 미국의 관심은 오로지 중국을 견제하기 위한 한·미·일 삼각 군사동맹 추진이었다.

선언 직후 일본 정부는 법적 책임과 사죄를 거부했다.[50] 일본과 미국 정부 관계자들은 한·미·일 안보 협력 강화를 노골적으로 주문하고 나섰다. 이와 함께 한·미·일 외교차관 협의회가 진행됐다. "식민 지배 관련 청구권 문제가 '완전히 그리고 최종적'으로 해결됐다"고 선언한 1965년 한일협정의 굴욕적인 문제점들이 이 선언에서도 반복됐다. 일본 쪽에서는 '합의 정신'을 부정하는 발언들이, 한국 쪽에서는 '합의 취소'와 '재협상'을 촉구하는 항의와 반발이 거세게 나타났다. 1965년 한일협정 때처럼 12·28 위안부 문제 합의 반대 시위에 대한 박근혜 정부의 과도한 탄압이 되풀이됐다. 경찰은 추운 겨울 소녀상을 지키기 위해 노숙 농성을 하는 대학생들이 사용한 침낭을 두고 '집회

49. 《한겨레신문》 2016년 1월 11일.

50. 한·일 정부 선언 직후 아베 총리는 기자회견에서 사죄와 반성은 입에 올리지 않은 채 "다음 세대의 아이들에게 사죄를 계속하는 숙명을 지게 해서는 안 된다"고 강조했다. 그는 "모두 끝나 더는 사죄하지 않는다"고 밝히고 "이 사실을 (28일 밤 박 대통령과의) 전화 회담에서도 말해두었다"고 언급했다. 기시다 외상은 일본 기자들에게 "(일본 정부 예산 출연은) 배상이 아니다. 도의적 책임이라는 데 변함이 없다"고 법적 책임을 부인했다. 10억 엔 예산 출연도 주한 일본 대사관 앞 '평화의 소녀상' 철거·이전을 전제로 한 것이라는 일본 언론 보도가 잇따랐다. 《한겨레신문》 2015년 12월 30·31일.

신고서에 적지 않은 물품'이라며 불법으로 모는 등 억지 탄압을 했다. 한·일 간에는 또 다른 갈등이 시작됐다.

일본 정부는 독도 문제에서도 2011년 12월 17일 교토 한·일 정상회담 전날 만찬장의 대기실에서 겐바 외상이 한국의 천영우 외교안보수석에게 기습적으로 독도 문제를 제기하는가 하면, 다음 날 노다 요시히코 총리가 정상회담 후 기자회견에서 이 사실을 공개하는 공세적인 모습을 보였다. 국제적인 관례도 무시한 일본 정부의 공세적 외교는 이처럼 한·일 관계의 전반으로 확대되는 양상을 보이고 있다.

2015년 4월 '미·일 방위협력지침 개정'과 '미·일 공동비전 성명' 등으로 '미·일 신밀월 시대'에 들어서게 된 아베 총리는 미국 상·하원 합동연설 등 어느 연설에서도 일본의 식민 지배와 침략에 대한 사죄와 반성은 하지 않았다. 그는 위안부 문제와 관련해 '인신매매'라는 표현으로 군과 정부의 책임을 부정함은 물론 위안부 피해자들에게 모욕적인 상처를 안겼다. 오히려 그는 일본이 "한국과 중국의 성장을 도왔다"며 "일본이 세계 평화와 안정을 위해 적극 공헌해야 한다는 결의를 새롭게 했다"는 등 일본의 '적극적 평화주의론'을 강조했다. 일본의 잘못된 역사를 부정하는 아베 총리의 역사 인식에 대한 지식인들의 비판과 경고가 일본뿐만 아니라 국제적으로도 확산됐다.[51]

아베 총리는 일본의 패전 70년을 맞아 발표한 '아베 담화'에서도 "역대 내

---

51. 일본의 역사학연구회와 일본사연구회 등 16개 역사학단체가 2015년 5월 26일 수많은 위안부 여성들이 '자신의 의사에 반해' '강제연행'됐다는 공동성명을 발표하고, 일본 정부가 정부와 군 차원의 강제연행이 없었으므로 정부의 법적 책임이 없다고 주장하는 논리를 정면으로 반박했다. 와다 하루키 도쿄대 명예교수 등 일본 지식인 281명도 "위안소 설치운영의 주체는 일본군"이라면서 일본 정부와 군의 책임을 인정하고 위안부 문제의 조속한 해결을 촉구했다. 이에 앞서 세계의 저명한 역사학자 187명은 2015년 5월 6일 성명을 통해 아베 총리가 군대 위안부 문제에서 역사적 사실을 왜곡하지 말고 인정할 것을 요구하고, 일본의 식민 지배 및 전시 침략행위와 관련해 '대담한 행동'을 촉구했다. 《한겨레신문》 2015년 7월 8일.

각이 사죄했다"는 식으로 직접적인 사과와 반성을 하지 않았다. 이에 대해 알렉시스 더든 미국 코네티컷 대학 교수는 "아베 총리가 과거를 회피했다"고 비판했다. 그는 "미국은 아베 총리와 측근들의 견해가 동북아 지역을 불안정하게 만들 수 있는 중국의 위험한 반일 민족주의에 기름을 붓고 있다는 점을 이해해야 한다"고 우려했다.[52]

---

52. 알레시스 더든 코네티컷 대학 교수는 일본 아베 정부의 과거사 왜곡을 반대하는 미국 역사학자들의 집단성명을 주도한 미국의 대표적 동북아 역사 전문가다. 그는 아베 담화가 러일전쟁을 두고 "식민지 지배 아래 있던 많은 아시아·아프리카인들에게 용기를 주었다"는 평가에 대해 "아베 총리는 러일전쟁의 결과로 한국이 어떻게 (식민지화) 됐는지 모르는 것 같다"며 "역겹고 초현실적(disgusting and surreal)"이라고 강도 높게 비판했다. 《한겨레신문》 2015년 8월 17일.

제 5 장

미국과 중국의 패권 경쟁과 한반도

1. 세계 질서의 동향과 중국의 부상

1) 세계 질서의 동향

20세기의 국제 질서는 다극체제에서 양극체제로, 냉전 종식 이후에는 단극체제로 이행해왔다. 이 국제 질서가 21세기 들어 근본적으로 재편되는 양상을 보이면서 세계 및 동북아 패권을 둘러싼 강대국들 간의 갈등이 격화되는 추세다. 동북아 강대국들 간 갈등은 배타적인 대중 민족주의 정서와 결합돼 갈수록 증폭되고 있어 강대국들 간 물리적 충돌의 가능성을 배제할 수 없다는 점에서 우려하지 않을 수 없다. 특히 북한 핵문제가 악화되는 한반도에서 강대국들 간의 갈등이 대리전 형태로 폭발할 수 있다는 점에서 국제 질서의 재편에 따른 동북아 정세의 동향을 예의 주시하지 않을 수 없는 게 한민족의 엄혹한 처지다.

장주기 이론가인 모델스키(George Modelski)의 '패권 순환 주기론'에 따르면, 국제사회에는 '세계대국', 비정통화(delegitimation), 탈집중화(deconcentration), 세계전쟁(global war)라는 4가지 국면이 반복하는 정치 사이클이 존재한다. 즉, 각각의 시기에 세계 질서와 정의를 제공하는 세계대국이 존재하고, 이들 세계대국의 지나친 일방적 역할이 다른 강대국들을 자극해 관습적으로 당연하

게 여기던 지배적 권위가 약화되는 비정통화 단계의 징후들이 나타난다. 이
때 세계 체계의 권력도 점차 다극적 구조로 분산된다. 탈집중화 단계에 이르
면 세계대국의 지위는 더욱 쇠퇴해 세계 질서를 유지할 능력을 잃게 된다. 세
계대국이 세계 문제를 더 이상 관리·해결할 수 없게 되면 세계전쟁이 일어나
게 된다.[1]

장주기 이론을 주장하는 학자들은 2020~2030년에 패권 교체가 일어날 가
능성이 가장 높다고 예측한다. 이들은 첫째, 패권 기간은 100년 정도의 주기
를 갖고 있다는 점, 둘째, 패권 교체 시 반드시 20~30년의 패권전쟁을 거치
게 된다는 점, 셋째, 패권전쟁의 발발 가능성은 생산·물가 순환 주기의 상승
기 종반 시점에 가장 높다는 점 등에 근거한다. 패권전쟁의 예상 시기는 이 패
턴에 따른 것인데, 다른 많은 학자들의 예측과도 일치한다.[2]

관심의 초점은 세계 전쟁의 발발 가능성이다. 오간스키(A. F. K. Organsky)의
세력전 이론[3]에 따르면, 도전 국가의 국력이 지배 국가를 따라잡는 세력전이
현상이 생길 때 이들 국가 사이의 전쟁 가능성이 생기며, 전이 현상의 속도가
빠를수록 전쟁의 가능성은 그만큼 높아진다. 특히 도전 국가가 원래 불만 국
가군에 있던 강대국이었다면 전쟁의 위험성은 더욱 농후하다는 것이다. 이는
일반적인 예상대로 중국이 도전국으로 등장한다면 패권전쟁이 벌어질 가능
성이 매우 높다는 것을 의미한다.

19세기가 영국의 세기였다면 20세기는 미국의 세기였다. 미국은 19세기
말 세계 최대의 경제력을 보유하게 됐고 제2차 세계대전 발발 이후 패권국으
로 등장했다. 미국은 1980년대 말 냉전 종식 후 미국 중심의 단극 구조에서
패권을 행사하며 세계를 지배했다. 그러나 1970년대에 들어서면서 미국은 쇠

---

1. 박건영, 「국제관계와 패권이론」, 『21세기 미국 패권과 세계질서』, 오름, 2000, 53-54쪽.

2. 배진수, 「세계패권 향방」, 『한국군사(2000년 1월호)』통권 제10호, 128-1132쪽.

3. A. F. K. Organsky, *World Politics*, New York: Alfred Knopf, 1968.

퇴 현상을 보이기 시작했다. 전쟁 직후 OECD 국가 전체 국내총생산의 60%에 달했던 미국의 경제력이 40% 이하로 떨어졌다. 미국 쇠퇴론이 등장한 것도 이 시기였다. 월러스틴(Immanuel Wallerstein)은 미국 중심의 자본주의 세계체계가 이미 최종 단계의 구조적 위기에 봉착했으며 인류는 몰락하는 체제와 향후 형성될 체제 사이의 혼돈스러운 세상에 살고 있다고 주장했다. 헌팅턴(Samuel Huntington)은 1999년 《포린 어페어스》에 실린 기고문에서 미국 중심의 단극 구조는 존재하지 않는다고 미국 쇠퇴론을 폈다.

미국과 중국의 접촉 역사는 1784년 2월 미국의 상선 '중국 황후호(Empress of China)'가 뉴욕을 출발해 3월 광저우에 도착하면서 시작됐다. 미국에서는 1896년 선거를 계기로 대륙 밖으로 진출하려는 새로운 민족주의 움직임이 전개됐다. 1898년 미국-스페인 전쟁 및 1899년 문호 개방 정책의 천명과 함께 등장한 미국의 세기는 필리핀 병합과 같은 '제국주의'로 구체화되면서 점차 중국을 겨냥하게 됐다.[4]

미국과 중국의 관계 초기 미국은 공식적으로 중국의 근대화와 영토적 주권의 보존을 강조했다. 따라서 중국은 미국과의 '특별한 관계'에 기대를 가졌다. 중국 관료들은 미국의 힘을 이용해 영국이나 일본의 침략 야욕을 막을 방안을 모색했다. 그러나 미국은 혼란에 빠진 중국보다 서구화된 같은 해양국가 일본에게 호의적이었다. 미국을 통해 만주에서의 일본 세력 확장을 막으려던 중국의 노력은 실패로 끝났다. 1900년대 들어서는 미국이 일본의 아시아 진출에 대해 오히려 적극적인 입장을 보였으며 러일전쟁부터는 일본을 지원했다. 중국은 이와 같이 열강의 제국주의적 침탈을 겪으며 자기 중심적 중화 질서 사상과 민족적 정서는 큰 상처를 입었고 중국인의 마음속에 반미의

---

4. 신욱희, 「21세기 미중일 관계의 전망—역사적 유추의 두 관점」, 《국가전략》 제17권 1호(2013), 10쪽.

식이 뿌리를 내렸다.

　중국은 개혁·개방 이후 급속한 국력 성장을 이루어나갔다. 중국은 2001년 세계무역기구(WTO)에 가입한 이후 GDP 기준으로 2005년에는 프랑스를, 2006년에는 영국을, 2007년에는 독일을, 그리고 2010년에는 일본을 제치고 세계 제2위의 경제대국에 올랐다. 중국의 성장 속도는 일반적인 예상을 뛰어넘었다. 중국 경제의 미국 추월 시기에 대한 전망도 기존의 예측을 뒤엎고 앞당겨졌다. 10여 년 전만 해도 중국의 미국 추월 시기를 2050년쯤으로 예상했었다. 그러나 미국의 경제 위기와 중국의 지속적인 고도의 경제 성장으로 추월 시기가 수정됐다. 미국 국가정보위원회(NIC)는 2036년으로 예상했으나, 세계적 전략경영컨설팅 그룹 PWO(Pricewaterhouse Coopers)는 2025년으로 그 시기를 앞당겼고, 2019년이 되면 중국이 세계 제1위의 경제대국 미국에 미칠 것이라는 이코노미스트의 전망이 나왔다. 중국사회과학원은 그 시기를 2018년으로 내다봤다.[5] 경제협력개발기구(OECD)는 구매력지수(PPP)를 반영할 경우 중국이 세계 제1위의 경제대국이 되는 해는 2016년이라고 보도했다.[6] 이는 미국과 중국 간 세력 전이의 예상 속도가 점점 빨라지고 있음을 뜻한다.

　미국 국가정보위원회의 세계 질서 전망 보고서인 『글로벌 트렌드 2025 (Global Trend 2025)』도 2025년까지의 향후 국제 질서가 더욱 복합적으로 변화고 미국이 여전히 초강대국이겠지만 지금보다는 덜 '지배적인 국가로 변모할 것으로 예상했다. 2025년 시점의 국제 질서는 중국, 인도, 러시아 등 신흥 행위국들의 등장과 함께 더욱 다극화될 것이라는 분석이다. 분명한 사실은 미국 패권의 상대적 약화와 중국의 부상이다.

　미국의 위상 변화는 2008년 미국에서 비롯된 글로벌 금융 위기가 길어지

---

5. 최종건, 「패권국 지위변화와 동북아 질서 재편」, 《한국과 국제정치》 제25권 제4호(통권 67호), 32쪽.
6. 《아시아경제》 2013년 4월 26일.

면서 기축통화인 달러의 위상이 흔들리는 양상으로 이어졌다. 이 금융 위기에서 중국은 상대적으로 적극적인 세계 전략을 구사했다. 2010년 이후 'G 2' 또는 'G 2 in G 20'라는 말이 자주 등장하게 됐다.

1997년 동아시아 금융 위기는 중국이 스스로 동아시아 국가로서의 정체성을 발전시키는 중요한 계기가 됐다. 중국의 국제정치학자들은 중국이 세계적인 강대국으로 부상하려면 우선 동아시아 지역 내에서 자신의 의지를 관철시킬 수 있는 지역 강대국이 되고 이를 바탕으로 세계 강대국으로 부상할 수 있는 능력과 기반을 확보해야 한다고 주장하고 나섰다. 중국의 새로운 동아시아 및 세계 질서 구상은 '조화세계론'으로 나타났다. 조화세계론은 서구와 다른 새로운 국제 질서의 창조이며, 21세기 새로운 국제 질서의 구상이라고 중국 학자들은 주장한다.[7]

조화세계론은 2003년 12월 10일 원자바오 총리의 미국 하버드 대학 연설에서 처음 등장했다. 조화세계 관념이 국제정치 무대에 등장한 것은 2004년 10월 14일 중국과 러시아의 공동성명이었다. 조화세계라는 용어가 완결된 이론으로 정리돼 언급된 것은 2005년 4월 22일 아시아·아프리카 정상회의에서의 후진타오 연설이었다. 그는 "상이한 문명의 우호적 공존과 평등한 대화, 발전과 번영을 추동하여 조화세계를 구축하자"고 조화세계론을 제기했다.

중국은 다양한 가치와 문화가 공존하는 질서를 주요 내용으로 하는 새로운 형태의 합리적이고 민주적인 동아시아 국제 질서를 수립하자고 주장한다. 그러나 중국이 중국적 가치와 문화를 중심으로 국제 질서를 주도하려고 한다는 점에서 조화세계론은 미국적 가치관과 이념의 국제 질서와 갈등을 빚을 수 있다. 미국이 국제사회의 담론 주도권을 패권적으로 장악함으로써 다른

---

7. 이정남, 「조화세계론을 통해서 본 중국의 동아시아 질서 구상」, 《국제정치논총》 제50집 1호(2010), 38-39쪽.

가치와 문화가 주변화되고 있다며 미국적 담론에 저항해야 한다는 주장이 중국 쪽에서 나온다.[8]

문제는 미국의 쇠퇴와 중국의 부상, 미·중 간 패권 경쟁의 심화로 인해 양국 간 불신과 우려가 커지고 있다는 점이다. 시카고외교협회(Chicago Council on Global Affairs)가 수행한 조사에 따르면, 중국 경제 규모가 미국만큼 커지는 것에 대해 '긍정적'이라고 본 미국인의 비중이 6%(2008), 8%(2010), 9%(2012)에 불과한 반면, '부정적'이라고 반응한 미국인의 비율이 42%, 38%, 40%에 이르렀다. 더욱 우려되는 것은 중국의 군사력 증강에 대한 미국인의 인식이 다른 그 무엇보다도 훨씬 부정적이라는 점이다. 중국의 군사력 증강을 긍정적으로 평가한 미국인의 비율보다 무려 6~10배에 이르는 미국인이 부정적으로 평가하고 있기 때문이다. 갤럽이 미국인의 인식을 조사한 결과에서는 '가장 적대적인 국가'의 순위가 중국의 '공세적 외교'가 나타난 2010년 이후, 즉 2011년의 경우 중국이 제2위의 적대국으로 등장했고, 2014년에는 최고의 적대국이 됐다. 이는 중국에 대한 미국인의 인식이 점차 부정적·위협적으로 악화되고 있음을 뜻한다.[9]

미국과 중국 국민 상호 간의 불신과 우려가 커진다는 사실은 양국 간의 대중 민족주의의 갈등이 심화되는 것을 의미한다. 이로 인해 양국의 상대국에 대한 정책이 우호적이기보다는 비우호적인 쪽으로 강경해질 가능성이 높아질 수밖에 없다. 양국 간 대중 민족주의적 갈등의 심화는 패권전이론의 패권전쟁 가능성을 촉진한다는 점에서 우려되는 현상이다.

---

8. 이정남, 「조화세계론을 통해서 본 중국의 동아시아 질서 구상」, 54쪽.

9. 정재호, 「미·중 관계의 변화와 한국 외교」, 《외교》 제112호(2015. 1), 14-15쪽.

2) 미국의 패권 전략과 중국의 대응

국제 질서의 주도국인 미국과 새로운 강대국 중국의 관계는 국제 질서 재편의 가장 중심적 요소다. 미국과 중국 두 나라는 갈등을 빚으면서도 상호 대화와 협력·조정을 중시하기도 하지만 향후 양국 관계의 불확실성이 높아지고 있음은 엄연한 사실이다. 모겐소(Hans J. Morgentau)는 일찍이 현상 유지를 하려는 국제 질서의 주도국과 현 질서의 변경 또는 타파를 원하는 도전국 간에는 끊임없는 갈등과 분쟁이 야기될 수 있음을 지적했다.

미국의 패권 전략인 세계 전략의 기본 목표는 세계의 중요한 지역에서 패권국가의 등장을 막고 미국의 패권 유지를 통해 국제 질서 안정을 도모하는 것이다. 이런 미국의 패권 전략에 따른 국제정치적 역학 구조 속에서 미·중 관계는 지속적으로 변화와 발전의 과정을 겪어왔다. 일본의 진주만 기습과 함께 터진 제2차 세계대전 이후 1940년대 말까지 미국과 중국의 장제스 국민당 정부는 매우 우호적인 전략적 관계를 유지했다.

그러나 1949년 10월 중국 공산당의 중화인민공화국 수립, 특히 1950년 한반도 전쟁 이후 미국과 중국 사이에는 적대적 관계가 지속됐다. 이런 미·중 관계가 1960년대 후반 근본적으로 바뀌게 될 중대한 사태가 발생했다. 첫 번째는 소련이 1968년 '제한주권론'을 바탕으로 체코에 군사적 개입을 강행한 것이었다. 두 번째는 1969년 중국과 소련의 국경 분쟁이 있는 국경지대의 진보도(珍寶島, 소련명 다만스키)에서 중·소 간 군사적 충돌이 발생한 것이었다. 이 사건들을 계기로 베트남전의 수렁에 빠져 있던 미국은 갈수록 커지는 소련의 재래식 전쟁 및 핵전쟁의 위협을 느끼게 됐고, 중국도 소련을 당면한 최대의 안보 위협으로 인식하게 됐다. 이런 이해관계를 바탕으로 1972년 소련을 봉쇄하기 위한 미국의 패권 전략상 소련을 공동의 '적'으로 상정한 미국과 중국·일본 간 전략적 협력관계가 형성됐다. 3국 간 전략적 협력관계에 따라 미·중

관계는 1989년 발생한 톈안먼 사태 이전까지 밀월 시기가 계속됐다. 중국과 일본의 관계도 역사상 가장 우호적인 시기였다.

소련이 해체되고 냉전이 끝나면서 소련을 공동의 적으로 상정한 미·중·일 전략적 협력관계의 효용성이 사라지자 톈안먼 사태를 계기로 미·중 간 우호적인 관계에 금이 가기 시작했다. 미국에서는 '중국 위협론'이 제기됐다. 미국의 중국 견제 및 제재와 이로 인한 중국의 대응으로 미·중 간 갈등이 빚어졌다. 1992년 미국의 타이완에 대한 F-16 판매와 중국의 파키스탄에 대한 미사일 판매에 대한 미국의 보복 조치, 1993년 및 1994년 미국의 중국에 대한 최혜국 대우 연장 조치와 인권 문제의 연계, 1995년 리덩후이 타이완 총통의 미국 방문 허용, 1995~1996년 타이완 해협 위기 등 양국 간 갈등이 잇따라 나타났다.

마침내 미국은 1996년 무역 마찰로 불편한 관계에 있던 일본과의 동맹관계를 강화하며 중국에 대한 본격적 견제에 들어갔다. 1998년부터 중국을 겨냥한 미·일 미사일방어체제(MD) 구축이 본격적으로 추진됐다. 2005년 미국은 일본과 공동 전략의 목표를 설정하고 중국 위협 및 지역 안보 문제에 공동으로 대처하기 위한 노력을 강화하기로 했다. 미국과 일본은 이해 2월 19일 발표한 '안보 공동성명'에서 처음으로 중국이 가장 예민하게 반응하는 타이완 해협 문제를 '공동의 전략 목표'에 포함시켰다. 이와 함께 미·일 군사동맹 관계는 군사적 일체화 단계로 강화됐다. 주일 미군의 전략적 유연성과 기동성에 맞춰 일본 자위대의 첨단화와 유연화, 육해공 통합 운용 등이 추진됐다.

미국은 타이완을 미국의 동북아 전략 추진을 위한 교두보로서 중국의 미국에 대한 패권 도전을 막을 수 있는 카드로 인식한다. 그래서 미국은 중국이 제기하는 '하나의 중국' 정책을 원칙적인 수준에서는 수용하지만, 타이완과의 실질적 관계를 확대하는 이중적 태도를 취해왔다. 미국은 타이완의 독립은 물론 양안 간 전쟁도 통일도 원하지 않지만, 타이완에 대한 방위 공약 이행으로 타이완 카드를 구사함으로써 중국과의 갈등을 빚어왔다.

중국은 역사적으로 타이완을 중국 대륙의 불가분의 영토라고 인식한다. 중국으로서는 타이완 문제가 국가 주권, 영토 보전, 민족 통합, 자주성 회복 등 중국의 핵심 이익과 관련된 전략적 문제다. 따라서 타이완 문제는 중국의 내정 문제이며 동북아 지역의 전략적 구도에 결정적 영향을 끼치는 문제이기 때문에 중·미 전략적 관계에서 가장 핵심적인 사안으로 다루어졌다.[10]

일본이 60여 년의 공식적인 평화주의에 종지부를 찍고 타이완 해협 문제에 개입할 권리를 미국과 함께 주장하고 나선 것은 중국의 입장에서 매우 충격적인 사건이었다.[11] 중국은 이에 맞서 2005년 3월 14일 '반국가분열법'을 만들었다. 중국이 양안 문제는 중국의 내전으로 야기된 내정 문제라고 규정하고, 타이완의 독립을 막기 위해 무력 수단을 사용할 세 가지 조건을 법제화한 것이 법의 핵심 내용이다. 타이완이 어떤 방식으로든 독립을 시도하거나 타이완의 독립을 야기할 수 있는 주요 사건이 발생했을 때, 평화 통일의 가능성이 완전히 사라졌을 때 무력 수단을 사용하겠다는 것이다.[12]

심각한 문제는 타이완 문제가 엉뚱하게 한반도에서 폭발할 위험성이다. '북한 핵과 타이완'이라는 두 문제는 전혀 별개의 사안으로 보일지 모르지만, 미국·일본과 북한·중국·러시아의 두 대립 기류가 하나의 흐름으로 관통한다는 점에서 상호 관련된다는 점을 주목할 필요가 있다. 미국과 중국 두 강대국 사이의 갈등이 직접 맞부딪치기보다는 국제 역학구도상 취약한 지역에서 터질 가능성이 높기 때문이다.

중국의 개혁·개방 정책 실시 이후 덩샤오핑은 국력 배양을 우선으로 한다

---

10. 신종호, 「국제전략환경의 변화와 중미관계」, 《중소연구》 제29권 제2호(2005), 134-137쪽.

11. 찰머스 존슨, 「미국, 중국과의 대결에 나서다」, 《창작과비평》 제33권 통권 128호(2005 여름), 313-314쪽.

12. 김흥규, 「양안관계 추세와 우리의 대응방안」, 《외교》 제74호(2005), 50쪽.

는 도광양회(韜光養晦)와 필요한 경우에 개입한다는 유소작위(有所作爲)를 지침으로 소극적인 대외정책을 강조했다. 그러나 중국은 2002년 16차 당대회 이래로 화평굴기(和平崛起)[13]와 평화발전론을 통해 국제 질서에 적극적으로 참여함으로써 평화적으로 부상할 것임을 드러냈다. 화평굴기론이 나오자 논란과 함께 '중국 위협론'이 확산되고 미국의 대중 억제 정책이 강화됐다. 결국 화평굴기론은 평화발전론으로 대체됐다. 그럼에도 논란이 가라앉지 않자 조화세계론이 등장하게 됐다. 그러나 조화세계론도 중국 중심적 국제 질서의 구상으로 국제 질서 개편에 대한 중국의 개입 의지가 반영된 현상 타파의 성격을 띠고 있다.

2008년 세계 금융 위기는 미국과 중국의 위상에도 변화를 일으켰다. 미국의 위상 저하와 달리 중국의 경제력과 대외적 위상이 높아지면서 중국은 대외정책에서 공세적으로 나왔다. 세계 금융 위기의 심화 과정에서 나온 베이징 컨센서스는 국제 정치·경제 질서의 변화에 관한 가장 큰 화두로 부각됐다. 세계은행에 따르면, 2008년 세계 금융 위기 이후에도 중국은 연 9.0% 이상의 경제성장률을 기록했다. 중국은 2010년 미국을 제치고 세계 제1위의 석유 수입국이 됐다. 중국의 GDP도 이해 일본을 앞서며 세계 제2위에 올랐다.

2010년은 미국과 중국의 관계가 새로운 단계로 들어선 분기점이었다. 2010년 이후 미·중 간의 마찰이 이른바 '핵심 이익'과 남중국해·동중국해를 둘러싸고 표면화됐다. 이해 3월 중국은 남중국해의 해양 권익을 타이완이나 티베트 문제와 같이 주권·영토와 관계되는 '핵심 국가이익'이며 타협의 여지가 없다고 선언했다. 천안함 사태 때 중국은 한미연합훈련을 하려던 황해는 자국

---

13. '굴기(崛起)'는 고원이나 평지를 뚫고 나오는 모습을 형상화한 것으로 거대한 산에서 어떤 강력한 것이 분출되어 일어선다는 사전적 의미를 지닌다. 지질학적 개념으로는 일종의 지진인 셈이다. '화평굴기'는 중국의 발전 의지가 매우 강력하게 반영된 개념이다. 국제사회에서 '평화'보다 '굴기'에 주목하게 되자 중국은 2004년 이후 '평화발전'으로 바꿨다.

의 근해라고 규정하고 훈련 계획에 전례 없는 항의를 하고 나섰다. 천안함 사태를 계기로 남북 간 갈등은 미·중 간 갈등으로 확산됐다.

오바마 정부 초기의 중국에 대한 정책은 우호적이었지만, 미·중 간 갈등이 악화되면서 미국의 중국에 대한 견제가 강화됐다. 오바마 미 대통령은 "미국은 아시아·태평양 국가"라고 선언하고 미국의 아시아 복귀를 예고했다. 일본도 2010년 이후 센카쿠 열도 분쟁이 격화되면서 미국과의 동맹관계를 더욱 강화하고 나섰다.

미·중 간 전략적 경쟁은 점차 구조화 단계의 양상을 드러냈다. 외교 전략적 측면에서 미국은 '아시아로의 귀환'과 '아시아 재균형'을 역설한다. 이에 대해 중국은 '평화로운 부상(平和崛起)'의 의지를 과시하며 미국에 대한 대립각을 세운다. 미국은 미일동맹관계 강화, 나아가 한·미·일 삼각군사동맹체제를 추진하는 반면, 중국은 러시아와의 전략적 관계 강화와 함께 해양영유권 확대를 위한 공세적 정책을 펼쳐 미국 주도의 해양 질서를 바꾸려고 한다.

중국은 2016년 '군사굴기'를 천명하고 군사력 확장 의지를 대내외에 과시하며 남·동중국해와 사이버 안보 등에서 양보 없는 강성 행보에 나섰다. 시진핑 중앙군사위원회 주석이 2015년 12월 31일 군 개혁을 단행하고 로켓군과 전략지원부대, 육군통합지휘기구를 창설한 것이다. 시진핑 주석은 미국을 겨냥한 듯 이례적으로 직접 핵 억지 및 반격 능력을 언급하고 "국방 개혁은 중국몽·강군몽(强軍夢) 실현이라는 시대적 요구에 따른 것"이라고 강조했다.[14]

이는 아시아 재균형 전략을 추진하며 남중국해 등 자국의 핵심 이익에 개입하는 미국에 양보가 없다는 것을 보여주려는 중국의 의지가 강화되고 있는 것이다. 미·중 간 패권 경쟁이 격화되면서 역내 국가들에 대한 '줄 세우기' 또는 '관계 확인' 현상은 더욱 심해질 것이다. '아시아 혼란의 세기'가 더욱 악화

---

14. 《한겨레신문》 2016년 1월 4일.

되는 단계로 접어들었다.

2. 미일동맹과 미·중 패권 경쟁

1) 미·일 신밀월 시대와 역사적 의미

미국과 일본의 관계는 미국과 중국의 변화와 가장 민감하게 관련된다는 게 역사적 과정이었다. 미·중 관계가 가깝지 않거나 갈등 내지 적대적 관계일 때 미·일 관계는 우호적이거나 상호 지원의 동맹관계를 맺었다. 중·일과 미·중 간 갈등이 겹쳐질 경우 미·일 관계는 우호 지향적으로 미·중 관계는 갈등 지향적으로 증폭되는 경향을 보였다.

동북아에서의 미국과 중국의 패권 경쟁은 이미 시작됐으며 향후 더욱 치열하게 전개될 것으로 예상된다. 패권 경쟁이 격화되면서 미일동맹관계가 강화돼 '미·일 신밀월 시대'에 이르렀다. 문제는 해양세력인 미·일의 동맹관계가 대륙세력인 중국이나 러시아와 충돌할 때 한민족이 수난을 당했다는 역사적 사실이다.

19세기 초 미국, 영국, 러시아 등이 일본에게 개항 통상을 요구했지만 일본의 도쿠가와 바쿠후는 이를 거절했다. 1825년 도쿠가와 바쿠후는 일본 항구에 접근하는 모든 외국 선박을 포격하고 일본에 들어오는 외국인을 죽이라고 지시했다. 1853년 7월 8일에 이어 1854년 2월 미국 해군 함정이 일본에 와 조약 체결과 전쟁 중 하나를 선택하라고 요구했다. 일본은 어쩔 수 없이 조약을 체결해 두 항구를 개방하고 미국에 최혜국 대우를 해주기로 했다. 일본은 네덜란드, 러시아, 영국, 프랑스 등과도 조약을 체결함으로써 200여 년의 쇄국정책을 풀게 됐다.

도쿠가와를 반대하는 세력은 1868년 도쿠가와 바쿠후를 무너뜨리고 메이지 천왕의 왕정을 선포했다. 메이지 유신의 시작이었다. 이듬해 토지 개혁과 봉건적 신분제도 폐지 등 자본주의를 지향하는 일련의 개혁이 단행됐다. 봉건적 징병제도도 폐지해 서방 국가와 같은 현대화된 군대를 건립했다.[15] 메이지 유신의 성공으로 일본은 부국강병의 길로 나아갔다. 1897년 말에 이르면 일본은 유럽 국가 수준의 국력을 갖게 되었고 대외 확장을 위한 대륙정책을 본격화됐다.

1898년 미국-스페인전쟁과 1899년 문호 개방 정책 이후 해외 특히 태평양으로 영토를 확장해온 당시 미국의 관심은 대륙국가인 러시아의 아시아 쪽 진출을 막고 광활한 태평양의 영토를 안정적으로 확보하는 데 있었다. 러시아가 청일전쟁 이후 만주와 조선에 대한 영향력을 확대하며 남진해오자 미국과 영국은 1900년대 초부터 일본의 아시아 진출을 적극 지원하고 나섰다. 미국과 일본의 '1차 밀월기'가 시작된 것이다.

미국과 일본의 '1차 밀월기'는 1932년 일본의 만주사변과 국제연맹 탈퇴, 1937년 일본의 중국 침략과 중일전쟁 등으로 양국 간 갈등이 격화되고 1941년 일본의 진주만 기습과 태평양 전쟁이라는 불행한 결과로 이어졌다. 일본의 침략 전쟁 책임을 묻기로 한 '얄타 체제'에서 미국과 장제스 국민당 정부의 중국은 매우 우호적인 관계였다. 그러나 1949년 중국 공산당 정권의 수립, 중소동맹조약 체결, 특히 1950년 한반도 전쟁에 대한 중국의 참전으로 미·중 관계는 적대적으로 바뀌었다.

미·중 관계의 적대적 전환은 곧 미·일 관계의 우호적 전환으로 나타났다. 미국과 일본의 '2차 밀월기'가 시작됐다. 동서 냉전의 격화로 '얄타 체제'가 붕괴하고 미국의 일본 점령 정책이 전환돼 일본은 미국의 중요한 이념적·전략

---

15. 정신철, 「일본 민족주의」, 《한국 민족주의와 국제주의》(민족문제연구 제3집), 1996, 171-179쪽.

적 동반자로 부상했다. 미·일의 '2차 밀월기'는 1980년대 말 냉전의 종식과 미·중·일의 전략적 협력관계의 소멸로 일단락됐다. 미·일 간에는 통상 마찰 등으로 갈등이 빚어졌다.

미국과 일본의 '3차 밀월기'는 '톈안먼 사태'로 빚어진 미·중 간 갈등이 1990년대 들어 미국 등의 '중국위협론' 등으로 심화되면서 1996년 미일동맹 관계 재강화로 다시 시작됐다. 미·일 군사동맹 관계는 2010년 '천안함 사태'를 계기로 동북아의 신냉전 대립 구도가 심해지면서 일체화의 단계로 가속화됐다. 마침내 2015년 4월 이후 본격적인 미·일 신밀월 시대가 전개되기에 이르렀다.

2015년 4월 27일 미국과 일본이 합의한 '신미·일 방위협력지침'의 주요 내용은 미국과 일본의 군사작전활동 공간을 전 세계로 확장하고 일본의 군사적 역할을 확대한다는 것이다. 이런 미·일 방위 지침이 중국을 겨냥하고 있어 중국은 이를 자국의 안보에 대한 위협으로 인식한다. 한반도 유사시 일본의 한반도 사태 개입에 대한 우려도 나온다. 미·일 방위지침이 동북아의 평화와 안보 질서에 부정적인 영향을 미치게 될 것이라는 주장이 나오는 이유다.

미·일 방위협력지침은 1979년 아프가니스탄을 침공한 소련의 위협에 대비해 처음 작성된 뒤 사회주의권과의 대결을 계기로 강화돼왔다. 방위협력지침은 1990년대 들어 '중국 위협론'과 1차 북한 핵 위기로 1997년 개정됐다가 중국의 부상으로 인한 지정학적 변화로 18년 만에 다시 개정됐다. 2015년의 개정 목표는 미일동맹의 글로벌 확장과 함께 급부상하는 중국에 대한 노골적인 견제로 나타났다.

2015년의 방위협력지침은 1997년의 지침과 다르다. 첫째, 미일동맹의 활동범위가 기존의 지침에서 설정한 일본과 주변 지역에서 아시아태평양 지역 및 전 세계로 확대됐다. 둘째, 미·일 양국이 군사 협력을 해야 하는 사태가 '평시, 주변 사태(한반도·타이완 유사 사태), 일본 유사 사태' 등 3단계에서 '평화 시(회색지대 사태 포함), 일본의 안보에 대한 중대한 위협 사태, 일본이 군사적 외침을 받는 사태, 일본이 아닌 미국 등 다른 나라가 군사적 외침을 받는 사태, 일본의 대규모 재해 사태' 등 5단계로 세분화됐다. 셋째, 양국 간 안보와 방위협력을 위해 정부 전체에 걸친 동맹 내 조정을 확보할 필요가 있으며, 이를 위해 양국은 평시에도 '동맹 조정 메커니즘'을 설치하기로 했다. 미일동맹이 한미연합사령부를 유지하고 있는 한미동맹처럼 일체화된 동맹으로 가겠다는 의도다. 넷째, 평시의 안보협력 범주를 확대했다. 이전과 달리 정보와 감시활동은 물론 탐지(ISR: Intelligence, Surveillance, Reconnaissance)활동까지 통합적으로 협력하기로 했다. 또한 탄도미사일을 포함하는 공중 방어와 해상 안보까지 안보협력을 평시에도 하기로 했다.

방위협력지침 내용 중에서 탄도미사일 감시와 탐지를 비롯한 중국을 겨냥한 항목들이 주목된다. 양국 각료들이 발표한 공동성명에서도 미국의 첨단 군사 자원을 일본에 집중 투입해 동중국해와 남중국해에 대한 중국의 활동을 감시하고 미사일 방어 태세를 강화하기 위한 구체적인 조치와 활동에 들어갈 것임을 선언했다.[16] 미국과 일본이 힘을 합쳐 중국의 군사력 확장을 견제하겠다는 의도가 노골적으로 드러난다.

이 방위협력지침에서 주목되는 것은 미국의 아시아 정책의 근간이 중국에 대한 견제의 고삐를 바짝 죄는 쪽으로 전환되고 있다는 점이다. 케리 미 국무장관은 미·일 방위협력지침 개정을 '역사적 전환'이라고 평가했다. 그는 일본과의 외교·국방장관 회담 뒤 중국을 겨냥해 "미국은 항행의 자유와 함께 영해·영공의 불법적 사용이 대국의 특권이라는 생각을 거부한다"고 강조했다. 중국과 일본의 영유권 분쟁이 벌어지고 있는 댜오위다오와 관련해서도 이번 방위 지침에서 "미군은 일본을 지원한다"고 명시했다. 미국이 중국과의 무력 충돌도 불사하겠다는 의지를 보인 것이다.[17] 아베 총리도 미일동맹 강화

16.《한겨레신문》 2015년 4월 28일.

가 북한뿐만 아니라 중국의 위협에 대응하기 위한 것이라고 밝혔다. 중국에 대한 미일동맹의 대립각이 노골적으로 날카로워지고 있는 것이다.

방위협력지침 개정을 통한 일본의 집단적 자위권 행사 용인은 전후 일본 방위 정책의 기본인 일본의 방위에 중점을 둔 '전수방위' 원칙의 근본적인 수정, 즉 폐기를 의미한다. 방위 지침 개정에 따라 일본은 안보 관련 법제의 전면적 개정 작업에 들어갔다. 일본은 집단적 자위권 행사의 선언과 함께 이를 반영한 국가안전보장기본법안, 자위대법, 주변사태법 등 안보 관련 법안들의 개정 작업을 본격적으로 진행했다.

중국은 미국이 지원하는 일본을 중국을 위협할 수 있는 객관적 위협으로 인식한다. 미국은 방위 지침 개정을 통해 일본 자위대가 남중국해에서 미국을 지원해주길 기대한다. 남중국해에서 미·중 간, 중·일 간 군사적 충돌이나 신냉전이 촉발될 가능성을 배제할 수 없는 이유다. 이런 판에 한·미·일 삼각 군사동맹체제가 등장한다면 북한·중국·러시아와의 신냉전 대립 구도가 예각적으로 심각하게 형성될 것이다. 신냉전 구도와 민족주의 갈등의 결합은 전쟁으로 귀결된다는 점에서 '미·일 신밀월 시대'와 동북아 정세의 동향을 예의주시하지 않을 수 없다.

2) 미·중 패권 경쟁의 전망

미국 오바마 정부는 2009년 대외관계의 중심축을 중동에서 아시아태평양으로 전환한다는 '아시아 재균형 정책'을 내놓았다. 미국의 '아시아 재균형 정책'은 미국의 아시아 복귀 선언이었다. 이후 미국은 중국의 부상에 대응하기 위해 전통적 동맹관계의 강화와 함께 다자주의적 개입을 확대하고 나섰다.

17.《한겨레신문》2015년 4월 29일.

이 과정에서 미국의 재정위기로 국방 예산이 삭감되면서 아시아 동맹국과 우방국의 군사적 책임과 역할 분담에 대한 미국의 요구가 거세졌다. 미국은 특히 미·일 군사동맹 관계 강화와 일본의 군사적 책임 및 역할 분담에 주력했다. 일본은 이에 편승해 일본의 집단적 자위권 선언 등 군사대국화를 향한 행보를 서둘렀다. 일본의 군사적 행보는 중국 및 한국과 갈등을 불러일으켰다.

중국이 세계 2위의 경제대국으로 부상해 적극적으로 세계 전략을 구사하기 시작한 2010년 이후 미국과 중국의 패권 경쟁이 본격화됐다. 이해 초부터 미·중 관계는 미국의 타이완에 대한 무기 판매, 달라이 라마 미국 방문, 환율문제로 갈등 양상이 나타났다. 미·중 간 패권 경쟁이 본격화된 것은 이해 3월 26일 발생한 '천안함 사태'가 계기였다. 사태를 둘러싸고 한국·미국·일본과 북한·중국·러시아 사이에 의견 대립과 갈등이 나타났다. 이후 센카쿠 열도(중국명 댜오위다오) 분쟁, 연평도 포격 사건, 류샤오보(劉曉波)의 노벨평화상 수상 문제, 중국의 항모 및 스텔스기 등 최신 첨단 무기 개발 문제로 갈등이 크게 악화됐다.

이해 5월 28일 한·중 정상회담에서 원자바오 중국 총리는 '북한 소행론'을 내용으로 한 한국 쪽 천안함 사태 조사 결과 수용을 완강하게 거부했다. 이해 7월 러시아 조사단 쪽 조사 결과도 한국과 달랐다. 보도된 보고서 요약본의 내용은 천안함이 북한의 어뢰가 아니라 예전에 설치된 기뢰에 의해 폭발했다는 것이다.[18] 특히 도널드 그레그 전 주한 미국 대사가 주장한 내용은 충격적이었다. 그는 8월 31일자 《뉴욕타임스》에 기고한 「북한의 반응 살피기」라는 기고문에서 "러시아가 보고서를 공개하지 않은 이유는 러시아의 조사 결과가 이명박 대통령에게 정치적 타격을 주고 오바마 대통령을 당황하게 만들 수 있기 때문"이라고 주장했다. 이 주장은 이명박 대통령이 천안함 조사

---

18. 《한겨레신문》 2010년 7월 31일.

결과를 조작했을 가능성과 오바마 미국 대통령이 한 통속이라는 것을 암시하는 것으로 풀이될 수도 있다는 점에서 파문을 일으켰다.

미·중 간 갈등은 북한에 대한 제재의 일환으로 계획된 서해상에서의 대규모 한·미 합동군사훈련을 둘러싸고 벌어졌다. 중국은 최초로 '핵심 이익' 문제를 대외 관계에 적용해 한·중 간 경계수역인 황해를 자신의 '근해'로 규정하고 황해를 포함한 동중국해를 '핵심 이익 영역'으로 한다는 입장을 천명했다. 중국 외교부는 7월 12일 기자회견을 통해 한반도 서해 군사훈련은 중국의 핵심 이익 침해라는 뜻을 밝혔다. 중국이 한반도와 관련된 구체적인 현안에 대해 '핵심 이익'이라고 규정한 최초의 사례다.[19] 6월 8일 《환추스바오(環球時報)》는 "한반도 문제에서 중국의 이해와 협력 없이는 한국은 어떤 행동도 발걸음도 내딛기 어려울 것"이라고 강경한 논조를 보였다. 2011년 연평도 포격 사태 당시 중국 외무성은 황해에서의 한·미 해군합동훈련에 대해 "중국의 배타적 경제수역에서는 중국의 허가 없이는 어느 누구도 어떤 군사행동을 할 수 없다"고 강경하게 대응했다. 중국은 이에 앞서 이해 3월 남중국해의 해양 권익을 타이완이나 티베트 문제와 같이 주권·영토와 관계되는 '핵심 국가이익'이며 타협의 여지가 없다고 선언했다.

한·미 군사훈련은 2010년 7월 25~28일 미국의 핵추진 항공모함이 동원돼 동해에서 실시됐다. 중국도 이 훈련 기간 2회에 걸쳐 대규모 대응 군사훈련을 벌였다. 미국은 이어 8월 10일부터 남중국해에서 미국·베트남 합동군사훈련을 실시했다. 중국은 이 훈련을 중국에 대한 포위 전략이라고 규탄했다.

2011년 1월 오바마와 후진타오는 미·중 공동성명에서 "긍정적이고 협력적이며 포괄적인 미·중 관계"를 선포하고 "미국은 국제문제와 관련해 더 큰 역할을 하는 강한, 번창한, 성공적인 국가를 환영한다. 중국은 미국을 아시아

---

19. 김흥규, 「천안함 사태 이후 대중국 외교 과제」, 《외교》 제95호(2010. 10), 53쪽.

태평양 지역의 평화, 안정, 그리고 번영에 기여하는 아시아태평양국가로서 환영한다"고 밝혔다. 그러나 이런 유화적 표현과는 달리 미·중은 상대방의 전략적 의도에 대해 의구심을 품어왔다.

오바마 대통령은 동아시아 정상회담에서 남중국해에서의 항해 자유를 강조하고, 클린턴 국무장관은 남중국해를 '서필리핀해'라고 언급하며 미국·필리핀 군사동맹을 과시했다. 2011년 10월 힐러리 클린턴 미 국무장관은 '아시아 재균형'을 주장하며 아시아태평양 지역에서의 미국의 이해관계를 강조하고 이 지역에 규범과 법칙을 구축하는 데 영향력을 행사하겠다는 점을 명확히 했다. '아시아 재균형' 정책에는 미국의 패권 유지에 필수적인 경제성장의 동력과 자원을 확보하기 위해 지정학적 요충지를 수호하려는 미국의 전략적 의도가 반영돼 있다. 미국의 중국에 대한 지정학적 압박이 바로 '아시아 재균형' 정책이다.

'아시아 재균형' 정책을 통해 우위를 유지하는 미국의 군사전략적 의지는 2012년 미국의 '신국방전략지침'으로 나타났다. 지침은 중국을 포위·견제하겠다는 전략적 의도를 노골적으로 드러냈다. 미국은 중국을 견제하기 위해 해·공군의 첨단 전력을 아시아로 배치하는 한편,[20] 미일동맹을 통해 일본과 공동으로 미사일 방어 체계와 대잠수함 작전 능력의 강화를 도모했다.

미·중 간 긴장이 높아지는 가운데 중국이 주장하고 나선 것이 '신형대국관계'다. '신형대국관계'에서 중국이 강조하는 '핵심 이익'은 '주권과 안보, 영토 및 민족 통합'이다. 중국의 주권 개념은 중국 대륙을 넘어 타이완과 동·남중국해에 대한 지배권을 의미한다. 민족 통합은 티베트, 신장 등 변방소수민족에 대한 지배권이다. 이러한 중국의 주장은 미국의 동아시아 전략과 배치될

---

20. 미 국방부가 2014년 3월 발표한 「4개년 국방 전략 검토 보고서(QDR)」에서 2020년까지 미해군 전력의 60%를 아태지역에 배치하고 역내 공군력도 증강하겠다는 구상이 나왔다.

수밖에 없다. 중국의 주권 주장은 미국이 타이완·일본·필리핀과의 동맹관계를 준수하는 한 미국의 국익과 상충된다. 공산당의 지배와 소수민족에 대한 지배권 역시 미국이 민주주의와 인권이라는 보편적 가치 추구를 전략 목표로 고수하는 한 받아들일 수 없는 주장이다.[21]

중국은 2013년 시진핑 체제 출범 이후 미국과의 신형대국관계를 제시하면서 해양 진출에 대한 의지를 분명하게 드러냈다. 미국이 중국의 부상을 견제하기 위해 '아시아 재균형' 전략 및 '신실크로드' 계획을 추진하자 이에 맞서 중국은 '일대일로(一帶一路)' 전략을 적극 추진했다. 2011년 7월 클린턴 미 국무장관이 주창한 '신실크로드' 계획은 아프간을 중심으로 중앙아시아와 남아시아를 연계·통합하는 지역 통합 구상이다. 이는 중앙아시아와 남아시아에서의 미국의 영향력을 강화함으로써 러시아·중국 등의 영향력을 이 지역에서 배제하려는 의도다.

2012년 11월 '중국의 꿈(中國夢)'을 처음 언급한 시진핑은 2013년 '일대일로' 구상을 제시했다. 이 구상은 아메리카대륙을 제외한 지구촌 전체를 염두에 둔 거대한 개발 계획이다. '일대'는 시안-우루무치-중앙아시아-이스탄불-뒤스부르크를 연결하는 지역을 가리킨다. '일로'는 푸첸성 취안저우(泉州)-광저우-싱가포르-방글라데시-탄자니아 바가모요-홍해-지중해로 이어지는 지역이다. 육상과 해상 실크로드가 완성되면 26개국 및 지역의 44억 명 인구(세계 인구의 63%)를 하나로 묶을 수 있고, 그 경제 규모는 21조 달러(세계 경제 규모의 29%)에 달할 것으로 추정된다.

중국은 '일대일로'를 통한 전방위의 물류 네트워크를 구축함으로써 미국과 일본이 장악한 역내 패권 및 대중 봉쇄 구도를 약화시키겠다는 전략이다. '일대일로' 전략의 장기적 실행으로 자국 중심의 통합 물류 체계를 만들어 미·

---

21. 주용식, 「중국 패권주의와 신형 대국관계」, 《신아세아》 2013년, 41-44쪽.

일의 대중 봉쇄에 대항하겠다는 논리다. 중국의 '일대일로' 전략은 중국이 유라시아 지역을 놓고 강대국들과 경쟁·각축을 벌이겠다는 것으로, 기존의 미국 중심의 질서 구조를 중국 자신에게 보다 유리한 방향으로 조성하려는 전략적 의도로 보인다.[22]

중국의 해양 실크로드 전략의 추진은 중국의 해양 권익 수호를 위한 해양 강국 건설의 선언으로 이어졌다. 미국의 제해권에서 벗어나기 위한 중국의 새로운 수송 루트의 개발 및 요충지 수호를 하려면 중국 해군력의 확충이 필수적이기 때문이다. 중국은 2020년 이전 초급 해양강국, 2021~2030년 중등 해양강국, 2050년 일류 해양강국의 실현을 목표로 해양강국화에 주력해왔다.

중국은 미국의 타이완 해협 분쟁 등에 관한 개입을 방지하고 미국의 행동을 견제하기 위해 '반접근·지역거부(A2AD: Anti-across/area denial)' 전략을 우선적으로 발전시켰다.[23] 중장거리 미사일, 잠수함 등은 이런 능력을 뒷받침하는 핵심 전력이다. 중국은 미국이 발전시켰던 군사 혁신 개념을 받아들여 중국 특색의 군사 혁신을 통해 보다 단기간에 세계적 군사력을 갖추려고 매진하고 있다.

러시아는 비록 국력이 약화됐지만, 미국의 첨단 군사력에 대응할 수 있는 군사력과 기술력을 보유한 국가다. 러시아는 자신의 위상을 확보하기 위해 중국과 협력해 미국을 견제하려고 한다. 중국과 러시아의 전략적 제휴는 중국의 부족한 첨단군사력과 외교력을 보완해 동아시아 지역에서 미국과 세력 균형 체제를 발전시킬 기회를 제공할 것이다.

---

22. 서정경, 「지정학적 관점에서 본 시진핑 시기 중국 외교: '일대일로(一帶一路)' 전략을 중심으로」, 《국제정치논총》 제55집 2호(2015), 234-240쪽.
23. 반접근 전략은 원거리에서 적군의 작전해역 진입을 방지하기 위한 행동과 능력을 의미하며, 지역거부는 작전구역 내에서 적의 행동의 자유를 제한하기 위한 행동과 능력을 말한다. U.S. Department of Defense, *Joint Operational Concept(JOAC)*, January 17, 2012, p.6.

미국은 기본적으로 중국의 급격한 군사 현대화 추세를 우려한다. 미 국방부 보고서는 중국 무기 체계와 전개 패턴을 분석한 결과 중국은 이미 군사력 증강을 통해 타이완을 넘어서는 비상 상황을 염두에 두고 있는 것으로 파악했다. 중국의 군사전략가들은 중국군의 활동범위를 일본 본토, 필리핀, 괌까지를 포함한 지역까지 확대시켰다고 소개했다. 미국이 근본적으로 전략잠수함 숫자를 늘리지 않는 한 태평양에서 미국의 전력 우위는 중국으로 역전될 전망도 나왔다.[24] 중국의 '반접근·지역거부' 전략을 정면으로 돌파하기 위해 미국이 새로운 작전 개념으로 개발한 것이 '공해전투(air-sea battle)'다. 양국의 군사전략적 경쟁의 핵심에는 미사일 방어와 핵전력의 증강이 포함돼 있다. 이에 따라 '미·일 신밀월 시대'에 들어선 미국과 일본은 대중국 미사일방어체계 공조를 더욱 가속화할 것이다.

미·중 패권 경쟁의 역학구조는 동아시아 해양 분쟁에서 단적으로 나타난다. 양국 간 패권 경쟁은 직접적인 대결보다는 자신이 주도하는 안보 체제를 구축하기 위해 상호 영향력을 행사하는 간접 대결의 형태를 보일 것이다. 미·중 관계 최악의 시나리오가 될 수 있는 타이완 문제, 해양 분쟁, 북한 문제 등으로 직접적인 국지적 충돌이 생길 경우 지역 질서는 이들 안보 문제에 의해 국가 간 관계가 결정될 가능성이 크다. 극단적인 상황의 시나리오는 미·중 간 패권전쟁이 남북 간 대리전쟁으로 폭발하는 경우다.[25]

24. 이상현, 「아시아판 NATO 구상의 좌절」, 《국제정치논총》 제50집 5호(2010), 15-20쪽.
25. 박창권, 「미·중의 지역 내 패권 경쟁 가능성과 우리의 전략적 선택 방향」, 《전략연구》 통권 제57호(2013. 3), 227쪽.

3. 북한 핵과 한반도

1) 북한 핵의 지정학

북핵 문제는 동북아라는 공간의 지정학, 그리고 7천만 명의 목숨을 앗아간 제2차 세계대전의 아시아·태평양 전쟁의 유산과도 밀접한 관련이 있다. 북한의 핵무장에 대한 집착과 3대 세습체제의 뿌리를 정확히 분석하기 위해서는 1950년 한반도 전쟁과 아시아·태평양 전쟁의 유산을 함께 고려할 필요가 있다.

1922년 소련 공산주의체제가 탄생할 수 있었던 배경에는 제1차 세계대전이 있었다. 마찬가지로 1948년 등장한 조선민주주의인민공화국과 1949년 수립된 중화인민공화국은 아시아·태평양 전쟁의 지정학적 결과였다. 중화인민공화국이 건립될 수 있는 힘은 공산주의 혁명보다 일본 제국주의 대 반제 세력 간의 전쟁이 한 축을 이룬 아시아·태평양 전쟁에 뿌리를 두고 있다. 만주와 러시아에서 독립 무장투쟁을 벌이고 있던 반제운동의 한인들도 쉽게 공산주의 사상을 받아들였다. 김일성 체제의 등장은 소련의 아시아·태평양 전쟁 참전의 지정학과 불가분의 관계가 있다.

북한은 국공내전에서 중국 공산당을 위한 우회 거점과 후방 기지로 기능했다. 중국 공산당의 입장에서 김일성·김정일 체제는 1937년 이후 1945년까지 전개된 아시아·태평양 전쟁의 혈맹이었다. 또한 1945년 이후 국공내전의 혈맹이었다. 1950년 한반도 전쟁에서 마오쩌둥이 개입한 '항미원조전쟁'의 혈맹이기도 하다. 중국 공산당이 지정학적 연속성의 차원에서 북핵 문제를 포함한 북한 문제 전반을 인식하는 경향은 이러한 배경 때문이다.

핵폭탄을 보유하겠다는 김일성·김정일 체제의 집념은 아시아·태평양 전쟁 시기 항일 유격대의 일원으로서, 소련군 88여단의 대대장으로서 김일성이 갖게 된 지정학적 인식에도 근원이 있다. 한반도 전쟁 당시 미국의 핵무기 사용을 두려워했던 북한은 휴전 직후인 1954년 인민군 내에 핵무기 방위 부문을 설치했다. 1962년에는 영변에 원자력연구소를 설치했으며, 김일성대학과 김책공대에 핵 연구 분야를 창설했다. 북핵 문제의 기원이 1959년 '조·소 핵협정'부터라는 의견도 있다. 그러나 북핵 문제의 기원은 미국의 핵폭격으로 종결된 아시아·태평양 전쟁으로 거슬러 올라간다고 보아야 할 것이다. 북핵 문제는 히로시마와 나가사키 핵 폭격, 1949년 소련의 핵 실험, 한반도 전쟁 기간 중 맥아더의 핵 공격 가능성 시사, 그리고 1964년 중국의 핵 실험 등 동북아 핵 지정학의 연속성 맥락과 관련된다.

중국 공산당은 김일성·김정일의 핵무장 의지를, 1964년 소련의 의사와 무관하게 핵 실험을 강행했던 마오쩌둥의 핵무장 의지와 유사하게 받아들일 수 있다. 과거 소련의 핵 개발 반대를 무릅쓰고 핵보유 국가가 된 중국으로서는 김정일의 핵 보유 의지에 대해 강도 높은 압박을 가하기 어려운 태생적 한계가 있다.[26] 이명박 정부의 '전쟁불사론' 같은 대북 압박과 미국의 북한 핵공격 훈련[27]이나 핵 선제공격 위협도 북한의 핵무장 집착을 오히려 부추기는 요인이었다.

2010년 김정일·후진타오 정상회담, 천안함과 연평도 사태 이후 중국의 입장은 북한의 핵 개발과 3대 세습 등의 부담에도 불구하고 북한을 완충지대 또는 전방지대로 계속 확보해두려는 중국 공산당의 지정학적 인식에 바탕을 둔 것이다. 이 지정학적 인식은 1911년 신해혁명 당시 만주족의 청을 멸하고 한족 국가를 세우겠다는 멸만흥한(滅滿興漢)을 내세웠으면서도 청 제국의 영토

---

26. 김명섭, 「북핵문제와 동북아 6자회담의 지정학: 역사적 성찰과 전망」, 《한국과 국제정치》 제27군 제1호, 통권 72호(2011년 봄), 113-121쪽 참조.

27. 미국의 노스캐롤라이나 주 세이머 존슨 기지에서 제4전투비행단 소속의 미 F15-E 전폭기들이 콘크리트로 만든 모조 핵폭탄을 플로리다 사격장에 떨어뜨리는 훈련을 반복 실시했다. 이 훈련의 목적은 북한의 탄도미사일 공격을 차단하기 위한 것이다. 《한겨레신문》 2002년 9월 13일.

를 계승한 것, 1950년 티베트에 대한 군사작전, 1979년 베트남과의 전쟁, 2011년 타지키스탄과의 조약 체결을 통해 이룩한 영토 확장 등에서도 지속적으로 나타났다.[28] 2013년 시진핑 체제 출범 이후에도 북한의 3차·4차 핵 실험으로 인한 북·중 관계의 불협화음에도 불구하고 중국의 지정학적 전략관은 기본적으로 유지됐다.

북한은 1970년대부터 남북 간의 정전상태를 끝내고 평화 정착과 함께 미국과의 정치·경제적 정상화로 체제를 유지하겠다는 전략을 시도해왔다. 이런 북한의 전략은 1974년 3월 미국에 대한 평화협정 체결 제의로 시작됐다. 당시 남북 간의 국력 면에서 남쪽이 우세해지고 북한의 경제 및 개방 시도가 중동의 석유 파동 등으로 어려워진 때였다. 미국과 중국·일본은 서로 전략적 협력관계에 있어 사이가 좋은 시기였다. 그러나 미국의 반응은 냉담했다. 미국의 대소 냉전 전초기지인 한반도의 지정학적 이유 때문이었다.

한국과 소련의 수교에 이은 1992년의 한·중 수교로 국제적 고립에 빠진 북한은 미국과의 관계 정상화에 매우 적극적이었다. 김일성이 심지어는 "미국이 전략적으로 그렇게 필요하다면 우리가 통일한 다음에 진해만을 쿠바의 관타나모 기지처럼 미 해군의 잠수함 기지로 조차해줄 수도 있다"고 말할 정도였다. 북한이 중국 덩샤오핑의 권고로 1992년 남북기본합의서로 상징되는 남북관계 개선에 적극 나선 것도 미국의 불안과 시기심을 자극해 북·미 관계에 대한 미국의 관심을 끌기 위한 것이었다. 그러나 미국은 요지부동으로 관심을 보이지 않았다.[29]

김정일의 등장과 함께 '벼랑 끝 전술'이 시작됐다. 그는 미국의 이해관계보다 미국이 가장 금기로 싫어하는 핵무기 개발 카드를 꺼내 핵 개발에 이은 '공

---

28. 김명섭, 「북핵문제와 동북아 6자회담의 지정학: 역사적 성찰과 전망」, 124-125쪽 참조.
29. 오진용, 「북핵에 대해서 중·러는 더 이상 북한을 돕기는 어려울 것이다」, 《북한》, 2003년 4월호, 86-88쪽.

포의 도미노' 현상을 미끼로 미국을 협상 테이블로 끌어들이려고 했다. 핵 개발 위협으로 미국과의 관계 정상화를 이루자는 의도였다. 그러나 미국은 강경했다. 중국은 북한과 미국의 군사적 충돌 가능성을 우려했다. 지정학적 차원에서 중국은 사태를 방관할 수 없었다. 중국은 쉬신(徐信) 부참모장을 북한에 두 번씩이나 보내 북한을 설득했으나 북한 군부가 듣지 않았다. 마침내 북한의 영변 핵기지를 폭파한다는 미국의 최후통첩이 나왔다. 사태가 심각해지자 중국은 김일성 주석과 호형호재의 사이인 홍쉐즈(洪學智)를 평양으로 급히 보내 김일성 주석을 설득한 끝에 미국의 요구를 수용하고 제네바 합의를 받아들이도록 했다.[30] 한반도의 전쟁 위기는 중국의 적극적 중재와 카터 전 미국 대통령의 북한 방문 외교로 제네바 협상이 가능해져 가까스로 모면할 수 있었다.

1994년 10월 21일 북한 핵문제에 대한 북한과 미국의 제네바 기본합의 핵심 내용은 미국이 북한의 안전을 보장하고 경수로와 대체에너지인 중유 제공 등 경제적인 지원을 하며 북한과 외교관계를 정상화하는 것이었다. 북한은 핵 활동을 전면 동결하고 기존 핵 시설을 궁극적으로 해체한다는 것이었다. 이 합의대로 이행됐다면 더 이상의 북한 핵 위기가 발생하지 않음은 물론 북한과 미국의 관계 정상화로 이어져 한반도 평화가 이루어졌을 것이다.

문제는 북·미 제네바 기본합의가 한반도 평화를 진정으로 염두에 두고 북·미 관계 발전을 위한 의지와 진정성을 바탕으로 한 것이었느냐는 점이다. 이와 관련해 제네바 합의 얼마쯤 뒤인 1994년 10월 24일《워싱턴포스트》는 미국이 북·미 합의에 동의한 것이 합의사항 이행 과정에서 북한이 붕괴될 것이라는 확신에서 이루어진 것이라고 분석했다. 당시 북한은 김일성 주석 사망, 식량 위기, 경제공황 등 건국 이래 최대의 시련기이자 위기에 놓여 있었다.

---

30. 오진용, 「북핵에 대해서 중·러는 더 이상 북한을 돕기는 어려울 것이다」, 88-89쪽.

미국은 이런 상황을 염두에 두고 애초부터 합의사항의 완전한 이행과 그 이후의 결과를 상정하지 않았다는 것으로 풀이되는 분석이다. 합의가 깨지고 말 것이라는 생각이었다면 합의를 이행해야겠다는 의지와 진정성이 있을 리가 없다.

북한 핵 문제 악화의 시발점이 돼버린 제네바 북·미 합의 파기의 책임을 둘러싸고 서로 상반된 주장이 나온다. 한국·미국·일본은 북한의 핵 개발 시도에 따른 북한의 약속 불이행이라는 '북한 책임론'을 편다. 이와 반대로 북한·중국·러시아는 미국의 대북 적대 정책 때문에 미국이 일방적으로 파기한 것이라고 반박한다.

2002년 제2차 핵 위기가 터지고 북·미 제네바 합의가 파괴된 뒤 카터 전 미국 대통령은 2003년 9월 1일자 《유에스에이 투데이(USA Today)》 특별기고를 통해 북한과 미국 모두 제네바 합의를 존중하지 않았다고 지적했다. 그는 북한에 대한 미국의 '악의 축' 규정, 직접 대화 거부, 선제공격과 핵무기 선제 사용 위협, 북한 선박 나포, 북을 겨냥한 탄도탄미사일 알래스카 배치 등과 같은 미국의 대북 적대 정책 때문에 북한이 위협을 실감해 핵 개발을 선택하도록 만들었다고 '미국 책임론'을 거론했다. 레이니 전 주한 미국대사와 샤플린(Jason T. Shaplen) 전 KEDO(한반도에너지개발기구) 고문은 9월 2일자 《뉴욕타임스》 공동기고에서 미 강경파가 대북 고립 정책으로 북한의 핵 개발 강행을 부추기고 있다면서 그들은 이런 상황 악화를 오히려 원하고 있을지 모른다는 충격과 우려를 나타냈다.

냉전 종식 후 조정기를 거친 미국은 1996년 미일동맹 강화 이후 새로운 '적'을 상정한 패권 전략을 가다듬었다. 클린턴 미 행정부가 추구한 1993년 '전면적 검토'의 핵심은 대외적 '위험'을 발견해 미군의 개입 태세를 확립하는 것이었다. 1996년 2월에 발표된 '개입과 확산의 국가 안보 전략'에서 미국은 마침내 소련의 자리에 북한을 비롯한 '깡패국가(rouge state)'들을 내세웠다.

미국의 동아시아 안보 전략의 입장에서 한반도의 긴장 완화, 특히 남북관계의 급격한 개선과 화해는 미국에게 오히려 부담이 될 수 있다. '북한 위협론'을 빌미로 한 주한미군의 존재 이유나 한국에 대한 무기 판매의 필요성이 약해질 것이기 때문이다. 북한 핵 문제가 터지면서 남북 간 획기적인 화해의 물꼬를 터준 남북한 기본합의서(1992)는 휴지조각처럼 돼버렸다. 북한의 '나진·선봉 자유무역지대' 활성화 등 북한의 개혁과 개방 노력도 물거품이 됐다. 남북관계 및 한반도 정세는 얼어붙고 미국의 주도권은 다시 확고해졌다.

21세기 미국 안보 전략의 핵심인 미·일 군사동맹 강화와 일본의 군사력 증강, 미사일방어체계 구축 등의 명분이 주로 '북한 위협론'에서 비롯된다. 북한 위협의 감소나 해소는 미국 안보 전략에 근본적인 차질을 초래할 수 있다. 북한 핵 문제가 지닌 이런 지정학적 요인 때문에 근본적으로 해소되지 못한 채 북한 핵 위기가 반복적으로 나타났다.

2) 북핵 위기의 실체와 적대적 공생

북·미 간 제네바 기본합의 이후 미국의 예상과 달리 김일성의 사망에도 불구하고 북한의 김정일 권력 체제가 '고난의 행군'으로 위기를 견뎌내며 통제와 결속을 통한 안정을 유지해나갔다. 북한의 국제 관계도 정상적으로 진행됐다. 1990년대 중반 이후 목소리를 높여온 미국의 강경파는 미국의 대북 정책을 비판하고 나섰다.

1998년 8월 17일 《뉴욕타임스》의 북한 금창리 지하시설 핵 개발 의혹 기사를 계기로 제네바 기본합의는 파기의 단계로 접어들었다. 얼마 후 11월 22일 《워싱턴포스트》는 제네바 기본합의서를 재검토해야 한다며 대북 강경 정책의 필요성을 제기했다. 북한의 미사일과 대량살상무기 등이 북한과 미국의 현안으로 부각되고 양국 관계는 대립과 갈등 국면으로 전환됐다. 한반도에는 긴장의 파고가 높아졌다.

1998년은 북한과 미국, 북한과 일본 간의 '적대적 대결'을 통해 집권 강경 세력들의 입지가 서로 강화되는 '적대적 공생'의 시기였다. 일본과의 동맹을 강화하려는 미국의 아시아태평양 전략상 미국은 '북한 위협론'이 필요했다. 미국은 1997년 북한을 비롯해 쿠바, 이라크, 이란 등 7개국을 테러 지원국으로 발표했다. 이어 9월 23일 '미일방위협력지침(가이드라인)' 최종 보고서가 나왔다. 11월 3일부터 실시된 미·일 합동훈련에는 주한미군이 처음으로 참가해 한반도 유사시에 대비한 연대 강화를 과시했다.

북한에서는 1997년 10월 8일 김정일이 당 총비서에 취임했다. 이해는 '고난의 행군'의 마지막 해였다. 취임을 앞두고 '주체' 연호가 제정되고 내부 통제를 통한 단결이 강조되며 체제 강화 작업이 예년보다 강력하게 진행됐다. '미국의 위협'은 이런 작업을 도와주는 결과가 됐다.

이처럼 북·미 간 '적대적 공생'이 요구되는 상황에서 1998년 이를 진행하기 위한 사건이 잇따라 터져 나와 한반도를 긴장 속으로 몰아넣었다. 이해 상반기 미국은 북한을 겨냥한 핵전쟁 훈련을 실시했다. 주목되는 것은 탄도미사일 요격 체계로 북한의 탄도미사일 공격을 차단하기 위해 한반도에 미사일 방어체제를 조기에 구축한다는 훈련의 목적이다.[31] 미국이 북한에 대해 핵무기를 사용하지 않겠다는 약속을 해놓고 북한을 대상으로 핵공격 훈련을 실시한 것은 약속 위반이었다.

이와 함께 미국은 북한의 평북 대관군 금창리 일대의 지하시설이 핵 개발을 위한 것이라는 의혹을 제기했다. 핵 의혹 제기로 북한의 지하시설에 대한

---

31. 미국의 안보 및 에너지 문제를 다루는 노틸러스연구소가 '정보자유법'에 따라 입수한 자료에 따르면, 노스캐롤라이나 주 세이머 존슨 기지의 미 제4전투비행단 소속 F-15E 전폭기들이 모조 핵폭탄을 플로리다 사격장에 투하하는 모의훈련을 반복 실시했다. '한반도에서의 전투를 가정한 것'이라고 명시한 훈련이었다. 《한겨레신문》 2002년 9월 13일.

사찰 문제가 북·미 간 최대의 현안이 됐다. 그러나 북한은 "이 시설은 민간 경제시설로 미국의 의혹 제기는 허구"라며 강력하게 비판했다. 미국 정부는 페리 대북정책조정관을 북한에 파견하는 등 지하시설 사찰을 실시했으나 의혹 시설은 발견하지 못하고 텅 빈 동굴만 확인했을 뿐이었다.[32] 이로부터 얼마 후 세상을 깜짝 놀라게 한 북한의 '미사일 발사 사건'이 터졌다. 한국 국방부는 북한이 8월 31일 함경북도 동해안에서 대포동 1호로 추정되는 미사일을 발사해 일본 동북방 쪽에 떨어진 것으로 추정된다고 발표했다. 그러나 9월 16일 나온 미국의 공식 발표는 북한이 3단형 로켓으로 인공위성을 발사했으나 궤도 진입에 실패했다는 것이었다.

북한과 미국의 적대적 대립과 갈등으로 제네바 기본합의는 사실상 폐기 단계에 들어갔다. 새로 들어선 공화당의 부시 행정부는 제네바 기본합의 재검토와 이를 대체할 구상에 들어갔다. 부시 행정부는 2002년 1월 8일 '핵 태세 검토'에서 중국과 함께 북한을 선제 핵공격 대상 국가로 삼았다. 선제공격 전략 대상으로 북한이 제1 순위였다.[33] 이어 1월 29일에는 북한과 이라크, 이란을 '악의 축'으로 규정하고 '전략적 경쟁국'으로 중국을 상정했다.

마침내 '2002년 북한 핵 위기'가 터졌다. 위기는 이해 10월 17일 북한을 방문한 미국의 켈리 특사가 북한의 우라늄 핵 개발을 다그치자 북한이 이를 시인한 데서 비롯됐다. 이로 인해 제네바 기본합의는 파기되고 위기의 파문은 남북관계로 번졌다.

당시 남한과 북한은 2000년 6·15 남북정상공동선언 이후 남북 간의 화해와 협력·교류가 매우 활발하게 진행되고 있었다.[34] 미국은 남북관계의 속도

---

32. 북한과 미국 사이에 금창리 지하시설 사찰 문제를 놓고 논란 끝에 1999년 3월 북한이 금창리 지하시설 사찰을 허용하는 대신 미국은 식량 60만 톤을 지원하기로 합의했다.
33. 박선원, 「북핵 위기 해결을 위한 신정부의 전략」, 《국가전략》 제9권 1호(2003), 8-9쪽.
34. 분단 50여 년 만에 비무장지대에 깔려 있는 지뢰를 없애고 남북 간의 철도와 도로를 잇는 경

조절을 요구하고 나섰다. 이와 관련해 2003년 초 미국을 방문한 임성준 청와대 외교안보수석은 1월 8일 "미국이 얼마 전부터 한국 정부에 대해 북한과 새로운 경협 사업을 추진하지 말 것을 요청했었다"고 밝혔다.[35] 2002년 9월 주한 유엔군사령부의 위임에 따라 진행되던 비무장지대 지뢰 제거 작업과 금강산 관광사업에도 미국은 개입했다.

2002년 10월 미 8군 사령관은 비무장지대 지뢰 제거 작업 속도 조절을 요구하며 지뢰 제거 상호 검증 문제를 제기했다. 전례 없이 북한 검증단 명단의 수신처를 유엔사로 명기할 것을 요구해 차질이 빚어졌다. 지뢰 제거 작업이 3주 중단되다 검증 절차를 생략한 채 다시 재개되는 일이 벌어졌다.

이에 한국 정부는 2003년 1월 7~9일 임성준 청와대 외교안보수석을 미국에 보내 남북 군사실무회담 타결을 위한 군사분계선 통과 문제에 대해 미 행정부가 융통성을 보여달라고 요청했다. 임 수석은 럼스펠드 미 국방장관과 라이스 미 백악관 안보보좌관을 만나 남북 철도 및 도로 연결, 개성공단 착공, 금강산 육로관광 등 3대 현안사업은 핵 사태 이전부터 추진해온 사업으로 이 사업이 진전될 경우 북한 핵문제 해결에도 도움이 된다는 입장을 전달했다. 그러나 미국은 정전협정에 따라야 한다고 거절했다.[36]

미국은 북한과 관계 개선을 하려는 일본의 외교에도 개입하고 나섰다. 2002년 9월 고이즈미 일본 총리가 북한을 방문한 것은 일본이 모처럼 시도한 독자 외교였다. 이는 미국이 상정한 범위를 뛰어넘는 것이었다. 고이즈미 총리의 구상에는 북한과의 관계 정상화 카드도 들어 있었기 때문이다. 한반도와

의선과 동해선 철도·도로 연결 사업이 진행되고 있었다. 북한도 2002년 7월 경제개혁 조치를 취하고 신의주 특구를 비롯해 금강산 관광지구, 개성공업지구 계획을 발표했다. 공단 관리기관 책임자를 남쪽 인사로 합의하는가 하면, 사유권, 상속권 등 재산권과 신변안전을 보장하는 혁신적인 내용이었다.

35. 《조선일보》 2003년 1월 10일.
36. 《경향신문》 2003년 1월 13일.

일본을 포괄하는 동북아 경제권의 주도권을 장악하려는 사전 포석의 구상이라는 분석도 나왔다. 일본이 북한과 정상회담을 갖기로 전격적으로 합의하자 미국의 개입이 시작됐다. 일본은 정상회담 합의 사실을 8월 27일 미국에 통보했다. 다음 날 미국 부시 행정부는 내부적으로 북한 핵문제를 쟁점화하기로 내정하고 이 사실을 일본 정부에 통보했다. 북·일 정상회담에 대한 미국의 부정적 입장의 통보였다. 그럼에도 북·일 정상회담은 예정대로 열렸다.

북·일 정상회담 이후 남북 간의 교류·협력 및 긴장 완화와 냉전구조 해체의 흐름이 빠르게 진행됐다. 경의선 동해선 연결 착공식(9.18), 북한의 신의주 특별행정구역 지정(9.19), 대규모 북측 응원단 부산아시안게임 참가(9.28-10. 15) 등이 잇따라 벌어졌다.

마침내 케리의 방북을 계기로 10월 17일 제2차 '북한 핵 위기'가 터졌다. 켈리 특사는 방북 후 북한이 핵 개발을 시인했다고 발표했다. 1994년 전쟁 직전까지 갔던 한반도 핵 위기가 다시 벌어졌다. 이에 대해 미국이 서둘러 '북한 핵 위기'를 터트렸다는 분석이 나왔다. 일본 월간지 《중앙공론》 2002년 10월호에 따르면, 켈리 특사의 방북 이후 미국이 북한의 핵 개발 문제를 서둘러 표면화한 것은 의욕적인 북·일 관계 정상화 움직임에 쐐기를 박으려는 의도였다는 게 일본 외교가의 지배적인 관측이었다. 《중앙공론》의 보도 내용에는 북·일 정상회담에 대한 미국 정부의 강한 불쾌감이 드러나 있었다.[37]

'북한 핵 위기'의 징조는 평양에 가면서 서울에 들른 케리 특사가 한국 정부에 귀띔한 대북 협상 내용에서 나타났다. 그는 협상이 아니라 포괄적 제안을 하러 가는 것이라며 북한의 농축 우라늄 핵 개발을 추궁하겠다는 의사를 내비쳤다. 뭔가 일이 뒤틀려가고 있음을 느끼게 되는 케리 특사의 귀띔이었다.

관심의 초점은 북한이 어떤 정황에서 어떻게 핵 개발을 시인했느냐는 대

---

37. 《한겨레신문》 2002년 11월 27일.

목이었다. 켈리 특사는 첫날 회담에서 북한의 핵 개발 계획을 추궁하자 다음 날 북한이 이를 '시인'했다고 설명했다. 켈리 특사의 발표 후 북한은 10월 25일 외무성 대변인 담화를 통해 공식 입장을 내놓았으나 정작 핵 개발 여부를 시인한 것인지 부인한 것인지 모호한 태도를 보였다. "미국의 핵 압살 위협에 대처하여 우리가 자주권과 생존권을 지키기 위해 핵무기는 물론 그보다 더한 것도 가지게 되어 있다는 것을 명백히 말해주었다"는 게 '시인'과 관련한 북한의 표현이었다. "미국 특사는 아무런 근거 자료도 없이 우리가 핵무기 제조를 목적으로 농축 우라늄 계획을 추진하여 조·미 기본합의문을 위반하고 있다고 걸고들었다"고 북한은 미국을 비난했다.[38]

미국은 북한에 대한 경제 제재와 외교적 봉쇄를 강화해 북한의 핵 개발 포기를 이끌어낸다는 이른바 '맞춤형 봉쇄' 전략을 폈다. 미국은 "북한이 연변 핵 시설을 가동할 경우 모든 수단을 강구할 것"이라고 경고했다. 북한은 2003년 1월 핵확산금지조약 탈퇴를 선언하고 핵 시설 봉인과 감시카메라를 없애버렸다. 미국의 북한에 대한 압박은 이라크 전쟁이 끝난 뒤 더욱 거세졌다.

제2차 북핵 위기가 발생하자 중국은 제1차 위기 때보다 적극적으로 개입했다. 중국은 2차 위기를 1차 위기와 다르게 보았기 때문이다. 중국은 "만약 여의치 않으면 핵무기를 개발할 수도 있다"는 북한의 충격적인 위협을 주목했다. 북한이 핵 개발 문제를 단순한 협상카드가 아니라 체제의 안전 보장을 위한 군사적 수단으로 발전시키겠다는 북한의 변화 때문이다.[39]

---

38. 10월 25일 북한 외무성 대변인 담화는 "북미 정상화에 대한 기대를 갖고 미국의 특사를 받아들였는데 미국 특사의 일방적이고 오만한 태도에 크게 실망했다"며 "남북, 북러, 북중, 북일 관계 등이 급진전되고 있는데 미국의 적대정책으로 북미 관계만 악화하고 있다"고 지적했다.
39. 북한은 1994년 이래 6년 동안 아무런 결과 없이 미국에 끌려다닌 결과 최악의 전력 사정과 에너지 산업 중단을 초래했다며 제네바 북·미 합의 이행 과정에서 미국의 두 얼굴을 보았다. 어떠한 무력 위협 흔적도 없고 국제관계를 발전시키고 있는 북한을 미국이 세계 지배

3) 6자회담의 실종과 북핵 위기의 악화

북한과 미국의 갈등 악화는 중국의 중재로 북한과 미국·중국의 3자회담이 성사되면서 진정 국면으로 들어섰다. 북한 핵 문제를 다루는 회담과 관련해 미국은 대량살상무기인 핵무기는 국제적 문제이므로 여러 나라가 만나서 논의해야 한다며 다자회담의 틀을 주장했다. 북한은 당사자인 북한과 미국이 직접 풀어야 한다는 양자회담론으로 맞섰다. 3자회담은 두 입장이 절충된 형태였으나 한반도 핵문제의 당사자인 한국 정부가 배제된 회담이었다.

2003년 4월 중국 베이징에서 열린 3자회담에서 북한은 4단계의 '새롭고 대담한 해결방도'를 제시했다. 1단계에서 대북 에너지 및 식량 지원과 북한의 핵 포기 선언으로 시작해 궁극적으로는 북·미 불가침조약 체결, 북·미, 북·일 국교 정상화, 북핵 시설의 완전 폐기로 진행되는 방안이었다. 이 방안이 제대로 논의되기도 전에 북한의 '핵무기 보유' 발언이 불거져 나와 파문이 일었다.

북한 리근 대표가 미국 켈리 대표에게 말했다는 문제의 발언은 공식 석상에서 나온 것은 아니었다. 만찬 석상에서 리근 대표가 켈리 대표에게 개인적으로 말했다는 것이다. 중국 쪽에 따르면, 회담은 원만하게 잘 진행됐는데 미국 국방부 대표가 언론에 문제의 발언을 일방적으로 흘려 분위기가 이상하게 틀어졌다는 것이다. 3자회담이 결렬되자 북한 핵 위기는 다시 증폭됐다.

중국을 비롯한 주변국들이 북한 핵 문제 해결을 위한 회담 개최에 외교적 노력을 기울였다. 한국과 러시아 등도 나섰지만 평양과 워싱턴을 오가며 벌인 중국의 중재 노력이 효력을 발휘했다. 미국은 3자회담에다 한국과 일본을 더한 5자회담을 희망했고, 북한은 러시아의 참가를 강력하게 요청했다.[40]

전략에 따라 자의적으로 짓밟고 압박하고 있다고 주장하면서 미국의 대북 불신 이상으로 평양은 워싱턴을 믿지 못하고 있다고 북한의 한 당국자는 말했다. 《월간중앙》 2003년 6월호, 「북한 내부의 전략과 시각: 미국의 선제공격과 체제 붕괴 막을 수 있는 유일한 수단」.

남·북한과 미국, 중국, 러시아, 일본 등이 참석한 제1차 6자회담이 2003년 8월 27일부터 29일까지 중국 베이징에서 열렸다. 한국은 핵 문제의 포괄적 해결을 주장했다. 북한은 미국이 대북 적대시 정책을 포기하면 북한도 핵 포기 의사를 밝히겠다며 핵 문제 해결 조치와 관련해 동시행동과 이행의 원칙을 제안했다. 미국은 "북한이 핵무기 계획을 검증 가능하게 불가역적으로 완전히 포기해야 안전 담보나 정치·경제적 혜택을 논의할 수 있다"고 북한의 '선핵 포기'를 요구했다. 켈리 미국 대표는 "불가침조약은 적절치 않으며 필요하지도 않고 흥미도 없다"고 못 박았다. 중국은 "한반도의 비핵화와 북한이 제기한 안보 우려는 동시에 해결되어야 하며, 평화적 해결을 계기로 한반도에 평화체제를 수립함으로써 공고한 평화를 실현해야 한다"고 강조했다. 일본은 "핵 문제와 함께 미사일, 납치 문제가 포괄적으로 해결되어야 한다"고 밝혔다.

회담이 끝난 뒤 중국의 왕이(王毅) 대표는 회담의 가장 큰 걸림돌이 무엇이냐는 기자들의 질문에 "미국의 대북 정책이 우리가 직면하고 있는 주요한 문제"라고 답변했다. 회담이 다음 일정도 잡지 못하고 끝난 것은 북한과 미국의 의견 대립 때문이었다. 북한은 북한의 최종 목표가 핵무기 보유가 아니라 한반도 비핵화라며 일괄타결안에 따른 동시행동의 원칙을 주장했다. 미국은 기존의 '북한 선 핵포기' 주장을 되풀이했다.

북핵 문제 해결을 위해 2003년 시작된 6자회담은 동북아의 지정학을 반영한 협의체다. 6자회담은 아시아·태평양 당사국 간 회담으로서 샌프란시스코 체제의 연장선에 있는 다자간 협상이다. 6자회담은 전후 처리를 제대로 못한 샌프란시스코 체제의 문제점과 한계를 보완해 동북아 평화 체제를 만들어 가

---

40. 미국은 다자 틀로 북한을 압박하고 회담 진행에 따라 경제적 지원 부담이 생길 경우에 이를 한국과 일본에 떠넘기려는 속셈으로 분석됐다. 북한은 양자회담이 실질적으로 보장돼야 한다는 주장을 굽히지 않았다. 6자회담 도중 양자 접촉을 한다는 중국의 절충으로 6자회담이 성사됐다.

야 할 당위적 과제를 안고 있기 때문이다. 샌프란시스코 체제로 인해 다자주의와 집단안보기구가 없는 세계 유일의 지역이 바로 동북아다. 진정한 평화가 목적이 아니라 불완전한 평화를 관리하는 미국과 중국 중심의 정전협정 체제가 아직도 존재하고 있는 지역이기도 하다. 따라서 6자회담은 1954년 제네바 회담의 연장선에 있다. 6자회담이 강대국들의 전략적 이익만을 위한 것으로 끝나버린 제네바 회담의 재판이 우려되는 대목이다. 이런 근본적인 문제로 인해 제2차·3차 6자회담이 열렸지만 별다른 성과를 내지 못했다.

2005년 8월 미·중 간 고위급 전략대화가 시작돼 양국 관계가 협력적인 분위기로 전환됐다. 이런 분위기에서 이해 7~9월 제4차 6자회담이 개최돼 9·19 공동성명이라는 획기적인 진전이 이룩됐다. 북핵 폐기 및 각국의 상응 조치, 특히 한반도 평화체제와 동북아 안보협력기구 구성에 관한 합의는 근본적인 의미의 성과다.

이런 성과에도 불구하고 미국이 6자회담이 한창 진행 중인 2005년 9월 15일 '북한의 위조 달러 유포'를 공식 발표하고 나섬으로써 6자회담은 위기를 맞게 됐다. 발표 내용은 중국 마카오 소재 중국계 은행인 '방코델타아시아(BDA)'를 통해 위조 달러를 유통시켰다는 것이다. 미국이 방코델타아시아 은행의 북한 계좌 2,500만 달러를 동결하는 등 북한에 대한 금융 제재에 들어갔다. 북한은 '위폐 유포는 근거 없는 모략'이라고 강력하게 항의하며 제재 해제를 요구했다. 미국은 북한에게 '경제 전쟁 행위', '범죄 정권' 등의 거친 공격을 가해 '위폐 공방'이 본격적으로 벌어졌다.[41] 이해 11월 제5차 1단계 6자회담이 열렸으나 답보 상태로 빠지고 말았다.

북한은 미국의 금융 제재에 반발해 2006년 7월 대포동 2호 발사, 10월 제1

---

41. 데이비드 애셔 미국 전 국무부 동아시아태평양 선임자문관은 "유로화 등 다른 화폐도 위조 유통하는 북한 행위는 '경제 전쟁 행위'"라고 비난하고 북한에 대한 제재를 강조했다. 버시 바우 주한 미국 대사는 북한은 '범죄 정권'이라고 거칠게 비난했다.

차 핵 실험을 단행함으로써 북핵 위기 상황은 더욱 악화됐다. 그러나 미국은 북한의 위조지폐 제조에 대한 명확한 증거를 제시하지 못했다. 마침내 2007년 1월 30일 중국 베이징에서 북한에 대한 금융 제재 해제를 위한 북·미 직접 대화가 열렸다. 북한의 자금 유통에 아무런 문제가 없음을 확인하게 된 대화였다.

2007년 2월 13일 제5차 3단계 6자회담에서 '2·13 합의'가 이루어졌다. 북핵 문제의 핵심 조치는 북핵 폐기와 북·미 관계 개선이다. 합의에 따른 북핵 폐기 절차는 '북핵 폐쇄(초기 단계)→핵 불능(2단계)→북핵 폐기(3단계)'로 설정됐다. 2·13 합의 과정에서 미국은 북한에 대한 금융제재를 해제하겠다고 약속했다.

'방코델타아시아 사건'을 통해 중국은 미국이 북핵 문제의 해결보다 긴장 상태, 즉 현상 유지를 더 선호하는 게 아니냐는 의구심을 강하게 갖게 됐다. 미국이 북핵 문제 해결을 위한 일관된 전략을 갖고 있지 않을 뿐만 아니라 해결하겠다는 강한 의지를 보이지 않았다는 것이다. 이런 미국을 보고 중국은 북한의 제2차 핵 실험에서 1차와 다른 대응을 하게 됐다. 중국은 미국이 주도적으로 나서 북핵 문제를 해결할 의지를 보이지 않는 한 스스로의 책임과 비용을 늘리는 정책을 먼저 채택하지 않겠다는 것이다.[42]

2007년 2·13 합의 이후 북핵 문제는 순탄하게 진행됐다. 북한은 2008년 2월 북한 영변 원자로 냉각탑을 폭파하고, 6월 중국에 북핵신고서를 제출했다. 이에 상응해 각국은 합의대로 북한에 중유 공급을 개시했다. 북핵 문제 진행은 이해 10월 미국 국무부의 대북 테러지원국 해제에서 절정을 이루었다. 문제

---

42. 북한이 중국의 강력한 반대에도 불구하고 제1차 핵 실험을 단행하자 미국과 공동으로 유엔 안보리의 대북제재 결의안 1718호를 채택했다. 이는 중국이 기존의 중재자 입장을 버린 중대한 외교적 결단이었다. 그러나 그 시점 미국은 북한과 비밀 양자교섭을 벌여 2007년 '2.13 합의'의 토대를 마련하고 있었다. 중국과 북한과의 관계만 악화되고 북·미 간 관계는 개선되면서 중국은 전략적 유연성을 잃어버린 결과가 됐다. 김흥규, 「천안함 사태 이후 대중국 외교 과제」, 228-230쪽.

는 북한의 신고 사항에 대한 미국의 검증 문제 제기로 불거졌다. 미국은 검증 사항에 추가해야 할 5가지를 요구했다. 추가 검증 사항은 검증 대상에 플루토늄뿐만 아니라 우라늄 핵 프로그램과 핵 확산 및 핵무기 '신고시설 외의 의혹 시설 전반'을 포함시키고 사전 통지 없이 불시에 방문해 시료(샘플)을 채취하도록 북한이 허용해야 한다는 것 등이었다. 북한으로서는 도저히 받아들이기 어려운 사항들이었다. 《뉴욕타임스》(2009. 9.29)는 미국이 요구한 검증 계획은 "패전국만이 받아들일 법한 것", 《워싱턴포스트》는 "북한의 군사시설을 정탐할 권리", "어느 주권국가에서도 받아들일 수 없는 요구"라고 보도할 정도였다.

2009년 2월 등장한 한국의 이명박 정부가 북한의 비핵화, 즉 '선(先)핵포기'를 전제조건으로 내건 '비핵·개방·3000'을 대북 정책으로 내세우면서 북핵 문제는 갈등 국면으로 들어섰다. 한국과 일본은 북한에 대한 중유 공급을 중단했다. 미국도 북한의 냉각탑 폭파 때 약속한 50만 톤의 식량 공급을 중단시켰다. 북한은 이해 4월 장거리 로켓 발사, 6자회담 불참 선언, 경수로 연료 자체 해결(우라늄 농축) 선언에 이어 5월 25일에는 제2차 핵 실험을 단행했다.

북한의 핵 실험은 미·중 협력관계를 훼손할 수 있는 도전 요인이 됐다. 2011년 1월 워싱턴에서 개최된 미·중 정상회담에서 한반도 문제가 전례 없이 중요하게 다뤄졌다는 것은 주목되는 주요 특징이다. 남북한 간 군사적 충돌 가능성이 높아지는 상황에서 북핵 문제나 남북한 문제는 더 이상 남북한만의 문제가 아니며 미·중이 직접 협의와 합의를 통해 해결해나가겠다는 양국 정상의 사고와 의지가 반영된 것이기 때문이다. 미·중 정상회담에서 한반도 문제에 대한 두 강대국들의 개입의지가 더욱 강화됐음이 단적으로 드러났다.

문제는 미국과 중국이 각각의 이익과 미·중 관계의 이해관계에 따라 한반도나 남북한의 문제를 다루려 한다는 점이다. 미국과 중국이 협력관계에 있는 한 한반도 문제로 인해 양국 관계가 악화되는 것을 바라지 않을 것이다. 그러기 때문에 한반도의 안정을 위해 현상의 변화인 문제의 해결보다는 현상유지 차원의 관리를 두 나라 모두 선호할 가능성이 높다. 특히 일본은 현상 유지를 바라며 북핵 문제의 해결에 소극적일 뿐만 아니라 부정적인 반응마저 보였다.

일본의 한 고위 관리는 북한 핵문제 해결의 핵심 관건인 북한과 미국의 불가침조약 체결에 노골적으로 반대하고 나섰다. 그의 반대는 북핵 문제에 대한 일본의 근본적인 인식과 입장을 드러냈다는 점에서 주목된다. 그의 반대 이유가 북·미 간 불가침조약 체결이 일본의 이익과 전략에 막대한 차질을 초래한다는 것이었기 때문이다. 북·미 간 조약 체결은 미일동맹 관계를 해친다는 것이다.[43] 그는 이른바 '북한 위협론'을 빌미로 한 미사일방어체계 도입, 일본의 유사 사태 법제 정비 등 미·일 군사동맹 관계를 바탕으로 한 일본의 정치·군사 대국화 노력에 차질이 생길 것으로 본 것이다.

이는 동북아에서 강화되는 신냉전형 동맹체제가 북한 핵 문제 해결, 나아가서는 한반도 평화체제나 동북아 평화공동체 건설에 부정적으로 작용하게 되는 것임을 예고하는 것이다. 한국이 중국을 겨냥한 한미동맹을 강화할수록 미국과 중국의 협력관계보다는 갈등관계를 증폭시킬 가능성이 높다. 무엇보다도 북핵 문제의 악화로 인해 중국의 시진핑 등장 이후 중국이 자국의 핵심 이익을 강조하는 미국과의 신형대국관계가 충돌할 위기에 직면할 수도 있다.

박근혜 정부는 이명박 정부에 이어 북한이 먼저 핵을 포기할 것을 요구하며 대북 압박을 강화해왔다. 미국의 오바마 2기 행정부도 북한의 '선핵포기'만을 요구하는 '전략적 인내'의 대북 압박 정책 수위를 높여왔다. 한국과 미국의

---

43. 니시하라 미사시, 「북·미 불가침조약이 초래하는 일본의 위기」, 《극동문제》 2004년 2월호, 149-150쪽.

대북 압박 강화에 맞서 북한은 '위협'에 대한 '억지력'을 강조하며 2009년 5월 2차 핵 실험, 2012년 2월 3차 핵 실험, 2016년 1월 4차 핵 실험을 단행해 북핵 위기는 더욱 악화되고 말았다.

북한이 네 번째 핵 실험을 할 경우 미국과 중국 두 강대국이 북한의 핵무기 배치나 수출을 막기 위해 무력을 동원해야 한다는 주장은 이미 오래전인 2012년 무렵부터 나왔다. 무력을 사용해서라도 북한의 핵 개발을 저지하는 문제가 미·중 신형대국관계의 결정적인 고비가 될 것이라는 주장이다.[44] 북핵 위기는 제2차 한반도 전쟁의 예비 단계에 이르렀다. 국제적인 전란이 한반도를 지진해일처럼 뒤덮게 될지, 한반도의 상황은 절체절명의 위기를 맞았다.

---

44. 중국 왕이 외교부장 발언, 《연합뉴스》 2014년 3월 8일.

제6장

적대적 공생체제의 부활과 '빨갱이 장사'

1.적대적 공생체제와 영구적 집권 전략

1) 적대적 공생체제의 부활과 파시즘

이명박 정부 이후 한반도에서는 위기의 회오리가 일기 시작했다. 물론 '한반도 위기설'은 오래전부터 끊임없이 터져 나왔다. 문제는 위기의 정도와 수준·성격이 갈수록 악화되고 있다는 점이다. 영국의 싱크탱크인 국제전략문제연구소(ISS)는 2011년 3월 8일 "천안함 및 연평도 사태는 한반도가 한국전쟁 이후 그 어느 때보다도 가장 위험한 상황에 처해 있음을 보여주는 것"이라고 경고했다.[1] 이런 위기 상황에서는 민족의 생존과 번영을 위한 전략이 절대적으로 요구된다. 그러나 오히려 민족을 위험에 빠트릴 적대적 공생체제가 다시 등장했다.

이명박 정부는 김대중 정부의 '6·15 선언'과 노무현 정부의 '10·4 정상 선언'을 모두 부정했다. 이명박 정부의 대북 정책은 남북 간 평화적 공생체제에서 적대적 공생체제로의 복귀였다. 대북 정책의 기조는 평화협력이 아닌 적대적 대결이었다. 전면전 확대의 위험성도 배제할 수 없었던 '연평도 사태'가

---

1. 《경향신문》 2011년 3월 10일.

터지는 등 남북 간의 적대적 대결은 전쟁 직전의 위기로 악화됐다.

이런 남북 간 적대적 대결을 바탕으로 부활한 적대적 공생체제에서 전체주의의 파시즘이 나타난 것은 필연적인 결과다. 적대적 공생체제에서는 기득권자나 기득권세력이 권력을 유지 또는 강화하려면, 정치적 경쟁자나 경쟁세력에게 외부의 '적'인 북한과 '내통'했다는 '죄'를 뒤집어 씌워 사회에서 축출하거나 제거해야 하기 때문이다. 남한의 파시즘은 자신의 권익에 도전하는 특정한 내부의 요소를 북한과 연결된 '적'으로 규정하고 국민 공동체에 위협적인 존재로 규탄하는 국민주의의 편집증적 형태라고 할 수 있다.

이런 파시즘의 편집증적 성격 때문에 '국민의 안전'에 관한 담론과 구호가 헌법을 대신한 정치적 정당성을 갖고 집단적 원칙이 됐다. 이 집단적 원칙을 위협하는 비상사태와 예외상황을 이유로 입법민주주의 원칙이 끊임없이 유린되는 경향이 나타났다. 그리하여 마침내 '아군'과 '적'이라는 군사주의적 수사가 일상생활의 구석구석에 스며들어 '국민의 사명'은 정치적·사회적 갈등을 일으키는 개인을 확실히 제거하는 것이라는 신념이 조장됐다. 파시즘은 '아군'과 '적'의 대결적 명령을 어느 곳에서나 도입함으로써 정치 자체를 폐지시키려는 권력 집성체다. "우리 편을 들어라, 그렇지 않으면 당신은 우리의 적이 된다"는 일방적 선택이 강요된다.[2]

파시즘은 필연적으로 외부의 '적'을 항상 필요로 한다. 마치 그리스도의 '적'들이 가득한 세상이기 때문에 그리스도인이 항상 깨어 있어야 하는 것처럼, 파시즘을 위해서는 외부의 적이 언제나 반드시 있어야 한다. 외부의 '적'이라는 존재가 사라지는 순간 적대적 공생체제의 파시즘은 생명력을 잃고 말 것이기 때문이다. 남한의 파시즘이 외부의 '적'인 북한이라는 존재를 필요로 하는 것처럼, 북한도 남한의 절대적 권위주의 반공 정권을 긍정적으로 여길 수 있

---

2. 나오키 사카이, 「특집-파시즘, 동아시아와 미국」,《문화과학》제58호(2009년 여름), 288쪽.

다. 그래서 북한은 남한의 중요한 정치적 과정에 참여해 자신에게 유리한 정치적 지형을 만들거나 선거 때마다 휴전선에서 '북풍'을 일으켜 민주 정부의 등장을 방해했다. 1987년 대선 때 일어난 대한항공 여객기 추락, 2002년 '총풍(銃風)' 등이 그 대표적인 예다.[3]

남한의 파시즘 세력이 북한의 전체주의 해악을 규탄하며 배척한다고 하면서도 오히려 북한과 같은 해악을 일으킨다. 누구든지 체제에 반대하거나 순응하지 않거나 자신의 정치적 입장이나 정책에 반대하면 '적'인 '빨갱이'로 규정되며, 그 순간 그는 '비국민'으로 숙청되거나 배척을 당한다. 반국가단체와 관련된 규제는 북한의 사상 통제처럼 민주주의의 핵심 가치인 다양성과 자유를 훼손·유린해왔다. 남북한의 전체주의가 '쌍둥이'라는 말이 나올 정도로 전체주의적 폐해의 양상이 남한에서도 나타났다.

박근혜 정부가 역사 교과서 국정화를 고시 확정한 이후 전체주의적인 움직임들이 잇달았다. 이 움직임에는 박근혜 대통령이 앞장섰다. 박 대통령은 2015년 11월 10일 "바르게 역사를 배우지 못하면 혼이 비정상이 될 수밖에 없다"며 국정화를 반대하는 국민을 '비정상'으로 내몰았다. 박 대통령은 또 "사상적으로 (북한의) 지배를 받게 되는 기막힌 상황이 발생할 수도 있을 것"이라고 '사상흡수론'까지 제기했다. 박 대통령은 검인정 역사교과서 집필진의 이념에 대해서도 (좌파로) 편향됐다는 정치적 낙인을 찍었다.

박 대통령의 최측근 중 하나인 이정현 새누리당 의원은 국정화를 반대하는 야당을 향해 '적화통일 교육을 시키자는 것'이라고 막말을 했다. 서청원 최고위원은 뚜렷한 근거도 없이 "북한이 대남공작기관을 통해 국정화 반대 총궐기를 하라고 지령을 내렸다"며 사법 당국의 조사를 촉구했다. 원유철 새누리당 원내 대표도 제1야당을 '친북·종북세력'으로 내몰았다.[4] 이렇게 마구잡

---

3. 송기춘, 「반전체주의의 역설」, 《민주법학》 제56호(2014. 11), 5-6쪽.

이로 '종북몰이'에 앞장선 인물들은 청와대로, 공공기관으로 영전해 '빨갱이 장사'의 재미를 봤다.

정치적·경제적·사회적 갈등을 북한과 연결시켜 체제 갈등으로 변형시키는 가장 기본적인 조작 수단이 박근혜 정부에서 첨예하게 등장하는 '종북'의 담론들이다. 기득권세력의 권력과 이익에 반대하는 모든 결사와 주장, 이념을 체제 외적인 존재인 '적'으로 몰아 배척하는 '종북몰이'는 자신의 권력 이익을 도모하려는 '빨갱이 장사꾼'들의 수법이다. 이런 '장사'의 재미를 보기 위해 민주적 논의를 무력화시키고 분쟁을 탈정치화하는 '정치의 사법화(judicialization of politics)'가 진행됐다.

사회의 엘리트 집단이 일반 대중의 민주적 결정으로부터 자신의 기득권을 보호하기 위해 주요한 정책 결정을 사법부에 위임하게 됨으로써 정치의 사법화 현상이 빈번해졌다. 정치적 대표를 상실한 시민이나 다수결의 폭력을 깨지 못하는 소수 정당도 헌법재판소를 비롯한 일련의 사법체제에서 자신의 정치적 주장을 관철시킬 그 나마의 가능성을 찾았다. 이 경우 사법적 입법을 통한 법률상 문제점의 보완, 인권과 기본권의 보장, 권력 통제 등 사법 판단의 순기능도 발휘됐다. 정치권력과 시민사회가 모두 자신의 정당성을 획득하기 위한 통로로 헌법재판소를 활용하고, 폭력적 지배를 위해 검찰이 무소불위의 권력으로 등장해 파시즘 현상으로서 정치의 사법화가 뿌리를 내렸다.

정치의 사법화는 사법의 정치화이며, 사법의 정치화는 사법부의 독립을 훼손하는 결과를 낳았다. 사법 판단의 순기능도 장기적으로는 소수 권력집단의 기득권에 봉사하는 방향으로 변질되고 만다. 민주적 통제가 가해지지 않는 상황에서 사법권은 언제든지 권력성이나 계급성을 드러내게 되어 있기 때문이다. 헌법 해석권을 독점하고 있는 사법과두집단이야말로 참된 의미의 주권

---

4. 《한겨레신문》 2015년 10월 29일·30일.

자이며, 헌법제정권력을 자처하는 국민조차도 그들이 보기에는 한낱 허깨비 같은 존재에 지나지 않는다.

정치적 견해의 다양성을 부정하고 특정 이데올로기를 일방적으로 강제하는 파시즘에서 정치적 가치 절대주의에 따라 가치 중립적 헌법은 가치 당파적 헌법으로 변질된다. 가치 당파적 헌법에서는 정치적 가치 상대주의에 바탕을 둔 관용의 헌법문화는 공염불이 되고, 물리적 폭력보다 더 무서운 추상적 가치의 횡포로 인해 표현의 자유나 사상의 자유 등 기본권도 존재하기 어렵다. '자유민주주의 수호론'의 구호 아래 '적'과 '아군'의 식별이 정치의 본질적 속성으로 자리 잡게 되고, 국가 안보 논리로 '적'인지 '동지'인지 양자택일을 강요하는 광란의 칼춤이 벌어진다.[5] 이 경우의 '자유민주주의'는 기본적 인권을 중심으로 한 본래의 뜻을 잃고 '공산진영과의 전쟁'을 의미하는 반공산주의일 따름이다.

자유민주주의의 '적'으로 규정되는 순간, 그는 시민권을 누리지 못하는 '벌거벗은 사람', 즉 '호모 사케르(homo sacer)'로 전락해 온갖 폭력을 동원한 탄압의 대상이 된다. 그래서 호모 사케르 낙인은 모든 사람에게 공포가 되고, 그런 낙인이 찍혀서는 안 된다는 훈육(訓育)으로 작용한다. '호모 사케르'에 대한 혹독한 탄압을 본보기로 한 국가보안법의 위력에 굴복하여 수많은 사람이 자신만큼은 반국가적 행위자가 아님을 고백하게 만든다. 극우 권력을 비판하는 사람조차도 "나는 주사파는 아니지만" 또는 "나는 RO(Revolution Organization)는 아니지만"을 외치며 소극적인 신앙 고백을 하는 일이 벌어진다. '나는 호모 사케르가 아니다'라는 것을 증명하기 위해 '호모 사케르'를 규탄하며 '호모 사케르'를 규정하는 권력에 대한 절대 복종을 맹세하도록 강제되는 것이다.[6]

---

5. 국순옥, 「헌법학의 입장에서 본 자유민주주의의 두 얼굴」, 《민주법학》 제12호(1997), 86-89쪽.
6. 한상희, 「통치술로서의 정치의 사법화」, 《민주법학》 제56호(2014. 11), 20-21쪽.

'호모 사케르' 메커니즘을 통해 극우 권력이 '빨갱이다'라고 외치면 '좀비'처럼 반사적으로 뛰쳐나와 '빨갱이' 규탄의 대열에 합류함으로써 '국민의 사명'을 다한 자부심과 심리적 안정을 확인하려는 사람들이 세력을 형성하게 됐다. 이 세력을 계속 유지하거나 늘려나가려면 '호모 사케르' 메커니즘이 끊임없이 작동되지 않으면 안 된다. 외부의 '적'인 북한의 '악행'을 고발하고 이와 내통한 '빨갱이'를 만들어내 규탄하도록 하는 현상이 반복되는 이유다.

　'호모 사케르' 메커니즘의 전통적 수법이 정치적 고비마다 나타난 간첩단 사건 발표였다. 그러나 정작 간첩이 나타나지 않자 간첩단 사건 조작이 점차 관례처럼 벌어졌으며 급기야 조작이 조직화·제도화됐다. 서울시장 선거 국면에서 외교 문서까지 조작하며 간첩을 억지로 만들어내려다 터져 나온 게 '서울시 공무원 간첩 조작 사건'이었다.

　간첩 사건 조작이 한계에 이르자 박근혜 정권에서 본격적으로 등장한 게 '종북몰이'다. '빨갱이'가 '종북'으로 용어가 바뀌면서 기존의 공안 통치의 폐습들이 더욱 광범위하게 늘어났다. '종북 좌파'라는 '호모 사케르'의 생산이 유럽 중세기의 마녀사냥처럼 확산됐다. 정치는 실종되고 마녀사냥의 폭력이 횡행하는 파시즘 사회가 됐다.

　'호모 사케르' 메커니즘의 핵심 중 하나는 어떻게 죽여도 정당화되는 '호모 사케르'를 계속 만들어 진보진영으로부터 분리해냄으로써 진보진영을 분열시켜 축소해나가겠다는 것이다. 다른 하나는 새로운 '호모 사케르'에 대한 공포를 끊임없이 제기하면서 죽음의 권력에 무조건 충성하는 세력을 재생산하는 것이다. 적대적 공생체제의 부활과 함께 등장한 '호모 사케르' 메커니즘의 폭력은 극우세력의 영구 집권 전략을 위한 것이다.

2) '빨갱이 장사'를 통한 영구 집권 전략

국가정보원의 대통령 선거 개입 혐의가 드러나 국정원 개혁에 대한 국민적 요구가 거세지는 과정에서 '이석기 의원 등의 내란음모 사건'이 터져 나왔다. 이 사건은 극우세력의 영구 집권을 위한 '호모 사케르' 전략 차원에서 특이한 점들을 보여주었다.

첫째, 간첩단 사건 조작의 한계에 부닥친 국정원이 중점을 두게 된 '종북몰이'가 막연한 관념이 아닌 구체적 현실 세력을 대상으로 가공됐다는 점이다. 기존의 공안 사건이 국가보안법을 중심으로 추상적이고 관념적인 '종북몰이'에 그쳤다면, 이 사건에서는 내란 및 체제 전복의 위험을 구체적으로 드러내 '종북' 문제가 현실적으로 매우 위험하고 심각한 것임을 입증하려고 한 것이다. 그러나 '종북몰이' 판이 끝난 뒤 내란음모 혐의는 무죄로 대법원의 최종 판결이 나왔다.

둘째, 사건에 관련된 세력을 '호모 사케르'로 만들어 야권으로부터 분리해 야권 내부에서 이들을 배제하도록 함으로써 야권을 축소시켰다는 점이다. 사건은 통합진보당에 대한 위헌정당해산심판청구사건으로 이어져 통합진보당은 해산을 당하고 말았다.

셋째, '호모 사케르'의 위험성과 심각성을 부각시킴으로써 '무조건의 충성 세력'을 결집하고 재생산하게 됐다는 점이다. 극우진영에서는 통합진보당 해산과 엄중한 처벌을 요구하는 서명과 규탄대회가 곳곳에서 벌어졌다.

내란음모 사건은 이명박 정권의 국정원에서 예비된 것이라는 징후에 주목해야 한다. 주목되는 징후는 현대사상연구회라는 가명으로 2009년 출판돼 국정원의 각종 강연 교재로 사용된 『반대세(반대한민국세력)의 비밀, 그 일그러진 초상』이다.[7] 이 책은 국정원이 핵심적인 주체로서 무소불위의 막강한 권력과 특권을 누렸던 적대적 공생체제를 부활시켜 극우의 기득권세력이 북한과의 적대적 대결과 대북 적대감을 밑천으로 간첩단 사건 조작이나 종북몰이 따위의 '빨갱이 장사'를 통해 영구 집권을 하기 위한 전략적 지침을 제공하고 있다.

첫 번째 전략은 결코 용납해서는 안 될 '악'의 존재인 북한을 전제로 남한에서 북한과 연결된 가상의 적인 '호모 사케르'를 만들어냄으로써 국정원을 중심으로 한 공안체제를 구축한다는 것이다. 문제는 '적'이 '가상'으로 창출된 것이므로 그 실체가 분명하지 않을뿐더러 개념조차 명확하게 규정되지 않아 상황에 따라 오락가락 바뀐다는 점이다. 어떤 실체나 개념이 아니라 자신과 적대의 관계에 있으면 '적'으로 규정된다.

북한도 적대적 공생체제의 논리로 엄밀히 따져보면 '적'이 아니다. 북한이 '주적(主敵)'이라고 하지만, '호모 사케르' 메커니즘을 통해 '빨갱이 장사'를 하려면 '불구대천의 악'인 북한이 반드시 있어야 하며 없어져서는 안 될 필요불가결한 존재이기 때문이다. '빨갱이'가 메커니즘의 핵심임에도 사회주의나 공산주의 이념과 개념에 따른 명확한 규정이 없다. 종북세력, 좌익 또는 좌경세력, 좌파 등도 명확한 개념 규정이 없기는 마찬가지다.

『반대세의 비밀』에서 종북세력, 좌익세력, 좌경세력, 반대세 등 다양한 용어가 서로 혼용되거나 중복돼 사용된다. 좌익세력은 '혁명이나 선거 등을 통해 대한민국 정권을 무너뜨리고 사회주의 체제 수립을 분명히 하려는 세력'을 의미하는 것으로 보이며, 여기에 종북좌익세력(NL파, 자주파, 주사파)과 비종북좌익세력(PD파, 평등파) 등이 포함된다. '반대세'는 이들에게 협조적인 자세를 보이는 '일부 좌경세력'까지 포함하는 개념이다. 여기서 '좌경세력' 또는 '좌성향세력'은 좌경화되어 있기는 하지만, 대한민국 체제를 정면으로 부인하지 않는다는 점에서 '좌익세력'과 구별된다. 가장 중요한 개념인 '사회주의

---

7. 한상희, 「통치술로서의 정치의 사법화」, 36쪽.

체제'가 무엇을 의미하는지는 전혀 설명이 없다. '좌익세력'이라는 용어도 '좌익·좌경세력'으로 바뀌었다가 다시 '좌성향세력'으로 달라진다.

이처럼 '빨갱이'나 '종북' 등의 개념이 모호하고 상황에 따라 바뀌는 것은 사회주의 이론을 몰라서가 아니라 '빨갱이 장사'를 광범위하게 펼치기 위한 의도 때문인 것으로 보인다. 『반대세의 비밀』은 '진보'라는 개념을 부정하고 '반대세'의 개념으로 바꾸어 사용할 것을 주장한다. 체제 개혁이나 체제 개량의 주장과 체제 전복의 주장의 차이를 모호하게 하기 위한 개념 조작을 하자는 것이다. 정부를 비판하는 사람도 '빨갱이'로 몰려는 것이다. 정부에 비판적인 시민단체나 노조, 정당까지 모두 좌성향세력, 즉 '빨갱이 집단'의 범주에 포함시키려는 전략적 의도다.

두 번째 전략은 '적'의 위험을 끊임없이 만들어 부각시킴으로써 위험에 대한 공포를 불러일으키는 것이다. 어차피 '적'의 존재가 가상적으로 조작된 것인 만큼, 그런 '적'으로부터의 위험이 어떤 것인지, 어느 정도인지, 어떻게 될 것인지, '적'의 위험에 대한 갖가지의 시나리오를 마음대로 지어내 사회적 불안감을 조성할 수 있다. 불안감은 북한의 위협적인 움직임이 강조됨으로써 더욱 증폭된다.

『반대세의 비밀』에서는 "현재의 상황이 계속되면 좌익이 나라를 지배하는 시기가 반드시 온다", "처음에는 좌익세력과 제휴하는 정권이 들어서고, 그다음 단계는 좌익세력이 주도하는 연합세력의 정권이 들어서고, 궁극적으로는 완전한 공산정권이 들어설 것이다" 등으로 '적'의 위험을 강조하는 말들이 나온다. 이 말들은 사회주의 강성대국을 이룩하자고 투쟁을 선동하는 북한의 장면으로 연결돼 '적'의 위험은 지금도 진행되고 있는 현실로 둔갑하게 된다.

『반대세의 비밀』의 전략은 박근혜 정부의 역사 교과서 국정화 사태에서도 단적으로 나타났다. 박근혜 정부는 정부 스스로 검인하고 인정한 역사 교과서를 온갖 조작과 왜곡으로 '좌편향된 교과서'라고 정치적 낙인을 찍었다. 이어 검인정을 국정으로 바꾸지 않으면 "사상적으로 북한의 지배를 받게 되는 기막힌 상황이 발생할 수도 있다"(박근혜 대통령), "북한의 대남공작기관이 국정화 반대 총궐기 지령을 내렸다"(새누리당 서청원 최고위원)며 사법 당국의 조사를 촉구하는 등 역사 교과서의 국정화 반대가 마치 북한의 지령에 의한 행위인 것처럼 어마어마한 '종북몰이'를 했다.

이처럼 2016년 총선거를 앞둔 박근혜 정부와 여당은 역사 교과서 국정화 사태에서 '빨갱이 장사'를 전략적으로 벌였다. 이 전략이 노리는 핵심은 북한과 연결된 '호모 사케르'의 현실적 위험을 강조함으로써 진보적 정권의 등장 자체를 죄악시하도록 해 그들의 집권을 차단하려는 데 있다. '좌익세력과의 제휴정권→좌익세력 주도 연합정권→완전한 공산정권'이라는 도식은 공산정권의 등장을 우려해 이를 막자는 것보다는 그 이전의 진보적 정권의 등장 자체를 봉쇄해야 한다는 전략에 중점이 있다. '좌익운동권으로 분류되는 인사들'이 참여한 김대중 정부나 노무현 정부가 또다시 출범하도록 내버려두어서는 안 된다는 '예방적 경고'의 전략이다.

세 번째 전략은 '호모 사케르'를 양산하면서 진보진영을 분열시켜 개인화·분자화·파편화하는 것이다. 이 전략은 대한민국이라는 체제를 부정하는 좌익 또는 좌편향의 진보와 그렇지 않은 진보를 구분하고, 전자의 전략·전술에 이용당할 뿐인 순진한 후자를 전자로부터 분리해내는 것이다. '진보진영 내에는 도저히 결합할 수 없는 두 세력이 있다'는 인식이 분열 전략의 예다. 중요한 것은 '좌익세력이 불씨라면 좌경세력은 대중의 감정을 폭발시키는 도화선 역할을 할 수 있다'는 논리로 순진한 좌편향을 포함한 진보진영 전체의 위험을 창조하는 것이 전략의 기본 전제라는 점이다. 순진한 좌편향이라도 언제든 위험의 대상으로 '호모 사케르'로 규정될 수 있다.

이 전략의 핵심은 진보의 전향이 아니라 분열이다. 진보를 둘로 갈라놓고 어느 하나를 온갖 탄압과 폭력을 가해도 정당화되거나 묵인되는 '호모 사케르'로 만들어 이를 통해 다른 진보 부분을 통제하려는 것이다. 미군 철수 등을 주장하는 '반대세의 진보'와 이들과 엄연히 구별되어야 하는 존재로서의 '건전한 진보'를 또 다른 축으로 분리시켜 후자로 하여금 전자를 단죄하게 만드는 일종의 이이제이의 이간책이다.

이 전략은 2014년 발생한 통합진보당의 이석기 의원에 대한 국정원의 내란음모 수사 사건에서 가장 극명하게 드러났다. 국정원은 국가보안법상의 이적행위나 동조·찬양죄 정도로 모든 국민에게 익숙해져버린 상투적인 공안 사건이 아니라 내란음모라는 가장 엄중한 국사범으로 수사 내용을 발표했다. 이 사건은 북한이라는 가상적인 적과 이로부터 비롯된 가상적인 (안보)위험을 누구나 실감할 수 있도록 극명하게 전면에 내세웠다는 점에서 중요한 의미를 갖는다. 이 사건에 내란음모죄를 적용한 것은 '대한민국을 긍정하는 좌경세력'과 '대한민국의 체제를 부정하는 소수의 좌익세력'을 구분하는 결과로 나타났다. 내란음모 혐의는 무죄로 확정됐지만, '호모 사케르'의 광풍이 휩쓸고 간 뒤였다.

이 전략은 진보진영에서도 이석기 의원과 그 주변 사람들을 단죄하는 효과를 거두었다. "녹취록의 내용이 사실이라면"이라는 간단한 유보 조항을 조건으로 그들을 진보진영으로부터 배제해 '호모 사케르'로 규정하는 일이 벌어졌다. 이처럼 '진보진영'을 둘로 갈라놓고 그 분파 중 하나를 선택적으로 '호모 사케르'로 만들어 배제하는 전략은 계속 반복된다. 배제된 분파와 가장 유사한 분파부터 차례로 제거하면서 살아남은 분파를 순치시키는 전략의 순환이 이루어진다. 그 결과 진보진영의 공간은 최소한으로 위축되고 만다.

새누리당은 통합진보당 사건과 관련해 새정치민주연합이 사건의 '숙주'라고 새정치민주연합에 대한 '종북몰이' 판을 벌였다. 새정치민주연합은 통합진보당에 대한 공격에 가세했다. 새정치민주연합이 공격에 가세한 이유는 '종북몰이'의 논란에서 벗어나기 위한 것이라기보다는 과거 진보당 사건에서 보수 야당이 했던 것처럼 제1야당으로서의 활동공간을 독점하려는 의지가 강했기 때문이다. 이런 과정을 통해 두 정당의 독과점체제가 구축되면 한국의 정치 영역은 극우에 가까운 보수진영과 이보다 덜한 보수진영이 경합하는 판이 되고 만다.

이런 판에서 민주적인 정권 교체의 가능성도 사라지게 될 것이다. 극우세력의 영구 집권을 위한 '호모 사케르' 전략에 의해 순치된 제2의 보수 정당인 야당이라면 국민의 전폭적인 지지를 받기는 어렵기 때문이다. 극우세력의 영구 집권 전략이 현실로 나타나게 되는 셈이다.

2. 국정원과 '빨갱이 장사꾼'

1) 공안체제의 확립과 국정원의 활약

이명박 정부가 들어선 이후 국가정보원, 검찰, 군 등 공정하고 중립적이어야 할 국가기구가 국민이 아닌 특정 정당이나 정치세력의 권력을 위해 봉사하는 기구로 전락됐다. 국정원과 검·경찰의 공안체제가 다시 확립돼 공안체제를 바탕으로 박근혜 정부가 등장했다. 2013년 박근혜 정부 출범 이후 매카시즘의 광풍이 휘몰아쳤다. 이 과정에서 전면에 나선 핵심 주체는 국정원이었다.

2007년 국정원은 『과거와 대화, 미래의 성찰』이라는 보고서에서 "정치 영역에 대한 국가정보기관의 개입은 국가권력과 정책에 국민 의사가 반영되는 과정을 왜곡하는 것으로 민주주의 자체에 대한 위협"이라고 단언했다. 또한 "무엇이 국가의 적인지가 정보기관의 자의적 판단에 맡겨지고, 이에 대한 사찰·감시·통제가 따른다. 이 과정에서 민주주의는 언제든 권력집단에 의해 왜곡되고 무력화될 수 있다"고 스스로 경계했다. 국정원은 보고서에서 "정보기관의 선거 개입은 존립 근거를 스스로 훼손하고 국민 위에 군림하는 행위"로 규정했다. 국정원의 이런 자성과 성찰은 이명박 정부의 등장 이후 사라졌다.[8]

원세훈 국정원장이 2009년 3월 취임한 뒤 국정원의 정치공작 체계가 강화됐다. 그는 국정원의 국 소속 부서인 심리전단을 3차장 산하의 독립 부서로 만들어 사이버팀을 2개로 확대하고 '반정부 선전·선동에 대응한 국정홍보 사이버 활동'을 업무로 지정했다. 2010년 10월에는 사이버팀을 3개로 확충했고, 2012년 2월 총선과 대선을 앞두고 4개, 70여 명으로 늘렸다.

원세훈 원장은 국정원의 정치공작 활동에 앞장섰다. 그는 "진짜 금년 한 해가 아주 중요한 해 아닙니까. 이제 총선도 대선도 있고…우리 국가정보원은 금년에 잘못 싸우면 국가정보원이 없어지는 거야' 등의 '지시·강조 말씀'으로 심리전단 활동에 지침을 내렸다. 8월 심리전단 회의에서 "국정원 쫄지 말고 당당히 하라"고 격려했다. 심지어 심리전단원들이 "너무 세게 하는 것 아니냐, 자제해야 한다"는 등의 얘기도 했으나 원장을 비롯한 국정원 지휘부는 노골적인 지시로 선거에 개입했다.[9]

국정원의 대선 개입은 2012년 8월 20일 새누리당 후보로 박근혜 대통령이 확정된 이후 본격적으로 전개됐다. 대선을 코앞에 두고 새누리당이 '2007년 남북 정상회담에서 노무현 전 대통령이 서해 북방한계선(NLL) 포기 발언을 했다'는 등 근거가 불확실한 폭로로 선거에 악용하기 위한 '종북' 파문을 일으켰다. 마침내 박근혜 대통령 취임 뒤 '국정원의 대선 개입' 사건이 터졌다.

---

8. 서울고법 형사6부는 2015년 2월 9일 원세훈 전 국정원장에 대한 항소심에서 국정원의『과거와 대화, 미래의 성찰』보고서를 인용하며 "사이버 활동의 적법성과 (이런 활동이) 국민들에게 어떻게 이해될지 따져보았는지 극히 의문"이라고 지적했다.《한겨레신문》2015년 2월 11일.
9.《한겨레신문》2015년 2월 10일·11일.

박근혜 대통령은 2012년 대선 닷새 전 "국정원 대선 개입 사건이 저를 흠집 내고 선거에 영향을 미치기 위한 민주당의 터무니없는 모략으로 밝혀진다면 문재인 후보는 책임져야 하며 민주당도 총책임을 져야 할 것"이라고 말했다. 뿐만 아니라 "국가의 안위를 책임지는 정보기관마저 자신의 선거 승리를 위해 의도적으로 정쟁 도구로 만들려 했다면 이는 좌시할 수 없는 국기문란 행위"라며 민주당 의원 등을 검찰에 고발했다. 국정원 여직원이 서울 강남 오피스텔에서 인터넷 여론 조작을 한 의혹을 민주당이 제기해 파문이 일자 이에 대응한 것이다.

　　국정원 대선 개입 사건의 파장이 거세지자 새누리당은 남북 정상회담 대화록 파문을 일으켰다. 노 전 대통령의 발언을 다시 들고 나온 것이다. 검찰이 원세훈 전 국정원장 등을 대선 개입 혐의로 기소한 지 6일만의 일이었다. 남재준 국정원장은 '남북 정상회담 대화록 전문과 발췌본'을 전면 공개하며 정치에 개입했다. 남 원장의 '남북 정상회담 대화록' 전문 공개는 외교 관례상, 더구나 정보기관의 책임자로서 있을 수 없는 일이었다. 남 원장의 '남북 정상회담 대화록' 전문 공개는 외교 관례상, 더구나 정보기관의 책임자로서 있을 수 없는 일이었다. 남 원장이 공개한 내용의 진위를 둘러싸고 논란이 벌어졌다. 박근혜 정부와 여당은 '남북 정상회담 대화록 초본 폐기', 이른바 '사초 폐기' 사태를 벌여 야당과 노무현 전 대통령 쪽을 몰아붙였다.

　　'사초 폐기' 사태에서는 박근혜 대통령이 아예 전면에 나섰다. 박 대통령은 "중요한 사초가 증발한 전대미문의 일은 국기를 흔들고 역사를 지우는 일로 절대 있을 수 없는 일"이라고 강조했다. 박 대통령은 사건을 '사초 폐기 사건'으로 규정해 검찰에 수사 가이드라인까지 제시했다. 여당 의원들은 "참여정부가 조선시대 연산군도 하지 않은 사초 폐기라는 만행을 저지른 국기문란 행위"라는 등의 정치 공세를 마치 서로 경쟁이라도 하듯 하고 나섰다.

　　2012년 2월 9일 국정원의 대선 개입 사건 항소심 판결에서 서울 고법 형사

6부는 "국정원이 조직적으로 대선에 개입했고 이를 원 전 원장이 지시한 점이 인정된다"고 밝혔다. 재판부는 원세훈 전 원장에게 징역 3년과 자격정지 3년을 선고해 그를 법정 구속했다. 재판부는 "자유민주주의를 지키려 했다지만, 자유민주주의의 핵심 가치를 훼손한 것이 명백하다"며 "(헌법의 핵심 가치를 지켜야 할) 국가기관이 헌법상 정치적 기본권인 국민의 생각과 의견을 심리전의 대상으로 삼아 이를 강행했다"고 준엄하게 지적했다.

"댓글 작업이 대북 심리전 차원에서 이루어졌다"는 원 전 원장의 발언은 허위로 드러났다. 오히려 그는 "인터넷 종북 좌파세력을 다 잡아 우리가 청소해야 한다"고 국민을 대상으로 한 심리전을 노골적으로 선동했다. 그는 심지어 부서장 회의에서 '판사도 다 똑같은 놈들'이라며 사법부까지 '종북 딱지'를 붙였다.

재판부는 1992년 '부산 초원복집 사건' 등 국정원이 선거 개입 사건에 여러 차례 연루되는 등 국정원의 권력 남용의 역사를 언급하고 국정원의 깊은 반성과 성찰을 요구했다. 또한 "국정원 활동의 밀행성·보안성이라는 보호막 뒤에 숨어 유사한 활동이 지속될 위험을 경계할 필요가 있다"고 엄벌의 필요성을 거듭 강조했다.[10] 그러나 국정원은 반성과 성찰은커녕 국정원의 개혁 요구에 완강하게 저항하며 오히려 초법적 기관으로서의 행태를 보였다.

박근혜 정부와 여당이 '사초 폐기' 논란을 일으킨 것도 정략적 공세로 판가름 났다. 논란을 빚어온 2007년 남북 정상회담 대화록 초본 삭제는 정당한 조치였다는 판결이 나왔기 때문이다. 북방한계선 공세를 주도한 새누리당 의원도 2014년 5월 "노 전 대통령이 포기라는 말을 한 번도 하지 않았다"고 시인한 터에 초본 삭제 따위의 문제를 따질 이유도 없었다. 그럼에도 정략적 의도

---

10. 대법원은 2015년 7월 16일 원세훈 전 국가정보원장의 공직선거법 및 국정원법 위반 사건 판결에서 원 전 원장의 유무죄는 확정하지 않았다. 대법원은 항소심 판결이 증거능력이 없는 파일 내용을 근거로 내려진 것이라는 취지로 원심을 파기해 서울고법으로 돌려보냈다.

에 따라 막무가내로 칼을 휘두른 검찰의 행위는 야만적인 국가폭력이었다.[11]

대선 개입에 의한 헌법 파괴 행위는 국정원뿐만이 아니었다. 새누리당과 국가정보원, 군, 보훈처 등의 국가기관이 한 통속이 돼 조직적으로 대선에 개입해 3각 공조의 불법 선거운동을 벌였다. 특히 국가의 안전 보장과 국토방위의 신성한 의무를 수행하는 국군의 정치적 중립성 준수는 헌법 조항으로서 엄격하게 지켜야 할 헌법적 핵심 가치다. 군의 대선 개입이야말로 헌법을 정면으로 위반해 국방 의무의 신성한 정신을 훼손한 국기문란행위다.

2012년 대선에서 군 사이버사령부와 국정원 요원들이 새누리당 중앙선거대책위원회의 SNS 미디어본부장의 트위터 글을 재전송했다. 사이버사 요원들은 2012년 8월 국정원이 상부의 지시에 따라 조직적으로 생산·유포한 '오빠 MB 스타일' 동영상을 확산시켰다. 야당 후보들을 놓고 '종북', '간첩' 등등 듣기에도 민망한 저질의 비방과 흑색선전, 허위 사실 유포에 국가기관이 나선 것은 민주주의의 근간을 뒤흔드는 헌법 파괴 행위였다.[12]

국정원의 권력 남용과 횡포는 서울시 공무원 간첩사건 조작에서도 극명하게 드러났다. "김현희처럼 해줄 테니 오빠가 간첩이라고 말하라"는 국정원의 회유와 협박·폭행으로 여동생의 증언이 조작된 사건이었다. 국정원은 증언 조작에서 끝나지 않았다. 국정원은 '탈북자 출신의 서울시 공무원 간첩'이라는 그럴듯한 포장으로 기소한 유우성이 1심에서 무죄 판결을 받자 2심에서 이를 뒤집으려고 외교 문서까지 위조하며 증거를 조작했다. 국정원의 위조와 조작은 한국 주재 중국 영사부가 항소심 공판 과정에서 검찰이 '중국 공문'이

---

11. 《한겨레신문》 2015년 2월 7일.

12. 서울동부지방법원 형사합의11부는 2015년 5월 15일 군 사이버사령부 요원들의 불법 정치 댓글 사건 판결에서 이태하 전 사이버사 530단장(심리전단장)에게 징역 2년을 선고했다. 재판부는 국가정보원 심리전단과 비슷한 사이버사가 인터넷 사이트 댓글이나 트위터 글을 쓰는 방법으로 야당을 비난한 것을 '북한 대남심리전 대응'으로 인정하기 어렵다고 판단했다.

라고 제출한 문서가 모두 위조된 것이라고 확인해줌으로써 드러났다. 이는 외국 정부의 공문을 위조한 게 들통 난 국제적인 망신이었다.

국정원은 중국의 허룽시 공안국 명의로 된 가짜 출입경기록과 변호인이 낸 출입경기록이 위조라고 한 가짜 설명서를 구입하고, 증인이 유우성에게 불리한 거짓진술서를 작성해달라고 부탁하는 데 5천만 원이 넘는 비용을 들였다.[13] 국정원은 증거 조작 사실이 들통 난 뒤에도 이를 '물타기' 하려고 비밀 정보를 언론에 흘리는 등 무차별한 언론 플레이를 해 검찰이 "공안 사건에서 유례가 없다"고 정면 비판하는 일도 벌어졌다.

대법원은 2015년 10월 29일 서울시 공무원으로 일하던 유우성을 간첩으로 몰기 위해 증거를 조작한 국가정보원 직원들의 유죄를 확정했다. 유우성의 간첩 혐의는 무죄를 선고했다. 국정원은 왜 서울시 공무원인 유무성을 간첩으로 지목해 간첩 사건 조작을 하려고 했을까. 이에 대해 2013년 5월 발견된 '박원순 제압 문건'대로 국정원 직원들이 박원순 서울시장에게 타격을 입힐 거리를 찾다 무리수를 둔 것 아니냐는 의혹이 나온다. 국정원이 2심 과정에서 '간첩 증거 조작 사태'를 벌인 것은 2014년 6월 서울시장 선거를 겨냥한 것이라는 의혹이 이어진다.

국정원이 적대적 공생체제의 핵심 주체로서 자기 영속적 권력기관으로 군림하기 위해 자행한 온갖 공작활동이 곳곳에서 나타났다. 국정원의 국정 개입에는 성역이 없었다. 국정원은 2013~2014년 법원의 경력 법관 채용 과정에서 신원조사를 명분으로 직접 면접조사를 했다. 국정원의 면접조사는 과거에 없던 일이었다. 법조계 안팎에서는 국정원이 법관 채용에 깊숙이 관여하는 것은 삼권 분립을 위협하는 심각한 행동이라는 비판이 제기됐다.

국정원은 국토연구원, 산업연구원, 국무총리실 산하 경제인문사회연구회

---

13. 《오마이뉴스》 2014년 9월 16일.

등 국정원과 업무 관련성이 없는 국책연구기관에 국정원 직원들을 파견했다. 국정원이 국내 정치나 여론 형성에 관여하려는 것 아니냐는 지적이 제기됐다. 국정원이 2009~2011년 각종 사회 현안에 광범위하게 개입한 사실도 드러났다. 국정원은 노동·시민·사회단체를 척결해야 할 '종북 좌파'세력으로 간주하고 그들의 영향력을 축소하려고 했다. 원 전 원장은 심지어 무상급식과 관련해서도 "확실하게 잘 정리해 망국적인 포퓰리즘을 확실히 우리가 없애 나가야 된다"고 지시했다. 이는 국정원이 각종 국정 현안에 관여하고 있음을 드러낸 것이다. 국정원은 무소불위의 초헌법적 기관이 됐다. 국정원은 이런 막강한 권력을 바탕으로 '종북몰이' 전략을 주도했다.

2) '빨갱이 장사꾼'의 발호

한국 사회에서 자신의 정치적 입장이나 생각과 다른 사람이나 집단을 '종북', '좌익사범' 따위의 '빨갱이' 딱지를 붙여 매도하고 규탄하는 매카시즘 현상이 1990년대 중반 이후에 본격화됐다. 국제적으로는 탈냉전이 진행되고 국내에서는 민주화가 이루어진 이후의 시기다. 민주화 이전의 독재 권력 시기에는 긴급조치 같은 억압적인 법률이나 조치로 사상 통제를 강제적으로 할 수 있었기 때문이다.

민주화 이후 들어선 노태우 정부가 사회주의 국가들과의 관계를 개선하겠다는 7·7 선언과 1991년 남북기본합의서 체결을 통한 남북관계 개선으로 탈냉전의 정책 변화를 보였다. 5·18 광주민주화운동에 대한 국회청문회 등으로 과거 독재세력에 대한 청산 움직임도 나타났다. 이런 변화의 움직임에 냉전 극우세력은 위기감을 느꼈다. 1992년 '대통령 훈령 조작 사건'은 그런 위기감의 반응이었다. 사건의 중심인물은 국가안전기획부 출신인 이동복 남북 고위급회담 남측 대변인이었다. 당시 노태우 대통령은 임기 말 남북이산가족

고향방문단 사업의 정례화 등 남북 간 화해와 교류 정책을 적극적으로 추진했다. 이동복 대변인은 대통령 훈령의 원본을 파기하고 서류를 조작하는 사건을 일으켰다. 그의 목표는 남북관계 냉각이었다. 대통령 훈령 조작 사건은 남북관계의 긴장 조성을 통한 다음 대선에서의 극우 정권 수립이 목표였다는 분석이 나왔다.[14]

남북기본합의서를 비롯한 남북관계의 개선에 반대하는 움직임이 나타나고 국가안전기획부가 대북 정책에서 주도권을 잡기 시작하면서 대북 정책은 강경 노선으로 바뀌었다. 1994년 조문 파동과 서강대 박홍 총장의 주사파 발언을 계기로 매카시즘 현상이 본격적으로 나타났다. 이해 7월 9일 사망한 김일성 주석의 장례식에 조문할 필요성이 있다는 주장이 나오자 극우 언론들의 비난이 터져 나왔다. 그들은 '조문'이라는 단어를 꺼내는 세력을 '친북 좌파'로 매도하며 조문 문제를 이념적 대립으로 몰아갔다. 국가안전기획부는 김일성종합대학 조명철 교수의 귀순을 발표하고 외무부는 한국전쟁 발발 직전에 작성된 옛 소련 문서를 공개해 조문 파동에 불을 질렀다.

박홍 총장은 7월 18일 청와대에서 열린 김영삼 대통령과 대학총장 간담회에서 '북한의 지령을 받는 대학가의 주사파'를 거론했다. 박 총장의 주사파 발언은 정부와 국회에까지 확산됐다. 국가안전기획부는 박 총장의 발언 시기에 맞춰 북한에 5개의 핵탄두가 이미 개발됐다고 주장하는 북한 강성산 총리의 사위 강명도의 망명을 발표했다. 주사파 발언의 파장은 북한의 장학금을 받은 대학교수가 있다는《마이니치신문》의 박홍 총장 인터뷰 기사가 국내에 보도되면서 절정을 이루었다.

박 총장은 8월 13일 미국 로스앤젤레스 평통자문위 강연에서 교수뿐만 아

---

14. 감사원은 이동복의 조작 사실을 입증했고 1993년 11월 이동복은 해임됐다. 김영삼 정부에서 통일부장관을 지낸 한완상은 강경 수구세력이 자기 목적을 위해 얼마나 대담하게 불법과 편법을 활용하는지 놀랐다고 술회했다. 《오마이뉴스》 2015년 8월 25일.

니라 정치계·문화계·재야·군대에 이르기까지 주사파들이 침투해 있다고 주장했다. 그는 귀국 뒤 야당에 750여 명의 주사파가 있다고 발언했다. 그는 야당의 강력한 반발에 부닥치자 야당뿐만 아니라 언론·종교계까지 모두 합친 것이라고 말을 바꿨다. 박 총장이 구체적인 숫자까지 밝힌 '750여 명' 발언은 매카시 상원의원이 1950년 2월 "미국 내에 수많은 공산주의자가 있으며 297명의 명단을 갖고 있다"고 근거도 없이 말해 매카시즘을 본격적으로 일으킨 것과 빼닮았다. 미국의 매카시즘은 1954년 매카시 의원이 미 의회의 규탄을 받게 됨으로써 진정됐다. 박 총장의 무분별한 발언은 야당은 물론 언론의 강한 역풍을 만났다. 박 총장은 역풍으로 몰리게 되자 주사파의 99.9%가 공산주의자가 아니라고 하면서 이들이 북한에 이용당하지 않도록 하려는 게 자신의 발언 목적이라고 물러섰다.[15] 750명이라는 수자는 허무하게 거짓으로 끝났다.

박 총장의 발언 파문이 가라앉는 시점에서 북한의 장학금을 받았다는 교수들에 대한 안기부의 수사가 시작돼 두 명의 교수가 안기부로 연행됐다. 연행된 이들은 극우 언론의 집중적인 '포화'를 맞았다. 그러나 이들은 결국 모두 무혐의로 풀려났다. 매카시즘의 광풍이 휘몰아치고 지나간 뒤였다.

1990년대 중반 시작된 한국의 매카시즘은 극우 언론을 통해 확산됐다. 2008년 집권한 극우세력이 극우 언론과 결합해 매카시즘을 확대 재생산했다. 이때까지는 매카시즘의 핵심 화두가 '친북 좌파'였다. 이 화두가 2008년 이후 '종북'으로 바뀌었다.

극우세력의 영구 집권 전략이 돼버린 종북 프레임의 기원은 2007년 12월 대통령 선거 직후 민주노동당 안의 종북 논쟁이었다. 2008년 2월 민주노동당은 분당했다. 이 과정에서 진보진영 분열의 뜨거운 감자였던 '종북'을 극우진영

---

15. 박태균, 「탈냉전 이후 한국적 매카시즘의 탄생─조문 파동과 주사파 발언을 통해 드러난 매카시즘」, 《역사와 현실》 제93호(2014), 187-189쪽.

이 받아들여 종북 프레임으로 거듭나게 된 것이다.

극우진영이 말하는 종북주의란 북한 김일성-김정일-김정은 정권을 따르는 사상이나 이념을 말하는 것으로 보인다. 이들은 올드라이트의 반공주의 관점이 아니라 자유주의와 민주주의, 인권의 뉴라이트 관점에서 종북주의를 비판한다는 것이다. 그러나 북한의 붕괴는 필연이라고 확신하는 뉴라이트도 올드라이트의 반공주의와 별로 다르지 않다. '종북'을 자신의 정치적 입장과 다른 사람들까지 아주 광범위하게 편의에 따라 마음대로 적용하기 때문이다.

극우세력은 민족주의나 민주주의·평화주의도 북한을 이롭게 하는 '종북'이라고 몰아붙인다. 이들은 보수와 진보의 이분법 프레임을 반대하며, 대한민국세력과 반대한민국세력의 프레임을 주장한다. 자신들의 정치적 입장을 따르지 않으면 '종북 좌익세력'인 반대한민국세력, 즉 '반대세'의 낙인을 찍는다.

'종북몰이'는 두 갈래가 서로 어우러져 상승작용을 하며 진행된다. 하나는 '악의 축'인 북한을 끊임없이 화두로 올려 각인시키고 북한에 대한 불안감과 적대감을 재생산한다. 다른 하나는 정치적 비판이나 반대세력을 '악'인 '북한'을 추종하는 '종북'으로 몰아 규탄함으로써 이들을 축출하거나 약화시킨다. 이런 '종북몰이'의 궁극적 목적은 극우세력의 영구 집권과 권력의 유지다.

'종북몰이'의 핵심 주체는 국정원이다. 특히 원세훈 국정원장 재임 기간인 2009년 2월부터 3년간 국정원은 노골적으로 특정 정치세력의 편을 들어 활동했다. 무엇보다도 원 전 원장은 국정원의 '종북몰이'를 앞장서 지휘했다. 그는 이명박 정권 당시 여당인 한나라당에 불리한 것에는 모조리 '종북'과 '좌파' 딱지를 붙였다. 그는 2010년 4월 16일 '전 부서장 회의'에서 "선거에서 (야당에) 단일화해라 하는 게 북한의 지령이고, 북한 지령대로 움직이는 건 결국은 종북 단체"라고 말했다.[16]

16.《한겨레신문》2015년 7월 25일.

원 전 원장은 부서장회의에서 "전국교직원노동조합(전교조) 내에 북한을 추종하며 대한민국 정체성을 부정하는 종북세력이 있고, 이 세력이 전교조를 이끌고 있다"며 전교조를 '종북세력' 또는 '종북 좌파단체'라고 지칭했다. 이어 그는 "아직도 전교조 등 종북 좌파단체들이 활발히 움직이므로 국가의 중심에서 일한다는 각오로 더욱 분발해주기 바란다"고 국정원의 '종북몰이'를 선동했다. 국정원이 작성한 문서에는 박원순 서울시장이나 반값등록금을 주장하는 대학생들도 좌파로 지목되어 있었다.

전교조를 '종북 좌파세력'이라고 지칭한 원 전 원장의 발언은 전교조에 대한 명예훼손이라는 법원 판결을 받았다.[17] 국정원과 같은 맥락에서 전교조를 '북한 주체사상을 세뇌하는 단체'라고 비난한 뉴라이트학부모연합 등 3개 보수단체의 행위에 대해서도 허위사실 적시에 따른 명예훼손이라는 대법원 확정 판결이 나왔다. 대법원은 "피고들이 원고들의 명예를 훼손하고 모멸적 표현으로 인격권을 침해한 것으로 본 원심의 판단은 정당하다"고 밝혔다.[18]

2010년 6월 지방 선거에서 천안함 사건에도 불구하고 한나라당이 패하자 극우세력은 충격을 받았다. 이들의 충격은 이해 8월 15일 '종북 좌파세력 척결 8·15 국민대회'로 표출됐다. 2011년 들어 북한인권법을 둘러싸고 종북 논란이 다시 불거졌다. 2012년 4월 총선거를 앞두고 대한민국에 '종북세력'이

---

17. 서울중앙지법 민사95단독 조병대 판사는 2015년 4월 23일 전교조가 국가와 원 전 원장을 상대로 낸 손해배상 청구 소송에서 1천만 원을 지급하라고 원고 일부 승소 판결을 내렸다. 조 판사는 원 전 원장이 전교조를 '종북세력' 또는 '종북 좌파단체'라고 지칭했으며 "그에 대한 적극적 대응을 계속, 반복적으로 지시하고 결과를 보고받는 행위를 함으로써 원고의 명예를 훼손했다"고 판단했다. 《오마이뉴스》 2015년 4월 23일.

18. 뉴라이트학부모연합 등 3개 보수단체들은 2009년 3~4월 등교시간에 전교조 소속 교사들이 일하는 학교 앞에서 현수막이 붙은 승합차를 세워두거나 피켓을 들고 시위를 벌였다. 현수막에는 '김정일이 이뻐하는 주체사상 세뇌하는 종북집단 전교조, 북한에서 월급 받아라!' 등의 구호와 'X교조', '패륜집단' 등의 표현이 적혀 있었다. 피켓은 해당 학교의 전교조 교사 실명을 거론하며 파면을 요구하는 내용이었다.

들끓어 '간첩 하기 참 좋은 나라'라는 종북 프레임의 선동이 활개를 쳤다. 선거 결과는 한나라당의 이름을 바꾼 새누리당의 대승이었다.

2012년 12월 대선을 겨냥한 '종북몰이'가 다시 판을 쳤다. 이명박 대통령은 북한보다 종북세력이 더 큰 문제라고 '종북몰이'의 불을 당겼다. 황우여 한나라당 대표는 "정권을 놓치면 종북세력의 세상이 된다"고 종북 프레임을 대선 전략의 기치로 내세웠다. 종북 프레임이 박근혜 정부를 탄생시킨 주역이라는 주장이 나온다. 새누리당은 '종북몰이' 장사로 2012년 총선과 대선에서 톡톡히 재미를 본 셈이었다.

박근혜 정부가 들어선 2013년은 '종북몰이'의 극성기였다. 국정원 대선 개입 사건이 터지자 극우진영은 극우 언론을 통해 '이석기 내란음모 사건' 등으로 매카시즘의 광풍을 일으켰다. 국정원의 정치 개입을 비난한 이재오 의원 등 새누리당 의원, 국정원 대선 개입 의혹 사건의 수사 외압을 폭로한 윤석열 특별수사팀장과 채동욱 검찰총장에게도 "종북 아니냐"며 '종북몰이'를 해댔다. '종북몰이'의 매카시 광풍은 종편 등 극우 언론을 통해 극우세력의 영구 집권 전략 차원에서 일상사처럼 계속됐다.

'종북몰이'는 박근혜 정부 들어 대통령이 직접 나서고 국정원이 앞장서는 양상으로 두드러졌다. 박 대통령은 2015년 5월 30일 국가정보원에서 "김정은의 공포정치로 북한 체제가 더 불안해지고 있다"며 "내년에 무슨 일이 벌어질지 모른다"고 말했다. '북한 붕괴론'을 연상하게 되는 발언이었다. 《조선일보》, 《동아일보》 등의 수구 언론들은 북한의 고위급 장성들의 망명설을 퍼뜨렸다. 북한에 대한 불안감과 적대감을 조성함으로써 '종북몰이'의 불씨를 비축하려는 의도다. 북한은 남한에 망명했다는 박승원 상장이 "지금 마식령 스키장 건설사업에 복무하고 있다"며 "이건 명백한 인권유린이자 새빨간 거짓말"이라고 반발하는 일이 벌어졌다.[19]

박 대통령은 '종북 콘서트' 논란에도 개입해 경찰에 '수사 가이드라인'을 제시한 게 아니냐는 비판을 불러일으켰다. 박 대통령은 2014년 12월 15일 청와대 수석비서관회의에서 이른바 '종북 콘서트' 문제를 갑자기 거론했다. 박 대통령은 "세계가 한 목소리로 북한 인권 상황을 우려하고 있는데, 당사자인 대한민국에서 정반대의 이야기가 나오는 것은 극히 편향되고 왜곡된 것"이라고 강조했다.

논란의 발단은 이에 앞서 11월 21일 TV 조선이 '평화통일 토크콘서트'를 '서울 한복판 종북 토크쇼'라는 제목으로 '북한은 지상낙원'이라는 자막을 붙여 보도한 데서 비롯됐다. 그러나 토크쇼 어디에도 '지상낙원'이라는 말이 나오지 않았는데도 '지상낙원' 운운하는 것은 그야말로 일방적으로 왜곡한 허위보도였다. 경찰도 "토크쇼 내용을 확인한 결과 '지상낙원'이라는 발언 자체는 없었다"고 밝혔다. 그럼에도 '북한 지상낙원'이라는 '종북몰이'에 흥분한 나머지 폭발물 테러 소동까지 벌어졌다. 북한을 오로지 비판만 해야 하며 그렇지 않으면 '종북'으로 몰리는 파시즘 현상이다.

이제 건듯하면 '종북몰이'가 일상사처럼 벌어지는 판이 돼버렸다. 서울의 코엑스-잠실운동장 일대 발전계획을 둘러싸고 서울시와 다툼을 벌여온 서울 강남구범구민비상대책위원회는 "서울이 이북이 되지 않을까 우려스럽다"고 서울시를 비난했다. 경남도청은 2015년 3월 30일 성명에서 무상급식 중단 반대운동을 놓고 "종북세력을 포함한 반사회적 정치집단의 불순한 투쟁"이라고 어린이 밥그릇까지 종북 딱지를 붙였다. 고영주 방송문화진흥회 이사장은 "노무현 전 대통령은 변형된 공산주의자", "박원순은 친북행위 했을 것", "사법부·여당에 김일성 장학생 있다" 등 '종북몰이'의 막말을 거침없이 쏟아냈다.[20] 그의 거침없는 막말에 서울지방변호사협회는 "광기 어린 매카시

19.《한겨레신문》2015년 8월 8일.
20.《한겨레신문》2015년 10월 3일·7일.

즘이 느껴진다"며 그의 사퇴를 촉구하고 나섰다. '북한 붕괴론'만을 내세우며
'종북몰이'의 광풍으로 기득권을 영속적으로 누리려는 '빨갱이 장사꾼'들의
'빨갱이 장사'는 일상사처럼 됐다.

　리퍼트 주한 미국대사 피습 사건 직후 서울 광화문 네거리에선 연일 '종북
세력 타도', '한미동맹 강화'를 외치는 집회가 열렸다. 이 집회 참가자들에게
대가가 지급됐고 '돈줄'은 대한민국재향경우회라는 정황이 드러났다. 일부 극
우단체가 돈을 주고 집회 참가자들을 동원한다는 소문을 뒷받침하는 정황이
었다. 재향경우회는 실무자의 착오로 벌어진 일이라고 부인했지만, 집회가
열린 뒤 재향경우회가 돈을 극우단체에 송금하면 이 단체가 1인당 2만 원을
지급한 걸로 드러났다.[21]

3. 한반도 위기의 심화

1) 남북관계의 파탄

　극우의 '빨갱이 장사꾼'들이 추구하는 적대적 공생체제의 권력은 국민이
아닌 남북 간의 적대적 관계와 적대감으로부터 나온다. 이들의 입장에서는
본질적으로 남북 간의 화해와 교류·협력을 통한 남북관계의 개선은 곧 자신
의 권력의 약화, 결과적으로는 권력의 상실을 의미한다. 그러기 때문에 이들
은 자신의 권력을 잃어버리지 않기 위해서는 모든 수단을 동원해 남북관계
의 개선을 막으려 할 뿐만 아니라 '악'인 북한과의 관계 악화 및 위기를 통해
일반 국민이 북한에 대해 적대감과 불안감을 갖도록 하려고 한다. 그래야만

---

21. 《오마이뉴스》 2015년 4월 30일.

일반 국민의 적대감과 불안감을 선동해 정치적 경쟁세력을 '종북'으로 몰아 권력을 유지할 수 있기 때문이다. 일반 국민은 '빨갱이 장사꾼'의 권력 유지를 위해 대북 적대감과 불안감을 갖고 '종북몰이' 판에 나서주기만 하면 되는 수단일 따름이다.

이명박 정부는 출범과 함께 '김대중·노무현 정부 10년'을 '잃어버린 10년'으로 규정하고 전임 정부의 대북 정책을 모두 부인했다. 이른바 ABR(Anything But Roh)의 감정적 접근이었다. 이명박 정부는 6·15 남북공동선언과 10·4 선언의 이행을 거부했다. 노무현 정부 시기 북한과 합의했던 개성공단 기숙사 건설은 '집단소요'의 위험을 빌미로 무기한 연기했다. 북한에 주기로 합의했던 옥수수 5만 톤 역시 흐지부지돼버렸다.

이명박 정부는 대북 정책으로 '비핵개방 3000'을 내놓았다. 북한이 핵을 폐기하면 북한 경제를 수출주도형·개방형 경제체제로 전환하고, 여기에 400억 달러의 국제협력자금을 투입해 매년 15~20%의 경제성장을 이룩함으로써 10년 후 1인당 국민소득을 3,000달러로 끌어올리겠다는 것이다. 북한의 핵 포기를 전제조건으로 한 이 정책은 한 걸음도 진전되지 못한 채 구상으로만 끝났다. 이명박 정부는 북핵 문제의 진전을 대북 경제 협력 4원칙 가운데 제1의 전제조건으로 걸었다. 이 원칙에 따라 이명박 정부는 "북핵 문제 진전 없이는 개성공단은 한 발자국도 못 나간다"면서 개성공단에 대한 모든 투자를 중단해버렸다.

북한은 남한의 대북 정책을 노골적으로 비난하며 군사적 조치를 단계적으로 강화했으며, 남한의 대응 또한 단호했다. 이명박 대통령은 2008년 8월 21일 '2008 을지프리덤가디언연습' 현장에서 "전쟁 나면 하룻밤에 끝낼 태세를 갖추어야 한다"며 대북 공세의 수위를 높였다. 북한은 2009년 1월 17일 대남 전면 대결을 선언했다. 2주 후인 30일에는 "정치·군사적 대결 상태 해소와 관련된 모든 합의사항의 무효화"를 일방적으로 선언하고 남북기본합의서와 부속합의서에 있는 서해상 북방한계선(NLL)에 관한 조항들을 폐기한다고 밝혔다. 북한은 남북관계가 '전쟁 접경'에 이르고 있다고 주장하며, '제3의 서해교전', '제2의 6·25 전쟁' 가능성을 공공연히 제기하고 나섰다.

남한은 2009년 3월 9일부터 '한·미 연습 전시 증원(키리졸브)'와 독수리 훈련을 사상 최대의 규모로 실시했다. 훈련의 목적은 북한군 격멸, 북한 정권 제거, 한반도 통일 여건 조성이었다.[22] 북한은 "순간 실전으로 넘어갈 수 있는 매우 위험천만한 전쟁행동"으로 규정하고 강경 대응 입장을 밝혔다. 4월 북한의 장거리 로켓 발사, 6자회담 불참과 우라늄 핵 선언, 5월 25일 북한의 제2차 핵 실험 등이 이어졌다. 북핵 문제는 미궁에 빠진 채 한반도의 군사적 긴장은 계속 높아졌다.

2010년 3월 26일 백령도 근처 해상에서 남한 해군의 초계함 천안함이 침몰하는 사건이 발생했다. 이해 5월 20일 민·관·군 합동조사단은 "천안함이 북한의 어뢰 공격을 받아 침몰한 것"이라고 발표했다. 조사 결과 발표에 대해서는 국내외의 의혹과 의문이 제기됐다.[23] 스콧 스나이더 미 아시아재단 한미정책연구소장은 "천안함 사태를 남북관계 대치 문맥에서 해결하려는 게 문제"라고 분석했다. 7월 9일 유엔 안보리 의장 성명에서도 사태에 대한 유감 표명만 있었을 뿐 어뢰 공격이나 북한에 대한 명시도 빠졌다.

'북한 소행론'이라는 조사 결과 발표 이후 한국과 미국·일본은 북한에 대한

---

22. 이유미, 「북한 인공위성 발사와 동아시아 평화」, 《사회운동》 통권88호(2009년 5-6월호), 101쪽.
23. 영국의 BBC는 2010년 4월 말 "북한의 소행이라면 그런 행동이 얼마나 도발적인지 알면서도 북한이 해군 방어를 강화하지도 않은 채 공격을 감행했을 리 없다"며 "만약 3차 대전을 시작할 의도가 없다면 그렇게 못한다"고 전제하고 "이것이 북한의 어뢰가 아닌 기뢰라고 생각하는 이유"라고 보도했다. 4월 26일 《LA타임스》도 국제위기관리그룹(ICG)의 북한 전문가 대니얼 핑크스톤을 인터뷰한 기사에서 "만약 천안함이 어뢰 공격을 받았다면 매우 경악할 일이라고 워싱턴 관리들이 자신에게 말했다"며 "그들은 기뢰 가능성에 더 신뢰를 두고 있다"고 보도했다.

제재에 적극 나섰다. 이명박 대통령은 5월 24일 특별담화를 통해 남북 간 교역·교류 중단 조치를 발표했다. 한국과 미국은 대북 군사 강경 방침을 정하고 미 해군의 핵 항공모함이 참가하는 대규모의 서해 한·미 합동 무력시위를 계획했다. 중국은 서해는 중국의 '핵심 이익' 지역이라고 강력하게 반발하고 나섰다. 천안함 사태는 남북관계의 긴장과 갈등은 물론 동북아 신냉전 기류의 기폭제가 됐다.

이명박 정부 기간 남북 관계가 파탄되는 과정에서 북한의 최승철(2010년 비밀리에 서울에 왔다 돌아간 뒤 숙청됐다는 국가안전보위부 부부장), 류경 등 남한과 진정성 있게 만나보자는 북한의 '종남파' 세력이 척결됐다. 남한의 '종북'을 척결한다던 이명박 정부가 북한의 '종남파'만 척결한 꼴이 됐다. 이명박 대통령이 북한에서 강경파가 득세할 수밖에 없는 상황을 만들어준 셈이다.[24]

박근혜 대통령은 취임 후 대북 정책으로 '한반도 신뢰 프로세스'를 내놓았지만, 북한이 먼저 핵을 포기하는 걸 전제조건으로 삼았다는 점에서 이명박 정부의 '개혁개방 3000'처럼 애초부터 진전될 가능성이 없었다. 박 대통령은 동북아 평화 구상과 유라시아 이니셔티브, 드레스덴 구상 등 겉으로는 요란하고 화려한 구상들을 잇달아 내놓았으나 북한의 호응이 없이는 진행될 수 없는 것들이었다. 허울 좋은 간판들만 걸려 있는 채 제대로 되는 것은 하나도 없었다.

오히려 현실로 나타난 박 대통령의 실제 대북 정책은 북한과의 관계 악화만을 불러일으킬 북한에 대한 압박에 초점이 있었다. 박 대통령은 2013년 5월 한·미 정상회담을 위해 미국에 가서도 "미·중과 다른 강대국들이 북한이 변화하도록 압박을 가하고 변화를 초래할 수밖에 없도록 선택의 여지를 주지 말아야 한다"며 국제적인 대북 압박을 강조했다. 미국 CBS 기자가 '상당한

---

24. 《오마이뉴스》 2015년 2월 24일.

강경 정책'이라고 평가할 정도로 박 대통령의 대북 정책은 이명박 정부보다 훨씬 강경했다. 박 대통령은 북한 인권 문제까지 동원하며 기회 있을 때마다 대북 압박을 위한 국제 공조를 역설했다.

그럼에도 불구하고 대북 압박의 효과는 별로 나타나지 않고 대북 정책도 꽉 막혀버린 데다 국정원 대선 개입 사건 등 국내 정치가 난관에 부닥친 상황에서 나온 게 박 대통령의 '통일대박론'이었다. 박 대통령은 2014년 1월 6일 신년기자회견에서 "한마디로 통일은 대박이라고 생각한다. 통일은 우리 경제가 대도약할 수 있는 기회"라고 '통일대박론'을 터트렸다. 그리고 2월 15일 박근혜 정부의 4대 국정기조 중 하나인 '통일기반 구축'을 위해 민관협력기구인 통일준비위원회를 대통령 직속으로 출범시키겠다고 발표했다. 이해 7월 대통령을 위원장으로 한 통일준비위원회가 발족됐다.

'통일대박론'은 즉각 화두가 됐다. 2013년까지만 해도 통일에 대해 부정적인 보수진영 여론의 극적인 반전이었다. '통일대박론'에는 한반도 통일이 국제적으로도 기여한다는 한반도 통일의 당위성과 의미에 대한 국제적인 여론조성의 긍정적인 측면도 있다.[25] 그러나 '통일대박론'을 어떻게 실현할지 구체적인 방법과 과정 등은 제시되지 않았다. 통일이 되면 어떤 좋은 일이 벌어질지 결과론만 강조될 따름이었다. 결과적으로 나타난 것은 '통일대박론'을 위한 국제 공조와 압박이었다. '통일대박론'을 명분으로 국제적 압박을 통해 한반도 통일을 위한 '북한 붕괴론'을 추진하려는 의도가 드러났다.

박근혜 대통령은 2014년 9월 제39차 유엔총회 기조연설에서 '통일대박론'을 강조했다. 박 대통령은 "한반도의 분단 장벽을 무너뜨리는 데 세계가 나서

---

25. 박 대통령은 2014년 9월 제39차 유엔총회 기조연설에서 "통일된 한반도는 핵무기 없는 세계의 출발점이며 인권 문제의 근본적인 해결책, 안정과 협력의 동북아를 구현하는 시발점이자 초석"이라고 주장했다. 한반도 통일은 세계 평화와 인권을 위해 반드시 실현해야 할 국제적 과제라는 것이었다.

달라"며 국제적인 노력을 역설했다. 박 대통령은 더 나아가 북한의 인권과 탈북자 문제까지 거론하며 국제 공조를 통한 대북 압박을 강조했다. 반인도적 범죄 책임자 처벌, 북한 상황의 국제형사재판소 회부 등 민감한 내용들이 담긴 유엔인권이사회의 북한인권조사위원회의 권고사항 이행을 위한 조치까지 주장했다. '북한 붕괴론'을 위한 '북한 압박론'이었다.

'북한 붕괴론'은 민간 차원에서 극우단체들의 대북 전단 살포 행위로 나타났다. 극우단체들은 "대북 전단으로 인민혁명을 불러일으켜 북한 인민의 손으로 수령 독재를 끝장내려는 것"이라며 "이는 북한 주민을 해방시키기 위한 역사적 사명"이라는 입장이다. '북한 정권의 붕괴와 북한의 민주화, 통일'이 '대북 전단의 꿈'이라는 것이다.

북한 정권의 입장에서 체제 전복을 위한 대북 심리전 행위를 가만히 두고 볼 리가 없다. 북한의 고위급 접촉 대표단은 성명을 통해 남한 당국의 남북 군사적 충돌 방지 조치를 촉구하며 "삐라 살포 행위는 전쟁행위로서 소멸전투가 벌어질 것"이라고 경고했다. 북한은 남쪽의 "전단 살포 원점"을 타격하겠다고 위협했다.

극우단체들이 2014년 10월 10일 경기도 연천 지역에서 북한 상공으로 전단을 날리자 북한의 기관총 사격과 함께 장사정포가 갱도에서 나와 가동되기 시작했다. 이에 맞서 대구 공군비행장에서는 장사정포 갱도를 원점 타격할 전투기가 출격했다. 북한 상공으로 날린 대북 전단을 두고 남북 간의 총격전이나 포격전·국지전으로 번질 수도 있었다.

대북 전단 살포 행위를 대북 심리전으로 보는 북한은 외부의 위협을 빌미로 체제의 결속을 위한 주민 통제를 더욱 강화했다. 극우단체들의 전단 살포 행위가 북한 정권의 통치력 강화를 도와주는 결과가 된 셈이다. 극우단체들은 살포행위를 통해 자신의 존재를 과시하고 홍보하는 이득을 보았다. '빨갱이'와 '빨갱이 장사꾼'이 '적대적 놀음'으로 서로 이득을 보는 '적대적 공생'의 장사가 벌어지는 꼴이다. 이로 인해 포천·연천·파주 등 전단 살포 지역의 주민은 전쟁이 터지는 건 아닌지 공포에 떨어야만 했다.

2015년 3월 2일부터 13일까지 한·미 연합 '키리졸브/독수리' 훈련이 실시되자 다시 한반도에는 군사적 긴장 사태가 벌어졌다. 이번 훈련에는 북한이 대량살상무기를 사용할 징후가 보이면 이를 제거하기 위해 선제공격을 가한다는 '맞춤형 억제 전략'이 포함됐다. 이 전략에서는 미국의 핵무기와 재래식 타격 전력, 미사일 방어 등 한·미 양국군의 가용 전력이 총동원됐다. 이 '맞춤형 억제 전략'을 발전시켜 이해 6월 한·미 양국 합참의장이 서명한 '작전계획 5015'가 등장했다. 일본 《아사히신문》(2015. 10. 5)은 '작계 5015'에는 게릴라전의 요소도 많이 포함돼 있다고 보도했다.

'작계 5015'는 신속성이 생명이므로 데프콘과 같은 예비조치 단계를 거치지 않고 곧바로 진행된다는 점에서 전쟁 발발의 위험성이 그만큼 높을 수밖에 없다.[26] 또한 북한의 대량살상무기 사용 징후 등에 대한 판단도 현실적으로 미군에 의존할 수밖에 없다. 한반도가 주변국들의 영향력과 국제 정세의 변화에 휘둘릴 수밖에 없다는 우려가 나오는 이유다.

'북한 붕괴론'이나 '급변사태론', 한반도 전쟁 위기 따위의 소용돌이가 휘몰아치고 나면 미국 정부는 한국 정부에게 미사일체계를 비롯한 첨단 무기 구매나 주한미군 주둔 비용의 증액을 요구했다. 1996년 3월 북한의 붕괴 및 남침 가능성이 제기된 후 미국은 미사일방어체제 도입 등 미국 무기를 사들이라고 한국에게 종용했다. 이해 한국은 미국으로부터 10억 달러 상당의 무기를 사들였다. 이런 과정에서 재미를 보는 세력이 미국의 군수산업을 중심

---

26. '맞춤형 억제 전략'은 2013년 10월 2일 서울에서 열린 제45차 한미안보협의회에서 김관진 국방장관과 헤이글 미 국방장관이 서명해 2014년 키리졸브 훈련부터 적용됐다. '맞춤형 억제 전략'을 발전시킨 '작계 5015'는 작전계획 5027(전면전), 5029(북한 급변사태 대응), 국지도발대비계획 등을 통합한 것이다. 《오마이뉴스》 2015년 3월 2일.

으로 한 군산복합체다.

2) '사드'와 군산복합체의 '빨갱이 장사'

미국과 일본의 군사동맹 강화와 미사일방어체계 구축은 중국을 봉쇄하고 견제하기 위한 것이다. 일본이 미국과의 미사일방어체계 구축에 본격적으로 나선 것은 1998년부터다. 미국은 2014년 12월 8일 미 의회의 국방수권법 확정에 따라 한·미·일 3국의 정보 공유 약정을 포함해 3국의 미사일 방어 협력을 본격적으로 추진하고 나섰다. 마침내 중국을 겨냥한 '사드(THAAD. 종말단계 고고도미사일방어체계)'가 한반도를 둘러싼 미·중 갈등의 핵심 쟁점이 됐다.

'사드' 시스템은 적의 미사일이 발사되면 레이더가 이를 탐지해 궤도를 추적한 뒤 요격 미사일을 발사해 적 미사일을 하강 단계인 고도 40~150km에서 요격한다는 것이다. 시스템은 요격 미사일과 이동식 발사대, AN/TPY-2 레이더(엑스밴드 레이더), 화력통제·통신소(TFCC) 등 4개 요소로 구성된다. 엑스밴드 레이더는 탐색거리가 1,000km에 이른다.

미국의 '사드'는 북한 미사일 위협 대비 목적으로 태평양 괌 기지에 배치한 1개, 교육훈련장인 미국 텍사스 포트블리스 2개 등 4개 포대며, 2017년까지 4개 포대를 늘릴 계획이다. 록히드마틴 쪽에 따르면, 한국의 경우 최소 2개 포대가 필요하며, 포대당 구입비용은 1조~2조 원, 후속 군수 지원과 기술 및 교육 지원 등을 따지면 2조~4조 원이 필요하다. 미국은 이 막대한 비용을 북한의 위협 대비 목적이라는 이유를 들어 한국에게 떠넘기려고 한다. 2014년 미국이 북한의 위협에 노출된 괌에 사드 포대를 배치하게 되자 미 의회는 미 국방부에 "괌에 배치하는 사드 관련 비용을 한국 정부가 분담하도록 하라"는 권고를 했다.

유승민 새누리당 의원을 비롯한 사드 도입 찬성론자들은 한국군이 보유한 패트리엇미사일은 요격 고도가 15km로서 최고고도 130km인 스커드나 최고 고도 150km인 노동미사일을 맞추기엔 요격 고도가 너무 낮고 속도도 느리다는 것이다. 요격 고도 150km이고 속도도 빠른 '사드'가 있어야 한다는 것이다. '사드'의 성능과 관련해 미 국방부나 록히드마틴은 2005년 이후 11차례 요격 시험에서 12기의 단거리 및 중거리 미사일을 요격하는 등 100% 성공률을 기록했다고 밝혔다.[27]

그럼에도 분명한 것은 '사드' 요격체계가 불완전한 무기체계라는 점이다. 사드가 주된 요격 대상으로 삼는 중거리미사일을 대상으로 시험 발사한 것은 2012년 10월이었다. 대부분의 시험 대상이 탄두와 추진체가 분리되지 않은 채 항공기에서 떨어뜨린 미사일로 몸체도 크고 속도도 느리며 발견하기 쉬워 요격하기 좋도록 만든 각본과 같은 조건에서 시험이 진행됐다. 사드가 실제 전쟁 상황에서 제 성능을 발휘할지는 어느 누구도 장담할 수가 없다.[28] 그래서 미국도 사드를 아직 대량생산을 하지 못하는 상태다. 사드 구매에 적극성을 보이던 중동의 카타르와 오만은 뒤로 빠졌고 아랍에미리트만 구매 희망자로 남았다. 그 외에 아시아나 유럽의 어떤 국가도 사드 구매를 타진한 곳이 없다.

미국의 MD 전문가도 미국이 북한의 미사일 위협을 막겠다며 사드의 한국 배치를 검토한다지만, 사드의 요격 성능을 믿을 수 없다는 분석을 내놨다. 북한의 스커드·노동미사일이 불규칙한 궤적을 그리며 비행하기 때문에 조준을 하기 어려운데다가 미사일 몸체를 타격하더라도 정작 탄두는 지상으로 떨어

27. 《한겨레신문》 2015년 4월 9일.
28. 미 국방부의 마이클 길모어 무기운용시험평가국장은 2015년 3월 25일 상원 군사위원회에 제출한 서면 보고서에서 사드가 실전 운용에 요구되는 신뢰성이 아직 부족하다고 평가했다. 그는 "사드 체계의 구성 부품들이 일관성이나 꾸준한 신뢰도 향상을 보여주지 못했다"며 "극한 온도와 습기, 비, 얼음, 눈, 모래, 먼지 등을 견뎌내는 자연환경 실험에서도 결함을 보였다"고 밝혔다.

져 폭발할 가능성이 높다는 것이다. 또한 진짜 탄두와 가짜의 기만탄을 식별하지 못하는 미국 미사일방어체계의 근본 한계도 문제라는 지적이다.[29] 사드는 실체가 아직 형성되지도 않은 '유령'인 셈이다.

이런 '유령'을 놓고 한국에서는 사드의 도입 여부에 대한 논란이 뜨겁게 벌어졌다. 사드가 그야말로 주한미군의 생명과 안전에 관련된 긴급하고도 꼭 필요한 문제라면 미국이 주한미군에 배치해놓고 한국 정부에 통보하면 될 일이다. 그럼에도 2014년부터 미국 고위 관리들은 사드의 한반도 배치를 위한 논의의 불을 질렀다가 사그라지면 다시 불을 지르는 일을 반복했다. 파문이 일면 개인의 입장일 뿐 미국의 공식 입장이 아니라며 발을 뺐다가 기회가 생기면 미국 관리는 다시 '사드 도입론'을 들고 나왔다.

2015년 2월 5일 블링턴 미 국부부 부장관이 사드의 한반도 배치 가능성을 내비치자 커비 미 국방부 대변인이 10일 "사드 배치를 한국과 협의 중"이라고 사드 공론화의 불을 지폈다. 마침내 유승민 새누리당 원내 대표가 '사드 공론화' 몰이에 나섰다. 그는 "우리 예산으로 3개 사드 포대를 구입해야 한다"고 공론화 풀무질을 해댔다.[30] 미국이 내심 반기는 한국 쪽의 사드 공론화 몰이였다.

사드 공론화 몰이는 한국을 사이에 둔 미국과 중국의 갈등으로 불똥이 튀

---

29. 시어도어 포스톨 미국 매사추세츠공과대학(MIT) 교수와 조지 루이스 코넬대 평화·갈등연구소 선임연구원은 2015년 6월 24일 북한의 스커드·노동미사일에 대한 사드의 요격 가능성을 분석한 결과 부정적인 결론을 내리고 "북한의 핵 미사일 위협에 대한 심리적 위안을 얻고자 한다면 한국이 자체적으로 미사일방어체계를 개발하는 것이 더 나을 것"이라고 말했다(《한겨레신문》 2015년 6월 25일). 사드 1개 포대에 탑재되는 요격 미사일은 모두 48기인데, 2013년 미 국방부가 의회에 제출한 보고서에 따르면, 북한 노동미사일은 50대 미만인 반면 스커드 등 단거리 미사일 발사대는 수백 대가 넘는다. 한꺼번에 대규모로 쏘아올린 스커드미사일 중 어느 것에 핵탄두가 탑재돼 있는지 골라가며 맞추는 것은 불가능하다. 사드가 있으면 안전하다는 논리는 성립되지 않는다(《미디어다음》 2015년 3월 23일).
30. 《한겨레신문》 2015년 3월 17일.

었다. 미국과 중국 두 나라의 고위 관리가 한국을 한바탕 헤집고 돌아갔다. 러셀 미 국무부 동아시아태평양 담당 차관보가 사드의 한국 배치 필요성을 강조하고, 중국의 류젠차오 중국 외교부 부장조리(차관보)는 "중국의 관심과 우려를 중시해 달라"고 반박해 공개적으로 대립각을 세웠다.

미국은 사드의 한국 배치가 북한 미사일의 방어 목적이라고 하지만, 중국은 자신에 대한 중대한 안보 위협으로 여긴다. 사드 레이더는 유연성이 매우 뛰어나 북한에 맞춰놓은 탐지거리 모드를 중국을 향한 원거리 모드로 쉽게 바꿀 수 있다. 이 경우 원거리에 있는 15cm 크기의 물체까지 관찰할 수 있는 사드 레이더가 중국 베이징 등 수도권까지 손바닥처럼 들여다볼 수 있게 된다. 사드의 한국 배치는 한·중 관계를 심각하게 훼손할 뿐만 아니라 한국이 중국의 군사적 공격 대상이 되는 결과를 초래하게 된다. 중국은 오산과 군산 공군기지가 미 공군전력의 발진기지가 될 것을 우려해 이곳을 미사일로 기습해 무력화한다는 전략을 세워두고 있는 것으로 알려졌다.[31]

사드 반대 파문으로 사드 공론화 몰이가 가라앉는 듯했다. 그러나 2015년 6월 예정된 한·미 정상회담을 앞두고 미국의 고위 관리들이 다시 사드의 한반도 배치 압박을 하고 나섰다. 케리 미 국무장관이 사드 배치 추진을 내비치자 로즈 국무부 차관보는 '한반도 사드 영구 배치론'까지 거론했다. 미국이 이처럼 끈질기게 사드 공론화에 집착하는 것은 미국의 군사기술 패권주의로 인한 어마어마한 사드의 개발 비용을 한국 쪽에 떠넘겨 거의 죽어가고 있는 사드의 개발을 되살리려는 의도 때문이다.

미국 군산복합체의 군사기술 패권주의는 기존의 재래식 무기체계로는 시장에서 독점적 지위를 유지하기 어렵기 때문에 항상 진일보된 무기 개발을 통해 신규 프로젝트를 창출하려는 무한 증식의 속성을 갖는다. 신규 프로젝

31.《한겨레신문》 2015년 3월 20일.

트는 실제 전쟁에서 쓰이는 무기들과는 관계없이 오로지 최첨단을 지향해야 하는 무기의 개발이다. 이런 무기는 그 수요가 제한될 수밖에 없고 개발 비용도 천문학적으로 엄청나게 들 뿐만 아니라 실패의 위험성도 따른다. 미국 혼자서 이런 문제들을 짊어질 수 없기 때문에 미국은 이런 부담을 동맹국들에게 떠넘기려는 것이다. 이런 양상이 2010년 이후 나타났다.

과거 한국은 미군이 도태시키는 재고 무기의 처리장이었다. 미국은 1970년대에 개발한 F-15K와 아파치헬기의 한국 판매를 2002년이 돼서야 승인해 주었다. 2010년 이전에 한국이 도입한 무기체계는 미국이 실전에 배치한 지 17년 이상이 지난 구형이 대부분으로 미국 군수산업의 '잉여생산'에 해당되는 것들이었다.

2010년 이후 한국이 도입하려는 무기체계는 최근 실전에 배치됐거나 개발 중인 무기체계들로 바뀌었다. 이런 변화는 2014년 3월 공개된 미국의 『4년 국방태세 검토(QDR)』가 "국방비 삭감으로 개발에 어려움이 예상되므로 동맹국의 협조가 절실하다"고 밝힌 데서도 드러난다. 동맹국 협조란 한국이 F-15 구매를 조속히 결정함으로써 미국의 과도한 개발비 부담을 일정 부분 한국이 떠맡아 달라는 것이다. 한국의 무기 구매는 개발사업의 연명을 좌우하는 중환자실의 산소호흡기로 그 의미가 변경된 것이다.[32]

미국은 한국의 개발비 부담을 늘이기 위해 한국에게 국방비를 증액하라고 끊임없이 요구해왔다. 한국이 10년 넘게 국방비를 고정시키는 것은 미국의 안보 역량에 무임승차하는 것이라는 압박도 나왔다. 미국의 사드 공론화 몰이는 미국의 무기 개발 프로젝트의 존폐 위기를 동맹국의 협조로 완화시키려는 의도에서 비롯된 것이다.

미국이 1990년 사드 개발에 착수한 뒤 지난 26년 동안 실패와 좌절을 거듭

---

32. 김종대, 「불황 두려운 미 군산복합체」,《디펜스+》2015년 4월호.

하며 언제 성공할지도 모르는 시험을 반복해왔다. 2009년 당시 게이츠 국방장관이 사드 미사일의 핵심 기능인 타격체(kill-vehicle) 개발에 실패했다며 개발 예산 배정을 중단해버렸다. 위기에 몰린 군수업체들은 미국의 경기 회복을 틈타 2012년 재개된 사드 요격 시험이 상당히 진전됐다며 대대적인 홍보를 벌인 결과 4개 포대를 생산하기로 미 국방부와 계약하는 데 성공했다. 그러나 사드 개발은 아직도 요원하다. 미국이 자체의 명분만으로는 사드 개발이 너무나 무리였다. 그래서 미 국방부는 한국에 대한 사드 배치와 관련해 한국이 먼저 배치를 요청하고 미국이 이에 부응하는 방향으로 추진하려고 한 것이다.

그러나 이런 미 국방부의 추진이 여의치 않자 미국의 육·해군 참모총장은 2014년 11월 5일 헤이글 미 국방장관에게 기존의 미사일방어(MD) 계획을 전면 재검토할 것을 요청했다. 아직 신뢰성이 확보되지 않은 사드 요격체계를 포함, 미사일 계획을 신중히 하자는 것이다. 한국 정부가 사드 배치를 적극적으로 추진하지 않는 이상 사드는 소멸될 가능성이 많은 무기체계다.

북한은 사드의 남한 배치를 겉으로는 강력하게 비난하지만, 북한으로서도 손해가 나는 장사가 아니다. 사드가 남한에 배치돼 중국의 안보를 위협하게 되면 북한의 전략적 가치가 그만큼 높아질 수밖에 없기 때문이다. 북한은 자위력을 명분으로 핵과 미사일 전력을 증강시킬 기회로 삼을 것이다. 사드 배치는 북한과 중국의 동맹 강화 및 북한의 핵 능력 강화로 이어지게 될 것이다.

사드 제작사인 록히드마틴은 세계 1·2위를 다투는 미국의 대형 방위산업체로서 한국이 사용하는 무기의 상당 부분을 공급해왔다. 한국이 도입하는 무기의 80%가량이 미국산이다. 스톡홀름국제평화연구소(SIPRI)에 따르면, 한국은 2009년부터 2013년까지 5년간 미국으로부터 약 4조 원의 무기를 구입했다. 한국은 사실상 미국의 최대 무기 수입국이다.

미국은 주한미군 주둔 경비의 한국 부담률을 50%로 높이라고 압박해왔다.

그러나 2012년 위키리크스의 폭로에 따르면, 미국과 한국이 50%씩 부담하는 걸로 국민에게 공표한 미군기지 평택 이전비도 실제로는 한국이 93%를 댄다고 한다. 심지어 미국은 한국이 군사 건설 비용으로 쓰라고 준 돈으로 이자놀이를 하고 그 이자를 미 국방부 소유 은행인 커뮤니티뱅크의 운영비로 썼다.[33] 미국과 미국의 군산복합체는 '북한의 위협'을 미끼로 한 '빨갱이 장사'로 한국으로부터 톡톡히 재미를 보고 있는 셈이다.

---

33. 《한겨레신문》 2012년 1월 27일과 2015년 11월 2일. 미국 국방부가 2015년 9월 10일 한국 정부에 보내온 한·미 방위비분담금 이자수익 공식 서면 답변에서 이자수익이 얼마인지 모른다고 공개를 거부했다. 미국이 방위비 분담금으로 쓰지 않고 커뮤니티뱅크에 적립해놓은 돈은 2015년 현재 3,900억 원으로 줄었지만, 2000년대 후반 1조 원을 넘은 시기도 있었다. 당시 3~4%의 예금금리만 적용해도 한 해 이자수익이 300억~400억 원이 넘는다.

제7장

한반도의 흥망

1. 망국의 교훈과 한민족의 운명

1) 망국의 교훈

고구려는 6세기 말 수나라가 중원을 통일할 때까지 독자적인 천하관(天下觀)을 가진 동북아의 패자였다. 고구려는 주변 세력과 연합을 형성하면서 다원적 국제 질서를 추구했다. 그러나 주변 세력을 복속시킨 수나라가 일원적 국제 질서를 고구려에 강요함으로써 동북아의 패권을 둘러싼 두 나라의 군사적 충돌이 벌어졌다. 수나라는 국가의 전력을 투입해 네 차례에 걸쳐 고구려에 대한 대규모 공격을 감행했다. 고구려가 수나라의 대규모 공격을 막아낸 것은 고구려 지배층이 왕권 안정을 비롯한 국가 체제와 전 국가적 전쟁 대비 태세를 갖추고 전쟁 과정에서 단합된 역량을 발휘할 수 있었기 때문이다. 고구려와의 전쟁에서 패배한 수나라는 멸망하고 말았다.

수나라의 뒤를 이어 중원을 통일한 당나라는 초기에는 고구려와 화친 정책을 추진했다. 그러나 가장 강력한 돌궐을 복속시킨 당나라는 일원적 질서로의 편입을 고구려에게 강요했다. 이에 맞서 고구려는 대외관계를 다각화하고 다원적 국제 질서를 유지하려고 노력했다. 이와 함께 전쟁에 대비해 천리장성을 쌓고 백제·왜와 연계세력을 형성했다. 이 상황에서 고구려에는 연개소문을 중심으로 한 독재체제가 등장하고 기존의 귀족연립체제가 붕괴하는 사건이 발생했다. 연개소문은 당에 대한 강경책을 강화했다. 이에 당 태종이 645년 고구려 친정에 나섰지만 실패했다. 이후 전면전 대신 국지전으로 고구려의 전력을 소모시키려고 했으나 이 노력도 성공하지 못했다. 당나라는 오랫동안 고구려와 백제의 협공에 시달렸던 신라와의 연합을 모색했다. 고구려·백제·왜와 당나라·신라의 두 연합세력이 대립하는 구도가 형성됐다.

6세기 말에서 7세기까지 동북아의 국제 정세를 보면, 598년 수나라의 1차 고구려 침공, 645년 당 태종의 고구려 친정, 660년 백제 멸망, 668년 고구려 멸망, 676년 나당 전쟁을 통한 통일신라의 출현, 698년 발해 건국 등으로 이어진 동북아 질서의 재편기였다.

연개소문에 대한 역사적 평가는 엇갈리지만, 독재체제로 인해 많은 정치적·사회적 문제를 일으키고 고구려 사회의 내부적 통합력을 크게 약화시킴으로써 멸망을 초래하게 됐다는 비판에서 벗어나기 어렵다. 당나라와 신라라는 위협적 요소가 전방위로 존재하는 상황에서 신라의 김춘추가 고구려를 방문했을 때 연개소문의 대응은 고구려 지배층의 통찰력 부족을 단적으로 보여준다. 신라의 평화 제의에 대한 거부는 당시 동북아 정세의 전략적 측면에서 잘못된 선택이었다. 고구려가 나당 연합군의 백제 침입에 능동적으로 대처하지 못한 점도 전략적인 잘못이다. 특히 연개소문 사후 형제간의 내분과 귀족들 간의 분열은 망국을 재촉한 결정적 요인이었다.

7세기 격동의 시기에 연개소문을 중심으로 한 고구려의 지배층은 대내적으로 국가 구성원의 결속력을 높이고 대외적으로 국제 정세를 정확히 파악해 외세의 침략으로부터 고구려를 지키는 전략을 수립하는 데 실패했다. 연개소문 독재체제의 구축으로 인한 귀족연합세력의 붕괴로 남생·남산 등 형제간의 권력 투쟁을 중재하거나 조정할 수 있는 세력이 없었다. 남생 등 일부 고구려 지배층은 권력 투쟁에서 쫓겨 국내성으로 피신한 뒤 국내성 등 6개 성

과 10만여 호를 이끌고 당나라에 투항해 향도로서 고구려 멸망에 앞장서는
가 하면, 연개소문의 동생인 연정토마저 신라에 투항하는 등 고구려 지배층
에는 어떤 결속의 고리도 없었다. 귀족세력이 대규모로 이탈한 고구려는 평
양성에 고립돼 쉽게 멸망하고 말았다.[1]

연개소문은 당나라와의 전면적인 대결을 위해 중앙집권적이고 일원적인
독재권력을 추구했다. 다양한 의견 수렴과 논의를 배제한 채 일방적인 강요
에 의한 국가적 역량 결집으로 당나라와 전면적으로 대응하려는 의도였다.
그러나 수많은 사람을 살상하며 독재자와 그를 따르는 일부 지배층의 논리
만이 적용되는 사회에서 결속과 통합은 불가능한 일이었다. 동북아의 패권을
다툰 대제국 고구려의 멸망은 강력한 독재체제의 허구성을 보여준 사례라 할
수 있다.

백제의 멸망과 관련한 연구에서 제시된 원인은 ① 대외정책의 실패, ② 백
제 지배층의 분열, ③ 지속적인 전쟁과 토목공사로 인한 피폐한 재정과 민심
의 이반 등이다. 그러나 근본 원인은 당시의 정치적 운영에서 나타나는 문제
점들을 통해 살펴볼 필요가 있다. 백제가 멸망한 660년의 전쟁이 10여 일 만
에 끝날 정도로 백제의 저항이 무기력했기 때문이다.

의자왕의 선왕인 무왕은 태자나 적장자로서 왕에 오른 것이 아니기 때문
에 정통성 결여의 문제가 있었다. 무왕은 즉위 초반 정통성 문제를 해결하기
위해 중국 왕조와의 외교에 많은 노력을 기울였다. 수에는 18년간 6회, 당에
는 23년간 17회나 사신을 파견해 외교적 교섭을 벌였다. 그 결과 624년 당 고
조로부터 백제왕으로 책봉을 받아 정통성 문제를 해결했다. 무왕은 대내적
정통성의 강화를 위한 방편으로 신라와의 전쟁을 벌였다. 신라에게 한강 유
역을 빼앗긴 뒤 백제는 육로로는 고구려 등 다른 지역으로 가는 것이 불가능

1. 정호섭, 「고구려 망국의 리더십」, 《내일을 여는 역사》 제58호(2015년 봄).

해졌다. 따라서 백제의 영역 확장이나 대외적 발전을 위해서는 신라와의 전쟁에서 이기는 것이 필수 과제였다. 무왕은 재위 41년간 총 13회에 걸쳐 신라와 전쟁을 해 성과를 거두기도 했다.

정통성 문제를 해결한 무왕은 본격적으로 왕권 강화에 나섰다. 기성세력과는 다른 신진 세력을 등용해 왕권의 기반으로 삼고 6좌평제 등 새로운 제도를 실시해 왕권을 제도화했다. 무왕의 태자로서 즉위한 의자왕은 무왕의 정책을 기본적으로 계승했다. 645년 당이 고구려 원정에 실패하자 백제의 대당외교에 변화가 생겼다. 백제는 대당외교 대신 고구려·왜와의 연합을 선택했다. 의자왕은 무왕보다 더 격렬하게 신라와 전쟁을 벌였다. 642년 대야성 전투 등의 승리로 낙동강 서쪽 지역을 완전히 차지하는가 하면, 655년 고구려·말갈과의 연합전으로 한강 유역을 점령하는 등 많은 성과를 거두었다. 이런 백제의 움직임은 나당동맹의 조건을 만들어준 셈이었다. 그러나 백제로서도 나름대로의 전략적 이유가 있었다.

의자왕은 대외적인 정책 전환과 지속적인 신라와의 전쟁 상황에서 무왕이 구축한 왕권을 더욱 강화하려고 했다. 642년 친위정변으로 왕권을 강화하며 왕족 중심의 정치를 폈다. 친왕세력이 정치의 주도권을 장악하고 기성 귀족과 대립하는 양상이 나타났다. 655년 이후에는 기성 귀족을 아예 배제하고 친왕세력이 권력을 독점한 독재정치가 진행됐다. 부패와 부조리가 심해져 친왕세력에서는 국가 기밀을 팔아먹거나 언제라도 자신의 이익을 위해 국가를 배반할 수 있는 자들이 발호하기에 이르렀다.

친왕세력은 반대세력, 즉 기성 귀족이나 지방 세력의 의견을 철저하게 무시했다. 656년 성충이 나당동맹군의 침공 가능성을 제기했으나 이를 묵살하고 오히려 그를 투옥해버렸다. 의자왕 말기 이런 독재적인 정치 구도에서 권력으로부터 배제된 기성 귀족과 지방 세력들은 왕권에 비협조적으로 돌아서며 이탈했다. 이로 인해 660년 전쟁 과정에서 계백의 5천 결사대나 기벌포 방면으로 파견된 병력 이외에는 병력 동원이 이루어지지 않았다. 이는 기성 귀족과 지방 세력의 불만과 이탈이 그만큼 심각했기 때문이었다. 멸망 후 당의 웅진도독부가 설치되자 200여 성에서 부흥군이 호응할 수 있었던 것은 지방의 군사력이 건재하고 있었음을 뜻한다.[2]

친왕세력 중심의 일당독재식 정치가 기성 귀족과 지방 세력의 반발과 비협조를 초래했고, 반대세력을 포용하지 않은 채 그들의 세력 기반을 빼버림으로써 백제는 친왕세력만의 국가로 전락하고 말았다. 친왕세력이 무왕 때부터 이어져온 '반대세력 배제의 논리'에서 벗어나 화합과 포용의 정치로 기성 귀족과 지방 세력의 의견을 어느 정도 수용하는 정치를 펼쳤다면, 백제가 10여 일 만에 멸망하지는 않았을 것이다. 656년 성충의 간언을 받아들여 이에 대비를 해 적어도 1~2개월을 버틸 수 있었다면 고구려나 왜의 구원을 받을 수 있었을 것이다.

조선은 임진왜란과 정유재란의 교훈을 살리지 못해 정묘·병자호란을 겪었다. 이후에도 효종의 '북벌 계획'이 흐지부지되고 서로 죽이고 귀양을 보내는 예송(禮訟)의 '이념 싸움'으로 국력을 소모했다. 영·정조 시기 국방에 관심을 갖는 듯했으나 순조 이후 세도정치의 부정부패가 만연하면서 조선은 망국의 길로 들어섰다. 조선 말기 제국주의적 침탈 앞에서 조선의 군대는 국가를 수호할 아무런 힘도 없었다.

1863년 즉위한 고종에 대해서는 대원군과 민비의 권력투쟁 뒷전에서 결국 나라를 망친 왕이라는 대중적 평가가 지배적이다. 그러나 1990년대 이후 18세기 '군민일체' 사상으로 신분적 불평등을 배제하려고 한 영·정조의 정치 이

---

2. 백제가 10여 일 만에 멸망한 것은 지방 세력의 군대가 동원되지 못했기 때문이다. 영화 〈황산벌〉에서 "백제가 부여써 나라지, 우리들 나라냐"라는 귀족들의 대사는 친왕세력 이외의 세력 이탈이 심각했음을 시사한다. 정동준, 「백제시대 망국의 리더십—무왕과 의자왕의 정치 운영을 중심으로」, 《내일을 여는 역사》 제58호(2015년 봄).

넘을 계승해 자주적 근대화와 구국을 위한 노력을 기울였다는 주장이 나왔다. 그럼에도 국권과 왕권을 혼동한 고종은 왕권에 집착함으로써 그의 노력은 실패로 끝날 수밖에 없었다. 무엇보다도 고종과 민비는 대원군과의 권력투쟁을 남의 나라 군대를 빌어 해결하려고 한 장본인이었다. 외세가 건듯하면 군사력을 동원해 조선 조정을 협박한 빌미를 제공한 것도 그들이었다. 고종의 정치적 리더십의 배후에는 백성이 아니라 항상 외세가 있었다.

조선 후기 세도정치의 부정부패는 대원군 집권 이후에도 여전해 민중의 저항을 유발했다. 부패에 대한 분노가 1882년 임오군란으로 폭발했다. 민비가 죽을 위기를 넘기며 장호원으로 피신하고 대원군이 다시 집권했다. 권력을 놓친 고종과 민비는 이를 타개할 묘책을 찾았다. 민비는 청나라 군대의 파병을 요청하는 서한을 은밀하게 고종에게 보냈다. 청나라는 조선의 일본 세력을 견제하기 위해 오장경이 이끄는 3천 명의 군대를 파견했다. 청군은 대원군을 청으로 압송하고 군변을 주도한 구식 군인들을 체포해 10여 명을 참수했다.

청나라 군대 덕에 권력을 되찾은 고종과 민비는 친일의 외교 정책을 친청으로 바꾸었다. 청국이 종주권을 주장하며 조선 조정을 위협하자 김옥균 일파가 이에 저항했다. 고종과 민비가 김옥균 일파를 정계에서 몰아내기 시작하자 이에 맞서 김옥균이 일으킨 게 1884년의 갑신정변이었다. 갑신정변 실패 후 청국은 원세개를 보내 조선을 속국처럼 다루었다. 청나라 덕분에 권력을 유지하던 고종도 청에 불만을 가질 수밖에 없었다. 고종은 러시아를 끌어들여 청을 물리치는 인아거청(引俄拒淸)책을 추진했지만 실패했다.

원세개의 고종 폐위 음모까지 나오자 고종은 대외 사절을 구미로 파견해 청을 견제하려고 했으나 이 노력도 좌절됐다. 고종의 이런 노력을 두고 자주적 외교정책이라는 평가도 있지만, 국권 확보를 위한 동기라기보다는 고종 자신보다 더 권력을 휘두르는 청과 감국대신(監國大臣)으로 파견된 원세개에 대한 반발이 컸던 것으로 보인다. 고종은 1893년 동학 농민군의 보은집회 때부터 "청나라 병사로 막아내자"는 말을 되뇌었다. 외국 군대를 끌어들여 국민을 탄압하게 할 수는 없다는 대신들의 반대에도 불구하고 고종은 청국 군대를 불러들였다. 청국 군대의 조선 진주로 일본군까지 들어옴으로써 1894년의 동학농민혁명은 좌절하고 말았다.[3]

청일전쟁 후 일본인의 세상이 돼버리자 고종은 1895년 프랑스·독일 등과 삼국간섭을 주도하며 일본의 요동반도 영유를 막아낸 러시아에 접근했다. 청일전쟁의 전리품인 조선을 러시아에게 넘겨줄 수 없는 일본은 러시아 끌어들이기의 주모자인 민비 살해 사건을 일으켰다. 대궐 한복판에서 민비가 일본의 낭인들에게 야만적으로 살해당하자 고종은 러시아 공사관으로 도피했다. 아관파천이었다.

고종은 측근 세력들이 만든 독립협회의 활동에 초창기에는 호의적이었지만, 독립협회가 의회 개설 운동을 벌이자 보부상을 동원해 해산하고 전제 왕권을 강화했다. 고종은 대한제국의 광무개혁을 단행했으나 황실 중심의 개혁이었다. 국가기구의 운영도 측근 인물 중심으로 진행됐다. 왕권 강화가 국가 독립이라고 혼동하는 고종의 전근대적인 인식에서 국민이 나서야 할 개혁이 성공할 리 없었다. 권력의 사유화로 국가는 황폐해지고 대한제국은 일본의 보호국으로 전락해 식민 지배의 나락으로 빠져들었다.

2) 한미동맹 강화론과 무력화된 한국군

2014년 10월 박근혜 정부는 전시작전통제권(전작권) 환수를 그 시기도 정해놓지 않은 채 무기한 연기해버렸다. 노무현 정부 시절 2012년 환수하기로

---

3. 하원호, 「망국의 리더십, 고종의 리더십」, 《내일을 여는 역사》 제58호(2015년 봄).

한 전작권을 이명박 정부가 2015년으로 연기한 것을 사실상 포기한 것이다. 박근혜 정부는 북한 체제의 안정성과 정책 결정 예측성, 북한의 핵과 미사일 전력에 대한 한국 측 대응능력 구축 현황 등을 보아가며 환수시기를 결정한다고 했으나 이는 전작권 환수를 하지 않겠다는 것과 마찬가지다. 미국 닉슨 대통령이 1969년 '아시아의 국가들이 공산세력으로부터의 위협을 스스로 해결하기 바란다'는 내용의 '닉슨 독트린' 선언에 따라 미국의 일방적인 주한미군 철수 움직임이 나타나자 1970년 1월 박정희 대통령이 부르짖고 나선 자주국방이 박근혜 정부에서 사라져버린 셈이다.

박근혜 정부는 집권 직후부터 몰래 미국에게 전작권 환수시기를 연기해달라고 애걸하다시피 요청해 협상을 진행해왔다. 이는 전작권 환수를 차질 없이 추진하겠다던 국민과의 공약을 파기한 행위였다. 전작권 환수 재연기를 요청하러 미국에 간 한국의 외무·국방장관이 홀대를 당하는 등 전작권 환수 재연기의 과정은 굴욕적인 것이었다.[4] 한국의 대미 정치·군사 의존은 '자발적 종속'인 셈이다. 한국은 미국의 '보호령'이라고 할 정도[5]의 한국의 대미 종속성은 더욱 심해질 것이다.

박근혜 정부가 전작권 환수를 무기한 연기한 가장 큰 이유는 한미동맹을 통한 대북 군사 억제력의 확보 때문이다. 북한이 6·25와 같이 대규모 남침을 감행해도 한미연합사령관이 전작권을 행사하는 한 미군의 자동 개입을 담보할 수 있다는 것이다. 전작권이 환수돼 한미연합사가 해체되면 미국의 자동 개입은 물론 '작전계획 5027'에 따른 대규모 군사 지원을 받을 수 없게 된다

4. 한·미 국방장관이 참석하는 한·미 안보협의회의와 한·미 외교·국방장관이 참석하는 '2+2 회의' 일정을 미국이 일방적으로 변경했다. 한국 국방부 당국자는 "미 국방장관이 참석하는 백악관 회의 때문"이라고 설명했지만, 외부적으로 중대 회의는 없었다. 전작권 재연기를 요청하러 온 한국 장관들이 홀대당한 것 아니냐는 지적이 나왔다. 《한겨레신문》 2014년 10월 24일.
5. 이상현, 「한미동맹 50주년의 성찰과 한미관계의 미래」, 《국가전략》』 제9권 1호(2003), 39-42쪽.

는 게 환수 연기 결정의 이유다.

미군의 자동 개입과 대규모 군사 지원도 자동 개입 조항 같은 강제성이 한미상호방위조약에 부가되지 않는 한, 한국 쪽의 일방적인 기대이며 반드시 이루어진다는 보장은 없다. 2013년 기준 미 지상군 총병력 수는 63만 명, 전투기 수는 3,135대, 그리고 항공모함 수는 9척에 지나지 않는다. 이슬람국가(IS)의 테러 사태 등으로 미국은 '중동의 늪'에 다시 묶이게 됐다. 엄격히 말해 '작계 5927'에 의한 대규모 지원 병력의 한반도 전개는 현실적으로 불가능하다. 유사시 미국이 개입을 회피하고 주한미군까지 철수하는 상황이 발생한다면 우리의 국가 안위는 크게 위태로워질 수 있다.[6]

한반도 전쟁 이전부터 현재에 이르기까지 미국은 자국의 국익과 군사전략에 따라 병력을 운용해왔다. 즉, 동맹국인 한국의 국익이나 의사와 관계없이 군사정책을 변경하거나 유지해왔다. 미국은 인력 위주가 아닌 첨단 무기를 통한 효율적 군사 운용을 지향하며 붙박이식 거점 주둔군이 아닌 신속 기동군의 순환 배치 개념에 따라 최소 병력을 통한 유연한 군사전략을 강화해왔다. 한미상호방위조약은 유사시 동맹 상대국에 대한 양국의 개입을 '각국의 헌법적 절차에 따라' 하는 것으로 규정돼 있다. 이는 주한미군의 전투 개입 여부가 미국의 국익과 여론에 따라 선별적으로 이루어지는 것임을 뜻한다. 한반도 이외의 지역에서 더 긴급한 안보 상황이 발생한다면 주한미군 일부가 차출될 가능성도 있다.

미국과 중국의 갈등이 심해지면 미국은 일본과의 동맹을 중심으로 한 동아시아 전략에 집중함으로써 한반도 위기 상황에 적극적으로 대응하지 못하는 경우가 생길 수 있다. 미일동맹이 더욱 강화되고 한국의 위상이 상대적으로

---

6. 문정인, 「전시작전통제권 환수 연기, 무엇이 문제인가」, 《내일을 여는 역사》 제58호(2015년 봄), 19쪽.

위축되는 상황에서 한미동맹의 이행 확실성이 혼란에 빠질 가능성이 농후하다. 동아시아에서 다발적인 군사 갈등이 일어난다면 미국의 한반도 방위 공약은 최우선순위에서 제외될 가능성도 존재한다. 주한미군의 역할과 기능이 동아시아의 안보 상황 및 미·중 관계의 변화라는 큰 축에서 이루어진다는 것은 엄혹한 현실이다.[7] 한국의 안보와 민족의 운명을 오로지 한미동맹에 맡긴다는 것은 위험한 결과를 초래할 수도 있다.

역사적으로 동맹관계에서 동맹 상대국에 대한 공약 이행이 제대로 이루어지지 않은 경우가 태반이고 심지어는 동맹국을 상대로 전쟁을 하는 배반의 경우도 종종 발생했다. 임진왜란에서 명의 조선에 대한 군사 원조는 종주국으로서의 의무가 아니라 명의 국가 안보라는 전략적 틀에서 이루어졌다. 명군은 1592년 12월 평양성 전투에서 이긴 후 조선의 요청에도 불구하고 확전을 회피했다. 명의 입장에서는 일본군의 북진을 한반도의 지정학적 최후선인 평양에서 방어한 이상 조선의 대일 공세로 자국이 더욱 깊이 연루되는 것을 피하려고 한 것이다. 명군은 행주산성 전투에서 항전한 권율에게 패문(牌文)을 보내 일본군에 대한 공격을 비난하고 추가 공격을 금지시켰다. 명 내부에서는 조선을 보다 강력히 통제하려는 '직할통치론'마저 나왔다. 명과 일본 간의 강화에 반발하는 조선의 행태가 명에게 전략적 부담이 된다는 판단 때문이었다. 명은 조선에 대한 식민 통치를 기도함으로써 일본과의 안정적인 관계를 형성하려 했던 것이다.[8]

1618년 후금의 명에 대한 전쟁 선포로 벌어진 명-후금 간 전쟁에서 명은 조선과 연합군을 구축해 전투에 돌입했다. 조선은 임진왜란 때 명의 행태와 비슷하게 매우 전략적으로 행동했다. 조선의 이런 행태는 명-후금 전쟁에 지

---

7. 「주한미군 감축과 한미동맹의 방향성에 대한 분석」, 《국제문제연구》 2015년 봄, 54-60쪽.
8. 『선조실록』 26년(1593) 1월 신유; 한명기, 『임진왜란과 한중관계』, 역사비평사, 1999, 61-67쪽.

나치게 연루됨으로써 후금과의 관계가 악화될 것을 미리 차단하려는 전략적 의도 때문이었다. 명은 강홍립이 후금에 전략적으로 투항한 이후 조선과 후금의 결탁 가능성을 우려하기 시작했다. 명 내부에서는 조선에 대한 강력한 개입 정책인 '조선감호론(朝鮮監護論)'이 제기됐다. 조선감호론은 임란기의 직할 통치론과 비슷한 논리로서 조선의 후금 편승을 차단하려는 데 목적이 있었다.

인조반정의 핵심 이유는 광해군이 임란기 명의 은혜, 즉 '재조지은(再造之恩)'을 무시하고 후금과 교통한 잘못이었다. 인조 정권의 후금에 대한 강경 노선은 정묘호란(1627)과 병자호란(1636)을 불러일으켰다. 그 결과는 참혹한 전화(戰禍)와 인조의 '삼전도 굴욕'이라는 항복이었다.

명의 직할통치론과 조선감호론 같은 조선에 대한 내정 간섭은 청에서도 계속됐다. 조선의 외국인 고문 묄렌도르프가 러시아를 끌어들여 청의 세력을 견제하려던 1차 조러밀약 사건(1885)이 발생하자 청은 즉각 개입해 묄렌도르프를 사임시켰다. 또한 고종이 러시아에 보호를 요청했다는 2차 조러밀약 사건(1886)이 일어나자 고종의 폐위까지 주장하기도 했다. 병인양요(1866)와 신미양요(1871) 때 청은 서구 열강과 조선의 분쟁에 휩쓸리는 것을 피하려고 프랑스와 미국의 중재 요청을 거절했다.[9] 동맹국이 자신의 이익을 위해 얼마든지 동맹 상대국을 훼손하고 배신할 수 있는 게 동맹관계의 역사적 진실이다.

한국과 미국은 2009년 '포괄적 전략 동맹'을 선언했다. 한미동맹이 과거의 방어동맹으로부터 한국이 미국의 세계 군사 전략을 다양한 측면에서 기여하고 보완하는 포괄적 전략동맹으로 바뀐 것이다. 한미연례안보협의회는 2009년부터 2014년까지 해마다 "한미동맹이 한반도와 동북아시아의 평화와 안정을 확보하는 데 있어 양국의 미래 이익을 위해 계속 긴요함을 확인한다"는

---

9. 박홍서, 「내재화된 위선?: '중국적 세계질서'의 현실주의적 재해석」,《국제정치논총》제50집 4호(2010), 17-21쪽.

공동성명을 발표해왔다. '한반도와 동북아시아의 평화와 안정 확보'란 곧 북한과 중국의 위협에 대한 대응이 한미동맹의 임무임을 지적한 말이다.

한미동맹은 한국군이 한반도의 안보를 떠맡고 주한미군은 북한의 대남 공격 억제를 위한 전략적 기술적 지원 쪽으로 변화해왔다. 유사시 주한미군이 자동 개입하도록 하는 인계철선은 사라지고 주한미군의 역할 대상이 북한에서 중국으로 이동하고 있는 것이다. 이런 한미동맹의 변화 방향이 한국과 미국의 합의를 바탕으로 한 것이 아니고 미국의 주도로 한국에 불리하게 이루어지고 있다면 이는 심각한 문제다. 동맹의 변화가 한국에 대한 방위 공약 이행의 약화로 이어질 가능성이 높기 때문이다. 무엇보다도 한미상호방위조약의 대상이 미국 본토나 태평양의 미국 행정력 지배하에 있는 영토로 국한해야 하며 그렇지 않은 동북아시아나 태평양, 그 밖의 세계 다른 지역이 되도록 해서는 안 된다.

한미동맹의 변화가 미국에의 예속을 심화시킬 수 있다는 부정적 측면을 간과해서는 안 될 것이다. '주한 미군 지위 협정(SOFA)'에서 대표적으로 보이는 불평등관계는 한국 사회의 성장과 자생적 능력의 발전을 제약했으며 정치·경제·사회·문화 등 여러 측면에서 미국 편향의 대외의존도를 심화시켰다. 특히 군사 부문의 대미 의존도가 극심해질 것이며 육군 위주의 군으로서 해·공군이 취약한 한국군의 파행적인 구조도 더욱 악화될 것으로 우려된다.[10]

한국군의 대미 의존으로 인해 한국군의 자주적 전략 기획 및 전쟁 수행 능

---

10. 《한국일보》 2003년 7월 3일 기획좌담 '한미동맹 50주년'에서 김태효 외교안보연구원 교수는 "영관급 장교일 때는 당장 전시작전권을 가져와야 한다고 주장하다가도 장군으로 승진하면 태도를 바꾸는 게 우리의 현실이다. 미국이 5~10년 안에 작전권을 돌려준다 해도 우리의 능력이 뒷받침될지 의문이다'라고 지적했다. 이철기 동국대 교수는 "주한 미군 재편이 한국군 개편에 악영향을 줄 수 있다"며 "한국군이 지상군을, 미군이 해·공군력과 정보력을 담당해온 현실에서 미군이 향후 해·공군력을 강화할 때 한국의 해·공군력이 증강될 공간은 작아질 것"이라며 개선 전망이 보이지 않는 한국군의 불완전한 구조를 우려했다.

력이 제대로 갖추어질 리가 없다. 한국의 국방 정책이나 군사 전략의 결정에 미국의 군산복합체가 압력을 행사한다든가 독자적 군사 교리 및 무기의 개발 노력이 제한되는 부작용이 나타날 수도 있다. 한국군에 대한 미국의 일방적인 통제만 있을 뿐 미군에 대한 한국군의 작전 통제는 별로 없는 것도 또 다른 문제의 요인이다.

무엇보다도 전작권을 미국에 맡겨놓고 한국의 안보를 미국에게만 의존하려는 한국군의 대미 의존 집단심리는 군의 기강 해이와 함께 군 전력의 약화 요인이 될 수밖에 없다. GOP 총기 난사, 윤일병 폭행 사망 사건, 야전군사령관의 근무지 이탈과 음주 추태, 사단장의 성추행을 비롯한 성 범죄 사건,[11] 해군참모총장의 방산 비리 연루 등 군별을 막론하고 사병에서 대장에 이르기까지 온갖 사건과 사고가 끊임없이 터져 나왔다. 군기 문란이 일상화된 군에서 전투력이 제대로 나올 리가 없다.

총기 난사 사건을 일으킨 사병 체포 작전에서 수색조끼리 서로를 몰라보고 오인 사격을 해 소대장이 다치는가 하면, 수색조가 문제의 사병과 마주쳤는데도 알아보지도 못하고 경례까지 붙였다. 게다가 소대장의 총상이 문제 사병의 사격 때문이라는 등 군 당국은 '은폐 작전'으로 국민을 기만했다. 이런 군대로서는 전쟁이나 전투 집단과의 교전 상황에서 백전백패할 거라는 우려를 떨칠 수 없는 어이없는 일들이 벌어졌다.

김관진 전 국방부 장관의 취임 일성이 '싸우면 이기는 전투형 군대 육성'이었다. 그는 3년 6개월의 재임 기간 내내 '당장 싸워 이길 수 있는 군대', '군의

---

11. 2015년 10월 14일 국회 국방위원회의 육군본부 국정감사에서 새누리당 손인춘 의원은 "여군에 대한 성폭행 범죄가 해마다 증가하고 있지만 군 법원에 의한 처벌은 '솜방망이'에 그치고 있다"며 "어떻게 성추행으로 고통 받고 있는 딸자식 같은 여군을 상담해주겠다면서 또 성추행을 할 수 있느냐"고 질타했다. 문제의 사단장 긴급 체포는 사상 초유의 사태였다. 《오마이뉴스》 2015년 10월 14일.

야전성 회복' 등을 강조했다. 그는 청와대 국가안보실장으로 '영전'한 뒤 곧바로 "적 도발 시 가차 없이 응징해 완전히 굴복시킬 수 있는 강한 전투력을 갖추라"고 역설했다. 그러나 '싸우면 이기는 전투형 군대'가 아니라 '백전백패 약체 군대'의 민낯이 그가 호언장담한 결과였다.[12]

2010년 11월 23일 북한이 연평도에 백여 발의 포탄을 발사하는 대형 안보 위기가 발생했다. 위기의 순간 합동참모본부의 고위 장교들은 항공작전을 둘러싸고 '미국에 협조를 구해야 한다'는 쪽과 '우리가 단독으로 결정하면 된다'는 쪽으로 갈라져 우왕좌왕 논란을 벌였다. 북한의 2차 포격 상황에서도 한 대령이 "전투기로 응징할 수 있다"고 말하자 옆에 있던 장군이 "모르면 가만있어"라며 등을 쳤다. 상황이 끝난 뒤에도 논란이 계속되자 한민구 합참의장은 "미군에 질의서를 보내라"고 지시했고, 월터 샤프 연합사령관은 11월 30일 "한국군이 알아서 결정할 일"이라는 답변서를 보내왔다. 김태영 국방장관은 위기 후 "전투기로 작전하려면 미국의 협조를 구해야 한다"고 항공작전을 하지 못한 사유를 국회에서 답변했다가 경질됐다.

북한과의 교전 상황에서 한국군 장교들이 허둥대고 논란만 거듭한 이유는 1994년 평시작전권이 한국으로 전환됐을 때 유엔군사령부의 정전 시 교전규칙이 현실적 상황에 맞게 수정되지 않고 오랫동안 방치됐기 때문이다. 지난 20여 년간 합참을 만들어놓고도 한국군은 한 번도 작전을 수행할 준비를 안 한 것이다. 미군이 다 해줄 것으로 믿었기 때문이다. 한국의 군사지도자들은 정작 국가 안보보다는 자신의 기득권과 지위 상승을 위한 국내 정치에 관심이 더 많다. 그들은 종북세력 때문에 안보가 안 된다는 '종북타령'을 전가의 보도처럼 읊어댄다. 이런 군인들의 군대와 나라는 전쟁에서 질 수밖에 없다.[13]

12.《한겨레신문》 2015년 7월 7일과 17일.
13.《오마이뉴스》 2014년 12월 3일.

2013년 국정감사 때 "남한과 북한이 전쟁을 하면 누가 이기느냐"는 민주당 김민기 의원의 질문에 조보근 국방정보부장은 "한미동맹이 싸우면 우리가 월등하게 이기지만, 남북한이 1대1로 붙으면 우리가 불리하다"고 답변해 파문을 일으켰다. 2015년 남한의 국방 예산은 37조 4,560억 원인데 비해 북한은 대략 1조원대의 예산을 쓰고 있는 것으로 알려졌다. 남한이 북한의 37배나 되는 국방비를 쏟아 붓고도 여전히 북한보다 열세라는 것이다.[14] 유사시 미군 지원에 대한 과대평가와 한국군 전력에 대한 과소평가는 북한에게 남한을 제쳐놓고 미국을 상대하려는 '통미봉남(通美封南)'의 빌미를 제공할 뿐만 아니라 북한의 군사적 모험주의를 부추겨 한국의 안위를 더욱 위태롭게 할 수 있다.

전작권 환수의 무기한 연기는 군사 주권의 포기로서 한반도 문제의 자주적이고 주도적인 해결 능력의 상실로 이어질 수 있다는 게 근본적인 문제점이다. 북한은 남한의 전작권을 갖고 있는 미국을 대화와 협상의 상대로 인식하기 때문에 남한이 북한을 대상으로 적극적인 평화 노력을 기울이는 데는 한계가 있다.[15] 군사 주권을 포기한 채 민족 자주의 정신과 민족혼이 회복되지 않는다면, 북한 핵문제의 평화적 해결을 비롯해 한반도 평화 체제 구축은 요원해질 것이며, 과거 강대국들의 패권전쟁에 휘말린 민족의 수난사가 다시 벌어질 위험성이 높아질 수밖에 없다.

---

14. 《주간조선》 2015년 3월 9일, 13-14쪽.
15. 북한이 한국군을 '괴뢰군'으로 매도하는 것이나 2015년 1월 10일 연합 훈련의 주체인 한국을 건너뛰고 미국에 한미연합군사훈련을 임시 중단하는 조건으로 핵 실험을 임시 중단할 수 있다고 제안한 것도 주한미군사령관이 한국군의 전작권을 갖고 있기 때문에 북한이 내세우는 논리에서 비롯된 것이다. 문정인, 「전시작전통제권 환수 연기, 무엇이 문제인가」.

2. 한반도 전쟁의 위기

1) 한·미·일 동맹과 대리전 위험성

미국은 중국의 부상으로 중국과의 갈등이 심해지고 미국의 전략적 우위가 흔들리게 되자 중국을 군사적으로 봉쇄하는 아시아태평양 재균형 정책을 강화해왔다. 일본도 미국의 패권 전략에 편승해 전후 70년간 금지돼온 집단자위권의 행사를 선언하고 군사대국화를 지향하며 동북아 패권을 노린다. 2015년 4월 27일 미일방위협력지침 개정의 목적은 중국 봉쇄를 통한 미국의 패권 전략과 일본의 동북아 패권 전략을 실현하려는 데 있다.

미국과 일본은 두 나라의 목적을 실현하기 위해 한·미·일 동맹관계의 강화를 추진해왔다. 두 나라는 방위협력지침을 채택한 날에도 한·미·일 동맹의 강화를 결의했다. 중국 봉쇄의 고삐를 바짝 조이려는 미·일의 전략적 의도와 압박에 직면한 한국은 어떻게 해야 할지 선택의 갈등은 갈수록 깊어질 수밖에 없다. 이런 한·미·일 동맹의 문제가 집약적으로 나타난 게 '사드'의 한국 배치 문제였다.

한국이 미국과 중국 등의 국제 분쟁에 휘말릴 위험성은 2006년 1월 20일 한국과 미국의 장관급 전략대화에서 주한 미군의 전략적 유연성을 인정하기로 합의함으로써 현실로 나타났다. 전략적 유연성이란 전 세계 어느 곳이든 비상사태가 발생할 경우 주한 미군을 포함한 전 세계 주둔 미군을 특정 지역에 얽매이는 '붙박이 군대'가 아니라 기동성과 신속성을 갖춘 기동타격대로서 운용하겠다는 논리다. 미국은 언제든지 필요하면 자유롭게 주한 미군을 국제 분쟁에 투입하겠다는 것이다. 럼스펠드 미 국방장관은 2004년 9월 23일 "미국은 미군 전력을 상황과 필요에 따라 한 지역에서 다른 지역으로 아무런 거리낌 없이 이동할 것"이라고 밝혔다.

미국은 전략적 유연성의 이행에서 한국이 한국민의 의지와 관계없이 동북아 지역 분쟁에 개입되는 일은 없을 것이라는 한국의 입장을 존중한다고 했지만, 실효성이 없는 선언적 표현에 불과하다.[16] 주한 미군은 이미 한국과의 협의와 관계없이 대북 방어용 저지군에서 아시아태평양의 신속기동군으로 변환했다. 미군의 전략적 유연화와 재배치가 중국을 견제·제압하려는 목적으로 진행됐다. 한국이 미국의 필요에 따라 주한 미군이 언제라도 한반도 이외의 지역에 투입되는 미국의 군사적 전진기지가 된다면, 한국은 자신의 의사와 관계없이 미국의 국제적 분쟁을 지원하는 동맹국이 됨에 따라 국제적인 무력 분쟁에 자동적으로 연루될 위험성이 농후해진다.

중국을 군사적으로 견제하기 위한 미국의 동북아 안보동맹 전략은 2010년 말 한·미·일의 '집단적 안보에 관한 합의문' 체결 추진으로 나타났다. 그러나 천안함 사태를 계기로 한·중 관계가 악화된 상황에서 중국 견제의 모양새에 부담을 느낀 이명박 정부가 발을 빼면서 3국 합의문 추진은 무산됐다. 미국 주도의 동북아 군사 협력 구조를 만들려는 미국의 노력은 2012년 6월 한·일 군사정보보호협정의 추진으로 이어졌다. 이 노력은 한·미·일 3국 군사협력관계의 끊어진 고리, 즉 한국과 일본을 연결하려는 시도였다. 그러나 이 시도는 '밀실 추진' 논란[17]과 일본과의 군사적 협력에 대한 국내 여론의 거센 반발로 무산됐다.

미국은 2014년 초부터 한국과 일본이 아닌 미국을 중심으로 한 형태로 바

---

16. 2002년 9월 말 미국은 주한 미군의 기동군 역할, 즉 전략적 유연성에 대한 동의를 한국 쪽에 요구했다. 한국 쪽이 한미방위조약상 주한 미군의 한반도 밖 이동을 허용할 근거가 없다고 하자 미국 쪽은 한국이 미군의 이동권에 대한 거부권을 행사하겠다는 것이냐며 불쾌한 반응을 보였다. 《중앙일보》 2004년 1월 27일.

17. 한국 국방부는 2012년 6월 한·일 군사정보보호협정을 추진할 때 사실상 협정을 마무리해 놓고도 "절차가 진행 중", "아직 확정되지 않았다"며 거짓말을 한 데 이어 협정안을 국무회의에 상정해 통과시킨 사실을 숨겨 여론의 반발을 샀다.

꾸어 한·미·일 3국간 정보공유약정(MOU) 논의를 주도했다. 헤이글 미 국방 장관은 약정을 한국 및 일본과의 미사일 방어협력 강화를 위한 핵심 과제로 추진했다. 2012년의 실패를 반복하지 않으려고 약정 논의와 서명 과정을 아주 은밀하게 진행했다.[18] 약정서 서명이 국회 보고 전인 2014년 12월 26일 이미 완료됐다. 한국 국방부는 '한국과 미국·일본 국방부 간 북한 핵과 미사일 위협에 관한 3자 정보공유약정'이 29일 밤 발효됐다고 발표했다. 국방부는 이 과정에서 국회에 보고도 하지 않은 채 약정 내용과 서명 진행을 거짓말로 철저하게 숨겼다.

미국이 이처럼 약정 체결을 밀어붙인 이유는 사실상의 한·미·일 군사동맹 구조를 만들려는 목적 때문이었다. '북한 핵·미사일 위협에 관한 정보'는 미국이 주도하는 동아시아 미사일방어체제 구축과 직결되며 이 체제의 핵심 대상은 바로 중국이다. 미국으로선 한국과 일본을 자신의 편에 묶어 대중국 전선에 나란히 세우기 위한 기본 틀로 이 약정이 필요했던 것이다.

일본도 이 약정을 통해 큰 이익을 보게 된다. 한국으로부터 북한에 관한 군사정보를 획득하는 것 자체가 아베 신조 일본 정부가 추진하는 군사대국화에 큰 도움이 되기 때문이다. 2012년 4월 북한의 로켓 발사 때 한국 세종대왕함은 발사 54초 만에 포착해 실시간 추적했다. 그러나 일본은 발사 57분 뒤에야 확인할 수 있었다.[19] 한·미·일 정보공유 형태로 한국의 민감한 군사정보를 일본에게 제공하는 것은 일본의 군사적 역할 확대에 날개를 달아주는 격이

18. 로버트 워크 미 국방부 부장관은 2014년 12월 23일 이미 약정서에 서명한 뒤 인편으로 약정서를 일본에 보냈다. 약정서에 서명했으면서도 아무 발표도 없었다. 한·미·일 세 나라 차관들이 한 자리에 모여 서명하지 않고 '순차 서명' 방식으로 약정서 서명이 진행돼 26일 완료됐다. 한국 국방부는 26일 기자설명회에서 "약정 서명은 29일 한다"며 약정 원문 공개 요구에 대해 "29일 서명 전까지 3국 간 협의로 수정될 수 있기 때문에 안 된다"고 거부했다. 국방부의 설명은 거짓으로 드러났다. 《한겨레신문》 2014년 12월 30일.
19. 박기학, 「누구를 위한 한미일 동맹인가」, 《내일을 여는 역사》 제58호(2015년 봄), 79쪽.

다. 나아가 일본은 한반도에 대한 집단적 자위권 행사를 주장하고 나설 여지가 커졌다. 한·미·일 군사정보 교류는 한반도 문제에 대한 일본의 영향력과 발언권을 강화시켜주는 결과가 될 게 분명하다.[20]

북한 핵·미사일 위협에 관한 정보는 한미동맹의 틀 안에서 충분히 확보할 수 있기 때문에 한국이 얻는 실익은 별로 없다. 반면에 한·미·일 군사협력의 강화로 미·중 간 갈등에 휘말릴 가능성이 높아졌다. 북한도 핵·미사일 역량을 더욱 강화하려고 할 것이다. 중요한 것은 약정이 결국 '한·미·일 대 북·중·러'의 신냉전 안보 구도로 이어지는 중요한 계기가 될 수 있다는 점이다.[21]

동북아의 신냉전 안보 대립 구도 형성의 중요한 계기는 사드의 한국 배치일 것이다. 사드가 만약 한국에 배치된다면 한국은 자신이 원하든 원하지 않든 미국의 대중국 봉쇄 정책에 가담하게 된다. 사드의 한국 배치는 한국이 한·미·일 군사동맹에 공개적으로 편입될 것인지, 중국과 적대적 관계로 나아갈 것인지 여부를 판가름하게 되는 분기점이 될 것이다.

오바마 행정부가 중국 봉쇄를 위한 아시아 재균형 정책을 공식화한 이후 미국은 일본과 대만은 물론 호주에 이르기까지 배치 전력을 강화해왔지만, 주

---

20. 국방부는 약정 체결 배경으로 일본의 다양한 정보수집 자산을 활용할 수 있게 돼 감시능력 보완, 정보의 질 향상 등을 기대한다고 밝혔지만, 일본의 대북 정보수집 능력에 대해선 회의적 평가도 있다. 《한겨레신문》 2014년 12월 27일.

21. 화춘잉(華春瑩) 중국 외교부 대변인은 2914년 12월 26일 한·미·일 군사정보공유 약정과 관련해 "한반도의 평화와 안정에 반대되는 일을 해서는 안 된다"며 우려와 불쾌감을 표시했다. 중국 관영 《환구시보》는 "약정이 아시아 지역에서 북대서양조약기구와 비슷한 기구를 만들어 중국을 봉쇄하려는 의도가 담긴 것으로 미국은 이를 실현하려 다시 북한을 희생양으로 삼은 것"이라며 "미·일·한 동맹은 미사일방어체계 구축에 나설 것이며 중국은 이를 무력화시키기 위해 초음속 무기 개발에 박차를 가할 것"이라고 전했다(《한겨레신문》 2014년 12월 27일). 북한은 "미국이 주도한 대북 군사적 도발"이라고 강력 반발하고, '우리민족끼리'는 "미국·남조선·일본 사이의 3각 군사동맹 구축이 본격화됐으며 조선반도와 동북아시아 지역에는 핵전쟁의 위험성이 그 어느 때보다도 더욱 짙게 드리우게 됐다"고 지적했다(《연합뉴스》 2014년 12월 30일).

한 미군만은 획기적인 증강 조치를 하지 않았다. 미국이 이런 기조를 깨고 사드를 한국에 배치하려는 것은 중국의 입장에서 볼 때 한반도에 중국을 노리는 비수를 전진 배치하는 첫 사건이다. 미국이 사드의 한국 배치를 강행하려는 것은 사드가 한국을 중국 견제를 위한 동맹으로 끌어들일 전환점이기 때문이다.

주한 미군이 사드의 X밴드 레이더를 배치하면 한국은 일본을 제치고 중국에 대한 최전방 감시기지가 된다. 한국이 보유한 레이더나 공중조기경보통제기는 북한뿐만 아니라 중국의 미사일기지나 서해 쪽 중국 해군기지, 중국 공군의 활동 등을 감시하는 데 이용될 것이다. 한국은 이런 감시 역할뿐만 아니라 주한 미군 기지로 향하는 중국의 미사일을 요격하는 임무도 수행하게 될 수밖에 없다. 결국 한국군이 중국의 미사일기지를 선제 타격할 수 있는 전력도 갖춰야 하는 단계에 이르게 된다. 이 과정에서 한국은 엄청난 국방예산을 쏟아 부어야 할 것이다.

이렇게 한·미·일 군사동맹이 구축되면 중국이 유사시 한국을 가장 우선적인 공격 목표로 삼을 게 분명하다. 평시에도 중국군은 한국군을 견제하고 감시하게 될 것이다. 중국은 한국의 대중 적대 정책을 철회하도록 압박하기 위해 경제 보복 등 온갖 수단을 동원할 수도 있다. 이로 인한 한국의 유무형의 손실은 실로 막대하다.

중국을 겨냥한 한·미·일 군사동맹의 강화 과정에서 한국의 미국과 일본에 대한 군사적 종속은 더욱 심해질 것이다. 문제는 일본이 집단자위권 행사를 통해 무력을 행사하기를 바라는 최우선 지역이 한반도라는 점이다. 1963년 마쓰야 작전계획은 일본이 아주 오래전부터 한반도 진출을 고대해왔음을 드러낸 징표다. 일본은 '무력 공격 사태 및 존립 위기 사태 대처법'과 '중요영향사태법' 등 한반도에 자위대를 파병할 법적 근거를 마련한 상태다. 한반도에서 전쟁이 발생할 경우 한국군과 미군이 앞서 나가 싸우고 자위대의 병참부

대가 '현재 전투가 벌어지지 않는' 부산 등에 상륙해 후방 지원을 할 수 있는 체제가 만들어진 셈이다. 일본은 이 경우 자위대가 미군뿐만 아니라 한국군을 직접 지원할 수 있도록 상호군수지원협정(ACSA)을 체결해야 한다는 주장이다.

자위대가 한반도에 합법적으로 진출하려면 한국과 일본 간의 조약이 필요하다. 그래서 2010년부터 한일안보공동선언과 한일정보보호협정, 한일군수지원협정 등이 논의돼왔던 것이다. 미국과 일본은 이런 한·일 간 협정 체결 등으로 한·미·일 군사동맹을 강화하려고 한국에 압력을 더욱 가할 것이다. 한·일 간 협정 체결로 한·일 군사동맹이 공식화된다면 자위대는 전시는 물론이고 평시에도 한반도에 합법적으로 진출할 수 있게 된다.

한민구 국방장관은 2015년 9월 21일 국회 국정감사에서 "전작권은 연합사령관이 한·미 양국 대통령의 통수 지침에 따라 수행하는 것이기 때문에 우리 대통령이 허락하지 않으면 자위대의 진입이 안 된다"고 말했다. 그러나 이는 원칙론일 뿐이다. 한국이 "작전상 자위대의 상륙이 필요하다"는 미군의 요청을 거부하는 것은 현실적으로 불가능하다.[22]

심각한 문제는 북한에 대한 일본의 집단자위권의 발동이다.[23] 한·일 간 가장 큰 쟁점은 일본이 미국의 함선을 지키기 위해 북한을 공격할 경우 한국의

---

22. 1963년 작성된 마쓰야 작전 계획은 한반도 유사시 일본의 참전을 기대하는 미국의 의중이 반영된 것이다. 당시 길패트릭 미 국방부 차관은 "일본이 장래 한반도 일부를 포함하는 구역을 지키는 데 충분한 감시전력을 갖추게 되기를 기대한다. 그러면 한반도에서 재차 분쟁이 발생해도 미군 사단을 다시 증강할 필요가 없을 것"이라고 말했다. 박기혁, 「누구를 위한 한미일 동맹인가」, 《내일을 여는 역사》 제58호 2015년 봄, 75쪽.

23. 나카타니 겐 일본 방위상은 2015년 5월 17일 방송된 후지TV 프로그램에서 미국이 북한의 탄도미사일 공격을 받을 경우 북한의 원점 미사일기지에 대한 보복 공격을 감행할 수도 있다는 태도를 보였다. 일본은 2014년 10월 미·일 안전보장협의위원회 회의 때 북한에 대한 '적 기지 타격 능력'을 갖추겠다는 안을 제시한 바 있다. 《한겨레신문》 2915년 5월 19일.

사전 동의가 필요한지 여부다. 이와 관련해 한국 정부는 '한반도 안보 및 우리 국익과 관련된 사안'에 대해선 한국의 동의가 필요하다는 입장이다. 그러나 일본은 '북한은 유엔에 가입한 독립 국가'라며 이를 받아들일 수 없다는 태도다. 일본이 집단적 자위권을 내세워 한반도 사태에 개입할 경우 해프닝으로 끝날 우발적 충돌이 동북아를 뒤흔드는 전면전으로 확대될 수도 있다. 한반도 전쟁 때 가장 많은 재미를 본 나라가 일본이다.

2) 북한 급변사태론과 한반도 전쟁

'북한 붕괴'를 뜻하는 북한 급변사태는 동북아 지역 질서 및 한민족의 운명을 결정하는 역사적 사건이 될 것이다. 미국과 중국을 비롯한 주변 국가들은 한반도에 대한 이익을 확보하고 영향력을 강화하기 위해 치열한 각축을 벌일 것이다. 한반도를 둘러싼 네 강대국, 특히 미국과 중국의 패권적 이해관계가 충돌하는 계기가 될 것이다. 이런 점에서 북한 급변사태는 사실상 한반도의 국제 전쟁을 의미한다.

이처럼 동북아를 뒤흔들고 한민족의 운명이 심각하게 걸려 있는 '북한 붕괴론'이 처음 나온 것은 1990년대 초·중반이었으며, 특히 김영삼 정부 시기에 활발하게 거론됐다. '북한 붕괴론'의 제기와 전개 과정에서 중심적인 역할을 한 주체는 국가정보기관인 국가안전기획부였다. 안기부는 국가 정보를 정치 논리로 둔갑시켜 '북한 붕괴론'을 부추겼다.

북한의 김일성 주석이 사망한 지 한 달여가 지난 1994년 8월 9일이었다. 이날 평양 대동강 남쪽 외교단지에 "김정일 타도하자"는 삐라가 발견됐다는 외신 보도가 나왔다. 삐라를 누가 뿌렸는지 사실 확인 전까지는 북한 내에서 조직적 저항이 시작됐다고 볼 수 없다는 게 전문가들의 의견이었다. 그럼에도 청와대 수석비서관회의에서 삐라 사건과 관련된 국가안전기획부의 보고를 받은 박관용 비서실장은 "드디어 시작됐구만" 하며 반색을 했다. 이후 김영삼 대통령은 각종의 자리에서 "통일은 새벽처럼 온다", "북한은 길어야 3년"이라는 말을 장마철의 소나기처럼 쏟아냈다.

통일원에서 파견된 한 통일비서관이 "그 삐라가 남쪽에서 살포한 것인지도 모르니 확인해보아야 한다"고 정종욱 외교안보수석에게 말했다가 되레 면박만 당했다. 김일성 주석 사망 이전에는 '미국이 북한을 폭격하거나 다른 수단으로 망하게 할 것', 사망 이후에는 '북한은 저절로 망할 것'이라는 북한 붕괴론은 삐라 사건으로 확신이 돼버렸다. '북한 붕괴론'의 정보 제공자인 안기부의 영향력은 더욱 커져갔다. '멀지 않아 망할' 북한과의 교류는 김영삼 정부의 임기가 끝날 때까지 중단됐다. 제1차 '북한 붕괴론'의 시기였다.

제2차 '북한 붕괴론'은 이명박 정부의 첫 해인 2008년 12월 한 보수 월간지 기사를 통해 나타났다. 기사에서는 이해 8월 쓰러진 김정일 위원장의 뇌 사진이 프랑스 의사에 전달됐다는 내용과 함께 국정원의 정보 입수와 확인 경위 등이 상세하게 소개됐다.[24] 특히 주목되는 것은 "김정일 통치 길어야 3년"이라는 국정원의 보고서였다. 기사의 효과는 실로 엄청났다. 지도자의 유고로 곧 망할지도 모를 북한은 대화의 상대가 될 수 없다는 '북한 붕괴론'이 형성됐다.

2010년 12월 초 청와대에서 열린 대통령 직속 사회통합위원회에서 위원장을 맡은 고건 전 국무총리가 2기 업무 보고로 역점 사업인 '북한에 나무 심기'를 보고했다. 이에 이명박 대통령은 "북한 곧 망할 건데 나무는 심어 뭐 합니까"라고 지적했다. 평소 북한 녹화 사업에 지대한 애정과 관심을 갖고 동분서주했던 고 전 총리는 몹시 자존심이 상해 이튿날 위원장직을 물러났다.

---

24. 국정원 관련 보도와 관련해 대북 정보 담당 한기범 3차장이 2009년 3월 해임됐다. 그는 2013 국정원 대북 정보 담당 1차장으로 복귀했다. 그는 남북정상회담 당시 대화록을 국회 정보위원회에 갖고 와 공개한 인물이다. 「국정원은 국가정보 '포르노 배급사'인가」, 《한겨레신문》 2015년 8월 8일.

2015년 5월 30일 박근혜 대통령은 국정원에서 "김정은의 공포정치로 인해 북한 체제가 불안해지고 있다"며 "내년에 무슨 일이 있을지 모른다"고 '북한 붕괴론'의 불을 질렀다. 박 대통령의 발언 이후 《조선일보》, 《동아일보》 등 보수 언론들은 현영철 북한 인민무력부장이 총살당한 이후 공포정치에 불안을 느낀 북한 고위 외교관과 군 장성의 망명설을 일제히 보도하고 나섰다. 북한의 정치체제가 와해 직전이라는 '북한 붕괴설'을 조장하는 보도였다.

'북한 붕괴설'의 논리로 보면, 북한은 교류와 협력의 대상이 될 수 없다. 북한과의 교류와 협력이 '곧 망할' 북한을 연명시켜주는 결과가 되기 때문이다. 남북 교류는 이산가족 상봉 같은 이벤트 사업을 통해 정권의 정통성과 이미지 개선을 위한 포장이면 족하다. 대북 제재와 압박, 대북 전단의 대량 살포 등으로 '북한 붕괴'를 앞당기는 노력을 기울여야 한다. 박근혜 대통령은 '북한의 붕괴'와 함께 오게 될 '통일대박론'을 국내는 물론 국제적인 자리에서 기회만 있으면 강조했다.

미국의 부시 행정부가 2000년대 초 북한을 '악의 축'으로 규정하고 '북한 붕괴론' 차원의 대북 제재와 압박 정책을 폈지만 실패로 끝났다. 이명박 대통령은 2009년 6월 1일 대국민 연설을 통해 '철통같은 안보'를 다짐하며 대북 봉쇄와 제재로 '북한 붕괴론'의 결과를 기다렸으나, 현실은 전혀 다르게 나타났다. 2010년 3월 발생한 천안함 사태에서 한국의 안보는 허점투성이였음이 드러났다. 이어 벌어진 11월 연평도 포격 사건에서도 한국군과 정부의 모습은 오합지졸이었다.

1990년대 초·중반부터 북한이 곧 망할 거라는 '북한 붕괴론'과는 달리 북한은 핵과 미사일 능력을 키워왔다. 북한은 2006년, 2009년에 이은 2013년의 세 번째 핵 실험에서 핵폭탄을 소형화·경량화했다고 주장했다. 아직 미사일에 장착할 수 있을 만큼 핵폭탄이 작아진 것은 아니지만, 북한이 소형화·경량화된 핵폭탄을 개발할 수 있을 것이라는 예상도 나왔다. 북핵이 이처럼 비약적으로 성장한 때는 6자회담이 결렬된 2009년부터였다.

미국 존스홉킨스대 한미연구소와 미국 국방대 대량살상무기연구센터는 '북한 핵 미래 프로젝트' 보고서에서 북한이 2020년까지 최소 20개, 최대 100개의 핵무기를 보유할 수 있다고 발표했다. 보고서는 북한이 핵무기의 소형화도 상당한 진전을 이뤄 중단거리는 물론 대륙간탄도미사일(ICBM)에도 핵탄두 장착이 조만간 가능할 것이라고 내다봤다.[25] 핵탄두의 미사일 장착은 북한의 핵무기체계가 완성되는 것임을 뜻한다.

2015년 2월 26일 미 의회 청문회에서 밴 잭슨 신안보센터 연구원은 북핵을 저지하려는 미국의 정책은 실패했다며, 그 결과 "한반도에서 또 다른 전쟁을 막는다는 미국의 목표도 실패할 위험이 높아졌다"고 경고했다. 그가 제기한 경고의 근거는 세 가지다. 하나는 북한이 선제공격을 당하고도 파괴되지 않은 핵무기로 보복을 가할 수 있는 '2차 공격 능력'을 확보하려 한다는 것, 둘째는 그 결과 북한은 자신의 핵 억제력이 큰 전쟁을 막을 수 있다고 믿어 군사모험주의에 자유롭게 나서려고 할 것이라는 점, 셋째는 북한의 국지 도발에 한국이 반격을 가하면 전면전으로 비화할 위험이 커진다는 것 등이다. 이런 세 요소가 악순환을 형성하면 '미국은 한반도에서 전쟁을 막을 능력을 잃게 될 것'이라는 게 잭슨 주장의 요지다. 그가 주장하는 세 가지 요소의 악순환 형성은 북한의 핵전쟁 능력의 완성으로 이루어진다.

2015년 12월 10일 북한 관영 중앙통신은 김정은 국방위원장이 수소폭탄 보유를 공개적으로 언급했다고 보도했다. 그의 발언과 관련해 미 백악관은 "의심스럽다"는 등 '허풍', '다목적용 수사'라는 게 일반적인 반응이었다. 그러나 북한이 수소폭탄에 쓰이는 방사성 물질을 확보하고 이를 기존의 핵무기의 폭발력을 늘리는 데 이용할 가능성이 있다고 미국 핵전문가들은 분석했

---

25. 정욱식, 「핵을 쌓는 남북한과 한반도의 미래」, 《경향신문》 2015년 3월 3일.

다.[26] 미 백악관도 "북한의 핵무기 개발 야망을 매우 진지하게 받아들이고 있다"고 언급했다. 분명한 것은 2010년 5월 핵융합 반응에 성공했다고 주장한 북한의 핵무기체계가 갈수록 진화해왔다는 사실이다.

북한은 2016년 1월 7일 3차 핵 실험 3년 만에 4차 핵 실험을 했다. 북한은 '정부 성명'에서 "첫 수소탄 시험이 성공적으로 진행됐다"고 밝혔다. 한국과 미국은 북한의 '소형화된 수소탄' 실험 성공 주장에 회의적인 견해를 보였다. 그러나 많은 전문가들은 북한이 증폭핵분열탄을 실험했을 가능성이 있다고 분석했다. 미국 최고의 핵 전문가인 시그프리드 헤커 스탠퍼드대 선임 연구원은 "원자탄이든 증폭핵분열탄이든 수소폭탄이든 가장 중요한 측면은 소형화"라며 "북한은 핵폭탄 설계에서 더 정교함을 확보하게 될 것이다. 이것이 가장 우려스러운 측면"이라고 지적했다.[27] 분명한 것은 북한의 핵전력이 완성 단계로 가고 있다는 사실이다.

박근혜 정부는 이처럼 날로 증강되는 북한의 핵전력 문제를 근본적으로 해소할 노력은 사실상 접어둔 채 '북한 붕괴론'에만 집착하며, 북한의 대남 핵 공격의 조짐이 보이면 선제공격으로 북한의 핵무기를 무력화시키겠다는 '킬

---

26. 제프리 루이스 미국 비확산센터(CNS) 소장은 2015년 12월 10일 "북한이 (수소폭탄 개발에 쓰이는) 중수소나 리튬6 같은 물질을 이용해 기존 핵무기의 폭발력을 증강시키고 있을 가능성이 있다"며 "북한이 기본적인 핵 실험을 영원히 계속할 것으로 봐서는 안 된다"고 주장했다. 조엘 위트 존스홉킨스대학 방문연구원도 "2010년 기존 핵폭탄 프로그램에 핵융합 연구를 통합시켰다고 주장한 북한이 오래전부터 수소폭탄과 관련어 핵물질을 다루는 데 쓰이는 시설을 영변 핵시설 내에 건설해왔다"며 "북한이 단기간 내에 수소폭탄을 만들기보다는 기존 핵물질의 폭발력을 강화하는 데 쓰는 것으로 보인다"고 말했다. 《연합뉴스》 2015년 12월 11일.

27. 시그프리드 헤커 스탠퍼드대 선임 연구원은 북한의 핵 실험 성격이 "수소 연료를 사용해 원자폭탄의 폭발력을 높이는 중간단계(증폭핵분열탄)일 가능성이 크다"며 "중간 단계를 통해 원자폭탄을 소형화, 즉 더 작고 가볍게 만들 수 있으며 궁극적으로 수소폭탄 기술을 습득하는 첫 단계가 될 것"이라고 지적했다. 그는 "50년 전에 중국은 1964년 첫 원자폭탄 실험을 했고, 3년도 안 돼 수소폭탄을 선보였다"고 경고했다. 《한겨레신문》 2016년 1월 9일.

체인(Kill Chain)'에 몰두해왔다. 킬 체인 개념은 핵무장한 북한과의 전면전인 핵전쟁을 남한이 선제공격함으로써 벌이겠다는 전략이라는 점에서 황당하다. '북한의 핵 공격 조짐'이라는 가설부터가 허망하다.[28]

북한은 핵무기 사용을 협박하겠지만, 대남 핵 공격을 목표로 삼지는 않을 것이다. 북한이 진정 바라는 것은 적화통일이지 남한을 폐허로 만들어 죽이는 게 아닐 것이기 때문이다. 북한의 대남 핵 공격 조짐이 진짜인지 가짜인지 100% 정확하게 판단할 수도 없다. 북한의 핵 공격 조짐을 확실하게 판단한다고 가정하더라도 한국이 킬 체인 선제공격으로 북한의 모든 핵폭탄을 하나도 남김없이 제거할 수 있을지도 의문이다. 킬 체인이 아무리 정밀한 무기체계라고 하더라도 어느 상황에서나 완벽하게 성능을 다 발휘할 수는 없을 것이다. 킬 체인 선제공격이 1%라도 실패하면 서울을 히로시마처럼 만드는 일이 될 것이다. 북한이 잠수함 발사 탄도미사일 개발을 완료하게 되면 킬 체인 선제공격의 완벽한 성공은 더욱 불가능해질 것이다.

킬 체인 선제공격이 성공하더라고 북한과의 전면 전쟁으로 확산될 게 분명하다. 조지프 던퍼드 미국 합참의장은 2015년 12월 14일 워싱턴의 '차세대 국방 어젠다' 세미나에서 "한반도에서 무력 충돌이 일어날 경우 이는 단순히 한반도에 국한하지 않고 초(超)지역적 분쟁으로 확전할 가능성이 크다"고 경고했다.[29] '북한 급변사태'든 킬 체인 선제공격이든 이로 인한 남북 간의 전면전은 미국과 중국의 개입으로 제2의 한반도 세계 핵전쟁으로 번지고 말 것이다.[30] 일본도 미·일 동맹군이나 국제군의 깃발 아래 한반도에 상륙할 것이며

---

28. 이춘근, 「북한이 '핵무기 체계' 완성하는 날 어떤 일이 벌어지나」, 《주간조선》, 2015년 3월 9일, 22-23쪽.

29. 조지프 던퍼드 미국 합참의장은 2015년 12월 14일 "수년 전만 해도 한반도에서의 분쟁은 한반도에 한정된 분쟁이라고 생각했을 것"이라며 "북한이 탄도미사일 역량을 개발하면서 일본과 같은 다른 지역 행위자들에게 영향을 미치기 시작했다"고 강조했다. 《서울신문》 2015년 12월 16일.

그 이후의 파멸적 결과는 상상하기도 어려운 악몽의 시나리오다.

미국의 군사전문지가 예상한 한반도 전쟁의 가상 시나리오 결과는 너무 나도 끔찍하다. 전쟁이 터지면 서울 하늘에 30만~50만 발의 포탄이 비처럼 쏟아져 24시간 이내에 서울에서만도 100만 명 이상의 사상자가 생기고 산업 시설이 모두 파괴된다는 것이다. 한반도는 몇 시간 만에 아비규환의 지옥으로 변할 것이라고 브룩스 전 부차관보는 말한다.[31]

2007년 프랑스 방사능보호 핵안전연구소(IRSN)가 원자력발전소 1기 사고 발생 시 가상 피해를 분석한 결과에 따르면, 경제 피해 규모의 최대치가 프랑스 GDP의 3배가 넘을 것이며, 이는 프랑스 경제가 감당할 수 없을 만큼 천문학적인 규모라고 한다. 일본의 후쿠시마 원전 사고의 피해도 가공할 재앙이었다. 남한에서 가동되고 있는 20여 기의 원전이 공격을 당해 사고가 발생할 수도 있다. 한반도 핵전쟁의 결과는 재래식 전쟁과는 전혀 차원이 다른 절멸적 재앙의 시나리오가 될 것이다.

근본적인 문제는 전쟁의 파멸적 결과에도 불구하고 미국과 중국의 타협으로 한반도는 다시 남북으로 갈라져 제2의 분단 시대로 가게 된다는 점이다.[32]

---

30. 리언 파네타 전 미국 국방장관은 2014년 10월 7일 펴낸 회고록 『값진 전투들(Worthy Fights)』에서 2011년 10월 한국 방문 때 "한반도 유사시 한국 방어를 위해 필요하다면 핵무기를 사용하겠다"는 입장을 밝혔다.

31. 미국의 군사전문지 《스타스 앤드 스트라이프스(Stars and Stripes)》는 2003년 2월 9일 기사에서 한반도 전쟁의 가상 시나리오를 다뤘다. 《세계일보》 2003년 2월 11일.

32. 2009년 10월 22일 서울에서 열린 제41차 한미연례안보협의회(SCM)를 앞두고 김태영 국방장관은 이명박 대통령에게 "미 측이 북한 붕괴 시 중국 개입에 대비한 별도의 대비계획을 만들자고 제안했다"며 "이런 미국의 요청에 따라 중국과의 협력을 핵심 내용으로 한 북한 급변사태 대비계획을 '개념계획 5029'의 별도 부속문서로 만들고자 한다"고 보고했다. 이는 미국이 북한에 일정한 영향력을 갖고 있는 중국의 지위를 인정한 것이며 자신의 '독점적 지위'를 고수하지 않겠다는 의지를 보인 것이다. 한반도 유사시 미국과 중국, 강대국들이 한반도를 관리하겠다는 뜻이다. 국가안전기획부(현 국가정보원)의 대북 공작원이었던 박채서는 2011년 10월 국가보안법 위반 재판에서 한반도 유사시 중국의 무장 경찰이 남포-

미국이나 중국이나 어느 나라도 상대를 완전히 굴복시킬 수 없기 때문이다. 남북 분단으로 종결된 제1차 정전협정체제가 제2차 정전협정체제로 이어질 것이다. 국제적인 요인으로 '38선'이 생겨 분단된 한반도의 통일은 한민족의 자주력과 주도력을 전제로 하지 않는 한 결코 실현될 수 없다.

핵전쟁은 아직 어느 누구도 해보지 않은 전쟁이며, 핵무기를 다른 수단으로 막을 수 있다고 가정하는 것은 대단히 위험한 일이다. 한반도의 핵전쟁이든 재래식 전쟁이든 예방해야 할 전쟁이지 전쟁을 일으켜 '막아서 이기겠다'는 발상 자체가 위험천만하다. 북한의 핵무기체계가 완성되기 전에 하루빨리 북한 핵 문제 해소의 실마리를 찾아야 한다. 북한 핵무기체계의 완성은 남북 간의 전략적 균형의 붕괴로서 한반도 안보의 금지선(Red Line)을 넘게 되는 극도로 위험한 상황이 될 것이기 때문이다.

3. 한반도 평화와 민족의 비전

1) 진정한 평화와 평화협정체제

제2차 세계대전 이후 한반도는 '해방된 국가'가 아니라 냉전 전략과 안보의 볼모였다. 한반도는 독립 국가가 아닌 냉전의 포로인 분단국이었다. 1950년 한반도 전쟁은 전통적 측면에서는 대륙세력과 해양세력, 이념적 측면에서는 자본주의와 공산주의 동·서 양 진영의 충돌로서 이로 인해 한반도는 폐허처럼 돼버렸다. 1953년 정전협정 체결은 전쟁이 완전히 종료된 평화 상태가

원산을 잇는 대동강 이북 지역을 점령해 북한 전역의 치안을 유지하고 주민이 대량으로 한만 국경을 넘는 것을 차단하는 등 복합적인 북한 안정화 계획을 포함한 '병아리(小鷄: 샤우치우아이)' 계획을 증언했다. 《오마이뉴스》 2014년 12월 8일.

아니라 교전 당사자 군대의 합의에 의한 일시적 적대행위의 중지였다. 그래서 한반도 문제의 평화적 해결을 목적으로 1954년 제네바 평화회담이 열렸지만, 강대국들의 이해 다툼으로 결렬됐다. 한반도 전쟁을 유발한 국내적·국제적 요인이 엄존하는 상황에서 평화회담의 성공을 기대하기는 어려운 일이었다. 제네바 회담은 정전협정체제의 재확인이었으며 한반도 분단의 고착이었다.

정전협정체제가 계속되고 이로 인해 한반도에서는 군사적 대립과 충돌이 끊임없이 일어났다. 정전협정은 전쟁의 원인을 해결하지 않고 단지 일정 기간 군사적 교전행위만을 중지한 것으로 군사적 충돌 요인은 항상 내재돼 있었기 때문이다. 정전협정의 상황 조건에서는 언제라도 의도적이든 우발적이든 제한적 군사 충돌이 발생할 수밖에 없다. 정전협정의 가장 큰 문제점은 군사분계선(휴전선)을 설정하면서 육상의 군사분계선은 휴전선을 경계로 확정했지만 해상의 군사분계선은 명시되지 않았다는 점이다. 이런 문제점으로 인해 1999년과 2002년 연평 해전, 2009년 대청도 해전, 2010년 천안함 사태와 연평도 포격 사태가 벌어졌다.

민족의 생존은 다른 어떤 문제보다 가장 먼저 우선해야 할 평화의 명제다. 생존의 평화는 곧 평화의 출발점이다. 인간의 생명권이 모든 인권 중에서 가장 중요한 것처럼 민족 생존의 평화야말로 최우선적으로 확보해야 할 절체절명의 과제다. 우리 민족의 최대의 과제는 전쟁을 막는 일이다. 한반도 핵전쟁은 민족의 공멸이며 사실상의 절멸을 뜻한다. 정전협정체제가 전쟁 상황으로 악화하지 않도록 평화협정체제로 전환시키지 않으면 안 된다. 남북 간 정전 상태를 관리하는 소극적 평화의 차원에서 벗어나 전쟁의 원인을 근본적으로 해소하고 통일을 이룩하기 위한 한반도평화체제 구축을 통해 적극적이고 진정한 평화를 실현해야 한다.

한반도 평화체제는 한반도 전쟁 이후 한반도 질서를 규정해온 불안전한 정전 상태가 평화 상태로 전환되고 안보 및 남북, 대외 관계 등에서 이를 보장하는 제도적 발전이 이루어진 상태라고 할 수 있다. 즉, 전쟁의 법적 종결 및 전쟁 방지와 평화 유지를 위한 제도적 장치를 마련함으로써 전쟁 상태를 평화 상태로 전환하는 한편, 남북 및 국제적 차원에서 상호 적대적 긴장관계를 초래했던 제반 긴장요인을 완화·해결함으로써 항구적 평화 정착을 위한 제도적 발전이 실현된 상태인 것이다.[33] 한반도 평화체제 실현의 기본 조건은 정전협정을 평화협정으로 대체하는 것, 남북한 간의 군사적 대결 상태의 해소와 북·미 간 적대관계의 청산 및 관계 정상화라고 할 수 있다.

따라서 한반도 평화체제의 실현은 적대적·대결적 요소들을 해소시켜나가는 과정이다. 한반도 평화의 문제는 긴장 요인들을 포괄적으로 해결해가면서 평화를 제도화하고 정착시켜나가는 장기적 과정을 의미한다. 정전협정체제 종결을 위한 평화협정 체결은 한반도 평화체제의 결과가 아니라 정치적·법적 토대를 마련해주는 시작일 따름이다.

6자회담은 한반도의 비핵화를 통한 한반도 평화체제의 실현을 위해 열리게 된 국제 회담이다. 한반도 평화의 실현이 목적이라는 점에서 6자회담은 1954년 제네바 평화회담의 연장선이라 할 수 있다. 또한 미국과 중국이 중심 역할을 한다는 점에서도 닮은꼴이다. 제네바 회담이 한반도 평화의 실현을 목적으로 내세웠으면서도 미국과 중국, 나아가서는 양 진영의 세력 균형이라는 이해관계를 중심으로 진행됐던 것처럼 6자회담도 같은 경로를 밟을 가능성이 높다. 6자회담이 한반도 평화체제를 실현함으로써 전쟁의 원인을 근본적으로 해소하고 통일의 토대를 마련하기보다는 강대국들의 세력 균형을 위한 한반도의 현상 유지와 분단의 고착으로 귀결될 가능성을 경계해야 한다는 뜻이다.

---

33. 김용현, 「2·13합의와 한반도 평화체제 구축 방향」,《북한연구학회보》제11권 제1호, 69쪽.

테러집단으로의 북한 핵무기 이전 방지 및 핵확산금지조약(NPT)의 수호에 주력하는 미국의 입장에서는 북핵 문제가 관심의 초점이다. 미국으로서는 한반도 평화체제나 통일 등의 다른 사안들은 북핵 문제만큼 중요하지 않다. 문제는 북핵 문제가 미국이나 다른 관련국들에게 유용한 측면이 있다는 점이다. 관련국들이 북핵 문제의 해결보다는 자국의 전략적 이익을 우선적으로 고려하면서 위험 관리 차원의 현상 유지 노선을 취하기에 이르렀다. 그 결과 북한의 4차 핵 실험으로 북핵 위기가 악화돼 한반도의 전쟁 위기는 더욱 높아지고 말았다.

한반도 평화체제의 실현과 이를 통한 통일을 이룩하기 위해서는 한민족의 자주성과 주도력의 발휘가 절대적으로 필요하다. 자주적이고 주도적인 노력으로 북핵 문제 해결의 실마리를 찾아야 한다. 이명박 정부 이후 벌어진 한국과 미국의 '선평화협정, 후평화체제'와 북한의 '선체제보장, 후비핵화' 두 대립된 논리의 교착을 풀어야 한다.

일반적으로 한반도 평화체제의 확립은 장기간의 긴장 상태 완화와 신뢰 구축을 거쳐 군비 통제 및 군축 등 평화 정착의 실질적 과정의 최종 단계를 의미한다. 그러나 평화협정은 이런 장기적 접근방식과는 달리 관련국 간 협정을 통해 정치적 일괄타결을 추구하는 방식이다. 당사자 합의만 되면 얼마든지 추진할 수 있는 평화협정 체결로 상당한 기간이 소요될 평화체제 실현을 앞당기자는 논리다.[34]

한반도 평화체제 문제가 제네바 평화회담의 연장선상에서 강대국들의 세력 균형론에 입각해 한반도의 영구한 '평화의 분단'을 제도화하는 것으로 끝나도록 해서는 안 될 것이다. 이런 사태를 막고 한민족의 주도력을 발휘하기 위해서는 평화협정 체결과 평화체제 실현 과정에서 한민족의 통일 문제, 즉

---

34. 조민, 「한반도 평화체제 구축방향: 평화 프로세스」, 《통일정책연구》 제16권 1호, 83쪽.

통일의 원칙과 기본 방향에 대한 남북 간 합의가 반드시 이루어져야 한다. 그런 의미에서 남북한은 한반도 평화체제가 분단의 평화적 고착이 아니라 통일 지향이어야 한다는 원칙적 입장을 대내외에 분명하게 천명할 필요가 있다.[35]

한반도 평화체제는 전쟁의 당사자인 남북한의 정전 상태를 종료한다는 점에서 평화협정의 주체는 전쟁의 위협과 군사적 긴장의 직접 당사자인 남북한이 되어야 한다. 한반도 평화체제는 남북기본합의서에 명시된 대로 남북한 교류·협력의 확대와 군사적 신뢰 구축을 통한 평화 정착이어야 할 것이므로 남북한이 당사자로서 문제의 해결을 주도해야 한다. 한반도 평화체제의 출발점은 남북관계의 안정과 발전에서 비롯되기 때문이다.

한반도 평화는 동북아의 안정과 평화와 불가분의 관계를 갖는 국제적 사안이다. 그러므로 남북한은 물론 동북아 지역의 안보 구조라는 거시적인 틀에서 평화의 제도화가 추진될 필요가 있다. 따라서 평화협정의 당사자는 남북으로 하고, 이를 국제적으로 보장하기 위해 정전협정 체결국인 미국과 중국을 포함하는 2+2 형식의 4자회담을 열어 평화협정의 원칙과 방향 등에 대한 합의를 도출해야 할 것이다. 4자회담의 결과를 바탕으로 평화협정이 체결되면 평화협정의 이행을 관리할 국제적인 평화보장 관리기구가 설치·운영됨으로써 한반도의 항구적 평화 정착을 도모하게 될 것이다.[36]

남북한과 미국·중국이 참가하는 4자회담은 한국과 미국이 제안해 1997년 12월 본 회담이 열려 1999년 8월까지 6차례 개최된 바 있다. 2005년 9·19 공동성명에서는 6자회담 참가국들이 동북아의 항구적 평화와 안정을 위한 공동노력을 공약하면서 "직접 관련 당사국들은 적절한 별도 포럼에서 한반도의 항구적인 평화체제에 관한 협상을 가질 것"에 합의했다. 2007년 2·13 합의

35. 조민, 「핵문제를 해결하는 과정에서 한반도 평화협정 문제도 함께 접근해야」, 《북한》 2006년 1월호, 125쪽.
36. 김용현, 「한반도 평화체제 구축과 남북관계」, 《동향과 전망》 통권 제66호(2006년 봄호), 198쪽.

에서는 9·19 공동성명에서 합의한 한반도 평화체제에 관한 협상을 재확인했다.

그동안 한반도의 평화가 정착되지 않은 것은 평화협정, 평화체제 등과 같은 제도적 장치에 대한 아이디어의 결핍이나 불완전성에 기인한 것이 아니다. 그 원인은 남북한을 비롯한 이해 당사국들이 냉전적인 구조와 상황 속에서 자국의 안보와 전략적 이익을 우선시하는 현실적 입장에 치중함으로써 모두가 만족하는 평화에 대한 합의를 끌어내지 못했기 때문이다. 즉, 제도와 협정의 문제라기보다 평화공존과 번영이라는 정치적 의도와 의지가 부족한 데 그 원인이 있다.

한반도의 적대적인 정전협정체제를 청산하고 평화협정 체결을 포함한 한반도 평화체제를 실현하기 위해서는 남북한의 평화 의지가 무엇보다도 중요하다. 한반도와 동북아의 장기적인 미래를 내다보는 전략을 바탕으로 한반도와 동북아의 평화와 안정을 위한 변화를 주도적으로 이끄는 노력이 있어야 할 것이다. 자칫 잘못하면 한반도의 운명이 미국과 중국의 패권적 대립과 갈등 구도에 휩쓸려 불행한 역사를 반복할 수 있다. 강대국들의 각축을 극복하고 한반도 나아가 동북아의 평화와 번영을 지향하기 위해서는 민족의 역량을 결집하고 발휘하도록 하는 민족적인 노력이 절대적으로 요구된다.

2) 민족주의 현실과 평화 민족주의

한반도에서 근대적 의미의 민족주의는 일본 제국주의 침략에 맞선 저항적 민족주의 형태로 나타났다. 따라서 한민족 민족주의의 핵심 목표는 자주민족국가의 수립이었다. 그러나 한반도는 외세의 개입으로 분단되고 말았다. 분단 이후의 민족주의 목표는 통일민족국가의 실현이었다. 그러나 냉전과 전쟁을 겪으며 한반도의 분단은 고착됐고, 남북 간의 적대적 대립과 갈등은 전쟁 위기의 단계로 악화됐다. 핵전쟁이 될지도 모를 제2의 한반도 전쟁의 위기

앞에서 전쟁으로부터 민족의 생명권을 수호하는 일이 가장 우선적인 민족주의 과제가 됐다.

일제로부터 해방된 이후 남북한의 권위주의 지배세력은 지배를 위한 이데올로기로서 국가주의적 민족주의를 동원했다. 그들은 지배관계의 재생산을 위해 전통에서의 권위주의적 요소와 서구적 근대 기술을 결합시킨 선택적 근대화 전략을 통해 국가주의적 민족주의를 재생산하면서 민주적 발전을 억압했다. 이들 지배세력은 분단체제를 유지하기 위한 이데올로기로서, 또한 국가주의의 지속과 불평등의 재생산 이념으로서 민족주의를 악용했다.

그러나 집권세력의 권력 강화에 악용된 국가주의적 민족주의에 맞서 분단체제의 해체와 통일, 민주적 발전을 지향하는 저항 민족주의의 노력은 중단되지 않고 계속됐다. 권위주의 독재권력을 청산하고 민족의 자주성으로 민족통일을 이루려는 저항적 민족주의가 분출한 계기는 4·19 혁명이었다. 민족주의가 민주주의와 결합해 민족 구성원이 자발적으로 참여하게 됨으로써 그 어느 때보다도 활기를 띠게 됐다.

5·16 군사쿠데타는 이런 민족주의의 새로운 흐름을 막아버렸다. 민족주의는 다시 반공 이데올로기와 결합해 '선건설, 후통일'의 논리로 진보적인 세력을 억압하며 독재권력을 강화하는 통치 수단으로 악용됐다. 1987년 6월 민주항쟁은 민주화의 진전과 함께 민족주의 담론을 활발하게 전개시킨 또 다른 계기였다. 이 계기는 노태우 정부의 1988년 7·7 선언과 1991년 12월 '남북 간의 화해와 불가침 및 교류협력에 관한 합의서(남북기본합의서)' 채택, 한반도 비핵화 공동선언 등으로 이어졌다. 7·7 선언 및 남북기본합의서 등은 남북체제의 상대성 인정, 군비 축소, 평화 정착 등의 내용으로 민족주의의 획기적인 진전이었다.[37]

---

37. 남북기본합의서는 남북이 동반자로서 가야 할 길을 제시한 총론으로 남북관계의 이정표로

민족주의의 진전은 김영삼 정부에서도 계속됐다. 김영삼 대통령은 취임사에서 '어느 동맹국도 민족보다 나을 수 없다'고 주장하며 집권 초 민족대단결을 주장했다. 김영삼 정부는 다른 어느 정권보다도 한국인의 문화와 전통을 강조했다. 김영삼 정부는 국민을 통합시키는 이념으로서, 세계화의 국제경쟁 속에서 살아남기 위해 민족주의를 활용했다. 이후 김대중·노무현 정부에서 남북 간 화해와 협력 시대가 열렸다. 그러나 이명박 정권 때부터 반공 민족주의로 회귀한 뒤 박근혜 정부 들어서는 반공 민족주의의 극단적 형태인 파시즘 현상이 나타나기에 이르렀다.

미국과 중국의 세력 균형 구도인 정전협정체제에서는 미국과 중국의 이해관계에 의해 한민족의 운명은 좌우될 수밖에 없다. 이런 한민족의 운명을 확인해준 게 1954년 제네바 회담이었다. 이후에도 한반도 문제는 미국과 중국의 거래 대상이 됐다. 한반도 문제가 미·중 관계의 종속변수로 전락한 것이다. 미국과 중국이 반목과 갈등의 관계일 때에는 한반도에서 긴장과 위기가 조성됐고, 두 나라가 화해와 협력을 하면 남북 간의 관계도 완화됐다.

1970년대 미국과 중국·일본이 소련을 공동의 적으로 한 전략적 협력관계를 맺으면서 제기된 핵심적 사안이 다름 아닌 한반도 문제였다. 충격적인 것은 미국과 중국이 1971년 한반도와 관련해 밀약을 했다는 사실이다. 밀약 내용은 다른 강대국들을 배제하고 두 나라가 한반도의 전략적 이익을 공동으로 나누어 갖자는 것이다.[38] 이는 한민족의 운명이 당사자들의 의사와 관계없이 미국과 중국의 이익과 의사에 따라 결정됨을 의미한다. 전략적 이익의 타협이 세력 균형론에 근거를 뒀다는 점에서 정전협정체제의 재확인이었다. 역사적인 1972년의 7·4 공동성명도 이런 세력 균형론에 입각한 미국과 중국의 전략적 타협에서 비롯된 것이었다.

평가받고 있다. 《한겨레21》 2002년 11월 14일.

38. 《동아일보》 2002년 11월 21일.

2005년 미국과 중국은 전략적 대화를 시작했다. 이해 5월 9일 콘돌리자 라이스 미 국무장관과 로버트 졸릭 부장관이 중국 지도부와 한반도의 정치적·경제적 미래를 모색하는 대화를 가졌다. 이해 9월 19일 6자회담 공동성명을 통해 두 나라가 "한반도의 항구적 평화체제에 대한 협상을 가질 것"에 합의했다. 이와 같이 한반도의 평화체제와 평화협정 등에 대해 처음으로 공식적 입장을 밝히게 된 것도 사전에 미국과 중국의 전략적 협의에서 비롯된 것이었다. 미국의 수석대표인 힐은 "북한과의 평화협정 문제를 중국과 협의했다"며 "동북아의 질서를 구축하고 한반도 분단 상황을 종식시킨다는 차원에서 평화협정이 존재하지 않는 점을 상기할 필요가 있다"고 밝혔다.[39]

부시 미국 대통령은 2006년 11월 하노이 APEC 정상회담에서 북한과의 '한반도 전쟁 종식 선언' 구상을 표명했다. 졸릭 미 국무부 부장관은 부시 대통령의 이런 구상이 2006년 4월 미·중 정상회담에서 싹텄다고 밝혔다. 2007년 2월 26일 《월스트리트저널》에 실린 그의 기고문에 의하면, 부시 대통령이 후진타오 중국 주석과의 백악관 오찬에서 미국의 대북 평화협상 제안 문제를 타진했다는 것이다.

이런 미국과 중국의 전략적 협력관계가 2010년 이후 갈등관계로 바뀌었다. 양국 간의 갈등 양상은 다양하고 첨예하게 나타났다. 이는 한반도의 긴장과 위기를 예고하는 변화였다. 2012년 2월 미국을 방문한 시진핑 중국 국가 부주석은 한반도 문제와 관련해 미국과 중국이 조율을 강화해야 한다고 강조했다.

한반도 문제가 미국과 중국의 세력 균형 구도인 정전협정체제에 종속되어 있는 한, 한반도의 평화와 통일은 결코 기대할 수 없다. 미국과 중국의 갈등이 심화돼 패권 경쟁에 휘말릴 경우 한반도가 그 희생양이 될 수도 있다. 한반

---

39. 조민, 「한반도 평화체제 구축방향: 평화 프로세스」, 87-88쪽 참조.

도의 평화와 통일은 오로지 한민족의 자주적이고 주도적인 민족역량에서 나올 수밖에 없다. 한반도의 평화와 통일을 위한 평화 민족주의가 절대적으로 요구되는 이유다.

마이케네(Friedrich Meinecke)는 민족을 국가민족, 문화민족, 저항민족으로 구분한다. 국가민족은 국민이 곧 민족으로서 형식적이고 법률적인 국가 성원 전체를 뜻한다. 문화민족은 정치화·국가화됨으로써 국가민족으로 이행하려는 단계의 개념이다. 이 개념은 민족 통일 및 민족국가 수립을 위한 민족적 일체감 형성에 대단히 유용한 정서적 호소력을 발휘한다. 저항민족은 이민족의 지배로부터의 민족 해방을 지향하는 역사적·실천적 민족운동 개념이다.[40] 마이케네의 민족 개념으로 볼 때 한민족은 문화민족이면서 동시에 민족의 자주성 실현을 위한 저항민족으로서 통일민족국가의 국가민족을 지향하는 민족이라 할 수 있다.

전쟁 위기의 단계에 놓인 한민족 민족주의의 긴급한 과제는 무엇보다도 민족 생존의 평화를 지키는 일이다. 이를 바탕으로 남북 간 화해·협력 사업으로 공존·공영의 평화를 지향해야 한다. 이런 평화 추구의 결과로서 통일의 평화를 도모해야 할 것이다. 통일을 이룩한 한민족의 평화는 동북아 나아가 세계 평화의 또 다른 출발점이 되어야 한다. 문화민족에 이은 국가민족에서 그치지 않고 다른 나라들과 평화와 번영을 나누고 가꾸는 평화민족으로 발돋움하는 일이야말로 우리가 지향해야 할 평화 민족주의 이상이며 목표일 것이다.

평화의 개념은 폭력의 종류에 따라 전쟁과 같은 물리적 폭력이 존재하지 않는 소극적 평화, 구조적 폭력이나 문화적 폭력이 존재하지 않는 상태의 적극적 평화로 구분된다.[41] 따라서 진정한 평화는 소극적 평화에 머물지 않고,

---

40. 배성인, 「남북한 민족주의의 통합이념 모색: 세계화와 주체화의 변증법」, 《통일문제연구》 통권 제37호(2002년 상반기호), 236쪽.

41. 요한 갈퉁은 폭력의 개념을 물리적 폭력과 구조적 폭력으로 구분했다. 물리적 폭력은 전쟁

억압과 착취가 없으며 인권과 사회정의가 보장된 상태에서 모든 사람이 저마다 자신의 가능성을 충분히 실현할 수 있는 적극적 의미의 평화를 말한다. 평화 민족주의의 목표는 진정한 의미의 평화를 실현하는 일이다.

기존의 여러 민족 개념들이 있지만, 대체로 국가 민족주의 단계의 범주와 한계를 벗어나지 못한다. 기존의 민족 개념들은 배타적·독점적 민족 이익을 초월한 보편적 범민족의 이익을 중시하지 않는다. 특히 중요한 것은 평화를 고려한 민족 개념이 존재하지 않는다는 점이다. 이런 점에서 이상적이며 완성형인 새로운 민족 개념으로서 '평화민족'을 상정할 수 있다.

국가민족 단계에서는 자신의 이익을 위해 다른 민족을 희생물로 삼는 배타적 국가주의의 문제점이 드러난다. 특히 지난 세기의 한민족은 주변 강대국들의 팽창주의적 제국주의와 국가주의에 희생된 대표적인 사례. 국가주의의 문제점과 한계를 그 어느 민족보다도 뼈저리게 겪었다. 한민족이야말로 모든 민족이 공존·공영할 진정한 평화의 필요성을 역사적 경험으로 절실하게 체험한 셈이다. 민족 개념의 완성형인 '평화민족'이 앞으로 한민족이 지향해야 할 민족 단계임은 역사적으로도 당연한 일일 것이다. 또한 '평화민족'은 초국적인 지구촌 문화의 시대에서 모든 민족이 공생할 범민족적 평화 이익을 도모할 민족 개념으로 정의될 수 있다.

과거 민족주의의 폐단이나 문제점들을 극복하여 개별 민족문화의 특수성과 고유성을 인정하면서도 인류의 보편적 가치나 이익을 도모할 민족주의를 추구할 필요가 있다. 유럽공동체도 민족과 국가를 초월하는 신민족주의 또는 공동체주의[42]의 움직임이다. '평화 민족주의'는 기존의 민족주의 유형들의 최

의 폭력처럼 인간에 대한 육체적 가해나 고문 등 직접 보이는 폭력이지만, 구조적 폭력은 사회구조가 보이지 않는 폭력으로서 인간의 잠재적 가능성의 실현을 억압하는 폭력을 말한다. 松尾雅嗣,『平和學入門』, 廣島平和文化, 平成二年, 50頁.

42. 이광규,『민족과 국가: 문화인류학 각론』, 삼신문화사, 1997, 83-87쪽.

종 단계로서, 진정한 평화의 실현을 위해 '평화민족'을 정치적 주체로 한 범민족적·범국가적 완성형 민족주의 형태라고 할 수 있다.

평화민족주의의 최대 과제는 분단체제의 해소, 즉 통일이다. 국토 분단의 인위적 장벽을 제거하고 민족의 재결합을 성취하여 진정한 통일민족국가 건설을 완성할 때 비로소 우리는 모든 민족적 에너지와 지혜를 발전적이며 생산적인 방향으로 사용할 수 있게 될 것이다. 이런 민족 통일은 평화의 문제로 접근할 때 비로소 실현 가능한 목표가 될 수 있다. 통일은 평화의 결과라는 인식의 전환이 필요하다.

제1단계인 민족 생존의 평화에서 실현해야 할 과제는 북한 핵 문제의 평화적 해결을 통한 한반도 평화체제의 수립이다. 이 단계의 근본적 과제는 민족 정체성의 회복이다. 정인보는 민족 정체성을 민족의 얼로 표현했다. 한민족의 역사는 '한민족의 얼'의 소장(消長)과 성쇠(盛衰)의 역사라는 것이다.

제2단계 민족 공영의 평화를 위한 과제는 이념을 초월한 이질감 해소와 민족 동질성 회복이다. 평화 민족주의 마지막 단계는 통일민족국가의 실현이다. 분단의 종식은 진정한 평화를 이루어가는 출발점이 될 것이다. 근본적으로 중요한 것은 진정한 평화의 실현이 바로 완전한 통일이라는 점이다.

분단의 장벽을 해소하는 평화 민족주의의 평화적 통합은 동북아 국가의 상이한 역사, 전통, 이념, 종교, 문화, 관습 등을 초월하는 동북아의 평화적 통합의 의미를 지닌다. 한반도에서 동북아로 평화적 통합이 확대될 때 분단으로 막혀 있는 동북아 국가들의 발전 전략이 원활하게 소통됨으로써 동북아 공영의 평화가 기대될 수 있다. 평화 민족주의는 세계의 분쟁과 갈등을 극복하여 세계의 평화적 통합에 기여할 이상적 목표이다.

3) 민족의 비전: 평화와 융성

한반도는 대륙과 해양을 잇는 지정학적·전략적 요충지이기 때문에 세계를 지배하려는 나라는 한반도를 지배하려는 의도를 보였다. 한반도 주변의 강대국 중 한반도에 들어와 개입하지 않은 나라는 하나도 없다. 이처럼 우리 민족은 강대국들의 팽창주의적 민족주의의 희생물이 되는 수난을 겪어왔다.

그러나 정반대로 우리의 적극적인 창조적 노력으로 대륙과 해양의 교두보 역할을 통해 변두리가 아닌 중심지로 부상하는 기회를 만들 수 있다. 주변 강대국들의 경쟁적 이해관계나 입장·전략이 서로 충돌하지 않고 평화롭게 조정돼 한반도에서 평화의 균형과 조화를 이룰 수 있도록 한민족의 위상과 역할을 정립할 필요가 있다. 국제관계에서 동북아 나아가 세계 평화에 기여하는 세계 평화의 중심적 노력에서 한민족의 근본적 가치와 의미를 찾자는 것이다. 동북아의 국가들이 서로 반목하고 대립하던 냉전적 구도를 청산하고 새로운 평화의 질서에서 공동의 발전과 이익을 도모하는 동북아 평화체제야말로 한민족의 번영의 역사가 찬란하게 전개되는 무대가 될 것이다.

미국은 아시아 재균형 정책과 신실크로드, 중국은 일대일로 프로젝트와 창지투(長吉圖, 창춘·지린·투먼)개발 계획, 러시아는 유라시아 전략을 통해 전략적 경쟁을 펼치고 있다. 한국은 중국횡단철도(TCR)와 시베리아횡단철도(TSR)로 연결되는 한반도 종단철도 운행을 추진할 계획이다. 이 계획은 부산을 출발해 서울-평양-신의주-중국횡단철도로 이어지는 노선과 목포를 출발해 서울-원산-나진-시베리아횡단철도로 연결되는 노선에서 철도 운행을 추진하겠다는 것이다. 중국횡단철도와 시베리아횡단철도는 유럽으로 이어진다.

남북한은 1992년 '남북한 교류·협력의 이행과 준수를 위한 부속합의서' 제3조 제2항에서 경의선 철도의 남북 연결에 합의했다. 주요 내용은 "남과 북은 남북 사이의 교류·협력 규모가 커지고 군사적 대결 상태가 해소되는 데 따라

해로를 추가로 개설하고, 경의선 철도와 문산-개성 사이의 도로를 비롯한 육로를 연결하며, 김포공항과 순안비행장 사이의 항로를 개설한다"는 것이다. 2000년 6·15 정상회담에서 남북한은 철도 연결 사업을 재확인했다. 이에 따라 경의선이 연결돼 2007년 시험 운행도 이루어졌다.

남북한 철도와 중국·러시아의 철도가 연결되면 한반도는 환태평양과 유라시아 대륙을 잇는 관문이 돼 동북아의 중심지가 될 것이다. 철도의 연결은 정치·경제·사회의 모든 면에서 엄청난 시너지 효과를 거둘 수 있다. 이는 우선 남북한 사이의 물류비용을 크게 낮춤으로써 남북한 교역 확대는 물론 북한의 산업, 나아가 남북한 경제 활성화에 많은 도움을 줄 것이다. 이는 또한 대륙 진출의 교두보를 확대한다는 전략적 의미도 있다.

철도 연결은 남북한과 중국, 러시아, 더 나아가 핀란드, 카자흐스탄, 우즈베키스탄, 몽골 등 인근 국가들에게도 많은 정치적·경제적 파급 효과를 가져다줄 것이다. 경의선이 본격적으로 가동되면 유럽과의 교역 폭이 크게 확대된다. 철도 연결에 따른 물류비 절감은 한국 기업에게 생산의 효용성과 상품 경쟁력을 높여줌으로써 역내 국가들뿐만 아니라 세계의 다른 국가들과의 거래에서도 한국의 무역 수지를 개선하는 효과가 기대된다. 운송시간의 경우 아시아에서 태평양, 인도양, 수에즈운하를 거쳐 유럽으로 가는 해상운송보다 8배나 단축될 것이라고 러시아 철도사장이 밝혔다.

남북한은 인근 국가들의 철도 이용으로 통과 운임 수익을 얻을 수 있다. 한국이 얻는 통과 운임 수익은 연간 약 1,600만 달러로 추산된다. 북한은 유럽, 러시아, 중국, 한국, 일본의 중간에 위치하기 때문에 한국보다 훨씬 많은 통과 운임 수익이 기대된다. 현대모비스는 2015년 11월부터 자동차 보수용 순정부품을 블라디보스토크에서 출발하는 시베리아횡단철도를 이용해 공급하기로 해 해상운송 대비 20여 일의 단축과 물류비 절감 효과를 보게 됐다.

무엇보다도 한민족의 대륙 진출이라는 전략적 의미는 매우 중요하다. 시베리아를 주목하는 것은 시베리아가 지구상에서 유일하게 남아 있는 '새로운 땅'이자 '마지막 처녀지'이며 '자원의 보고'라는 점 때문이다. 시베리아는 풍부한 수자원과 수력발전 잠재력, 지하자원, 수산 및 농업, 삼림, 관광자원 등을 보유하고 있어 무한한 잠재력과 가능성이 기대된다. 러시아는 세계 최대의 천연가스와 석유·석탄 매장량을 보유한 에너지 국가다. 그러나 시베리아의 거대한 유전과 가스전, 석탄, 철 등의 자원은 아직 개발되지 않은 상태다.

과거 시베리아 개발은 옛 소련의 대도시와 유럽 지역에 대한 공급 위주로 추진돼왔다. 이 때문에 한국과 인접한 동시베리아 극동 지역은 아직도 미개발 상태다. 최근 들어 러시아는 동북아 지역에 대한 장기적인 천연가스 수출 계획의 일환으로 가스관 건설을 국제 협력 사업 형태로 추진해왔다. 이 사업은 동시베리아의 이르쿠츠크의 가스전에서 개발된 천연가스를 몽골, 중국 동북부와 북한을 거쳐 한반도에 이르는 가스관을 매설하여 공급하는 프로젝트다.

한반도종단철도와 대륙철도가 연결되면 석유 및 석탄 수송이 훨씬 쉬워질 전망이다. 이로 인해 자원 개발을 위한 인접국의 투자를 유도할 수 있고, 투자를 통해 자원이 개발되면 현지에서 자원을 가공 또는 천연자원 그대로 인접국으로 수출할 수 있어 관련 국가들에게 많은 경제적 이익을 제공하게 될 것이다.

한국과 러시아의 산업구조는 매우 상호보완적이다. 러시아의 풍부한 개발 수요, 북한의 저렴하고 풍부한 노동력, 한국의 기술과 자본, 상업화 능력 등을 접목하면 엄청난 시너지 효과를 기대할 수 있다. 3국 간 경제 협력으로 러시아는 상대적으로 낙후한 극동러시아의 경제 개발은 물론 아태지역 경제권과의 협력을 가속화할 수 있으며, 한국은 만성적인 자원 부족난을 해소하고, 북한은 외화와 일부 자원 획득을 통한 식량난과 경제난 해소에 큰 도움을 받게 될 것이다.

이런 경제 협력의 전망 아래 2001년 북한 김정일 위원장과 푸틴 러시아 대통령은 북한 철도와 시베리아횡단철도의 연결에 합의했다. 2006년에는 남북한과 러시아 철도 당국이 만나 시베리아횡단철도와 한반도종단철의 연결 방안을 구체적으로 검토하기 시작했다. 북한도 철도 연결을 주목해야 할 협력 대상이라는 입장이다.[43]

2008년에는 북한의 나진과 러시아 하산 구간을 연결하기로 하고 나진항 화물터미널 건설에 남한 기업의 참여도 검토됐다. 그러나 이명박 정부 이후 3국 간 협력이 냉각됐다. 그럼에도 러시아는 시베리아횡단철도와 한반도종단철도의 연결 사업에 지속적인 관심을 표명했다. 알렉산드르 갈루슈카 러시아 극동개발부 장관은 2014년 11월 29일 한국 방문에서 이 사업에 150억 달러(약 17조 원)를 투자할 계획이며 러시아와 북한이 합의한 북한 내륙 철도 현대화 사업도 계획대로 추진되고 있다고 밝혔다.[44]

러시아는 자국의 석탄 수출을 위해 2013년 나진과 하산을 잇는 철도망을 완성하고, 이듬해 나진항 3호 부두를 현대화해 사용권을 확보했다. 러시아는 연해주의 극동지구 개발에 대한 한국과 중국·일본 등 아시아 국가들의 투자와 경제 협력을 바란다. 러시아는 블라디보스토크를 자유항으로 지정하고 향후 70년 동안 이 지역을 운송·에너지 시스템의 중심으로 조성해 유럽과 아시아 경제를 연결하는 거점으로 삼을 계획이다. 러시아는 2015년 초부터 전력이 필요한 북한의 나진에서 한반도로 이어지는 슈퍼그리드 계획을 구체화하고 나섰다.[45]

중국은 훈춘과 나진항 간 고속도로를 2011년 완성했다. 또한 2013년 훈춘

---

43. 북한사회과학원의 논문에 따르면, 두만강 지역 개발을 통해 남북이 경제 협력을 강화해야 하는데, 시베리아횡단철도와 한반도종단철도의 연결이 주목되는 협력 대상이라고 밝혔다. 아시아경제TV, 2015년 1월 13일.
44. 《국민일보》 2014년 11월 30일.
45. 《한겨레신문》 2015년 10월 6일.

과 하산 간 중·러 국경철도를 재개통함으로써 북한·중국·러시아의 두만강 접경 지역 도로 및 철도 교통망을 서로 연결했다. 중국은 나진항 제1호 부두를 개보수하고 30년간의 이용 계약을 체결했다.

중소기업연구원에 따르면, 북한 장마당은 2010년 200개에서 2015년 406개로 2배 이상 늘었다. 스마트폰은 2010년 40만 대에서 2015년 370만 대로 약 10배 가까이 급증했다. '북한 붕괴론'과 달리 북한 경제가 살아나는 사례들이다. 문제는 북한에서 중국 제품이 주를 이루고 있다는 점이다. 이대로 가면 북한에 대한 이익을 중국과 러시아가 독점하게 될 것이라는 지적들이 나온다.[46] 박근혜 정부는 환동해경제권의 주도권을 중국과 러시아에 맡겨둔 채 방치하고 있는 셈이다.

박근혜 대통령은 나진-하산 물류 협력과 같은 남·북·러 3각 협력을 추진해 한국과 러시아의 미래 협력을 강화하겠다는 입장을 강조했다. 박 대통령은 유라시아 이니셔티브가 푸틴 대통령이 추진하는 유라시아 전략과 유라시아 대륙의 평화와 공동 번영 추구라는 목표와 비전을 공유하고 있다고 밝혔다. 또한 중국의 일대일로 구상과도 상통한다고 두 정책의 연계에 관심을 보였다.[47] 그러나 박 대통령은 러시아와 합의한 나진-하산 프로젝트를 북핵 실험에 대한 대북제재 조치로 중단해 유라시아 이니셔티브는 사라졌다.[48]

한반도종단철도와 중국횡단철도·시베리아횡단철도가 연결돼 경제 교류가 활성화되면 중·장기적으로 좁게는 남북한을 포함한 한반도와 중국의 동북 3성(헤이룽장성, 지린성, 랴오닝성), 러시아의 동시베리아와 극동러시아, 일본

---

46. 《파이낸셜뉴스》 2015년 12월 18일.
47. 《파이낸셜뉴스》 2015년 11월 13일.
48. 나진-하산 프로젝트는 2013년 11월 한·러 정상회담에서 추진하기로 합의한 사업으로 러시아는 동방 중시 정책에 따라 사업 추진을 위해 제4차 북한 핵실험에 대한 유엔안보리 대북 제재 결의 2270호에서도 북한 나진항을 통한 광물 수출 허용을 강력하게 요구해 관철시켰다.

열도를 하나의 경제권으로 상정할 수 있다. 넓게는 남북한, 중국, 러시아, 일본, 몽골 등을 포함하는 동북아 경제권을 기대할 수 있다. 동북아 경제권은 이 지역의 천연자원, 인구, 자본, 기술 등이 상호보완적이기 때문에 정치·경제적 시너지 효과가 매우 클 것으로 평가된다. 이런 동북아 경제권에서 한반도는 환태평양과 유라시아 대륙을 잇는 관문이 돼 동북아의 중심지로서 평화와 융성의 기회를 맞게 될 것이다.

그러나 한반도는 남북 간 적대적 대결 구도와 강대국들의 각축에 휘말려 평화와 융성과는 정반대인 전쟁 위기 단계로 접어들었다. 강대국들만 쳐다보는 사대주의적 행태로 불행한 역사를 되풀이할 것인지, 민족 자주의 정신과 의지·전략으로 한민족의 평화와 융성의 시대로 나아갈지, 이는 한민족의 흥망을 건 엄혹한 선택이 될 것이다.